U0659720

教师教育融媒体教材

XUEXIAO ZUZHI YU GUANLI

学校组织与管理

第 2 版

葛新斌◎主编

北京师范大学出版集团
BEIJING NORMAL UNIVERSITY PUBLISHING GROUP
北京师范大学出版社

图书在版编目（CIP）数据

学校组织与管理／葛新斌主编. —2 版. —北京：北京师范大学
出版社，2024.6

教师教育融媒体教材

ISBN 978-7-303-28758-1

Ⅰ．①学…　Ⅱ．①葛…　Ⅲ．①学校行政–师范大学–教材
Ⅳ．①G472

中国国家版本馆 CIP 数据核字（2023）第 022152 号

教材意见反馈　　gaozhifk@bnupg.com　010-58805079
营销中心电话　　010-58802135　58802786
北师大出版社教师教育分社微信公众号　　京师教师教育

XUEXIAO ZUZHI YU GUANLI

出版发行：北京师范大学出版社　www.bnup.com
　　　　　北京市西城区新街口外大街 12-3 号
　　　　　邮政编码：100088
印　　刷：天津旭非印刷有限公司
经　　销：全国新华书店
开　　本：787 mm × 1092 mm　1/16
印　　张：24.75
插　　页：1
字　　数：549 千字
版　　次：2024 年 6 月第 2 版
印　　次：2024 年 6 月第 1 次印刷
定　　价：49.00 元

策划编辑：王建虹　　　　　　　　责任编辑：李春生
美术编辑：焦　丽　　　　　　　　装帧设计：焦　丽
责任校对：陈　民　　　　　　　　责任印制：马　洁

版权所有　侵权必究
反盗版、侵权举报电话：010-58800697
北京读者服务部电话：010-58808104
外埠邮购电话：010-58808083
本书如有印装质量问题，请与印制管理部联系调换。
印制管理部电话：010-58806364

全书栏目

本课程的发展历史

西方学校组织与管理理论的演变

我国学校组织与管理……

学校组织与管理理论

诞生 — 发展期（1900—1929）

发展 — 初生期（1920—1949）

> 本课程的发展历史：开始本课程之前，先了解一下它的发展历程。

本课程的研究方法

（一）文献研究法

（二）调查研究法

（三）经验总结法

> 本课程的研究方法：如何学习本课程，并进一步展开研究，方法至关重要。

简要目录

> 简要目录：一个层级的简要目录让你一眼览尽全书的章目要点。

详细目录

> 详细目录：三个层级的详细目录为你提供更具体的页码索引，并展现作者阐释每个章节的角度。

关键术语表

> 关键术语表：书后会对全书的关键术语做一个整体呈现，并配上英文和解释。

关键术语	英文翻译	定义
教育管理	Educational Administration	对课程和管理、最微团家力量培养育方针、文献组织等多种目标，专对教育系统所进行的有计划、组织、控制等一系列有目的的连续活动
学校管理	School Administration	学校管理者为了有效地达到教育、教学目标，通过协调学校各种资源并发挥学校教育教学职能，建设公立和运营的活动
学校组织	School Organization	学校组织是一种有计划、有目的地进行教育教学活动的规范性社会组织
非正式组织	Informal Organization	非正式组织是一种人际关系系统，其规模常通过逻辑关系建立直接关系，非正式组织的单位存在自发性反应
韦伯科层模式	Weberian Model of Bureaucracy	韦伯提出了科层制模式，主要包括职权的等级划分、建立员工上下的等级系统、制度规范等
学习型组织	Learning Organization	学习型组织是一种组织学习型组织，在追求一个共同向往的目标的情况下，创造适当向往的情境，培养全新、前瞻开放的学习思考方式，全方位超越自身的局限以达到整个组织共同的学习
校长负责制	Principal Responsibility System	校长负责制是以校长为"一长制"，是学校工作和领导的一种和全面负责的学校领导职责，校长是学校领导人代表，是学校最高领导，在处理各种公共事务中，贯彻教育方针政策，遵守国家法律法规，办学并承担起这项责任的法律责任，对内全面领导学校教育教学的工作，向全体师生及员工负责，运用法律制度、维护师生、学生的正当权益
领导体制	Leadership System	领导体制是领导系统各部分之间权力、职责划分和实施领导导职权的结构方式和制度的模式
教代会	Teachers' Representative Meeting	教代会是学校民主管理的一种基本组织形式，是保障教师政策一定的民主权利组织起来，行使一定的学校管理的制度，它与教育、权，校行政相对于学校管理的完整体系
绩效工资	Performance-related Pay	绩效工资即绩效加薪资，薪酬工资等，是指以工资作为对员工贡献的激励，根据相关技术关系量、责任大小、劳动技术和环境来设定薪资，以经济效益和劳动价值为依据确定工资级别，以加工的劳动成果为准绩效贡献的薪酬
聘任制	Appointment System	所谓聘任制是指学校（或者教育行政部门）与教师在自愿平等的基础上，遵循公开招聘、平等竞争、择优聘用、依法签约的程序，任职条件、任职资格，双方在双向选择的校长、业务和责任等法规约定，签订聘任合同，并最终形成任职契约关系的教育管理制度

章前栏目

本章概述：学习每章之前，先了解一下它的内容概要。

章结构图：这张"地图"助你在第一时间把握本章知识结构。

章学习目标：清楚了解目标，学习才能更高效。

读前反思：反思的问题将带你进入新的知识探索。

章内栏目

节学习目标：完成节学习目标，才能实现章学习目标，直至掌握全书内容。

案例：丰富的案例助你更好地掌握理论，并在实践中灵活运用。

名家语录：这里有教育家、哲学家、思想家……听一听他们的真知灼见。

章后栏目

本章小结：它概述了本章的重要知识点，为你的复习和回顾提供方便。

关键术语：章后为你提供了本章的关键术语，包括它的英文名称。

章节链接：知识之间是有联系的，章节链接为你提供了这种指引，它能让你的知识更加融会贯通。

批判性思考：这里，会以提问的方式引导你进一步思考。

体验练习：练习能深化你对知识的学习，并助你查漏补缺。

案例研究：有具体情境的案例会让你的所学与现实结合更紧密。

补充读物：它为你的学习提供了更广阔的阅读空间。

管理一线纪事：在这里，你可以提前了解真实的管理世界。

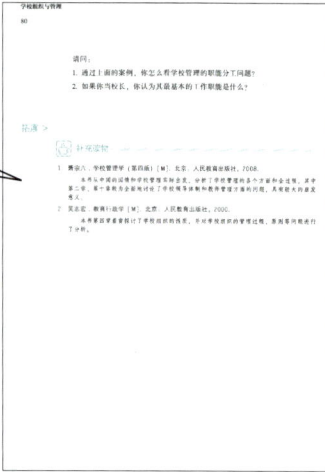

本课程的发展历史

在19世纪后半叶，随着社会生产力的迅速提高和科学技术知识的日益丰富，西方主要国家相继实施了义务教育制度。伴随着学校规模不断扩大，学校组织与管理问题也变得纷繁复杂，将学校组织与管理问题作为一门专门的学问来研究就显得非常必要。包括学校组织与管理理论在内的教育管理学由此创生。

1905年晚清政府"废科举，兴学校"之后，我国师范院校开始设置学校管理类课程。为解教材教学之急，我国通过日本输入了更多的东西方教育管理类著作。上述著作的输入，无疑从客观上刺激了我国学校组织与管理理论的萌生。

1949年10月1日中华人民共和国成立之后，囿于当时特定的社会历史条件，我国实行对苏联"一边倒"政策。在教育学术领域内，通过聘请苏联专家和派遣留学生等措施，掀起了全面学习苏联的热潮。由于教育管理学在苏联教育学体系中缺乏独立地位，所以，我国随之停止了教育管理学的课程开设和人才培养活动，教育管理学由此遭遇了灭顶之灾。

1997年国务院学位委员会发布新的学科和专业目录，教育管理学与教育经济学被合并为新的二级学科"教育经济与管理"专业，并被归入"管理学"学科门类"公共管理"一级学科之下。自此以后，国内不少高校相继建立教育经济与管理系所等机构，教育管理学的人才培养和学术研究逐渐进入繁荣阶段。

诞生 | 发轫期（1900—1920年）：输入东学 | 中辍期（1950—1979年）：灭顶之灾 | 繁荣期（1997—2010年）：丰富多彩

1 —— 3 —— 5 —— 7 ……

学校组织与管理理论

西方学校组织与管理理论的演变　　我国学校组织与管理理论的发展

2 —— 4 —— 6 —— 8 ……

发展 | 初生期（1920—1949年）：颇具规模 | 复苏期（1980—1996年）：沉潜而行 | 变革期（2011年至今）：应运而生

20世纪以来的一般管理理论，皆对学校组织与管理研究产生了重要影响。经过西方"教育管理理论运动"的推动，学校组织与管理研究开始形成了自身的理论自觉意识。虽然每一阶段的研究都有所侧重，但经不断积累，学校组织与管理的理论内容不断得以充实与丰富，其学科知识体系也不断得以完善。

20世纪20年代初开始，随着对外国教育管理学说的吸纳和消化，我国教育管理学界不断有人结合中国国情，撰写本土化的教育管理著作。直至1949年中华人民共和国成立之前，我国的学校组织与管理研究已经取得较为丰厚的理论成果。这一时期，出版了一批学术水平较高的著作。

十一届三中全会之后，我国确立了全面改革开放的路线、方针和政策。随着教育领域内治理整顿措施的推行，我国开始以教育学院为基地开展了校长培训工作。由此出发，以编写《学校管理》等教材为起点，教育管理学启动了恢复和重建工作。

伴随我国基础教育改革的不断深化，基础教育事业的发展对我国教师教育以及教师专业素养都提出了更高更新的要求。2011年教育部颁布的《教师教育课程标准（试行）》之中，首次列入"学校组织与管理"这一课程模块。随着时间的推移，围绕着学校组织与管理的理论研究与教材建设必将取得更大进展。

本课程的研究方法

研究方法服从于学科性质和研究目的，并随学科内容和研究目的的变化而变化。学校组织与管理是理论性和应用性、独立性和综合性兼容的学科，因此，对本课程的学习不仅要掌握深厚的理论基础，积极关注和参与管理实践，而且要坚持理论与实践相结合的原则，通过理论学习，不断认识、理解与改进实践。与此同时，基于研究对象存在质和量两个方面的属性，本课程学习应掌握的重要研究方法，也可划分为定性研究方法和定量研究方法。在实践研究之中，则需将质和量的方法结合起来进行综合分析。

研究方法多种多样，已知的分类标准也各有特点，并且很难依据某种分类标准去囊括所有的方法，也很难在一项教育研究中仅仅采用某一种方法。问题的关键在于，真正把握每一种方法的特点、适用条件和范围，从而选择合适的研究方法。概览已有的研究方法，本课程的学习可供选择的方法主要包括如下六项。

（一）文献研究法

文献研究法就是在学校组织与管理研究中，对相关的文献进行搜集、查阅、分析、综合与整理的过程，从而筛选出有助于研究开展的相关文献的一种方法。文献的资料来源广泛，既包括学术著作、期刊，也包括学校的各种原始材料，如各类文件、数据、表册、记录等，还包括党和国家以及各级教育行政部门的有关文件等。文献研究法又具体分为文献计量法和内容分析法。前者是对文献的量化分析，通过对已有研究文献的描述性和相关性分析，揭示文献之间的数量关系；后者是对研究文献具体内容的整理，通过对某一研究领域的基本概念、理论基础、主要观点、存在的问题以及对策建议等进行归纳分析，把握该研究领域的全貌。总体而言，在文献的解析过程中要注意其权威性、代表性和创新性。

（二）调查研究法

社会科学研究的真实可靠性，其获得离不开实证精神，调查研究法主要是一种实证主义的方法。调查不仅可以帮助人们获得关于现实画面的描述，还能通过调查报告的呈现使自己言辞有据，增强说服力。本课程学习中的调查研究法运用范围广泛，它是在相应的理论指导下，通过观察、访谈、问卷等方式，深入到学校管理工作实际中去搜集资料，从而对学校组织与管理现状做出客观描述和科学阐释，并提出具体建议的一整套研究活动。调查研究法的使用首先要明确调查的目的、内容、对象和范围，其次要有可信赖的量表，最后要做科学的数据处理。

（三）经验总结法

经验总结法是在自然状态下，依据教育实践所提供的事实，按照科学研究的程序，分析概括教育现象，揭示其内在联系和规律，使之上升到教育理论高度的一种教育研究方法。经验总结法可分为具体经验总结、一般经验总结和理论经验总结三种类型。本课程的学习中，不仅设置了"案例研究"模块，还设置了"管理一线纪事"模块，每个章节都展现了来自教育领域的一线管理者对本章节主题的实践与思考。因此，运用经验研究法将自身或他人的经验上升到理论高度，将是教育管理者提高办学和管理水平，教师增强业务素质和能力的一个有效途径。

（四）比较研究法

又称类比分析法，这是为研究同一问题，在掌握多方面材料的基础上对两个或两个以上的事物或对象进行对比分析，辨别其中异同，从而得出相关结论的一种研究方法。比较研究法是人们认识事物的一种基本方法，在学校组织与管理运用中，既有校与校、地区与地区以及本国与外国的比较，也有过去与现在的比较研究。运用此方法进行课程学习时，要有问题意识，应从问题出发，多尝试做出历史的和文化的背景鉴别，同时尽量掌握充足的具有可比性的材料。

（五）个案研究法

通常是指从研究对象中找出某个典型事例，彻底了解个案的现状及发展历程，并予以深入细致的研究分析，从而确定问题症结，进而提出矫正建议的一种方法。这种方法有两种不同思路：一是总结典型经验和事例，即"解剖麻雀"法；二是根据课程内容，深入某些教育部门（或学校）进行实地调查，收集资料，在此基础上编写供进一步学习讨论用的、具有启发性的"管理案例"。案例可长可短，形式多种，一般是一例一案。这既是一种研究方法，也是本课程的教学与研究方法。因为编写案例本身带有研究性，除了客观地叙述事件始末或观点的争议，介绍背景和管理者的设想或处理办法外，还能启发学习者对学校管理问题做进一步思考。

（六）统计分析法

统计分析法即通过由观测、调查和实验所搜集的数据资料进行整理、计算、分析、解释和统计检验而进行管理研究的方法。学校组织与管理研究，一方面需要通过定性分析揭示事物的本质，另一方面还需要依据大量可靠的数据做出系统的定量分析。因此，在学习本课程时，还需要理解基本的统计原理和方法，学会将大量的数据简约化为易于处理、理解、解释的形式，并掌握对本教材或其他文献中出现的重要数据进行解读的能力。

上述研究方法的综合运用，对于学校组织与管理课程的学习成效提升大有裨益。此外，在研究学校管理问题时，学习者还应善于创造条件，运用现代信息技术手段和网络工具来为我们的学习和研究服务。

简要目录

详细目录

第一章

学校组织与管理概述

本章概述

　　本章是对学校组织与管理发展状况的概述，通过学习这一章节的内容，读者将对学校组织与管理的整体概貌形成一个初步认识。第一节基于一般组织与管理的概念，界定了"学校组织"与"学校管理"，并围绕相关概念展开辨析。第二节从历史的角度梳理了古今中外学校组织体系的演变过程及管理特点的变化。第三节介绍了学校组织与管理理论的发展动态，探讨了学校管理学的研究对象与属性。

结构图

a 教育组织与学校组织界定
b 教育管理与学校管理界定
c 管理及学校管理相关概念辨析
学校组织与管理的界定
1
学校组织与管理概述
2
学校组织与管理的演变
a 古代学校组织及其管理特点
b 现代学校组织兴起及其特点
c 我国学校组织体系及其管理
3
学校组织与管理理论的发展
a 学校组织理论的演进
b 学校管理学的产生及发展
c 学校管理学的对象与属性

学习目标

1．掌握学校组织与管理相关概念，学会辨析概念间关系。

2．了解学校组织与管理演变过程及其特点。

3．掌握学校组织与管理理论动态，了解学校管理学的研究对象与学科属性。

读前反思

1．如果你是学校领导，你认为学校组织与管理理论的学习是否必要？

2．你认为学校组织与管理理论的哪些内容会对学校管理实践产生重要作用？

3．你认为怎样才能将学校组织与管理理论与学校管理实践更好地结合起来？

没有清晰的概念就不可能有正确的认识；而要有正确的认识，就不能无视前人的理论贡献。有鉴于此，本章首先从概念入手，对学校组织及学校管理加以界定，再从历史的嬗变中看学校组织及其管理特点的变化，并对学校组织与管理理论进行梳理，最后回归到学校管理学的研究对象及其学科属性的探讨上，从而使我们获得对学校组织与管理整体概貌的认识。

第一节
学校组织与管理的界定

🎯 **学习目标**

掌握学校组织与管理相关概念，学会辨析概念间关系。

研究任何一个问题，一个根本性的前提就是需要明晰的概念。本节基于一般组织与管理概念来界定"学校组织"与"学校管理"，并对其相关概念加以辨析，以达概念明晰之目的。

一、教育组织与学校组织界定

（一）对"组织"的理解

现实生活中存在着形色各异的组织，如政府、军队、医院、企业、慈善机构等。随着组织理论的发展，学者们对组织关注的侧重点不同，对组织的理解也不同。

理性系统观认为，组织是实现具体组织目标的正式工具；目标作为组织中的重要因素，是指导组织行为的预期结果。目标的具体化有利于细化任务、进行资源配置、管理设计决策的理性化。形式化服务于组织理性化的目标，产生了工作绩效标准与规章，形成了可见的组织关系结构。

自然系统观认为，组织是在特定环境中为了适应和生存而形成的社会群体。组织中的个体在与组织中其他个体交流时，带有自己独特的价值观、动机和知识结构，并因此产生了非正式的地位结构、沟通网络和权力关系等。以自然系统观来看，正式组织与结构在组织中不会真正发挥多少作用，而更重视非正式组织，强调人以及人的需要，强调个体比结构重要，持"无组织之人"的取向。

开放系统观认为，组织不是独立于外部环境，而是依赖于环境的开放系统。组织同时受到理性因素与自然因素的影响，这些理性因素与自然因素随环境的变化而变化。开放系统观强调组织的动态性，认为组织为了生存下去必须主动适应环境，并且根据环境的变化做相应的调整和变革。

"人类发明论"的组织实在观认为，组织是人在不断理解和反思的过程中发明与创造的社会现实，是人的价值和意志的集中表现，而非客观存在事物；组织是依人的意志而运行，并非目标导向的；组织与环境都是主观的实在，都是人的观念和行动的产物；权力是组织的灵魂，组织的权力来自人们对他人目的的承诺，人们在互动关系中创造出权力，并成为那些享有公认支配权的人达成目的之工具。①

可见，人们对组织有着不同的理解，对组织的界定各不相同。有人认为，把分散的人和事组合起来，使其具有一定的系统性和整体性就是组织；按照一定的宗旨和系统建立起来的集体，也是组织。② 也有人认为，组织是为了实现特定的目标，按照一定的方式结合起来的社会实体。③ 还有人认为，组织是对人和事的一种精心安排，以实现某些特定的目的。④

虽然对组织的理解不尽相同，对组织的定义也各有其说，但无论何种组织都具有如下共同特征：第一，组织是由人组成的有机整体；第二，组织中的成员拥有共同的目标；第三，组织的核心活动是工作和管理。综上所述，我们认为，组织是按照一定方式结合起来，通过合理、有效地协调内外各种因素以达到特定目标的社会开放系统。

（二）教育组织与学校组织概念

1. 教育组织

所谓教育组织，是指国家为实现教育目标、完成教育任务而对教育事业及教育的内外部活动和关系进行计划、指挥、协调、监督和控制的组织机构。教育组织的工作范围包括教育所要处理的内部和外部关系，对参与教育活动全过程的人、财、物、时间、信息等进行合理的安排和利用，还包括社会教育活动。⑤

2. 学校组织

学校自诞生起，即是一种组织化了的社会单位。美国组织社会学家艾兹尼根据权威的类型或组织的支配手段，把组织分为三种类型：规范性组织、功利性组织和强制性组织。学校从事着有计划、有组织的教育教学活动，并且主要是通过态度、价值、理想等各种教育规范

---

① 张新平. 教育组织范式论［M］. 南京：江苏教育出版社，2001：260-268.

② 孙绵涛，周克义，邓歌. 行为科学新论［M］. 广州：华南理工大学出版社，1992：145.

③ 于璐，宋凤宁，宋书文. 教育组织行为学［M］. 北京：北京师范大学出版社，2009：3.

④ 斯蒂芬·P. 罗宾斯，蒂莫西·A. 贾奇. 组织行为学（第12版）［M］. 李原，孙健敏，译. 北京：中国人民大学出版社，2008：16.

⑤ 孙绵涛. 教育组织行为学［M］. 福州：福建教育出版社，2012：41.

来完成其教育教学目标，教师行为必须符合教师的职业道德规范、育人规范，学生行为必须符合学生日常行为规范。因此，学校组织是一种有目的、有计划地进行教育教学活动的规范性社会组织。

3. 教育组织与学校组织概念辨析

从范围和规模的角度，教育组织可以分为宏观教育组织和微观教育组织。宏观教育组织是指一个国家或地区根据一定的目的、任务和形式，从总体上对教育事业的发展进行计划、指挥、协调、监督和控制的组织机构，它包括制订教育发展规划、制定教育政策、分配教育经费、控制教育发展速度和规模、监督教育实践等职能。微观教育组织主要是指学校教育组织。学校教育组织的目的在于制订学校发展规划并使学校工作计划转化为行动，将教育的各种各类活动付诸实践，使学校的人、财、物处于一个有效的、不断运转的动态系统中，最大限度地发挥其使用价值，实现学校效能的提升，最终完成教育任务。[①] 由此，从外延来看，教育组织的外延要比学校组织的外延更为宽广，教育组织包含了学校组织，学校组织是教育组织中的一种形式，可视为教育组织的一个子系统。本书内容亦主要围绕狭义的教育组织，即学校组织，做进一步探讨。

二、教育管理与学校管理界定

（一）何谓"管理"

若从字面上理解，"管理"一词即是管辖和处理的意思。《现代汉语词典（第7版）》把"管理"的一个义项，解释为"负责某项工作使顺利进行"。在管理学界，许多学者也对"管理"概念进行了不同的界说，现将具有代表性的观点简介如下。

1. 特殊职能说

这一观点的提出者是古典管理理论的三大代表人物之一——法国管理学家法约尔。在他看来，管理是一种具有特殊职能的活动。他将当时的大企业作为一个整体研究对象，把企业的经营划分为技术、商业、财务、安全、会计和管理六种基本活动；而管理活动本身又包括计划、组织、指挥、协调和控制五种基本职能。

2. 达标活动说

行为科学理论把管理理解为协调人际关系，激发人的动机，以达成共同目标的一种组织行为。在行为科学学者看来，人的行为是由动机决定的，动机又是由需要引起的，所以，管理就是要解决行为、动机和需要这三者之间的相互关系问题。

3. 决策活动说

管理决策学派的代表人物、诺贝尔经济学奖获得者西蒙，把管理看作一种围绕组织决策

---

① 田玉敏. 当代教育哲学 [M]. 天津：天津社会科学院出版社，1991：368.

而展开的一系列活动。他提出，一般管理过程中的计划就是决策，组织是落实决策，检查是监控决策的执行情况。总结则是对决策执行结果的评估，并为下一轮的决策打下基础。因此，西蒙明确主张：从某种意义上而言，"管理就是决策"。

4. 行动艺术说

作为经验主义学派的代表人物，美国管理学家德鲁克认为，管理是一种工作，有其技能、工具和技术；管理是一门学术，具有可运用的系统化知识；管理是一种文化，包含在价值、风格、信仰和传统之中；管理是一种任务，有知也有行。因此，从总体上看，管理是一门如何行动的艺术。

5. 协作技能说

孔茨是美国当代最著名的管理学家之一，也是西方管理过程学派重要的代表人物。他认为，管理是通过他人并同他人一起完成工作的技能，是使集体成员相互协作完成工作的技能，也是清除障碍有效实现组织目标的技能。

6. 系统过程说

从系统论的角度出发，苏联学者阿法纳西耶夫认为，管理是对一个具有客观规律的系统施加影响，从而使其呈现一种新状态的过程。从这种观点看，管理即是一种促使组织系统不断自我更新的过程。[1]

我们认为，第一，管理是一种组织行为；第二，管理是一种目标行为；第三，管理是一种协调行为；第四，管理是一种效能行为；第五，管理是一种依附于主体性活动之上的行为。综上所述，所谓"管理"，即指通过协调组织内部资源及其与外部环境之间的关系，以有效地达成组织目标的活动。

（二）教育管理与学校管理概念

1. 教育管理

所谓教育管理，是指国家为贯彻教育方针，实现培养目标，而对教育系统所进行的计划、组织、控制等一系列有目的的连续活动。[2] 教育管理行为是在一个国家或地区的政治、经济与文化环境的制约下，在教育管理部门领导者的教育价值观的支配下，各教育行政部门和学校根据相应的科学管理原理所进行的预测与规划、组织与指导、监督与协调、激励与控制，以使有限的教育资源得到开发和合理配置，实现提高教育质量、增进办学效益、稳定教学秩序、改善办学条件等目标。

2. 学校管理

有人认为，学校管理分为两个方面，即学校行政和事务行政。有人认为，学校管理就是

---

① 齐振海. 管理哲学 [M]. 北京：中国社会科学出版社，1988：23-24.
② 李冀. 教育管理辞典 [M]. 海口：海南出版社，1989：16.

对学校的教育、教学和后勤等活动进行管理。还有人认为，学校管理的概念包括为达到学校本来目的的一切行为，一般分为物的管理、人的管理和经营管理。以上各种论述虽然对我们了解学校管理有启发作用，但是它们只是基于学校内部管理的内容或任务做描述，对学校管理没有做到整体性把握。我们认为，学校管理是学校为了有效地达到教育、教学目标，学校的管理人员通过协调学校内部各种资源及其与外部环境的关系，以确保学校按教育规律进行正常运转的活动。

3. 教育管理与学校管理概念辨析

"教育管理"的层面十分复杂。从微观到宏观，教育管理可以分成以下三个层面：第一个层面是班级管理，即班级组织层面上的教育管理；第二个层面是学校管理，即学校组织层面上的教育管理；第三个层面是教育行政，即教育制度（系统）层面上的教育管理。"教育管理"是对上述三个不同层次的教育管理活动的概括和统称。由上可以看出，教育管理外延要比学校管理外延大，学校管理只是教育管理其中一个层面的管理活动。

三、管理及学校管理相关概念辨析

（一）管理及其相关概念辨析

1. 管理与经营

在《现代汉语词典（第7版）》中，"经营"被定义为"筹划、组织并管理"。在学术界，对于"经营"主要有以下不同理解。

（1）包含说

如上所述，在《工业管理与一般管理》一书中，法国管理学家法约尔提出：企业经营包括技术、商业、财务、安全、会计和管理六种活动；而管理活动本身又包括计划、组织、指挥、协调和控制五种职能。[①] 所以，在法约尔看来，企业经营包括了管理活动。

（2）层位说

在《领导哲学》一书中，加拿大学者霍金森指出：经营属政策执行层面的活动，包括动员、实施、监督三个过程；而管理乃政策制定的过程，涵盖哲学、规划、政治三个环节。[②] 这样一来，经营即成为一种从属于管理的下位性概念。

（3）对象说

在《学校管理》一书中，日本学者安藤尧雄指出：经营乃充分利用设施设备进行的有组织的活动；而管理则属于一种间接性的活动，它以经营为自身的对象。[③] 在这种理解中，

---

① H. 法约尔. 工业管理与一般管理 [M]. 周安华，等译. 北京：中国社会科学出版社，1998：5-6.
② 克里斯托弗·霍金森. 领导哲学 [M]. 刘林平，等译. 昆明：云南人民出版社，1987：24-26.
③ 安藤尧雄. 学校管理 [M]. 马晓塘，佟项力，译. 北京：文化教育出版社. 1981：3-10.

经营与管理的区别不仅在于其对象不同，而且管理也成了经营的上位性概念。

综上所述，我们认为，第一，对"经营"和"管理"两个概念的使用，中文里的确有习惯上的不同。一般而言，"经营"一词更重物质性和营利性；"管理"一词，更重精神性和专业性。第二，在一般的语境下，对两者的使用并无纵向层位上的差异。第三，中文的"经营"和"管理"概念，在外延上更多是交叉而非包含的关系。

2. 管理与行政

（1）政治学的角度

在政治学领域里，中外学者都习惯于把行政看作国家政治运作的一个领域。例如，在西方政治学中占据主流地位的"三权分立说"，即把"行政"看作与立法和司法分立而又相互制衡的一个领域。西方行政学的创立者、美国第 28 任总统威尔逊及其追随者古德诺倡导"二分法"，他们把国家的运作划分为政治与行政两个基本领域。古德诺在其代表作《政治与行政》一书中，率先阐述了政治与行政分离理论，他认为，政治是国家意志的表达，行政是实现国家意志的方法和技术，行政不应受到政治权宜措施及政党因素的影响。孙中山先生则提出了"五分法"的观点，他借鉴西方政治学说，结合中国传统政治的特点，把国家的治理划分为立法、行政、司法、考试、监察五个不同领域。

（2）管理学的角度

也有一些学者，尤其是英语国家的学者，更倾向于从管理学的视角理解"行政"概念，认为对"管理"和"行政"两个概念不必加以区分。受此影响，自 20 世纪 90 年代中期以来，我国一些学者开始不加区别地使用"行政"和"管理"概念。例如，在王连昌主编的《行政法学》中，就把"行政"界定为："在一般意义上，行政是指社会组织对一定范围内的事务进行组织与管理等活动。"[1] 吴志宏认为："行政既可指国家事务的管理，也可指一般企业、机构和学校的管理活动。"[2]

我们认为，无论是从我国的学术传统来看，还是就给概念下定义的目的而言，都有必要区分"行政"与"管理"这两个概念。有鉴于此，我们把"行政"界定为：指国家为实现自身所代表的统治集团的意志和利益，而对公共事务的组织和执行活动。这种活动与国家的出现相关联，乃国家公共管理活动的一个重要领域。就行政与管理的关系而言，行政是一种特殊的管理活动，它被包含在管理活动之中。行政的特殊性就在于，它是国家的一种组织或执行性的活动，行政活动的主体是政府，行政活动的性质乃组织或执行。

3. 管理与领导

对于"领导"这一概念，古今中外不少学者都对此展开了广泛而又深入的探讨。对于"领导"概念的理解，主要包括如下几个方面：第一，领导是一种解决问题的初始行为；第

---

① 王连昌. 行政法学 [M]. 北京：中国政法大学出版社，1994：1.
② 吴志宏. 教育行政学 [M]. 北京：人民教育出版社，2000：4.

二，领导是对制定和完成组织目标的各种活动施加影响的过程；第三，领导是指挥下属的过程；第四，领导是在机械地服从组织常规指令以外所施加的额外影响力；第五，领导是一个动态的过程，该过程是领导者个人品质、追随者个人品质和某种特定环境的函数。① 概括而言，领导是一种指挥、带领、引导和鼓励下属为实现目标而努力的管理活动。就领导与管理的关系来看，领导乃是管理的一种重要职能，它在管理中居于十分重要的位置；或者说，领导即是一种高层次的管理活动。

（二）学校管理相关概念辨析

1. 学校管理与学校经营

随着我国社会主义市场经济的发展和完善，"经营"一词开始应用于各种服务行业，甚至应用于政府管理，当下"经营"一词出现在教育界也就不足为奇了。从经营凸显的效益价值看，学校经营就是要实现学校效益的最大化，这种最大化的目的是基于学校既要完成"育人""知识增进"，又要追求学校"资本增值"；既对学校提出了更多更高的要求，也是市场经济资源配置对学校的选择。② 学校管理带来的效益仅仅是满足于上级教育行政管理部门所规定的目标下的效益，囿于官僚体制的弊端，学校管理往往带来资源浪费等诸多弊端。学校经营正好弥补了学校管理在效益方面的弊端。可见，学校管理与学校经营并不完全相互排斥，或者说它们仅仅是完成学校目标的两种手段，学校经营在某种程度上也是学校管理的发展。

2. 学校管理与学校行政

若从管理学的角度理解"行政"概念，"学校行政"可以等同于"学校管理"。我国台湾地区至今习惯用"学校行政"一词，实则等同大陆的"学校管理"，而大陆学校管理实践中所讲的"学校行政"已被纳入"学校管理"之内，学校校长及教导主任等人员的领导与组织方面的活动被称为学校管理。虽然在我国大陆地区有从政治学的角度区别看待"行政"与"管理"的学术传统，但在教育领域，其主要体现在"教育行政"与"教育管理"的不同，一般来讲，教育管理包括教育行政与学校管理。

🔍 **案例**

李校长的"无为而治"

李校长是一所重点中学的校长、市教育学会的理事长，又是区政协委员。他经常参加校

---

① 周三多，陈传明，鲁明泓. 管理学——原理与方法 [M]. 上海：复旦大学出版社，2003：483.
② 周游. 学校经营——理论·模式与机制 [M]. 北京：中国经济出版社，2004：47.

外社交活动，不是每天都在学校，但学校工作井然有序。

在校时，他经常到办公室同教师谈这谈那，也不拘形式地与学生接触。在交流中，教师、学生向他提出了许多具体要求。对于这些要求，李校长一般都会说："我知道了。这个问题副校长在管，你去问他，让他决定。""我同教务处谈谈，让他们处理。""我跟总务主任说一下。让他解决。"

在一次教职工大会上，李校长念了一张给他的条子："你是校长，为什么遇到问题不表态？是权不在手，还是处理不了？"念完条子，李校长首先感谢了写条子的老师的关心，然后明确表示："我是有职有权的，学校里重大事情的决定，都是由我主持做出的。这就是权嘛！至于执行过程中的具体问题和细节的处理，领导成员有明确分工。因此，我不能随意表态。"对李校长的解释，一些教职工仍不赞同。李校长又通过各种方式对教职工谈了他关于校长负责制的看法，校长负责制不是个人专权。集体决定的事，校长随意变更，或者对那些有人分管的事，校长出面表态处理，不但不能调动每个人的积极主动性，发挥其才干，而且会养成一些同志的依赖性。

李校长的看法得到了领导成员的赞同，但还是有教职工向他提出问题："这样说，校长不是'无为而治'了吗？"他回答说："校长应该管他所应管的，而不管他所不应管的。样样抓在自己手中，看似权力大，实质上放掉了大权。不把权授给分管的领导，自己成为光杆司令，那才会真正地失权。"

从上述材料出发，你认为就领导和管理的关系而言，李校长是一个好的领导者，还是一个好的管理者？

3. 学校管理与学校领导

由前文所述可知，领导是一种高层次的管理活动，学校领导显然是一种高层次的学校管理活动。然而，随着不同学者从不同层面对其加以区分，学校领导和学校管理逐渐呈现分离趋势。库班从功能层面对领导和管理做了最为明确的区分："我所说领导是指在实现期望的目标过程中去影响他人；管理是去有效地维系现行组织的运作。虽然管理常常需要领导技巧，但其总的功能是维持，而非变革。"[1] 可见，领导与变革有关，而管理则是一种维持性的活动。因此，学校领导与学校组织的变革息息相关，学校管理重在维持教育组织的日常运作。布什将领导与价值观或目标相联系，将管理与实施或技术问题相联系。[2] 可见，学校领导和学校管理关注问题的层面不同，前者更关注高层次的组织价值观或组织目标，后者则关注组织的实操层面。华伦·本尼斯认为："领导者是那些做正确事情的人，而经理人则是正

---

[1] 托尼·布什. 如何管理你的学校（第3版）[M]. 许可，译. 福州：福建教育出版社，2011：8.
[2] 托尼·布什. 如何管理你的学校（第3版）[M]. 许可，译. 福州：福建教育出版社，2011：9.

确地做事情的人。"① 由上可见，学校领导正在逐渐形成一个与学校管理相关但又相对独立的领域。

🔊 **名家语录**

语言的准确性，是优良风格的基础。

——亚里士多德

第二节
学校组织与管理的演变

🎯 **学习目标**

了解学校组织与管理演变过程及其特点。

学校组织发展源远流长，不同时期的学校各具特色。本节力图勾勒出历史上学校组织发展的基本线索与管理特点。

一、古代学校组织及其管理特点

（一）外国古代学校组织及其管理特点

在古代东方国家，进入奴隶社会后，奴隶主统治者为了传宗接代，巩固世袭政权，通常会把皇族贵胄青年安排在宫廷之中，聘任经验丰富、知识渊博的人给予教导。随着政治、经济、文化的发展，社会生活日益复杂，对教育也提出了培养不同人才的需求，东方国家也就出现了符合各国国情的各类专门学校。

在古埃及，最早出现的学校有宫廷学校、职官学校、寺庙学校和书吏学校。宫廷学校由法老在宫廷中开设学校，专供皇朝子孙及朝臣子弟就学，学习内容丰富而广泛。职官学校由政府机关自行设校、自行招生，直接招收贵族和官吏子弟，负责训练政府所需的官吏。寺庙学校设在大寺庙里，来学习的有僧侣、军人、建筑家、哲人和医生等。书吏学校以培养书吏为目的，除招收特权阶级子弟外，也接纳部分家庭经济收入一般的儿童。古埃及上述学校的

---

① F. 赫塞尔本，等. 未来的组织：51 位著名咨询大师勾勒的未来组织模式 [M]. 胡苏云，储开方，译. 成都：四川人民出版社，1988：27.

教学都以阅读和书写为重点，同时也特别重视道德教育。教师和管理者都是由高级僧侣和官吏担任。学校纪律非常严格。体罚被看作管教学生正常而合理的手段。

在古代印度，最早出现的学校有吠陀学校和古儒学校。吠陀学校招收婆罗门子弟，旨在保持种姓，训练未来的婆罗门教士。古儒学校由古儒自己在家里设置学校，学习年限不一，招收对象也有所扩大。学生对教师的侍奉、照顾，教师对学生的关心、管教，学校都有明确规定。以上古代印度婆罗门学校在管理体制上，由于当时国家与学校没有建立必然联系，因此各类学校由教会负责或为私立；教师完全由婆罗门担任，实行导师制；教育内容基本上以宗教为本，由神学控制。[①]

综上所述，古代东方国家的学校管理还处于开创阶段，虽然有的国家已颁布一定法律、规定，但尚未建立起严密的行政领导机构和专门的管理职衔，所以带有很大程度的组织松散性和人员兼容性。

到古希腊时期，典型的城邦国家是斯巴达和雅典。斯巴达的教育行政管理全部由国家负责，形成了一个从幼年到成年的完整教育体系，并受政府的绝对控制。学校采取军事化管理，各级教育领导者、组织者、教育者都由军人担任，有权命令、指挥和责罚学生，整个管理和教育渗透着国家主义、英雄主义。雅典在政治上实行奴隶主民主制度，工商业发达，使其教育制度、目的、组织管理和教学内容、方法都比斯巴达的教育丰富多彩、灵活多样。7岁以前的雅典儿童由家庭负责教养，7~12岁的男童要进入文法学校或弦琴学校接受初等教育（女童不准入学）。这两种学校设在教师住所，均为私立，需要收费，国家也没有制定专门的管理规章与课程标准。青年到18岁时，要进入"埃弗比"深造。"埃弗比"是国家办的兵役训练，凡有公民权的家庭子弟都可以报名学习。

而到罗马吞并希腊本土后的共和时期，统治阶级需要高级的接班人，于是出现了修辞学校。这种学校的教学目的是把少数贵族子弟训练成为演说家和雄辩家。到罗马帝国时期，小学教育的对象由原来只限奴隶主的自由民，改为手工业者和平民的子女。当时出现了两种初级学校，一种是专教普通平民子女的小学，另一种是专为贵族及富裕人家子女而设的学校——文法学校兼小学。同时，国家加强了对教育的管理，学校由私人办学改为国家统一管理，教师由私人选聘改为国家任命。

到中世纪，教会开办的学校是主要的教育机构，宗教教育是一切教育的根本目的与基本内容。神职人员充当学校管理者和教师，管理活动采取教堂管理的方式。学校对学生的管教极为严格，经常使用体罚等不人道的管理手段。与此并存的是培养封建统治阶级接班人的世俗教育，并日渐取得一定程度的自治权和自主权。

文艺复兴、宗教改革运动使得大批世俗学校得到发展。这一时期的世俗学校类型很多，

---

① 陈孝彬，高洪源. 外国教育管理史 [M]. 北京：人民教育出版社，1996：26.

既有由人文主义者主持开办的新式宫廷学校，也有由城市学校演变而来的与地方政府关系密切的地方学校，还有由慈善团体或私人捐资维持的学校。新式宫廷学校在管理上尽可能减少家庭和社会环境对孩子成长的影响，学校规定全部学生住宿校内，家长不得干预。学校提倡温和纪律，反对体罚和棍棒纪律。新型城市学校由地区行政当局建立，从聘请教师、支付薪金到课程管理、监督学校事务都由地方政府负责。捐资学校一般设有董事会，由董事会任命学校校长和其他主要负责人。同时，耶稣会学校管理方式也发生了诸多变化，但总体上耶稣会学校有着统一的体制，遵循同样的线路，采用高度集中的管理体制，学校行政工作有一套系统全面的规程可循。

（二）我国古代学校组织及其管理特点

从先秦至明清，我国历来都十分重视学校教育，这是中华文明的优良传统。我国学校产生于夏代，后来又有了庠、序、学等教育机构。《孟子·滕文公上》记载："夏曰校，殷曰序，周曰庠；学则三代共之，皆所以明人伦也。"封建制度建立后，学校体系日渐趋于完善。纵观我国古代学校，大致上可以分为三类：一是官立学校，简称官学；二是书院；三是私立学校，简称私学。这三类学校包括了各种办学形式，且有各自的管理特点。

1. 官学

西周的学校分为"国学"和"乡学"两大系统。中央官立学校主要是国学，国学建立在王城，专为贵族子弟设立，按学生入学年龄与学业程度的高低，分为大学与小学两级。大学的规模较大，内分五学，五学以辟雍为首，所以大学统称为辟雍。小学也有两种，一种是设在宫廷附近的贵胄小学，太子、国子等幼年进入；另一种是设在郊区的供一般子弟上学的小学。西周的地方官学主要是各诸侯国设立的泮宫和乡学。泮宫设在诸侯国的都城里，乡学则设在都城以外的地区。根据《周礼》记载，周朝的地方各级组织都有学校，"乡有庠，州有序，党有校，闾有塾"。随着学校的产生，学校管理这种职能活动就出现了。从学校管理人员来看，在学校萌芽时期即西周以前，就产生了监管学校的官吏——大司乐，也就是礼官。乡学的管理事务多由氏族中德高望重的长者担任。这可以看作后世校长的萌芽。①

春秋战国时期，王权衰微，诸侯争霸。中央官学衰落，旧有制度几乎破坏无遗。秦灭六国，秦始皇焚书坑儒，禁锢思想，不设官学，"以法为教，以吏为师"。到了汉朝，官学才得到恢复和发展。由封建朝廷直接控制的中央官学，主要有太学、宫邸学和鸿都门学。太学是汉代最高学府，可谓中央官学的典型代表，它标志着我国封建官立大学制度的确立。宫邸学是汉代专门为皇室及贵胄子弟开办的贵族学校。鸿都门学开设课程别具特色，主要是辞赋、小说、绘画及书法等，因而被誉为我国乃至世界上第一所文学专科学校。汉朝地方官

学，主要是郡国学。"郡国曰学，县、道、邑、侯国曰校，校、学置经师一人；乡曰庠，聚曰序，序、庠置《孝经》师一人。"（《汉书·平帝纪》）学、校属中学性质，专攻一经；庠、序属小学性质，注重礼教。学、校的学生有升入太学的资格。无论是中央官学，还是地方官学，当时没有专职主管教育的行政机构和官员。在中央，教育工作由太常兼管，地方学校由各级行政长官负责。①

魏晋南北朝时期，中央官学曾一度中落，西晋虽设立太学，但学生人数少，学校规模小。不过西晋王朝为了培养高级贵族子弟成为统治者，于晋武帝咸宁二年（276）设立国子学。南朝宋文帝元嘉十五年（438）前后，朝廷建立了儒学、玄学、史学和文学4个学馆，实际上就是我国早期的分科专门学院。魏晋南北朝封建割据政权设立的地方官学是州郡学，主要为官僚地主阶级的子弟设立。

到隋唐时期，隋文帝把国子寺改为"国子监"，同时置祭酒1人，专掌全国教育。这是我国历史上中央政府设立专门教育行政机关和专门教育长官的开端。唐朝经过百余年的发展，建立了从中央到地方完整的封建学校教育体系。中央设有"六学"（国子学、太学、四门学、书学、算学、律学），"二馆"（崇文馆、弘文馆），此外，还设有医学、玄学、集贤殿书院、皇族小学等。地方学校包括府、州学与县学两级。县学以下尚有乡学和镇学，但不常设。学校有适合于科举考试的稳定的教学计划，开设了必修科目、公共必修科目和选修科目，配有各类专职教师。在教学方法上采用分经教授、讲读结合，专科学校注重实际练习。学校还规定了学员的入学资格与手续，规定了考试办法和假期。②

宋代的官学基本传承唐代的学校教育体系和制度。辽、金、元时期中央官学逐步走向衰落，明、清两朝又有所发展。明朝设有南京国子监和北京国子监，在地方设立府学、州学、县学及卫学。而明朝最值得一提的便是政府给予学生丰厚的物质待遇，为历代所不及。清朝的官学和明代大致相仿，只是清代的地方官学在嘉庆之后便有名无实了。

2. 书院

书院是五代十国时期出现的新型学校，它最早兴盛于唐代，至宋代盛极一时。白鹿洞书院、石鼓书院、嵩阳书院、岳麓书院、应天府书院、茅山书院，号称宋初的六大书院。到清朝政府进行改革，仿照外国制度建立现代学校系统时，将省会的书院改为大学堂，府和直隶州的书院改为中学堂，州和县的书院改为小学堂，中国传统书院教育至此结束。书院自始至终都徘徊于私立与官办之间，而书院教育与官办教育最大的不同就是为学术而不全为科举。书院一般实行山长负责制，突出山长的学术作用，强化书院的教育功能。书院的教学管理特色主要体现在学规上，它将书院的教学方针和办学程序、方法以院规的形式公之于众，包括教学规则、学生生活和读书守则。第一个系统完整的书院学规是朱熹制定的《白鹿洞书院

① 乔春洋. 现代学校管理 [M]. 广州：羊城晚报出版社，2003：3.
② 乔春洋. 现代学校管理 [M]. 广州：羊城晚报出版社，2003：4.

教条》，它不仅阐明了书院教育之根本目的，也说明了为学、修身、处世、接物的基本要求和方法。成为历代书院学规的典范。

3. 私学

春秋时期，官学衰落，私学兴起。孔子是春秋时期创办私学的大师。他教学生致力于学生的道德修养，其次才是文化知识学习。他的因材施教、启发诱导、按时复习和学思并行四大教学原则为后世传承。与孔子齐名的私学大师还有墨子。墨子主张由有道德、有能力的人掌权管理国家，因此他的教学内容有政治理论、分析和语言表达能力的训练、战争防守和科学技术。到战国时期，这种私学进一步发展，如荀况、孟轲、田骈、许行等也都各以所长聚徒讲学，学生多者数百人，少则数十人。自春秋战国时期开创私学之后，除秦朝禁止私学外，历代相传，私学教育迅速发展。

我国古代私学教育的学业程度参差不齐，有的属于启蒙教育，有的属于中等性质的教育，有的属于大学性质的教育，而有的则包括各种不同程度的教育。学校名称各代不同，如精舍、精庐、书院、蒙馆、村塾、家塾、义学等。古代私学主要招收中小地主阶级子弟和中下层人民的子弟，其教学内容仍以儒家典籍为主，兼习一般的文化科学知识。①

综上可知，中外古代学校均设置了相应的职务、制定相关的条文对学校事务进行管理，学校逐渐演化出一套专门的教育行政机构。但总的来说，古代学校中管理活动与教育活动的分化不明显，管理职能也不完善。这种情况一直延续，直到班级授课制使学校扩大，有了设专职管理者的需要，学校管理变得日益重要。到了近代，随着现代学校的建立，学校管理体制逐渐趋于成熟。

二、现代学校组织兴起及其特点

（一）西方现代学校组织兴起及其特点

现代学校最早发源于欧洲中世纪末期的文艺复兴前后，伴随着商品经济在欧洲的发展而产生和发展起来。现代学校的产生，事实上分两条线路进行。一条自上而下发展，以最早的中世纪大学及后来的大学为顶端，向下延伸，产生了大学预科性质的中学。经过长期演变，逐步形成了现代教育的大学和中学的系统。另一条自下而上发展，由小学（及职业学校）、中学（及职业学校）向上发展至今天的短期大学。前者是学术性的现代学校系统，后者是群众性的现代学校系统。这就是欧洲于19世纪末和20世纪初形成的所谓双轨学制。②

在18世纪末到19世纪末这100年里，欧洲发生了以蒸汽机的发明和广泛使用为标志的

---

① 熊明安．我国古代学校教育制度的形成、发展及其历史作用 [J]．西南师范学院学报（人文社会科学版），1985（3）：50-57.
② 黄济，王策三．现代教育论 [M]．北京：人民教育出版社，1996：262.

第一次工业技术革命。这场革命推动了欧洲各国教育的广泛发展。在英国，18 世纪末至 19 世纪初的初等教育仍然是一种慈善事业，导生制学校和幼儿学校是当时英国出现的两种慈善事业的初等学校。1870 年，英国政府颁布了《初等教育法》，重申国家对教育的补助和监督。1880 年，英国政府规定初等教育为强迫教育。到 1891 年，英国开始实行初等教育免费的规定。而此时，英国的中等教育的基本形式仍是文法学校和公学，只是对象逐渐扩及资产阶级的子弟。在法国，1833 年，法国颁布了《基佐法案》。该法案确立了法国的初等教育格局，即每个乡设立 1 所初等小学，每个城市设立 1 所高等小学；地方有权征收特别教育税作为教育经费，学校照常收费，不足之处由国库拨款补贴；教师教育和培训应遵循严格的流程和标准，法案保障小学教师的最低薪酬。1881 年，法国颁布了《费里法案》。该法案规定取消初等教育学费和书杂费，取消公立小学的宗教课。上述两大法案，共同奠定了法国初等教育义务、免费和世俗化三大基本原则，促使法国初等教育得以迅速发展。此时，法国的中学也得到了较快的发展，当时法国的中学主要有两种，即国立中学和市立中学，中学与大学衔接。在德国，18 世纪初，初等学校设备简陋，教学质量很差；文科中学在中等学校中占有重要地位，实科中学的社会地位远低于文科中学。到 18 世纪末，受法国大革命影响，德国教育领域出现了泛爱主义和洪德堡改革。泛爱主义者采用让儿童自由发展的教育方式，注重实物教学。洪德堡改革使得实科中学得到了进一步的发展，加强了自然科学教育。1887 年，德国政府颁布了《普通学校法》。该法规定 6~14 岁的 8 年初等教育为强迫教育阶段，在此阶段，德国基本上实现了对 6~14 岁儿童的普遍义务教育。在美国，1825 年，颁布了第一部普及义务教育法，在全国实行强迫初等义务教育。同时为了开拓疆土和振兴实业，美国创办了公立中学。公立中学免收学费，学生经济负担较轻，学校由政府管理，易于契合社会需要，而且其课程丰富，与小学和大学衔接，既有利于学生就业谋生，又为他们升学做准备，有效促进了美国现代单轨学制的形成。

从 19 世纪末到 20 世纪中叶近半个世纪的时间里，又发生了以电气在工业上广泛应用为标志的第二次工业技术革命。显然只具备小学程度的文化知识已完全满足不了工业的发展，于是西欧发达资本主义国家纷纷延长义务教育年限，在小学之上办起了初级中学。而高中还是从古典文科中学发展而来，暂不吸纳劳动子女。但是在美国，群众性的学校已经延至高中了。与此同时，社会对职业技能人才也有了很大的需求，于是许多发达国家先后通过了各种职业教育法令，大力创办职业学校。例如，英国国会于 1918 年颁布了《费舍法案》，着重要求各地方当局大力发展中等水平的学校，广泛开展技术学校、夜校、艺术学校、商业学校、家事学校等。法国于 1919 年通过《阿斯蒂埃法》，规定每个市镇建立一所职业学校，对 18 岁以下的青少年实施义务免费的职业教育。德国资产阶级于 1919 年通过了《魏玛宪法》，该法令规定基础学校为统一的初等国民学校，凡 6~10 岁儿童不论贫富均须就学于此；同时增设了德意志中学与建立（上层）中学。与此同时，欧美出现的"新教育"运动和

"进步主义教育"运动推动了欧美各国学校管理改革的发展。英国阿博茨霍尔姆学校，法国罗歇斯学校，德国乡村寄宿学校，美国昆西学校、有机教育学校和葛雷学校，这些学校实践都为现代学校发展奠定了基础。

从 20 世纪中叶起开始了以电子计算机为标志的第三次工业革命，这给整个社会的产业结构带来了巨大的变化，脑力劳动者日益增多，对教育普及提出了新的要求，各个国家大力普及高中教育和高等教育。同时，伴随着教育管理思想的蓬勃发展，各国学校改革更加深入。

(二) 我国现代学校组织兴起及其特点

我国现代意义上的学校始于清朝末期的洋务运动。经历两次鸦片战争之后，洋务派认为，要抗御外敌、富国强民，必须造就人才，于是开办洋务教育，设立"洋务学堂"，教学内容以"西文"和"西艺"为主。洋务派先后创办 30 多所新式学堂，大致上分为外国语学堂、军事学堂和技术学堂，并采用当时西方较为先进的教育管理模式。前期开办的语言学堂主要有京师同文馆、上海广方言馆和广州同文馆，主要是为了培养外交和贸易翻译人才。后期由于地方官吏的需要，地方逐渐开办语言学堂，招生对象不再严格限制，教育民主化的程度正在发生着微妙的变化。比较著名的军事学堂有福建船政学堂和天津水师学堂，主要培养军事人才。后来，洋务派认识到只掌握西文、只培养外交人才和军事人才还不能满足形势所需，还必须开办民用工业，学习西方的"坚船利炮"技术，于是，技术学堂应运而生。当时比较著名的技术学堂有福州电报学堂、天津电报学堂、天津西医学堂和南京储才学堂等。在教学组织形式上，洋务学堂普遍制订了分年课程计划，确定了学制年限，并采用班级授课制度，部分学堂还建立了实习制度。虽然洋务学校管理已经基本具备现代学校管理的某些特点，但也存在较大缺陷。洋务学校分布零散，缺乏全国性的整体规划和完善的学制系统。

维新运动时期，维新派创办了近百所新式学堂，对传统教育和洋务教育进行改革。1890年，康有为创办万木草堂，为维新运动培养人才。1895 年，盛宣怀呈请北洋大臣王文韶奏准在天津开办中西学堂，亦称北洋西学堂，后发展为北洋大学。1896 年，盛宣怀呈请在上海仿照北洋西学堂设立南洋公学，后发展为交通大学。北洋西学堂和南洋公学最早采取西方近代学校体系的形式，分初、中、高级，相互衔接，并按年级逐年递升，具有近代三级学制的雏形，因而事实上将早期维新派的学制改革思想付诸了实践。[①] 1898 年，清政府创立京师大学堂，它既是全国最高学府，又是国家最高的教育行政机关，各省学堂均归其统辖。1901年，清政府部分恢复"新政"，如科举考试废除八股文，改试策论，将各地书院改为大、中、小学堂。1904 年，清政府正式颁布《奏定学堂章程》，即"癸卯学制"，自公布起一直

---

① 孙培青. 中国教育史（第三版）[M]. 上海：华东师范大学出版社，2009：329.

施行到 1911 年清朝灭亡，它是中国教育史上最早颁布并在全国施行的具有资本主义色彩的新学制，为中国现代学校制度的建立奠定了基础。1905 年，晚清政府废除科举制度，鼓励各地兴办新式学校。

辛亥革命后，南京临时政府于 1913 年公布了"壬子癸丑学制"，它否定了儒家经学的传统地位，扩大了女子受教育的权利，并取消了贵胄学校，缩短了学制，反对体罚，主张教育要联系儿童实际，在当时具有明显的进步意义。1919 年的五四新文化运动有力地推动了现代初期的教育改革，提倡民主与科学，提倡白话教学，主张男女同校。1922 年，我国颁布美国式"六三三"分段的"壬戌学制"，成为中国近代史上实施最长、影响力最大的新型学制，其分段标准一直沿用至今。与新学制配套实施的还有制定于 1923 年的"新学制"课程标准，对学校尤其是小学到中学的课程设置、时间的限定、修习的方式、毕业标准等都做了比较明确的规定，保证了新学制的顺利实施。

南京国民政府时期，学校系统承袭了 1922 年新学制的规定，但是对其具体实施做了局部调整。为推行义务教育，小学增设了简易小学及短期小学；普通中学、职业中学和师范学校分别单独设立；单科专科学校和高等师范学校纷纷改为大学。与此同时，中共领导下的革命根据地的学校有着不同的特色。苏维埃政府依据当时的实际情况，紧抓儿童义务教育、群众扫盲教育和干部教育。在"苏区"，干部教育主要采用短训班形式，工农民众教育通常采用扫盲、宣讲、读报组、识字牌等方式，后来广泛发展小学教育，如劳动小学、列宁小学、红色小学等。抗日根据地学制系统中，干部教育重于群众教育，成人教育重于儿童教育。小学实行"民办公助"，使得小学教育迅猛发展。与小学教育同时开展的还有根据地的社会教育，以冬学、民校、夜校、半日校、识字组、剧团、救亡室等多种形式进行扫盲。解放战争时期，在此之前的非正式教育形式已不能满足形势所需，因此，解放区加紧建立正规学校，完善学校制度，开展全面的文化科技知识的学习。所有上述尝试，都为中华人民共和国成立以后我国学校系统的完善积累了有益经验。

由上可以看出，现代学校的兴起与发展，受益于西方三次产业革命的影响。比起古代学校，现代学校发展更具有系统性，随着各级各类学校的迅速涌现以及学校规模不断扩大，教育管理体制也更为完善。

三、我国学校组织体系及其管理

（一）我国现代学校组织体系

中华人民共和国成立，特别是改革开放以来，我国从社会主义初级阶段的国情出发，不断完善学校系统。按照我国当前的教育管理体制和工作范围来划分，整个学校体系大致可分为四大块：基础教育学校、职业技术学校、普通高等学校和成人教育学校。

基础教育学校包括幼儿学校、普通中小学学校以及盲、聋、哑残疾人和弱智儿童特殊学校等。

职业技术学校包括中等专业学校、技工学校、职业中学以及初等职业技术学校、高级职业学校、专业技术学院等。

普通高等学校包括普通高等院校专科、本科和研究生院等。

成人教育学校包括广播电视大学、职工高等学校、管理干部学院、教育学院、独立设置的函授学院、网络教育学院、普通高等学校举办的成人教育（函授部、夜大学、教师进修班）、成人中专学校、成人中学、成人技术培训学校、农民文化技术学校、农业广播电视学校等。此外，还有各种进修、培训、辅导性质的函授、面授学校。

各类教育体系中包含着不同层次的学校，按教育的纵向等级可区分如下。

第一，幼儿园，即3~6岁幼儿教育，属学前教育的一个阶段。任务是坚持保育与教育相结合的原则，对幼儿实施体、智、德、美全面发展的教育，促进其身心和谐发展。

第二，初等学校，主要是指全日制小学学校，招收6~7岁儿童入学，学制5~6年。小学教育给儿童提供德、智、体、美等全面发展的基础教育。

第三，中等学校，包括全日制普通中学、中等专业学校、职业学校、技工学校、农业中学及其他半工（农）半读中学、业余中学等。全日制普通中学一方面要为高一级学校输送合格新生；另一方面又要为国家建设培养劳动后备军。中等专业学校、技工学校、职业技术学校一般招收初中毕业生，培养中级技术人才和熟练技术工人。

第四，高等学校，包括全日制高等学校（大学、专门学院），专科学校，研究生院和各种形式的广播电视大学、函授大学、业余大学等。高等学校主要是为国家建设培养不同层次的高级专门人才。

由上可见，我国现代学校组织体系完善，各级各类学校一应俱全，学校教育年限不断延长，教育对象不断扩大，教育朝着终身教育方向发展。

（二）我国现代学校组织的管理

在我国教育管理发展史上，大多数学者历来都把对学校组织体系外部的管理称为教育行政，对学校组织内部的管理称为学校管理。学校作为一个社会组织，其内部组织结构十分复杂。在我国，不同学校组织结构类型不同，如直线型组织、职能型组织、直线-职能型组织、委员会型组织、事业部门组织以及矩阵型组织。规模较小的学校以直线型为主，不设置独立的职能部门，由校长直接领导全体教师；规模稍大些的学校则以职能型组织或直线-职能型组织为主，校长一方面领导各职能部门；另一方面直接领导各年级、各学科教师及其组织。规模较大的学校在组织机构的纵向和横向分化方面更为明显和复杂，多采用矩阵型组织。图1-1是我国中小学一般组织机构设置。

目前，我国中小学实行党组织领导的校长负责制，并建立教职工代表大会制度，畅通教职工参与学校管理的渠道；定期召开校务委员会会议，研究学校发展过程中的重大问题；建立以校长为领导核心的智能管理部门，如政教处、教务处、科研室、总务处和校长办公室，执行校长的决策。各层各级部门相互协作，共同管理学校日常工作。

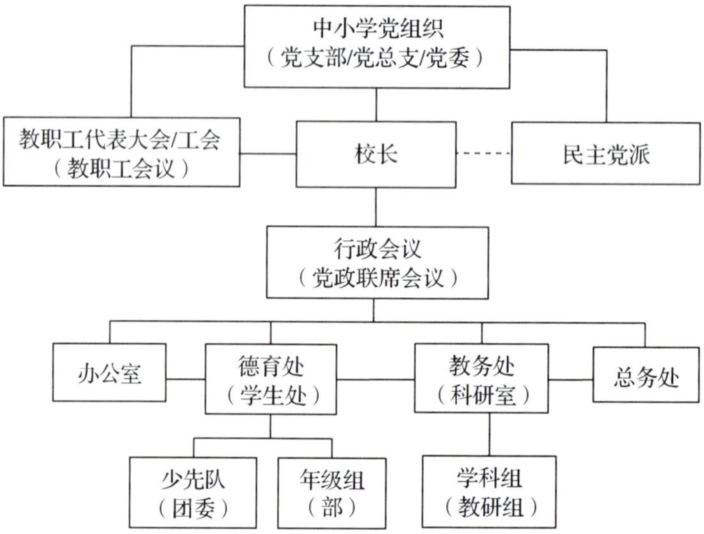

图 1-1 我国中小学组织机构设置

🔍 案例

"质量检测"引发一个"中心"的夭折

这是一所在全市颇有声望的实验学校，李校长新到该校上任。俗话说："新官上任三把火"，李校长上任的第一件事就是进行学校的机构改革：成立"三大中心"和四个部门。"三大中心"即教学开发中心、科研发展中心、财务结算中心；四个部门即办公室、教导处、政教处、总务处。其中"三大中心"为学校直属机构，由校长直管，四个部门由副校长分管。李校长在向全体教师发表施政演说时特别对学校机构重设做了一番详尽的说明，尤其是"三大中心"的设置，是为了凸显其在促进学校实现跨越式发展中的作用。

为了把好学科教学质量关，教学开发中心决定对全校进行质量检测，这一举措得到了校长的赞同。教学开发中心积极投入行动，准备质检的各项事宜。一切准备就绪，全校质量检测开始。学生一开始答卷，问题就接二连三地出现了：几乎各科试卷上的题目都出现了错误，忙坏了监考的老师。更有甚者，有的试卷上的内容根本无法作答，原来试卷上出的是旧教材上的内容。

这一来，学校里顿时炸开了锅。"一个堂堂的'中心'连一次质量检测都组织不好，纯粹是摆花架子。"面对来自基层教师的责备和质疑，教学开发中心的主任没有请示校长，便下了"考卷自批，结果不统一测评"的指示，将这次活动草草收场。然而，事情并没有结束，随着事件的推移，讨论越发激烈，学校也没有就此事件给出一个说法，对教学开发中心的质疑越来越多，教学开发中心的工作也因此停滞。

学期结束，在教代会上，焦点问题居然直指学校的机构设置，尤其是教学开发中心因为"质量检测"风波，导致其功能备受质疑。最后，教代会形成决议，取消该"中心"，有关教学工作由教导处承担。就这样，一个诞生不满周岁的"中心"夭折了。

从上述材料出发，你认为"教学开发中心"的设置可行吗？从机构职能和分工协作方面，谈一谈它夭折的具体原因是什么？

🔊 名家语录

以铜为鉴，可正衣冠；以古为鉴，可知兴替；以人为鉴，可明得失。

——李世民

第三节
学校组织与管理理论的发展

🎯 **学习目标**

掌握学校组织与管理理论动态，了解学校管理学的研究对象与学科属性。

管理学者历来重视对组织问题的研究，组织理论发展至今，学派众多，且对管理实践产生了重要的指导作用，学校管理同样可以对其加以借鉴和吸收。

一、学校组织理论的演进

组织理论的发展经历了以工作为中心的古典组织理论，到以人为中心的新古典主义理论，再到整合的开放系统理论的演进过程。

（一）古典组织理论及其在学校中的影响

古典组织理论最基本的哲学观是"经济人"假设。"经济人"假设把人看作经济动物，认为人的行为动机以获得经济利益为取向。古典组织理论代表人物有弗雷德里克·泰勒、法约尔和马克斯·韦伯。下文主要介绍对学校组织影响较大的韦伯科层制理论。

1. 韦伯的科层制

韦伯提出了科层制模式，主要包括明确的职责分工、建立自上而下的等级系统和奉行理性原则、遵守规则和纪律等。

第一，劳动分工。在科层制模式中，工作任务根据组织目的和工作类型进行划分，职责范围十分明确。劳动分工导致专业化的产生，使员工成为每一个特定岗位上的专家。

第二，等级权威。在科层组织中，组织遵循等级制度原则，职权关系垂直分布，形成严密的上下级关系，每个员工都受到高一级员工的控制和监督，每个员工都拥有明确的权威与责任。

第三，规章制度。规章制度规定了每个职位的权利与义务，组织成员需严格遵循规章制度对待工作，从而促进组织非人格化取向的产生。这种非人格化取向旨在避免组织成员的个人观念和倾向影响组织的理性决策，以确保组织目标的实现。

第四，效率。劳动分工和专业化造就了专家，而非人格化取向的专家会依据事实在技术上做出正确、合理的决策。一旦做出合理的决策，权威等级体系就会保证对指令的规训化服从，并遵从规章制度，形成一个协调优良的执行系统，保证组织运行的统一性和稳定性。[1]

2. 科层模式的双重结构

韦伯一方面强调科层管理在本质上是以知识为基础实施控制的；另一方面又认为在纪律面前，所有个人批评都被无条件悬置，人们能做的就是坚定不渝地执行命令。根据韦伯的观点，他的理想式的所有特征在逻辑上是一致的，并且这些特征相互作用以实现组织效率的最大化。然而，理论分析和经验分析都表明，在组织发挥作用的现实世界中，这些特征远远不是如此一致且容易整合为一体的。显然，矛盾与冲突存在于这两种权威基础之中，而韦伯没有对科层原则和专业原则加以区分。[2] 韦伯模式的许多方面一直备受批评，其中很重要的一个方面是韦伯没有解决模式中各要素潜在的内在矛盾，即某些科层化组织原则之间的自相矛盾。那么，人们不禁要问，科层管理到底是建立在专业知识基础之上，还是建立在伴有指令的规训化服从基础之上？

---

① 韦恩·K. 霍伊，塞西尔·G. 米斯克尔. 教育管理学：理论·研究·实践 [M]. 范国睿，主译. 北京：教育科学出版社，2007：83.

② 韦恩·K. 霍伊，塞西尔·G. 米斯克尔. 教育管理学：理论·研究·实践 [M]. 范国睿，主译. 北京：教育科学出版社，2007：92.

3. 学校中的科层制与专业性冲突

学校中至少存在两类基本组织。一类是负有责任制度与管理职能的科层组织，其职责包括协调与社区的关系、贯彻法律、管理内部事务、获得和分配必需资源及协调师生关系；一类是专业组织，负责实际的教与学的技术过程。

在学校这样的服务性组织中，专业-科层冲突的最重要来源是应用科层制与专业化的社会控制系统。教师试图控制工作中的决策，他们所受的教育就是内化伦理准则，并指导自己的行动，教师彼此之间相互以专业能力支持信任彼此。但是，学校的行政科层模式又使得决策主要由权威阶层制定。这样看来，"专业知识和自治"与"科层纪律和控制"就造成了不可避免的冲突。尽管如此，不乏学者认为，这两者之间的所有方面并不会完全不相容。如果学校的组织机构能变得更加专业化，那么，化解冲突和紧张的机会将会大大增加。实际上，教师的双重取向或许是一条通则而不是例外。有研究表明，如果学校能够扩大教师的专业自治权，那么，教师的科层取向与专业态度就未必会产生冲突。

由此看来，人们更希望在学校这样的育人组织中可以多一些专业性，少一些权威性。回顾历史，我们总也忘不了清华大学盛极一时的"教授治校"历史。然而在大学中，教授在各自的专业领域享有的专业权威是中小学老师远不能及的，这意味着在中小学学校中实现学校的双重取向还有一段很长的路要走。

🔍 **案例**

民主评议走入"怪圈"

李校长这几天心里一直在暗暗担心，因为一年一度的民主评议工作又要开始了。回想去年的评议工作，李校长还耿耿于怀。

李校长接受上级行政部门的任命，前年来到该校担任校长一职。其自身学历及业务能力均较高，又在教师培训机构待过，因此一到学校，就大刀阔斧地推出了一系列教学改革新举措，如推门听课制度、高职低聘制、教学督导制、学科评估制等，希望通过这些手段来促进教师的专业成长以及学校的发展。孰知，教师们不买账，先是不配合，私下里议论纷纷，后来有教师跑到校长室质疑，再后来发展到教师公开和校长唱对台戏。特别是去年的民主评议前夕，有教师扬言要让校长吃"团体操"，果然，民主评议结束，统计结果中校长民主评议不满意率达42%。特别让李校长震惊的是：他的两位前任也是因为个别老师拉帮结派，致使校长民主评议群众不满意率较高而被调离。

今年的民主评议结果会怎样？李校长不敢想象，尽管自己近一年来工作上已经低调了很多，遇事也总是多和教师沟通商量在先，教师群体中的那几个"头儿"也已经外调了一个，但是结果谁也很难预料。如果这次民主评议结果仍不理想，自己也将面临被调离的可能。

从上述材料出发，你认为应如何进一步完善民主评议制度？

（二）新古典组织理论及其在学校中的影响

新古典组织理论的提法是在对早期组织理论进行分析比较的基础上提出来的。这一理论的主要代表是玛丽·帕克·福莱特、埃尔顿·梅奥、弗里茨·罗特利斯伯格和切斯特·巴纳德。下文我们重点介绍新古典组织理论发展后期巴纳德的系统理论及其在学校中的影响。

1. 协作系统理论

巴纳德是推动传统管理理论向行为科学管理理论过渡的十分有影响力的人物。同古典组织理论只重视正式组织、人际关系理论只重视非正式组织不同，巴纳德认为正式组织和非正式组织普遍存在，二者统一。他重视组织的社会心理方面，而不是经济与技术问题。同时，他把组织定义为一种协作系统，研究了非正式组织的存在与影响，提出了与马克斯·韦伯及传统管理学家"合法职位"权威论有本质区别的"接受"权威论。他认为："权限是正式组织中信息沟通（命令）的一种性质，通过它的被接受，组织的贡献者或成员支配自己所贡献的行为，即支配或决定什么是要对组织做的事，什么是不对组织做的事。"[①] 按照此定义，管理者是否有权限，不在于管理者自己，而在于管理者的命令是否为部下所接受。

2. 组织中的非正式组织

巴纳德的系统理论把组织看作正式组织和非正式组织的统一体，凸显了组织中非正式组织的地位。非正式组织是一种人际关系系统，其按照感情的逻辑关系建立的团体关系，在所有的正式组织中自发形成，并对正式组织做出反应。非正式组织对正式组织的影响可能是建设性的，也可能是破坏性的。切斯特·巴纳德在其对组织的经典分析中认为，非正式组织至少有三个关键作用：①是一种有效的沟通工具；②是一种形成凝聚力的手段；③是维护个体诚实的工具。如果说正式组织是管理者和组织的逻辑，那么，非正式组织就是组织成员的逻辑。如果仅仅按照组织的逻辑或管理者的逻辑，就会忽视组织成员的利益和社会性需求，组织内部就会发生冲突。所以，组织管理者要对自然形成的非正式组织给予重视，同时管理者也可以成立非正式组织以实现组织目标。

3. 学校中的教师团体与教师参与

一所发展良好的学校离不开一支高素质的教师团队，而建立和谐的人际关系是培养良好教师集体的基础，这就要求学校管理者注重教师非正式团体的建设。在学校管理上，注重教师参与学校决策，以防产生校长主观武断的家长作风；要重新定义教师的角色以建立专业

---

① 黄崴. 教育管理学 [M]. 广州：广东高等教育出版社，2002：173.

控制的网络结构；学校应该以决策的网络化结构代替层级结构，从而扩大教师在学校中的权威；要充分发挥学校教职工代表大会的作用，促进学校的民主化管理。在教师发展上，建立非行政专业组织，为教师相互交流学习创造机会；倡导教师专业自治、促进教研科研团队合作。在生活需求上，正确处理物质需要和精神需要的关系，建立合理有效的激励机制；关注教师的自尊和价值需要，丰富教师集体的文化生活。

（三）开放系统理论及其在学校中的影响

尽管巴纳德运用社会系统这一概念整合古典组织理论的正式组织和人际关系的非正式组织，把组织看作一个社会协作系统，但真正把组织看作一个开放系统进行研究和管理，则是 20 世纪 60 年代 L. 贝塔兰菲的系统论对组织理论产生影响之后。而对开放系统理论加以分析和指导建设组织的，则是学习型组织理论。下文我们主要介绍学习型组织理论及其在学校中的运用。

1. 学习型组织理论

（1）学习型组织概念

著名管理学者彼得·圣吉认为，"学习型组织"是这样一种组织：在其中，大家得以不断突破自己的能力上限，创造真心向往的结果，培养全新、前瞻而开阔的思考方式，全力实现共同的抱负以及不断地一起学习如何共同学习。他提出，创建学习型组织要通过自我超越、改善心智模式、构建组织共同愿景、团队学习和系统思考这五项修炼来完成。马恰德认为：系统地看，学习型组织是能够有力地进行集体学习，不断改善自身收集、管理与运用知识的能力，以获得成功的一种组织。派得乐等人指出：学习型组织是促使组织中的每个成员都努力学习，并不断改革自身的组织。加尔文指出：学习型组织是指善于获取、创造、转移知识，并以新知识、新见解为指导，勇于修正自己行为的一种组织。①

（2）学习型组织的"五项修炼"

彼得·圣吉等人提出的学习型组织的"五项修炼"，具体内容包括如下几个方面。

第一，自我超越。自我超越是指个人成长和学习的修炼，以不断扩展自身的能力。学习型组织的精神在于组织成员不断学习、充实自我，因此组织应充分意识到组织成员的全面发展是组织实现目标的重要影响因素，应积极创造鼓励个人发展的组织环境，每个员工通过学习认清什么对自身是真正重要的东西，同时不断学习如何更清晰地观察现实。

第二，改善心智模式。心智模式不仅影响人们理解世界，同时影响人们的行动，组织同样可能存在共享的心智模式。改善心智模式的修炼要求组织检查和修正以往以局部或静态思考方式为主的心智模式，向注重互动关系与动态变化的思考方式为主的共同心智模式转

---

① 孟繁华. 构建现代学校的学习型组织 [J]. 比较教育研究，2002（1）：53-56.

变。同时，不一定寻求观点的协调一致，允许不同观点的存在，而且每个员工都能包容他人的不同观点。

第三，建立共同愿景。共同愿景是组织成员普遍认同的价值观，是组织成员的共同认同感。共同愿景是学习实践的焦点，也是其动力来源。主要表现在：共同愿景能激发人们的热情和抱负；共同愿景能激励组织成员勇于承担风险，勇于探索。

第四，团队学习。团队学习是协调校正的过程，是开发团队能力的过程。团队学习涉及三个关键方面，即对复杂问题的深入思考和清晰理解、创新和协调的行动、团队成员对其他团队所起的作用。团队学习的修炼主要是通过深度会谈和商讨的实践艺术来进行。

第五，系统思考。要求团队成员树立全局观念，把问题置于系统中来思考，从动态发展的各种要素中寻求新的动态平衡。①

2. 学校中的学习型文化构建

（1）塑造学校共同愿景

学校组织的共同愿景是学校组织以及所有学校组织成员所预期创造的。它来自教职工和学生的内在需要，是学校组织成员乐意达到的目标，而非由外在强制施加的组织目标。学校组织共同愿景的作用在于使不同个性不同理想的人凝聚在一起，为学校共同的目标奋斗。学校组织的共同愿景涉及学校组织的个性化的教育理念。学校组织的长远目标与近期目标涉及学校领导人的教育哲学以及每一位教师的教育哲学，这种教育哲学包括每位员工的基本教育理念、学生观（儿童观）、课程观、教学观等哲学层面的理念与意识，也包括每位员工对于学校办学目标的具体认识以及个体对自己的组织角色的认识等。②

（2）重构学校组织结构

学习型组织的结构不同于传统的科层制和等级制的组织模式，它强调横向与纵向相结合的联系与沟通的方式，强调权力下放，同时还表现出适应性强、反应灵活的特点。因而在建设学习型学校时要根据学习型组织的特征改造和重构学校组织。现行的学校管理模式过分强调竞争与控制，使学校的信息流动性极差，教师之间很少合作，造成学校管理总体水平不高。针对上述问题，第一，学校要营造合作的组织氛围，建立知识和信息沟通渠道；增加信息流动性，建立分享与合作机制。第二，学校要鼓励教师建立一个尊重所有学生能力与需要的环境，鼓励师生积极参与教育决策结构，从而形成"以师生为主"的扁平化的学校组织结构。第三，学校要削减不必要的部门或者合并功能重叠的部门，同时减少学校决策层与操作层之间的间隔层级，实现扁平化管理。

① 彼得·圣吉. 第五项修炼：学习型组织的艺术与实践 [M]. 张成林，译. 北京：中信出版社，2009：7-14，137-264.
② 范国睿. 走向学习型组织的现代学校 [J]. 教学与管理，2001 (2)：3-7.

（3）转变学校领导原则

确立以人为本的管理原则。以人为本就是指以人的本性和身心特点，以人的全面自由的发展为核心，创造相应的环境、条件，以个人的自我管理为基础，以组织共同愿景为引导的一整套管理模式。这种管理所强调的是要突出人的地位，把人的心理和生理上的需要满足感作为"第一因素"，在管理中做到关心人、理解人、重视人、尊重人、激发人和发展人。学习型组织理论的核心内容就是强调"人本"，这就要求学校的组织者和管理者必须树立以人为本的思想，建立组织成员之间平等的、和谐的、互助的新型人际关系。

（4）拓展学校外部资源

学习型组织是一个开放的系统，学校内部因素与学校外部因素相互联系。因此，学校应加强与社区的联系，使学校能一定程度上满足社区的需要，为社区服务；学校应广泛吸引社会力量对学校进行投资办学，同时学校要广泛调动社会各方面的力量参与办学，从而提高学校的质量；开设网络课程，使自身的优势教育资源能帮助更多有需要的人，发挥更大的效益，同时扩大学校的知名度。

（5）创造良好学习氛围

学习型组织的精神在于组织成员不断学习、充实自我。基于组织成员的全面发展是组织实现目标的重要影响因素，学校组织应为教师和学生提供一个支持和鼓励学习的环境，使学校成为教职工和学生能全身心投入并创造持续增长的学习力的组织。为此，校长必须对学习持有良好态度，营造一种支持学习者的氛围；积极提供各种学习工具，深入了解教师和学生的学习方式；鼓励每个教职员工成为终身学习者，鼓励教职员工之间虚心学习；使用多样化手段鼓励教职员工积极学习，并对学习效果进行评价；了解那些阻碍学习和促进学习的因素，趋利避害。

二、学校管理学的产生及发展

（一）西方学校管理学的产生与发展

1. 学校管理学的诞生

学界普遍认为，现代意义上的学校管理学产生于19世纪末20世纪初，其后不断发展丰富，并逐渐成为一门比较成熟的学科。19世纪末，随着社会生产力的迅速提高和科学技术知识的日益丰富，各国相应实施了义务教育制度。伴随着学校规模的不断扩大，教学方式和办学形式日趋多样，学校管理问题也变得纷繁复杂，将学校管理问题作为一门专门学问来研究就显得非常必要。而对于学校管理学成为一门独立学科的具体时期及其创始人，国内外学者至今没有达成一致的看法。

日本学者久下荣志郎认为，德国的施泰因是现代教育行政学的创始人。依此论断，学校管理学形成时间应是 19 世纪后期。也有人认为学校管理学产生于 20 世纪初。1903 年，杜顿发表《学校管理》专著，主张企业效果不适宜于学校。1908 年，杜顿和斯奈登合作出版了《美国公共教育管理》。该书上半部分论述国家对教育的管理，下半部分则以科学管理理论为指导，论述学校内部的管理。尽管《美国公共教育管理》不是一部学校管理理论专著，但由于在学校管理方面有独立的研究内容、坚实的理论基础，在研究方法和学科体系方面较前期和同期著作显得更为成熟，因而学界一般都认为该书的问世是学校管理学正式诞生的标志。[①]

2. 学校管理学的发展

20 世纪初开始，管理理论发展迅猛，使得学校管理学有了长足进步。首先是古典管理理论，从管理技术、管理职能和管理体制方面创建了一套严密的理论体系，主要代表理论包括泰勒的科学管理理论、法约尔的一般组织理论以及韦伯的科层组织理论。古典管理理论对效率的追求，使得学校管理也提出了注重效率的问题，许多学校开始研究学校管理、教师学习和学生学习的评估与评价的标准化问题以及学校组织制度的系统化、法制化问题等。

20 世纪 30 年代，行为科学管理理论开始出现，早期的行为科学被称为人际关系学说，后期则被称为行为科学。行为科学管理理论使得管理活动由对工作的关注转向对人的关注，探讨管理过程中人的因素对管理效率的影响。行为科学管理理论提出了"需要层次理论""双因素理论""公平理论""管理方格理论"等，依此来增强学校管理的民主性，调动教职工和学生的积极性与主动性。行为科学管理理论大大丰富了学校管理学的研究内容。

第二次世界大战之后，管理理论又有了新的发展。彼时管理理论学派林立，对学校管理影响比较大的有社会系统理论、权变理论和学习型组织理论。社会系统理论使得研究学校管理问题站在更为开放的角度，将组织中的个体放在学校、学区、社会大系统中来研究。权变理论引导学校领导者走出僵化的管理模式，按照管理对象的内在规律及其与外界环境的关系，在动态过程中选择最合适的领导方式。学习型组织理论则强调个体希望通过不断学习来提升自我，重点构建组织中的学习共同体，加强组织中个体之间的相互沟通与合作，以此来塑造学习型的组织文化。

总之，20 世纪以来的管理理论对学校管理学的发展产生了重大影响，每一阶段的理论都各有所侧重，经历时间的积累，使得学校管理学的研究内容不断充实与丰富，学科知识体系不断完善。

（二）我国学校管理学的产生与发展

从 1901 年开始，中国开始传入各种西方教育管理学说。当时，我国主要是从日本学习

---

① 萧宗六. 学校管理学（第四版）[M]. 北京：人民教育出版社，2008：9.

西方各国相关的教育和社会理论学说，这些学说在当时被称作"东学"。这一时期，我国从日本输入的教育管理类著作主要有田中敬一的《学校管理法》（1901）、寺田永吉的《各国学校制度》（1901）、木村贞长的《教育行政》（1902）、吉林寅太郎的《视学纲要》（1903）以及清水直义的《简明国民教育法》（1903）等。1904 年，清政府颁布《奏定学堂章程》，规定在师范学堂中必须开设《学校管理法》课程，并审定了教科书。1905 年，晚清"废科举、兴学校"之后，随着新式学校的大规模创建及其管理需要，我国传入了更多的东、西方教育管理类著作。上述著作的传入与相应课程的开设，无疑从客观上刺激了我国学校管理学的理论萌生。随着对外国传入的学校管理学著作的学习，我国教育管理界开始有学者结合中国国情，撰写本土化的学校管理著作。这一时期，国内研究学校管理理论的学者纷纷崛起，并出版了一批学术水平较高的理论著作，较有代表性的论著是蒋维乔、郭秉文的《学校管理法》（1910）。

中华人民共和国成立以后，党和政府先后颁布了一系列有关学校管理的政策法令，确定了新中国学校管理的社会主义性质，并于 1952 年邀请苏联教授波波夫两次讲授《学校管理与领导》。之后，1959 年出版的郭林《小学行政领导和管理讲座》，1962 年华中师范学院教育系编写的《学校管理与领导》（讨论稿），对我国学校管理的理论和实践进行了有益的探讨和总结。"文化大革命"期间，学校管理作为一门课程停开。1978 年党的十一届三中全会之后，我国确立了全面改革开放的路线、方针和政策。随着教育领域内治理整顿措施的推行，我国开始以教育学院为基地开展了校长培训工作。由此出发，以编写"学校管理"类教材为起点，教育管理学启动了恢复和重建工作。这一时期，一些论著陆续出版，其中教材类有北京教育行政学院编辑出版的《学校管理》（1981）、萧宗六撰写的《学校管理学》（1988）等；论著类则有陈孝彬的《学校教育管理科学》（1987）等。以此为新的契机，学校管理学迎来了新的局面。

三、学校管理学的对象与属性

（一）学校管理学的研究对象

任何学科只有限定自身特定的研究领域和研究对象，才能确保其独立性。因此，我们有必要对学校管理学的研究对象及其学科属性加以探讨。综览我国出版的一些比较有影响的学校管理学著作或论文，可以发现其对学校管理学研究对象主要有以下几种说法。

1984 年华东师范大学出版社出版的张济正等人编写的《学校管理学导论》认为，学校管理学所要研究的对象存在于学校教育现象的领域之中，是有关这一领域内的管理方面的特殊矛盾性。

1993 年人民教育出版社出版的孙灿成主编的《学校管理学概论》提到，学校管理学以研究学校内部管理现象及其规律为主要对象，同时研究学校内部诸因素与整体教育系统和社会系统中诸因素的相互影响及其规律。

2000年广东高等教育出版社出版的江月孙、赵敏主编的《学校管理学》一书提到，学校管理学是研究学校管理规律的一门科学。它包括学校教育教学活动的合理组织、学校内部有关部门的协调、学校的领导体制和规章制度等方面的工作的规律性。

2001年中央民族大学出版社出版的李保强编著的《学校管理理论研究》指出，学校管理学在于研究管理问题，但并非研究学校中存在的以教育事实为基础的全部管理问题，学校管理并非无所不能，它必须将自己的研究对象聚焦于那些事关学校全局的一般性问题上。

2008年人民教育出版社出版的萧宗六主编的《学校管理学》一书提到，学校管理学的研究对象只能是包含了现象、本质和规律的事物，即学校管理活动。研究学校管理现象是研究学校管理活动的本质和规律的切入点，通过对学校管理现象的逐步研究，最终揭示学校管理的本质，认识和把握学校管理的规律。

上述关于学校管理对象的研究，我们可以概括为"规律说""现象说"和"问题说"。对于研究对象的争议，我们的看法是："规律说"把作为学校管理学的"研究任务"的教育管理规律误认为研究对象，显然不太适当；"现象说"无法解释为何学校管理学没有研究所有学校管理活动或现象这一问题；"问题说"虽然强调了学校管理问题在"引发"学校管理现象使其进入学校管理研究者视野之中的"中介作用"，但却把这种中介本身当作学校管理学的研究对象，显然是不妥当的。

基于上述原因，我们进一步认为：可以把学校管理学的研究对象划分为"显在对象"和"潜在对象"两大类；前者是指那些经由学校管理问题引发、从而进入学校管理学者研究视野之中的学校管理现象；后者则是那些尚未引起学校管理学者注意、未被学校管理问题"触发"的学校管理现象。学校管理学的全部研究对象，则是所有的学校管理活动或现象。由是观之，学校管理问题就成了学校管理学的逻辑起点，学校管理规律则是学校管理学的逻辑结果，学校管理现象即是学校管理学的研究对象。不同层次和不同类别的学校，其学校管理都有各自的特殊性，本书主要以普通中小学学校中的所有管理现象作为研究对象范畴。

（二）学校管理学的学科属性

所谓"学科"，在此可以被理解成关于某类知识的有机系统。目前，关于学校管理学的学科属性问题，主要有以下三种观点：其一，认为学校管理学从属于教育学科。这种观点认为学校管理学虽然以研究管理问题为主，但是又不能无视学校本身的教育特性，这也是学校管理区别于企业管理、行政管理等学科的关键所在。根据以领域分学科的标准，学校管理学的研究领域仍在教育领域，因此应作为教育学的分支学科而存在。① 此观点也与1997年学科专业目录调整之前的教育管理学归属相一致。其二，主张学校管理学属于管理学的一个分支领域。这种观点与1997年国务院学位委员会调整学科专业目录直接相关。在当年公布的学科专业目录中，原属教育学科独立二级学科的教育管理学和教育经济学都被取消了独立的学科地位，而被合并成为"教育经济与管理"专业，且被归入管理学一级学科之下。在此背景下，有些学者随即提出了教育管理学应该属于管理学科的新看法。加之学校管理学的理论大部分借鉴于管理理论，把学校管理学作为一门管理学科比起把它作为一门教育学科，更符合其本质。其三，认为学校管理学其实是一门介于教育学、管理学等多学科交叉的边缘性应用型学科。在此基础上，也有人认为学校管理学是一门社会科学的边缘科学。②

以上学者关于学校管理学学科属性的探讨，不仅基于一定的历史根据，也会考虑到现实的需要，更重要的是虑及学科日后的建设与发展。学校管理学被划入何种学科，不仅影响到学校管理学当下的学术资源配置之多寡、学科前景之明暗，而且也关乎教育管理学者切身利益之得失。以此观之，学校管理学的学科属性问题，仍然是一个充满争议的重要话题。

但不可否认的是，学校管理学发展至今，其理论基础已体现较强的综合性特征。它不仅要以教育科学和管理科学作为理论基础，而且还会涉及心理学、社会学、经济学、行政学等学科的知识和理论。并且，学校管理学不是理论和经验的简单堆砌，它必须依赖实践作为基础，最终回到实践中去指导学校管理的变革。因此，我们认为，学校管理学是一门横跨教育学和管理学等多学科领域的应用型社会学科。

名家语录

因为组织是复杂的、令人惊讶的、迷惑性的，并且是模糊不清的，要了解并管理组织是极度困难的事。我们必须依靠手头的工具，包括任何已有的关于组织的定义和运作的观点和理论。我们的理论，或框架，决定了我们的看法和做法。

——李·G.博尔曼、泰伦斯·E.迪尔

本章小结

本章从学校组织与管理的界定、学校组织与管理的演变、学校组织与管理理论的发展三个方面，探讨了学校组织与管理发展概况。

① 萧宗六.学校管理学 [M].北京：人民教育出版社，2008：3.
② 江月孙，赵敏.学校管理学 [M].广州：广东高等教育出版社，2000：11.

第一，对学校组织与管理进行了界定。美国组织社会学家艾兹尼根据权威的类型或组织的支配手段，把组织分为三种类型——规范性组织、功利性组织和强制性组织，进而对"学校组织"一词进行定义：是一种有目的、有计划地进行教育教学活动的规范性社会组织。其次从"管理"一词入手，将其意义延伸扩展到教育管理以及学校管理领域，围绕管理及学校管理相关概念进行了综合辨析。

第二，关注学校组织与管理的演变。中外古代学校均设置了相应的职务、制定相关的条文对学校事务进行管理，学校逐渐演化出一套专门的教育行政机构。但总的来说，古代学校中管理活动与教育活动的分化不明显，管理职能也不完善。这种情况一直延续，直到分班上课制使学校扩大，有了设专职管理者的需要，学校管理变得日益重要。到了近代，学校管理体制逐渐趋于成熟。历经三次工业革命，现代学校体系逐渐完备，各级各类学校蓬勃发展，学校规模不断扩大，教育管理体制也比较完善。

第三，关注学校组织与管理理论的发展。学校组织与管理理论的发展经历了从以工作为中心的古典组织理论，到以人为中心的新古典主义理论，再到整合的开放系统理论的演进过程。学校管理学的显在对象，是经由学校管理问题所引发的学校管理现象；其潜在对象则是尚未引起学校管理学者注意、未被学校管理问题"触发"的学校管理现象。而学校管理学的全部研究对象，则是所有的学校管理现象。总的来说，学校管理学是一门横跨教育学和管理学等多学科领域的应用型社会学科。

总结 >

Aa 关键术语

教育管理 Educational Administration	学校管理 School Administration
学校组织 School Organization	非正式组织 Informal Organization
韦伯科层模式 Weber Model of Bureaucracy	学习型组织 Learning Organization

章节链接

本章主要介绍了学校组织与管理概念的界定、学校组织体系演变及其理论的发展动态，并进一步从新的视角对学校管理学的研究对象和学科属性进行探析。本章具有高度的概括性，与本书各个章节的内容皆具有较为密切的联系。

应用 >

批判性思考

　　作为"学习型组织"概念的提出者，彼得·圣吉自己也曾表示，没有人能真正说清楚什么是学习型组织，甚至包括他自己，每个人对学习型组织的描绘只是有限程度的近似。在很长一段时间里，人们把构建学习型组织简单地理解为将员工召集起来读书、参加培训班，联系到学校实际，也不难发现越来越多的教育工作者致力于参加各种研修班。如何理解学习型组织仍然是一个值得探讨的问题。

　　对此，你怎么看？请说说你的理由。

体验练习

一、简答题

1. 简述学校管理与学校领导的区别和联系。

2. 简述我国现代学校的兴起及其特点。

3. 简述开放系统理论及其在学校中的影响。

二、思考题

1. 学习型组织理论在学校管理实践中的价值何在？

2. 结合你的实践经历，你认为我国中小学管理中主要存在哪些问题？

案例研究

学校管理何时能走向科学？[①]

　　新学期，×中学为了提高升学率，借鉴河北某知名中学的管理办法，推出了一系列的"改革新政"，弄得学生和家长叫苦不迭。其中争议最大的就是令人窒息的学习、作息制度，此外，如果家长和学生不同意，只能接受转学的命运。

　　一名学生向记者简单介绍了该校改革的内容：早上 5 时 10 分起床，5 时 40 分晨跑，6 时早自习，7 时吃早饭，中午趴在课桌上睡午觉，22 时晚自习结束，22 时 50 分全体关灯睡觉；取消节假日，每个月放假两天，学生在校期间实行全封闭管理，没有班主任签字不许出校门，严禁学生使用手机……这个学生还说，

---

① 辛明，桂杰. 承德一中，你不能这样改革［N］. 中国青年报，2008-11-27（4）.

最让他不能接受的是，晨跑的时候学校播放的不是音乐，而是每天滚动播放的 5 个英语单词。

"算来算去，我每天睡眠不到 6 小时，新学期，最大的感觉就是严重缺觉。我身边很多同学都有这种体会。"这个学生说，"在如此压抑的情况下，学习成绩也很难提高。"由于上课打瞌睡，这个学生已经被教务处抓住扣了两分。"分数扣多了，学校就要让我们回家'反思'。"

新政也遭到了很多学生家长的反对，但是，他们和学生一样"敢怒不敢言"，因为×中学毕竟是当地最好的中学。此外还有一个重要原因，家长在万般无奈之下签署过一份校方提供的《倡议书》。一名不愿意透露姓名的学生家长向记者介绍了大致内容："在倡议书的最后一部分，校方的意思很明确，如果家长不同意改革，学校愿意退还所有的学费，同意学生转学。看到这句话，谁也不敢不签字啊。"

对于如此紧凑的学习安排，徐主任也给出了自己的解释："现在，有些孩子实在太懒了，早上不起，晚上不睡，我们让他们早上跑步，一是为了锻炼身体，二是让他们养成按时休息、早睡早起的习惯。如果孩子们能按要求在 22 时半睡觉，早上 5 时 10 分起床，这就有 6 小时 40 分钟的睡眠时间了，再加上中午午休的 50 分钟，休息时间可以保证 7 小时，这对孩子们来说已经足够了。此外，之所以不让他们回宿舍午休，主要还是考虑节省时间。我们以前发现，他们回宿舍很少有睡觉的，还不如集体在教室待着，让老师看着睡。"

"我们发过倡议书，学生家长百分之百签字表示同意。"徐主任也承认，如果家长不签字，他们的孩子只能接受转学的命运。

思考题：

1. 你赞同×中学的做法吗？为什么？

2. 请结合本案例和我国高中学校管理实况谈谈如何能让学校管理走向科学？

📖 管理一线纪事

自 4 年前走上校长岗位的那一天起，还算年轻的 L 校长便立志做一个好校长，可谓热血澎湃，激情飞扬。于是如饥似渴地翻阅很多书籍，以寻求其中的管理秘诀，更不厌其烦地参加多种校长研修班，聆听过很多专家的报告讲学，关注过诸如成功教育、理解教育、赏识教育、和谐教育等提法。校长应当是教育专家、研究学者、首席教师、管理能手……诸多专家对校长的角色定位成了 L 校长追求的目标、努力的方向、行动的指南。4 年过去，L 校长虽有了些许长进，但更多的感受是教育管理理论并未能真正有效地指导实践矛盾和问题的解决。这使得 L 校长先前学习理论的热血与激情开始在这矛盾与困惑当中慢慢地回落，并开始怀疑教育管理理论学习的意义。

请问：

1. 如果你是一名校长，你认为校长的理论学习是否必要？

2. 教育管理理论在校长治校中处于什么样的地位？

拓展 >

补充读物 ....

1　韦恩·K. 霍伊，塞西尔·G. 米斯克尔 . 教育管理学：理论·研究·实践 [M]. 范国睿，主译 . 北京：教育科学出版社，2007.

　　本书展现了一个内容丰富、结构清晰的教育管理学体系。阐述了学校是一个开放的社会系统，学与教是学校的技术核心，学校存在着科层制与专业化的结构性矛盾。

2　张新平 . 教育管理学导论 [M]. 上海：上海教育出版社，2006.

　　本书围绕教育管理学中的一些最为基础的问题，主要是教育管理学的研究对象、学科性质、方法论和研究方式、理论进展与发展趋向等问题，展开了较为系统深入的讨论。

第二章

学校组织与管理体系

本章概述

　　与其他社会组织相比，学校组织有其特殊性。首先，本章简要介绍了学校组织与管理体系的三个层次：学校领导与决策体系，中层管理职能分工以及基层管理组织的作用；其次，检视了美国、英国、日本以及法国中小学组织与管理的基本知识，重点探讨了学校领导体制改革、教职工任用制度改革以及薪酬制度与绩效工资改革过程中存在的问题和变革的方向；最后，针对基层组织，尤其是年级组的变革问题给予了较为适当的讨论。

结构图

ⓐ 美国中小学的组织与管理	ⓑ 英国中小学的组织与管理	ⓒ 日本中小学的组织与管理

ⓐ 学校领导与决策体系　ⓑ 学校中层管理职能分工　ⓒ 学校基层管理组织的作用

ⓓ 法国中小学的组织与管理　ⓔ 四国学校组织与管理比较

学校管理组织体系　　　　　国外学校组织与管理

1　　　2

学校组织与管理体系

3　　　4

学校组织与管理制度改革　　　学校基层管理变革

ⓐ 学校领导体制及其完善　ⓑ 教职工任用制度及其改革　ⓒ 薪酬制度与绩效工资改革　ⓐ 学校基层组织管理概述　ⓑ 学校基础管理组织与年级组变革　ⓒ 年级组变革的基本策略

◎ 学习目标

1. 掌握学校组织与管理的基本架构、层级划分和职能分工。

2. 了解国外中小学组织与管理的基本现状。

3. 了解相关学校组织与管理制度的现状和改革思路。

4. 了解学校基层管理组织变革的现状以及年级组在学校组织变革中的思路。

○ 读前反思

1. 你认为管理学校事务是校长一人之责吗？

2. 你认为校长负责制是否存在缺漏？

3. 根据你的实践经验，你认为有效的学校管理应该是什么样的？

第一节
学校管理组织体系

🎯 **学习目标**

掌握学校组织与管理的基本架构、层级划分和职能分工。

学校领导与决策体系是学校管理的重要组成部分，学校各项组织管理工作围绕着领导与决策展开。本节主要从学校内部的领导机构、执行机构以及基层教育教学机构这三方面着手，介绍我国中小学内部各层级的领导决策体系和管理机构概况。

一、学校领导与决策体系

（一）领导与决策体制概述

领导与决策是学校管理中两项极为重要的职能，而学校领导的核心在于决策。这里将从概念上介绍领导与决策体制，并分析领导与决策、领导体制与决策体制的内在关系。

1. 体制

"体制"一词，原是一个生物学概念，指生物器官的配置形式。现在主要有两种含义：一是指国家、企业、事业单位的组织制度；二是指问题的格局或载体。我们认为：体制是一种组织内部的机构设置、职责权限和领导关系、管理方式的结构关系。组织体制至少包含三方面的内容：一是组织机构的设置；二是各组织机构之间隶属关系的确定；三是权力责任的划分。

2. 领导体制和决策体制

（1）领导和决策

在学校组织与管理中，领导是指在一定的组织系统内，管理人员通过人际交往，引导和影响下属努力完成组织目标的行动过程。领导必须具备三个要素：其一，领导是一个过程，不可一蹴而就；其二，领导者要有下属，没有追随者的领导者谈不上领导；其三，领导的目的是通过影响下属来实现组织目标，影响力是领导成败的关键。

决策是学校领导者的职能之一，在领导过程中居于核心地位。决策是在一定条件下，管理者为达到某个特定目标，对解决问题的方案做出选择和决定。决策正确与否决定着学校的发展方向和学校整体工作的成败。

学校领导者的主要职责在于决策。学校的领导活动始终是围绕着决策的制定、实施、再制定、再实施进行，决策水平的高低直接关系到学校领导实践的成败，也是衡量领导者水平高低的主要标志。

（2）领导体制和决策体制

领导体制是领导系统之间权力、职责划分和实施领导职能的组织形式和组织制度，而决策体制是承担决策的机构和人员所形成的组织体系和相应的制度。领导体制与决策体制的内在关系在于完整、科学的领导体制是决策体制的基础。同时，决策体制的科学、合理与否将直接影响学校领导系统和学校内部各要素间的协调运转和组织配合。

（二）我国中小学领导体制

我国中小学组织领导体制架构中，包括党组织、校长（含办公室）、教代会、工会、校务委员会（行政会议）五种机构。按照《教育法》《教师法》《工会法》《关于教育体制改革的决定》《关于建立中小学校党组织领导的校长负责制的意见（试行）》等相关法律政策文件的规定，上述机构的职能分别为以下几方面。

1. 党组织

党组织是学校的决策中心，学校中的党委、党总支或党支部则成为最高领导机构，主持党组织工作的书记成为最高领导者。《关于建立中小学校党组织领导的校长负责制的意见（试行）》指出："中小学党组织全面领导学校工作。"这就明确指出，涉及学校发展的所有重大问题，比如办学方向与办学特色确定、重要岗位设置和人事任免、重大项目实施等都需要由党组织集体、民主讨论，党组织对决策负责。总之，党组织负责学校工作中重大问题的决策，包括事关学校改革发展稳定的工作、事关教育教学和行政管理中的"三重一大"问题，事关学校章程等基本管理制度的制定出台，事关干部的教育、培训、选拔、考核和监督，事关教师等人才的培养、招聘、使用、管理、服务以及职称评审和奖惩等，均应由党组织决定。

2. 校长（办公室）

校长担负着领导学校教育教学和行政管理工作的重要责任。《关于建立中小学校党组织领导的校长负责制的意见（试行）》指出："校长在学校党组织领导下，依法依规行使职权，按照学校党组织有关决议，全面负责学校的教育教学和行政管理等工作。"同时指出："实行中小学校党组织领导的校长负责制，必须发挥党组织领导作用，保证校长依法依规行使职权，建立健全党组织统一领导、党政分工合作、协调运行的工作机制。"校长依然是学校管理工作中的关键人物，承担着全面负责学校教育教学和行政管理工作的职责。党组织领导学校不是具体管理学校，必须支持校长依法行使管理职权。校长负责落实和执行党组织决策，在具体实施过程中，如遇到有争议的问题，由校长召集校务委员会进行民主决策，校长对决策的执行负责。

办公室亦称校长办公室，是在校长领导下协助校长处理日常校务工作的具体办事机构。办公室可设主任和专干1~2人。规模较小的学校，可不设校长办公室，只设专职秘书处理校务工作。办公室的主要职能是：制订学校工作计划，建立健全各项规章制度；负责召开学校各种会议，起草有关文件；负责学校人事、对外宣传、对外联络、接待、劳资、安全、收发文件等；负责职工劳动纪律管理；负责学校印章管理等。

3. 教职工代表大会

教职工代表大会简称"教代会"。教代会是学校民主管理的一种基本组织形式，是按国家法律法规和一定的形式组织起来，并被赋予一定权力的民主管理制度。它与党组织领导、校长行政构成了学校管理的完整体制。校长每年应向教代会报告工作，学校重大问题也要经过教代会讨论并通过。根据实际需要，教代会不定期召开。教代会享有四项基本职权，即审议权、批评监督权、批评推荐权以及在学校权限和上级规定范围内对教职员工的切身利益问题做出决定之权。

4. 教育工会

中小学大多设有教育工会，其属性是党政领导下的群众组织，是党政联系学校教职员工的桥梁和纽带，代表着广大教职员工的利益，是学校民主管理、民主监督的重要组成部分。教育工会在学校党组织、行政组织的指导下开展各项活动，协助学校党组织和行政组织搞好教职工的政治、文化、业务学习，做好团结工作和生活福利工作，负有下情上达，对学校工作提出批评和建议，推动学校民主管理，维护教师合法权益等责任。

5. 行政会议（党政联席会议）

校行政会议又称党政联席会议，是以校长为首的学校行政负责人的经常性会议，是一种体现集体领导的组织形式。由各方行政人员组成，如校长、副校长、教导主任、副教导主任、总务主任等，必要时可请相关人员参加，主要研究并解决学校日常行政工作中的重要问题，发挥决策咨询和审议的职能，旨在提高学校管理的规范性、科学性和艺术性。围绕学校发展规划、学年工作思路、学期工作计划、阶段重点工作，全面、高效、有序地推进各项工作。行政会议每周或间周召开一次，会议由校长主持。

二、学校中层管理职能分工

学校中层管理机构是由教务处、总务处、科研处（科研室）、德育处等多部门构成的有机整体。为了保证学校各项事务的顺利开展，中层管理机构既要各司其职，又要团结协作。

🔍 案例

正副主任之间的矛盾

某年开学第一天，各班级去总务处领书，但总务处却空无一人。原来总务处主任和副主任为了总务工作到底由谁说了算而吵架，结果各自负气不干了。老总务主任认为自己是正主任，总务工作应该由他负责分配。副总务主任是校长提拔的中年人，充满热情，又由校长直接调配，大至教学器材，小至粉笔、拖把、垃圾桶等全由他经手采购，分配发放，正主任被闲置一边。今天发书需要人手，全处室人员到位。但老总务主任受不了副主任的使唤，一怒之下声言不干了，甩手而去。结果全校各班的书本都未能如期发放。①

从上述材料出发，你认为如何妥善处置中层管理机构（者）之间的关系？

（一）中层管理的含义及职能分工

中小学中层管理机构是居于最高层级和一般教职工之间的中间层，主要有教务处、总务处、科研处（科研室）以及德育处等，是偏向于执行落实的机构。中层管理机构是校级领导的助手，向校级领导负责，是最高层决策的执行者。

中层管理机构的主要任务是执行校长的决策和组织决策的实施。在各自职权范围内，掌管各部门的决策性问题，影响所在部门的下属人员，并推动下属人员实现部门目标，达到学校工作总目标，对学校全局产生一定的影响。

（二）教务处

教务处是协助校长组织学校教学业务和学生思想教育工作的机构。教务处一般设主任1人，副主任及专职人员1~3人。主任全面统筹教务处的工作，检查协调教务处职责范围内的工作。副主任可按照具体情况分工，分别管理教学工作与学生思想教育工作。规模较小的学校可不设副主任，只设教务主任和一定数量的专职人员。规模较大的学校将教务处分设为教务处和政教处，分管教学和思想教育工作。当然，还有些规模较大的学校分设教务处、政教处和教研处，承担教学、思想教育和教育研究的管理工作。

教育处的主要职能包括：具体领导各科教学研究组和年级组、班主任工作；负责领导体育室、卫生室、图书馆、实验室、电化教研室工作；管理学习、教学档案及成绩统计工作；安排作息时间，编制课程表；组织学生课外活动；安排各年级组的德育工作；组织学校的教育教学研究工作等。

（三）总务处

总务处是负责协助校长组织后勤事务的职能机构。规模较大的学校设主任、副主任；规模较小的学校只设总务主任或专职事务员。总务处一般设主任1人，会计、出纳各1人，其

① 程凤春．学校管理的50个典型案例［M］．上海：华东师范大学出版社，2009：66．

他职能人员数人，具体数量依据学校的实际情况而定。

总务处的主要职能包括：负责经费的安排和使用；进行学校校舍和设备的维修；绿化、美化学校环境；管理卫生、保健工作；管理学校食堂及生活福利工作；处理日常总务行政工作。

（四）科研处（科研室）

科研处是在学校党政领导下，负责全校科学研究、学科建设、学术交流工作的职能部门。科研处一般设科研处长1人、副处长1人，科研人员以及校刊编辑人员若干。规模较小的学校不设科研处而设科研室，被吸纳（挂靠）于教务处之下，设室长1人以及若干专职人员。

科研处的主要职能包括：负责制订和落实学校科研发展规划和年度计划，完善科研管理制度；组织全校教职工积极承担各级各类科研项目，协调多学科的联合与协作，为学校科研工作疏通渠道，提供服务，增强学校承担重大科学研究和技术开发课题的能力；加强学校知识产权管理，做好科研成果的推广和转化，推动产学研合作，为地方经济建设和社会发展做贡献。

（五）德育处（学生处）

德育处是管理学生思想工作、组织学校德育活动的机构，对年级组的德育工作负有领导、管理和协调责任。德育处一般设主任、副主任若干人。有些规模较小的学校可不设德育处，德育工作由教导处统一管理和协调。

德育处的主要职能包括：根据学校制度、工作计划、学校德育工作计划，积极推动学校精神文明建设和德育工作；开展学校体育、卫生工作，组织学校运动会，搞好学生保健工作等。

三、学校基层管理组织的作用

学校基层管理组织是在上级组织机构领导下，开展教育教学工作的基层组织机构，主要有年级组（部）、教研组、学科组、备课组以及班级。基层组织需要形成分工明确、相互协调、有序的组织系统，保证学校教育教学工作的正常进行。

（一）年级组（部）

年级组是由同一年级的班主任和科任老师组成的集体组织。一般来说，学校的教研组和年级组并存，但学校规模较小时可将二者合并。年级组通常设组长1人，较大的学校有的将年级组称为年级部，年级组长称为年级部主任。

年级组的主要职能：了解同年级学生的德、智、体发展情况；沟通班主任与班主任、班主任与任课教师之间的关系，统一认识，统一步调，提高教育质量。年级组长对本年级教学工作、思想工作、体育卫生、课外活动、生产劳动进行组织安排，落实各项活动，评估活动效果。

（二）教研组、学科组、备课组

1. 教研组

教研组即各科教学研究组，是学校开展教学研究活动的基本组织单位，是教学指挥系统的重要组成部分。教研组由同学科教师组成，规模较小的学校或同学科教师不足时，可与邻近学科合成一个教研组。规模较大的教研组还分设若干备课组，教研组通常设教研组长1人。

教研组的主要职能：制订课程计划，学习课程标准；检查本学期教学进度，指导、督促和检查各备课组集体备课及命题考试等情况；组织本学科教师进修，提高业务水平与教学能力；组织与检查和本学科有关的学生课外活动；负责提高本学科的教学质量。

2. 学科组

学科组是学校教研组下设的教研组织，学科组的主要任务是开展教学研究工作和对教师进行教学业务的指导。一般学校大致设有语文、数学、英语、理化、政史、地生、音体美等学科组。每个学科组设组长1人，全面负责学科组的各项教研指导工作。

学科组的主要职能：负责对本学科教育思想、教育规律、教学方法进行理论研究；对本学科组教师的理论知识、教育技能进行培训，为本学科教育实践提供前沿的理论支撑和方法指导；加强本学科教师的专业成长，指导本学科教师提高业务素质；加强对本学科教师学术研究以及教改工作的指导等。

目前，我国中小学规模不一，在规模适度的学校，学校教研组等于学科组，承担学科组的工作职责。规模较大的学校，特别是在超大规模中学，学校分别设立教研组与学科组，以解决学校规模过大导致的教育教学任务繁重、教育教学管理工作难以展开等问题。

3. 备课组

备课组是学校教研组下设的教研组织，由同年级同学科教师组成。各年级备课组合并在一起，组成学科教研组。它是连接上级职能部门、学校、年级组、教研组和教师之间的桥梁和纽带，负责把上级的教学计划、方针、政策和措施落实到日常教学工作之中。

备课组的主要职能：组织教师开展教材教法、教学设计、学生作业练习、学业检测评价的研究；推进校本课程建设，加强学科常规管理与教学研究，建设学科教学资源库；促进教师专业成长和提高教学质量，重点是开展集体备课活动。

（三）班（班级）

班，一般称班级，是指由年龄相近、发展水平相当、学业程度大体相同、有共同学习任务及一定学生人数组成的学校基层教育组织。自班级授课制诞生以来，班级成为现代学校教育教学工作的基本单位和基石，是实现课堂管理、教学管理以及由班主任负责开展的德育管理的基层组织。同时，也是学生学习生活的基层组织，促进学生个性的全面发展。一般来说，班级具有教育、凝聚、规范、激励、协调等功能。

根据上述介绍，我国中小学内部组织管理体系可以用图 2-1 表示。

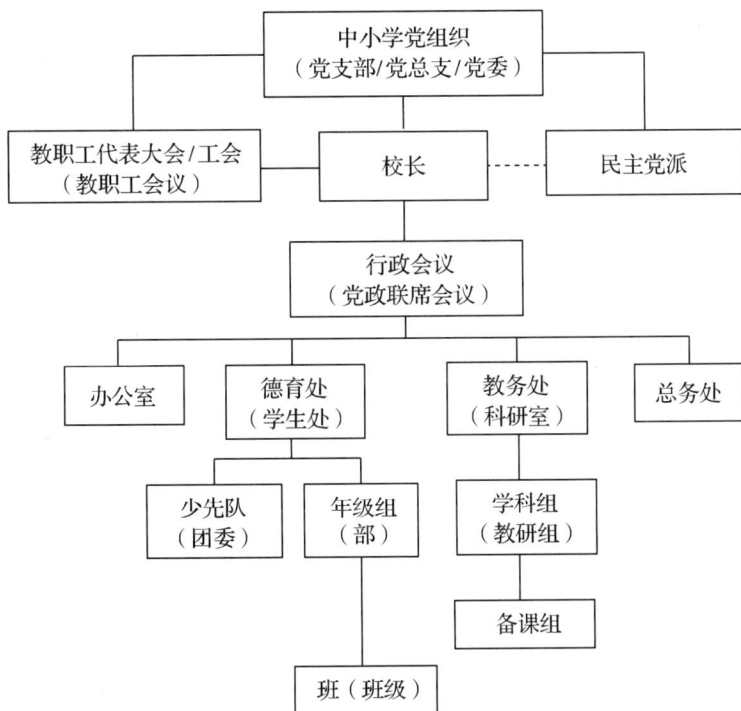

图 2-1　学校组织管理体系图

📢 **名家语录**

培养人就是培养他对前途的希望。

——马卡连柯

第二节
国外学校组织与管理

学习目标

了解国外中小学组织与管理的基本现状。

探讨学校的组织与管理，需要对国外中小学的组织与管理有一定了解，进而把握中小学组织与管理的多样性与区域性。本节将着手于美国、英国、日本、法国 4 个国家中小学内部的组织与管理，介绍 4 国学校内部管理机构的设立、分工与协调运作。通过比较分析，概括其中的异同。

一、美国中小学的组织与管理

美国公立中小学实行学区教委领导下的校长负责制，公立中小学由学区设立并负责管理。公立中小学的规模、教师的构成、课程的设置以及学校与社区的关系等不尽相同，因此，学校内部的组织与管理也有所差别。规模较小的乡间学校，管理人员可能只限于校长；而在规模较大的学校，管理人员除校长之外还有副校长、助理校长、学科主任等。

案例

理想与现实的矛盾——校长能量 VS 学校文化?

约翰·拉铁摩尔是美国加利福尼亚市的一个有经验的校长，曾经是成功的领导人，因为喜欢新的挑战，主动要求调到一所困难重重的学校——奥利弗·温德尔·霍姆斯小学。他一到那里，就针对学校的纪律和学生留级等问题制定了一系列新规章。他约见家长，熟悉学生，努力与学校的教职员建立良好的工作关系；在规章制度方面，他修改了学校原来主要依靠体罚和暂令停学来管理学生的纪律处罚制度，他还改变了一年级学生留级的评定标准。但这些规章所依据的价值观却和该学校的主流文化不一致。随着变革阻力的增强，一些教师带头要把他赶下台。[1]

从上述材料出发，你认为学校校长应该如何打造学校文化?

---

[1] Theodore J Kowalski. 教育管理案例研究（第 4 版）[M]. 庄细荣，译. 北京：高等教育出版社，2006：69.

（一）美国学校管理的基本结构

美国学校实行的是学区教委（或称学区学校委员会）领导下的校长负责制。在这一体制中，由学区相关各方代表组成的学区教委是学校事务的决策机构。学区教委的执行机构为学区教育局，设教育局局长，教育局局长及设在学区中心的办公室直接对学校实施行政领导。校长是学校的行政首脑，向教育局局长负责，执行学区教委的有关决议以及处理学校日常行政事务。这一基本结构可用图 2-2 表示。

学区教育局局长是美国学校管理的重要角色。学区教育局局长既是校长的行政领导，又是学区教务的督导长，同时还是联系学校与学区教委的中间人，教育局局长与学区中心办公室是校长的具体上级。这一体制的特点在于学校的决策机构设在学校之外，而不在学校之内；学区教育局局长是校长名副其实的领导，美国校长在学校管理中须服从与尊重学区当局的决定。

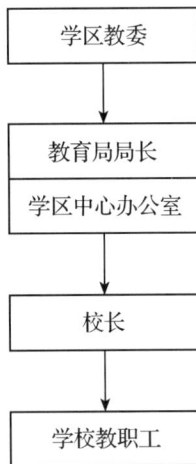

图 2-2　美国学区教育管理基本结构

（二）美国学校内部的管理结构

1. 美国小学内部管理结构

在美国地方分权型的教育管理体制中，地方学区作为美国管理公立学校的基层行政单位处于重要地位。学区的教育行政官员称为学监，有设立学校，推荐校长人选，审核、评估学校等权力。因此，美国初等学校的设立要经学监批准。

美国小学内部管理结构比较简单。美国小学的规模一般不大，学校一般只设一位校长，下设秘书或管理助教，各人职责明确。学校比较重视聘用和发挥专家、研究人员的作用，为校长工作提供咨询并完成大量日常工作，使校长集中精力抓主要工作。

美国小学校长在人事、教学、财务、后勤等方面享有较大的自主权，主要有推荐教师权、选择教材权、教学管理权、教学改革权、经费使用权和发展规划权。

2. 美国中学内部管理结构

在美国中学一级管理层中，校长之下设副校长、行政助理或指导员。规模较大的学校往往设两名副校长，分别主管学校的课程教学与学生工作。行政助理或指导员负责对学生进行指导与管理，行政性的事务往往由一位学校执行秘书协助校长完成。

在一级管理层下，设立学系或学科教研室，作为学校管理的中间环节。学系是分科而设的教学管理单位，教研室则是由同一学科专业教师组成的教学管理组织；系主任或学科教研室主任都由学校的教学专家担任,由他们具体负责各学科、专业的教学管理工作。中学的内部管理结构详见图2-3。

美国中等学校的内部管理以校长为中心,校长对外代表学校,对内负责全面指导。中学的常规性管理主要由副校长和学科主任辅助执行。中学校长的主要职责有以下几项。

```
┌──────────┐
│   校长   │
└────┬─────┘
     ↓
┌──────────────────────────┐
│副校长(指导员、行政助理、学校秘书)│
└────┬─────────────────────┘
     ↓
┌──────────────┐
│ 学科教研室主任 │
└──────────────┘
```

图2-3 美国中学内部管理结构图

第一,对学校的全部工作进行指导和协调,明确学校的管理方针、监督教学计划的实施、编排教材、向上级主管部门汇报学校情况。

第二,负责对教职员的任免、监督和考评,主持教职员会议,了解教学情况,向上级汇报教职员情况等。

第三,负责学生管理,沟通与学生进行交流的渠道,把学生的进步情况适当地告诉父母。

第四,负责对学校设施、设备等的管理,使现有的设备发挥作用。

第五,负责与外界的联系,校长不仅要处理好与教职员的关系,还要与地方教育委员会、区居民及学生家长保持密切联系,努力争取校外人士对学校的理解和支持,以增加学校的经费和扩大学校的影响。

3. 美国的学区教委

美国的学区教委在管理职能上与英国的校董会相似,作为学校决策机构的学区教委是美国学校管理体制中的重要组成部分。

(1)学区教委的构成

学区教委成员的产生由各州的法律予以规定,基本方法有任命与选举两种,但绝大多数学区教委由选举产生。学区教委成员的人数往往因地而异,少则3人,多则19人,任期3~5年。教委成员大多是当地商界人士与专业人士,也有其他代表,如妇女代表和少数民族代表等,教委的构成力求各派政治势力和利益集团在人员上的平衡。

(2)学区教委的职责

学区教委向州负责,依法保证学区范围内所有学校的正常运行。主要职责有:制定学校办学方针;制订教育计划;为学校征税;雇聘学校教职工;管辖学校财产;选派学区教育局局长及视导员,评估学校工作。由学区教育局全权代表学区教委负责学区的行政事务。可见,学区当局在学校管理上主要体现了决策、行政与督导的职能。

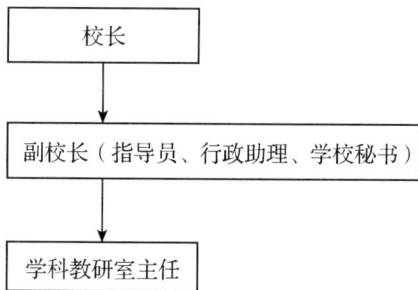

二、英国中小学的组织与管理

英国中小学实行董事会领导下的校长负责制,在这一体制中,由各方代表组成的校董事会是学校的决策机构。校长是学校首席行政长官，向董事会负责，执行董事会的决议并主持学校的日常行政管理事务。英国中小学除校长外，仅设副校长、招待室等少数管理人员和专门管理机构。英国的中学通常设校长 1 名，副校长若干名；小学设校长 1 名，副校长或校长助理 1 名。中学校长、副校长均为教师身份，须承担一定的教学任务。

（一）英国中小学学校领导体制

英国的中小学学校领导体制，可分为中央政府的教育与技能部、地方教育委员会、学校管理委员会和校长 4 个层次，实行的是校董会决策的民主制与行政上校长负责制相结合的内部领导体制。中小学管理委员会是最高权力机构。在英国，无论是公立或私立中小学都设有董事会，私立学校的董事会由于承担着对学校投资的责任，因此拥有更大的领导权。

（二）英国中小学学校内部管理结构

在英国中小学学校内部管理结构中，设有董事会、高级管理委员会、校长以及学校管理委员会，在学校管理中，这些机构承担着不同的决策、行政与督导职能。

1. 董事会

董事会是最高权力机构，主要负责决策，一般不干预学校的日常事务。董事会成员根据学校规模，9~19 人不等，由校长、教师、家长、地方教育当局的代表组成，任期 4 年。董事会在学校与社区之间起桥梁作用，一方面保证学校教育行政独立；另一方面服从周围社区的合理统制，从而把学校办成能适应地方发展需要的"学区学校"（Community School）。董事会的主要职权：审议并通过学校年度预算与开支；讨论学校中长期发展规划和学校的管理规章制度；参与学校课程安排和各科时间分配；参与教师、教辅人员的任命；监督以校长为首的行政管理人员的工作行为等。

2. 高级管理委员会

英国中小学都设有高级管理委员会，其成员主要由正、副校长，高级教师，教育活动协调人组成。其基本职责是对学校管理的重大问题进行集体讨论和审议，校长的决策也要建立在高级管理委员会成员充分深入讨论的基础上。

3. 校长

英国的中小学实行董事会下的校长个人负责制。校长是英国学校管理的核心成员，是学校的首席长官，它主要执行校董事会的决议以及管理学校的日常行政事务。1988 年《教育改革法》对学校管理权进行了重新分配，加强了校长在学校管理中的责任，给予校长更多的行政管理自主权。英国中小学校长有权制定学校办学目标，有权确定国家课程之外的教学课程和计划，掌握学校财权、人事权，控制学校的校刊、简报等新闻媒体，其权力比其他国家的校长要大。

英国中小学校长的主要职责：与学校管理委员会一起管理学校，具体负责学校的日常管理事务；制定学校的办学目标；管理教职员工；管理教学；管理预算；决定除"国家统一课程"之外的其他方面的课程，譬如职业指导、健康教育等课程以及其他选修课等。

4. 学校管理委员会

学校管理委员会为每所中小学的非常设性管理机构，每 4 年一届，由选举产生，成员一般由地方教育行政部门代表、家长代表、教师代表、社区代表和校长等组成。根据学校规模大小，一般为 11~19 人。其职责主要是负责学校财政、课程设置等有关学校发展方向和规划的大事，为学校解决困难、提供支持。

此外，除英国中小学董事会外，一般还设有各种咨询机构。例如学生委员会，由经选举产生的学生代表组成（有时还有职员参加），它可以开会讨论办校方针问题，有时可对学校的管理产生影响。中小学还普遍设有家长教师协会，他们也经常召开会议，对改进学校教育提出一些意见和建议。

三、日本中小学的组织与管理

日本的学校教育管理是由中央和都、道、府、县以及市、町、村等政府各级行政单位按各级各类学校的不同来实施的。日本的学校管理由校长来管理。日本中小学校长在学校拥有高度权威，具有统摄学校经营事务的职权。

（一）校内教职员的设立与职责

1. 校内教职员的设立

日本《学校教育法》规定"学校必须有校长和相当熟练的教职员""校长掌管校务，监督所属职员的工作"。这里所说的"教职员"和"所属职员"就是中小学的教师，从职务上来说是"教头""教谕""教育事务职员"，在必要的情况下配备"助教谕""养护教谕""讲师""学校营养师""护士""营养师""勤杂人员"等，有条件时还配备"校医""药剂师"。从学校管理职务的配备方面来说，要有由教谕中选拔任命的"教育主任""学年主任""保健主事""升学指导主事"等。

2. 校内教职员的职责

校长：校长是学校的最高负责人，掌管校务，监督所属职员。其具体职责：制订学校经营规划和教育计划；组织领导全校人员及全校活动；处理全校校务；掌管校内人事工作；管理校内经费与财务；对全校教职员进行监督和指导；协调本校与校外单位以及人员之间的关系。

教头：教头是校长的助手，起到校长助理的作用。日本《学校教育法》第 28 条、第 40

条、第51条规定，教头在校内处于次于校长的地位，需协助校长协调全校工作。当校长缺席时，可代理校长、辅佐校长管理校务。教头必须要有"一级教谕"资格，5年以上教龄。教头由地方教育委员会选拔任命。

教谕：教谕、助教谕是日本中小学和幼儿园教师的法定名称，指对儿童青少年施教的教师。助教谕即助理教谕工作的人。养护教谕是对学生进行健康、卫生及护理工作的教师。

讲师：讲师的身份相当于教谕或者助教谕，不占该校教职员编制。以讲师的身份承担教学任务，同样受该校校长的管理。

教务主任：根据日本《学校教育法实施规则》第22条规定，教务主任受校长的监督，就教育计划以及其他有关校内教务事项辅佐校长的工作。

主事：诸如"保健主事""学生指导主事""升学指导主事"等，负责具体校内专项工作，主事从教谕中选拔，由校长委任。其工作受校长监督和指导，协调专业范围内的工作。

其他：如"学年主任""校医"等，均在学校校务和教务范围内分担工作职责。

（二）日本中小学学校内部管理结构

1. 教职员会议

教职员会议是全校教职员参加的最重要的学校教育管理权力机构。有审议、决议学校运行的大政方针的权限，可以起到辅助校长实施校务工作的咨询作用，但不是最终的决议机构。

教职员会议由校长主持召开，分例会和临时会议两种。例会按照事先布置的会议规程评议重要事项，互通情报，统一认识，布置实施方案等。临时会议则讨论某些重要的紧急发生的特别事项，加强联络，沟通信息，取得共识，付诸统一行动。

有些规模较大的学校可设立"教职员代表会议"。以基层为单位选拔代表参加会议，会后回基层传达并组织实施。在推选的代表方面，往往需要从整体上考虑并照顾到其代表面、年龄层、性别等。

2. 计划委员会

计划委员会也称作"计划调整委员会"或"工作协调委员会"。计划委员会的主要任务是制订校内教育计划；编制教职员会议的议案；对学校进行管理，即对各部委、各处和各室之间进行统筹、联络及协调，使全校教育活动有成效地进行。计划委员会是一个执行机构，向校长和教职员会议负责，同时与教职员会议平列，起到辅佐校长工作和顾问机构的作用。

3. 总务部

总务部、教务部等是校务三级管理机构的最基层机构，工作对象为全校师生，就教学、思想教育、健康教育、课外活动以及升学指导等方面进行管理。

除此之外，根据特定的校务工作可临时组成"特别委员会"，如"学校例行委员会"

"生活指导委员会"等，在完成特定事项之后这些委员会随即解散。

日本中小学校务三级管理机构如图 2-4 所示。

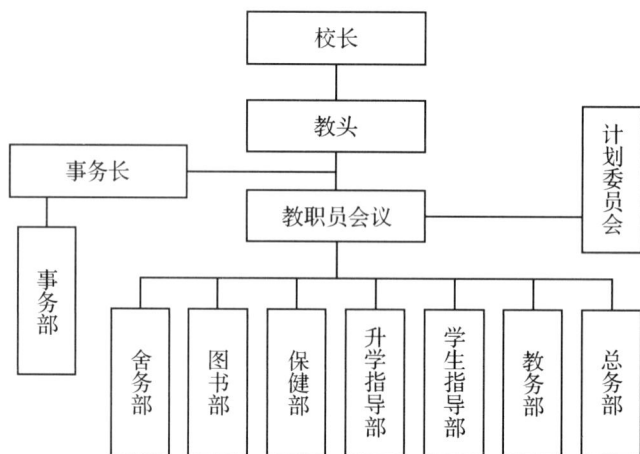

图 2-4　日本中小学校务三级管理机构图

四、法国中小学的组织与管理

法国小学与中学的内部管理不尽相同。小学没有行政和财政自主权，规模一般较小，一般情况下都是校长直接管理所有行政、财务、教学、联络等事宜，不再专设职能部门，没有教导主任、秘书、财会人员等编制。而中学则有一定的自主权，内部结构相对复杂。比较普遍的模式是：一名校长全面领导学校，一些规模较大的学校设副校长职位协助校长工作；校内设有一名教务主任、一名总务主任、一至两名教学顾问及数名秘书等职位。

（一）法国小学的组织与管理

法国小学内部管理由地方教育行政的"大学区总长"负责，小学的开设与关闭、教师的任命、奖惩的执行等都由大学区总长决定。大学区下辖的省督学处的督学则代表大学区总长负责主管本省的初等学校，并对私立学校进行监督。

法国小学一般每校设一名校长。校长在省督学的领导下负责学校的行政管理和教学组织工作。校长的日常工作主要有：安排每个教师的教学任务；确定每个教学年级的学生人数；协助教师做好教学工作；监督学校纪律的执行；定期向学区总长提交有关学校管理与教学情况的报告；负责协调学校和所在市镇的关系。小学校长一般根据自愿的原则，通过审查、面试，从小学现职教师中挑选，最后报上级任命。

除校长外，法国小学一般还设有以下 3 个委员会。

一是教师委员会。由全体教师组成，校长负责领导。委员会可对校长日常工作及校内生活管理提出批评建议，校长记录在案，并将意见转交给所在辖区的省督学。

二是家长委员会。由家长代表组成，委员会有权向学校反映学生家长对学校工作的意见和建议。

三是学校理事会。由教师委员会和家长委员会的成员联合组成，校长任主席。理事会的职责主要是：讨论研究学校内部的规章制度；教师与家长互通情况；班级的定额；学生上学的交通；学校食堂管理；课外活动；学校清洁卫生等问题，每次会议记录要分送镇、乡长和省督学。

（二）法国中学的组织与管理

法国中学内部管理由"大学区总长"任命校长负责。在法国中学，校长全面领导学校，也有一些规模较大的学校设副校长协助校长工作；此外，学校的教务主任负责教学；总务主任负责财会后勤；教学顾问协助校长和教务主任组织教务；秘书处理日常事务。

中学校长具有很大的权力，往往通过领导中学审议会、中学教师委员会、教学委员会和班级委员会，对学校实行管理。中学审议会由学校行政人员、教师、学生家长、地方人士各5名代表组成，校长为主席。中学审议会的主要任务是负责学校预算、审订学校规章制度、保证教学工作的进行。中学教师委员会按年级组成，负责指导学生的升学和就业等问题。教学委员会按学科组成，负责解决教学工作上的问题。学校每一班级还设有班级委员会，由教师、家长和学生代表参加，负责学生的日常学习、生活。

五、四国学校组织与管理比较

学校内部管理机构是推行学校自身内部管理的重要教育行政机构。学校管理的目的是充分发挥校内人力、物力和财力的作用，有效地实现学校教育目标。各国的学校管理情况不尽相同，因此，在机构设置、权力配置、人员配备和职能发挥上亦不尽相同。

在机构设置上，美、英、日、法四国学校内部都设有与各自国情和校情相适应的校务委员会、管理委员会等管理机构推行教育和教学工作。同时，这些学校还设立了相关的民主管理机构和权力监督机构，以保证学校内部管理的科学合理、民主平等。但美国的权力决策机构以及监督机构设在校外，而英、日、法三国设在校内。

在权力配置上，上述四国由于国情、校情不同，学校内部权力的配置也不尽相同。英国实行的是董事会领导下的校长负责制，校长是学校的首席长官，在学校管理中拥有更多自主权，其权力比其他国家的校长要大。日本校长虽然需要接受上级主管部门的领导，但其领导学校权力决策机构，拥有高度权威，具有统摄学校经营事务的职权。法国校长同样拥有很大权力，主持、领导、管理学校各职能机构。美国学区教育局是设立在学校之外的决策机构，直接对学校实施行政领导，美国校长在学校管理中服从与尊重学区当局。

在人员配备上，各国根据学校内部管理的实际情况配备不同的专职人员，明确分工，各司其职。人员配备主要分为两个方面，首先是校长的任命，在美国，由一校的教师代表大会或校务委员会选聘；法国是由大学区总长来任命；英国由地方教育当局任命；日本则从校长、教头、国家考试合格并有经验的教师中由地方教育当局选聘。其次是执行机构，人员配备大都遵循多层次、多元化的工作思路，以体现科学性与民主性。

在职能发挥上，美国公立中小学实行学区教委领导下的校长负责制，公立中小学由学区设立并负责管理。各项管理职能的发挥是校长在学区教委领导下实现的。英国是在董事会、高级委员会以及学区管理委员会的协调配合下，自主开展学校教育教学以及行政管理。日本由校长全面负责组织和领导学校。法国是在大学区总长的监督领导下管理学校。

综上所述，美、英、日、法四国作为当前世界中小学教育较先进的国家，每个国家的中小学教育体制各不相同。各国的中小学教育体制都是根据本国的教育历史、国家发展需求等因素而确立，又服务于本国发展。

🔊 名家语录

教会学生思考，这对学生来说是一生中最有价值的本钱。

——赞可夫

第三节
学校组织与管理制度改革

🎯 学习目标

了解相关学校组织与管理制度的现状和改革思路。

　　学校的顺利运行离不开与之相匹配的制度。本节主要从学校领导体制、教职工任用制度以及薪酬与绩效工资制度入手，讨论三种体制的现存问题及其完善和改革策略。

一、学校领导体制及其完善

学校领导体制是我国学校系统领导和管理的根本制度。它确定了学校内部领导力量的地位、作用、权责划分及其彼此关系，包括领导制度、组织机构、职责范围及相互关系。领导体制是否合理，直接影响学校管理工作的质量与效能。

（一）我国学校领导体制的历史变迁

中华人民共和国成立至今，我国中小学学校领导体制经历 8 次大的变革，其中有许多值得深思之处，对今后学校管理具有重要的警示作用。

1. 校务委员会制（1949—1952）

1949—1952 年，在军事管制的情况下，各地学校在军代表的领导下曾以进步的教职员和学生为骨干，组成校务委员会之类的组织作为临时机构管理和领导学校工作。这种体制在当时起到了维持学校、发扬民主、反对落后、初步改革学校的作用，但是，这种体制一定程度上导致了极端民主主义、凡事无人负责等现象。

2. 校长责任制（1952—1958）

1952 年 3 月，经政务院批准，中央教育部颁布《小学暂行规程（草案）》《中学暂行规程（草案）》，对中小学内部领导体制做了比较详细的规定，我国学校教育逐步走向正轨。中小学实行"校长责任制，设校长一人，负责领导全校工作"。这种体制符合当时干部队伍状况以及学校运行规律的某些要求，对于当时贯彻党和国家方针政策，改变学校无人主要责任的现状，发挥了很好的作用。但是，由于当时我国中小学尚未普遍建立党组织，学校缺乏民主管理和监督机构，因而在一些学校出现校长独断专行的现象。

3. 党支部领导下的校长负责制（1958—1963）

中央政府基于对当时政治形势的认识和对"校长一长制"弊病的反思，于 1958 年 9 月发布《关于教育工作的指示》（以下简称《指示》），指出："一切中等学校和初等学校，应该放在党委领导之下"，认为"一长制容易脱离党委领导，所以是不妥的"。规定校长是学校行政负责人，党支部对学校行政负有领导和监督责任。受"左"倾思想影响，《指示》对正在实行的校长负责制予以全盘否定。在实践过程中，出现了党支部领导下的校长负责制或党支部领导下的校务委员会负责制，党支部包揽一切，行政机构和行政负责人受到限制，出现校长失权等现象。这种党政职责不清、党政不分、以党代政的现象，影响了教育事业的发展，导致教育质量严重下降。

4. 地区党委和教育行政部门领导下的校长负责制（1963—1966）

1963 年 3 月，中央政府在总结中华人民共和国成立以来办学的经验教训后，制定《全日制中学暂行工作条例（草案）》和《全日制小学暂行工作条例（草案）》，恢复中华人民共和国成立初期的校长负责制，规定："校长是学校行政负责人，在当地党委和主管的教育行政部门领导下，负责领导全校工作"；"党支部对学校行政工作负有保证和监督的责任"。同时指出，建立校长领导下的校务委员会，讨论学校重大问题；规模小的学校可用全体教职员会议代替校务会议。这一举措保证党对学校领导的同时，强化校长领导学校的职能。在实践过程中，学校党政干部之间职责分明，学校行政组织的作用发挥较好，学校以教学工作为中心，教学质量有所提高。

5. 革命委员会制（1966—1978）

"文化大革命"期间，"文化大革命"前的学校领导体制被全盘否定，1963年，将"在当地党委和主管教育行政部门领导下的校长负责制"批判为"削弱党的领导"，是"修正主义教育路线的产物"。这一时期，先是由"群众"组织夺权，接着由工（人）宣（传）队、军（解放军）宣（传）队、贫（贫下中农）宣（传）队管理学校，以后又实行"革命委员会"的领导体制。这种领导体制，使得学校党政机构全部瘫痪，取消了以校长为首的行政组织，从根本上破坏了党对学校的领导，学校管理走向混乱，从而严重阻碍了学校教育的发展。

6. 党支部领导下的校长分工负责制（1978—1985）

1978年9月，全国教育工作会议后，教育部重新颁发《全日制中学暂行工作条例（试行草案）》和《全日制小学暂行工作条例（试行草案）》，规定："中小学实行党支部领导下的校长分工负责制，学校一切重大问题必须经过党支部讨论决定。"这种体制有助于克服由"文化大革命"造成的混乱局面，拨乱反正，统一思想，使学校工作走向正轨。但是，这种体制自身不足之处也严重阻碍学校工作的发展。例如，权责分离，决策权在党支部，校长难以发挥作用；学校领导权集中在党支部，不利于发挥校长和教师科学管理以及民主治校等作用，严重制约了学校管理水平的提高，影响了学校办学效益和教育质量的提升。

7. 校长负责制（1985年至今）

1985年3月，《中共中央关于教育体制改革的决定》发布，正式提出改革学校领导体制，要求"学校逐步实行校长负责制"，同时要求"有条件的学校要建立校长主持的、人数不多的、有威信的校务委员会，作为审议机构"，"要建立和健全以教师为主体的教职工代表大会制度，加强民主管理和民主监督"，并对学校党支部的职能和要求做了明确规定。1993年，中共中央、国务院颁布《中国教育改革和发展纲要》，明确提出"中等及中等以下各类学校，实行校长负责制"，"实行校长负责制的中小学和其他学校，党组织发挥政治核心作用"。这一体制的突出之处在于：一是在改革开放后，首次明确提出在中小学实行"校长负责制"；二是主张建立作为审议性机构的"校务委员会"；三是要求健全"民主管理"和"民主监督"的机构——教职工代表大会。

2006 年 6 月 29 日，全国人大常务委员会通过修订后的《中华人民共和国义务教育法》。其中第 26 条明确规定："学校实行校长负责制。校长应当符合国家规定的任职条件。校长由县级人民政府教育行政部门依法聘任。"从此，我国义务教育学校实行校长负责制就有了明确的法律依据。

2010 年《国家中长期教育改革和发展规划纲要（2010—2020 年）》规定要完善普通中小学和中等职业学校校长负责制；2016 年《依法治教实施纲要（2016—2020 年）》指出要健全校长负责制。

8. 党组织领导的校长负责制（2022 年至今）

党的十八大以来，着眼新时代的现实需要，在坚持和加强党的全面领导的总方针下，中央开始调整中小学领导体制，有计划地在一些地区开展前期探索，逐步强化党组织参与中小学治理的职能和权限。

在 2018 年 7 月的全国组织工作会议上，习近平总书记指出："在中小学、医院、科研院所，党组织领导的校长（院长、所长）负责制还没有建立起来"，首次提出在中小学建立党组织领导的校长负责制的要求。明确中小学党组织的核心职责是"把方向、管大局、保落实"。①2019 年 6 月，《国务院办公厅关于新时代推进普通高中育人方式改革的指导意见》第 20 条规定："要加强普通高中学校党组织建设，发挥党组织把方向、管大局、保落实的领导作用。"同月，《中共中央　国务院关于深化教育教学改革全面提高义务教育质量的意见》第 22 条规定：要"充分发挥学校党组织领导作用"。

2022 年 1 月，中央办公室印发《关于建立中小学校党组织领导的校长负责制的意见（试行）》（下文简称《意见》）②，标志着中小学领导体制的正式变革。在这一新阶段中，不断健全中小学校党组织领导的校长负责制成为健全党对教育工作全面领导的制度体系、完善中小学管理体制、建立健全立德树人系统化落实机制的必然要求。

综上可知，中华人民共和国成立至今，学校领导体制多有变化，这与我国社会政治形势的变革密切相关。在中小学校建立党组织领导的校长负责制，这是一种具有新时代中国特色的崭新领导体制，必须积极稳妥落实并长期坚持，而这就要求细致分析体制核心内容，在实践过程中所遇到的困境并有针对性地提出改革方略。

（二）党组织领导的校长负责制核心内容

作为一项新的内部领导体制，不同于校长负责制下校长是学校各项工作的领导核心这一点，学校党组织领导的校长负责制的实质是，既确立中小学校党组织在学校的领导核心地位，又充分发挥校长在行政工作中的关键作用，并协调好党组织领导与校长负责的关系。

① 习近平. 在全国组织工作会议上的讲话 [M]. 北京：人民出版社，2018：12-13.
② 中共中央办公厅. 关于建立中小学校党组织领导的校长负责制的意见（试行）[N]. 人民日报，2022-01-27（1）.

在党组织领导的校长负责制下，党组织作为整体嵌入学校治理结构，履行"把方向、管大局、作决策、抓班子、带队伍、保落实"的领导职责，主导治理过程。实行党组织领导的校长负责制下，学校中的党委、党总支或党支部则成为最高领导机构，主持党组织工作的书记成为最高领导者。《意见》指出："中小学党组织全面领导学校工作。"这就明确指出，在实行新体制后，学校的最高权力机构和决策中心发生了转移，即由校长过渡到了学校党组织，学校工作中重大问题的决策，包括事关学校改革发展稳定的工作、事关教育教学和行政管理中的"三重一大"问题，事关学校章程等基本管理制度的制定出台，事关干部的教育、培训、选拔、考核和监督，事关教师等人才的培养、招聘、使用、管理、服务以及职称评审和奖惩等，均应由党组织决定。

校长依然担负着领导学校教育教学和行政管理工作的重要责任。《意见》指出："校长在学校党组织领导下，依法依规行使职权，按照学校党组织有关决议，全面负责学校的教育教学和行政管理等工作。"同时指出："实行中小学校党组织领导的校长负责制，必须发挥党组织领导作用，保证校长依法依规行使职权，建立健全党组织统一领导、党政分工合作、协调运行的工作机制。"这就清楚地表明，在新体制下校长依然是学校管理工作中的关键人物，承担着全面负责学校教育教学和行政管理工作的职责。党组织领导学校不是具体管理学校，必须支持校长依法行使管理职权。

（三）党组织领导的校长负责制实践困境

党组织领导的校长负责制是一种新的治理模式，在具体实践中，中小学校面临许多新情况新困境。主要表现在四个方面。

1. 思想困境

长期实行校长负责制所形成的思维惯性，加之各地各校管理情境存在的差异。一些认识的困扰还未得到解决，譬如，实行党组织领导的校长负责制，党组织的作用到底是政治核心还是领导核心？是不是意味着党组织"包办一切""管理一切"？学校党支部或者党委书记与校长，谁在前，谁在后？谁的权力大，谁说了算？在作决策时，书记和校长之间的冲突和矛盾如何解决？这些都是人们比较疑惑的问题。

2. 制度困境

党组织的权责有没有边界，书记与校长的权责如何进行区分，界定的法律依据和制度依据是什么，等等，目前还没有得到清晰的回答。《意见》是指导全国的宏观性文献，毕竟带有一定的概括性和原则性，在具体实施时会遇到各校不一的情况。众多案例表明，由于职责界限不清、权力边界不明所致，党政分歧或党政不和现象依然存在。如《意见》规定，涉及学校的"三重一大"事项必须提交党组织会议讨论确定，但在不同规模和层次的学校"三重一大"的具体内涵是不同的。拿"大额资金使用"来说，在办学规模和财务总量不同的学校差异很大，对一些大型学校 10 万元以上的支出可能才算大额资金使用，而对一些小型学校 1 万元甚至 5000 元都属于大额资金支出。制度上的不完善一定程度上影响了党组织领导的校长负责制的推进。

3. 协调困境

在党组织领导的校长负责制的设计中，党组织已经不再是仅仅发挥履行监督的职责了，而是要发挥全面领导的作用，组织关系变得更加多元和复杂，出现了党组织与教代会和校务委员会的关系，校长与党组织、教代会和校务委员会的关系，而且随着教育的发展，家校关系也变得尤为重要。如何认识这些主体和组织的性质，以及其在学校治理中的角色与功能，如何处理好这些主体和组织间的关系，将直接影响这一体制的运行。

4. 行动困境

在党组织领导的校长负责制的管理结构中，党政关系是首要的，其直接表现就是书记和校长的角色与关系，两者如何分工、如何合作，责、权、利如何界定，目前尚处于探索阶段。[①] 有的地方由书记统管学校，负责学校的日常事务管理，结果导致校长处在一个很尴尬的位置，难以体现作为学校法人的权责；有的地方采取书记和校长岗位平行设置，各有分工，但是由于法律层面对该制度的具体实施缺乏具体阐释，中小学党组织书记和校长在法律体系下的责、权、利比较模糊。

（四）党组织领导的校长负责制落实方略

通过上述对"党组织领导的校长负责制"面临的新情况新问题的分析，可以理清未来实践的路径思路。具体而言，为进一步落实"党组织领导的校长负责制"，可考虑实施如下方法策略：

1. 梳理思想认识

首先，必须从思想上明确党组织领导核心的概念。要把握"培养什么样的人""为谁培养人"的办学方向，其中党组织起到了领导核心作用。领导核心不同于政治核心，体现在全面领导、全面负责，做出重大决策而不仅是参与重大决策。[②] 其次，学校党组织是一个领导集体，而非个人。如果把党组织领导的校长负责制，演变成党组织书记领导的校长负责制，这就使得集体领导的委员会制变成了个体领导的首长制，容易出现"书记领导"与"校长负责"的分离。最后，党组织实施全面领导，同时也保障校长行使管理职权。党建工作和业务是密切联系的，前者提供保障，后者是检验前者实效的重要方式。党组织要加强舆情搜集研判，建立意识形态工作清单，定期开展思想政治工作专项调研，常抓价值观塑造，打造学校思想文化阵地。还要有正确遵循教育规律的意识。树立正确的教育观、政绩观、人

---

① 鲍传友. 中小学校党组织领导的校长负责制探析 [J]. 中国德育, 2022 (17)：31-34.
② 代蕊华. 实施中小学校党组织领导的校长负责制需要处理好的关系 [J]. 江苏教育, 2022 (42)：7-8.

才观，坚决克服短视行为、功利化教育倾向。

2. 健全体制机制

首先，灵活设置模式。根据学校规模和党员数量，可考虑两种模式，一种是分设党委、党总支建制的学校，校长和书记由不同的人担任；另一种是单设党支部建制的学校，书记、校长"一肩挑"。前者模式要注意，当校长是党员时，校长要兼任党组织副书记，当校长是非党员时，要逐步落实校长列席党组织会议制度。后者这种模式要加强制度制衡，此时，可以规定党组织其他委员按照规定程序进入校务会（或校长办公会）履职，校务会（或校长办公会）中的党员按规定程序进入学校党组织。要建立议题清单库，明确会议职能规则和内容清单。乡镇或村小党员人数不足的，建议和区域内其他学校或同乡镇政府组建联合党支部，形成联合式党支部管理和工作机制，形成党对教育领导的全覆盖。其次，要适当增加编制。学校现有的人员编制标准是按照办学规模评定的，考虑党务工作的现实需要，应为学校适当增加编制。最后，要健全多种机制。为了更好发挥党组织的领导作用，应当抓紧组织修订各中小学校章程，调整和完善学校的基本制度；要制定落实学校领导的相关重要制度，包括党组织领导职责、书记工作职责、校长工作职责、党组织抓思想政治工作职责和议事规则等；要修订、完善学校其他内部规章制度，如学校人事管理制度、学校财务制度等，保证其与新的学校领导体制达成一致性；还要建立校长执行情况报告制度、党组织书记述职评议考核制度等①；建立党组织内外部监督机制，加强教职工代表大会对学校工作的监督，在规模较大的中小学可设置专职或兼职纪委书记，由上级党组织直接派驻，代表上级工委（或党委）独立开展工作，负责全面监督、垂直监督党政主要负责人的工作；还要建立学校党组织书记和校长定期沟通制度，在打造学校党组织和领导班子交流平台的基础上，形成党组织统一领导、党政分工合作、协调运行的工作机制。特别需要注意的是，优化选人用人机制。要加强对中小学党组织书记和校长专业培训；重视干部教师的素养提升，激发中小学校党员干部干事的动力与活力。②

3. 厘清党政职责

首先，通过制定权力清单来明确权限。除了明晰共同权责，更要进一步厘清书记、校长双方的主体权责，重大政治问题由校党组织书记负责，学校业务由校长负责。但是双方都必须遵循议事规则。党组织要按照集体领导、民主集中、个别酝酿、会议决定的原则制定相应程序；校务会或校长办公会作为学校行政议的决策机构，要部署落实由党组织讨论决定的重大事项，研究处理有关教书育人等工作。通过协调好党政联席会、校务委员会、学校董事会、校长办公会、教职工代表大会、家长委员会等机构关系，从而使学校思想政治工作、学生德育工作、人力资源管理、学校安全保障、纪律监察等方面，实现党政高效协同。例如，

---

① 褚卫中. 加强中小学校党的领导：价值意蕴、工作要点与方法策略 [J]. 教育理论与实践，2022（32）：23-26.
② 张爽. 中小学治理现代化视域下落实党组织领导的校长负责制省思 [J]. 中国教育学刊，2022（7）：5-9.

对于学校人员都很关注的评奖评优等，可以采用"民主推荐—学术委员会评审—校长办公会审议—党组织委员会审定"，或"民主推荐—学术委员会评审—党政联席会审定（党组织委员会、校长办公会）"等议事程序完成。可以一校一案，可以有一些试点，形成学校个性化工作体系。其次，以教育性发挥为主旨重构党政关系。进一步理顺上级党委和教育行政部门与中小学的关系。上级党委和教育行政部门过往对中小学班子建设的监督、管理、评价、指导不够，客观上存在着多头管理、管不过来或管得不深、不细、不实等现象。在推进中小学校党组织领导的校长负责制过程中，这种状况必须予以重视和纠正。

4. 优化领导方法

首先，增强民主参与。领导要带头发扬民主，端正工作作风。在日常的学校管理工作中，要平等待人、平易近人，充分听取和尊重班子成员的意见。其次，注重差异性领导。学校党组织统一领导学校党建、行政、学术、民主党派、群团等各方面工作，但针对不同性质的组织，领导方式要有差异性和针对性。最后，重视情感治理。贯彻落实党组织领导的校长负责制，需要运用情感治理的方式对党组织运转过程中的各类情感问题予以回应和解决。校长应当坚持群众路线的工作方法，倾听了解学生、教师、家长声音，了解群众情感需求。针对学生可以建立"学生—班主任—学校"的反馈机制；针对教师可以建立"教师—教导主任—学校"的反馈机制；针对家长，可以增强学校内部以及"家—校—社"之间的情感团结。校长还需要整合校内外资源，加强校园内部的公共空间建设。例如，谈心室、活动室、操场上的运动设施等，以此提供师生互动的空间基础。同时校长还要通过文化宣传、文化培育和文化活动等多种形式，加强校园文化建设，提高师生的文化认同，建立成员之间的情感联结。

🔍 案例

要不要淘汰"末位淘汰制"？

临天中学是一所远离市区，地理位置较为偏远的农村中学。近两年来，按照 L 市教委的统一部署，该校在每年的暑假都要进行教师聘任制工作。去年由于是第一年开始实施教师聘任制，市教委的要求不是非常细致，为安定"军心"，校长打了擦边球，学校内部没有大的波动，教师聘任工作进行得较为顺利。

转眼第二年的聘任制工作又来了。为了进一步推进学校用人制度改革的深入，在教师聘任制实施细则中，L 市教委明文规定，每校必须有 3%～6% 的教职工待岗。为了今年的工作更有利、更科学、更规范地开展，临天中学早在上一年聘任制工作结束后就进行了准备：建立健全了各类规章制度，制定了学校教职工考核细则量化表，并在教代会上通过。同时，在平时的工作中加强了监督、管理的力度。聘任前，召开了校聘任小组会议，最后确定了今年的考核方案：量化得分占80%，教职工民主测评占20%，根据考核总分确定出10%的教职工作为待聘对象，再由聘任小组最后确定一名待岗人员。

经过一番紧张、辛苦的工作，有两位教师进入了最后的名单。在最后的一次聘任工作小组会议上，针对两人的情况，大家进行了讨论。从两人的情况来看，李某某教学业务能力较好，但时常因身体或态度的原因未到校上班。李某某量化考核分较低，而民主测评分较高。张某某刚好相反，从实际情况看，他教学业务能力较差，但平常到位情况较好。究竟应该淘汰谁？无记名投票表决的结果是：16人投票，8∶8。"末位淘汰"卡壳了。①

从上述材料出发，你认为"末位淘汰制"适用教育领域吗？并说说自己的理由。

二、教职工任用制度及其改革

对教师的任用方式，各国因教育发展水平及教育行政体制的不同而有所不同，一个国家在其教育和教育行政体制发展的不同时期其做法也不尽相同。这里在回顾教职工任用制度历史变迁的基础上，探讨现行教师聘任制的不足以及改革思路。

（一）教师任用制度概述

教师任用制主要有派任制和聘任制两种。

1. 派任制

所谓派任制又称任命制，是由上级教育行政部门和人事部门根据有关规定按计划向学校委派教师任职任教的方式。

中华人民共和国成立初期，受苏联教育模式影响，国家对人、财、物实施集中统一配备，在教师的人事任用上采用派任制。其优点是，在我国合格教师资源长期不足的情况下，派任制保障了我国教师资源的配置。在计划经济模式下，派任制与当时的社会经济、政治体制相适应，促进了我国基础教育事业的发展。但是，随着社会主义市场经济体制的建立和完善，以及经济体制改革对教育改革与发展要求的不断提高，派任制越来越不适应教育改革发展的需要，其自身的不足之处也越来越明显：教师工作缺乏严格的岗位职责，师资力量下降；许多学校人员、学科结构失调，非教学人员超编严重；过于集中、统一的管理模式，缺乏灵活性和自主性，教师缺乏竞争意识，不能主动适应岗位变化的要求；等等。

2. 聘任制

所谓教师聘任制度是学校（或者教育行政部门）与教师在自愿平等的基础上，遵循公

---

① 周俊.教育管理热点案例研究［M］.北京：北京师范大学出版社，2010：89.

开招聘、平等竞争、择优录用的原则，就教师的任职时间、任职条件以及双方的权利、义务和责任达成协议，签订聘任合同，并据此形成任职契约关系的教师管理制度。

改革开放以来，随着计划经济向市场经济的转轨，国家对教育事业管理体制的改革，派任教师的方式日益显露出对新情况的不适应及其自身的弊端。因此，许多地方和学校在教师任用方式上进行了改革，采用了聘任制。《中华人民共和国教师法》（1993）第 17 条规定："学校和其他教育机构应当逐步实行教师聘任制。教师的聘任应当遵循双方地位平等的原则，由学校和教师签订聘任合同，明确规定双方的权利、义务和责任……"这是我国教育史上第一次完整地对教师聘任制做出的明确法律规定，标志着我国教师任用制度的重大突破。《中华人民共和国教育法》（1995）第 35 条规定："国家实行教师资格、职务、聘任制度，通过考核、奖励、培养和培训，提高教师素质，加强教师队伍建设。"第 29 条第 6 款规定，学校及其他教育机构的权利之一是"聘任教师及其他职工，实施奖励或者处分"，从而进一步使人们对教师聘任制度达成共识，为推行教师聘任制提供了有力的法律保障。

实行教师聘任制度的意义在于，引入竞争激励机制，破除教师职务终身制，强调能上能下，强调履行岗位职责，强调权、责、利统一的用人机制。实施教师聘任制的目的是转变教师任用机制，鼓励学校选好人才，用好人才，优化教师资源配置和教师群体结构，调动广大教师的积极性和创造性，提高办学效益和教育教学质量。其优点是基于自愿选择的平等关系，教师和学校之间关系平等，双方权利与义务关系明确。破除教师职务终身制和教师资源单位所有制，实现教师人力资源的社会共享。保障教师平等的就业机会与权利，拓宽了师资来源渠道等。

（二）教师聘任制的现存问题

当前，我国中小学教师聘任制的实行并不规范，现存问题明显，处于新旧体制转换的过渡状态，离真正意义上的教师职务聘任制度仍有较大差距。主要表现在以下几个方面。

第一，聘任主体不明。教师应该属于政府雇员还是学校雇员？谁是教师聘任的主体？一些地方采用教育行政部门和学校校长共同聘任的方式；一些地方采取校长聘任的方式；还有学校采取层层聘任的方式；还有学校通过教师民主投票实行差额聘任。聘任主体不明导致教师职务、身份难以明确。

第二，考评缺乏明确指标。虽然教师聘任普遍强调考核教师的德、能、勤、绩，但由于缺乏具体的指标体系，考评往往难以真正落实，关系聘任或走过场现象严重。

第三，聘任目的偏离。在聘任制的操作过程中，某些地方为减少财政支出，不考虑学校是否真正超编，强行规定落聘比例，然后以低薪聘任代课教师，完全背离教师聘任的宗旨。

第四，权利保护缺位。由于设计上的缺陷，现行的教师聘任制使教师处于弱势地位，以致一些校长借教师聘任之机排斥异己。教师缺少维权途径，聘任合同不规范，内容不完备，随意性大，使得教师自身合法权益受损。

第五，以聘代管现象严重。由于聘任制对教师具有极大的威慑力量，一些校长就利用解聘来威慑教师，却疏于聘后管理或放弃聘后管理。

第六，合格教师储备不足。自然条件恶劣、经济落后的地区，合格教师储备不足，缺编现象严重，校长无人可聘，教师聘任制形同虚设。

（三）教师聘任问题的解决思路

解决教师聘任问题，应从以下几个方面入手。

第一，加快教育系统人事制度配套改革步伐，为顺利推行教师聘任制度创造条件。教师聘任制度的顺利推进，需要制度、政策的保障。教育系统以优化结构和提高质量为导向，不断深化人事制度改革，优化教师聘任环境，为有效落实教师聘任制度创造条件。

第二，依法治教，明确规范教师职务聘任程序，让聘任权力在明确的界限内规范运行。依法治教是指通过法律调整教育管理，要从讲政治的高度来认识依法治教，使其向规范化、制度化及科学化的方向发展。因此，教师聘任制度应在国家基本法律制度的基础上实行，规范聘任教师的程序、步骤，明确聘任主体，做到自我限权、规范用权，保证聘任过程公开、透明，有法可依。

第三，树立正确的教师管理观念，正确认识教师职务聘任的目的。师资管理是学校管理工作的先导，树立正确的教师管理观在于尊重教师人格，激励教师充分发挥教学主动性和创造性。明确聘任教师的目的在于增强学校师资力量，应做到用人格的力量凝聚教师，用公正的态度对待教师，建立科学合理的教师队伍管理激励评价机制。

第四，完善教师聘任的监督保障制度，建立教师合法权益的维护救助机制。当前实行教师聘任制的过程中，教师合法权益的保护值得充分关注。保护聘任制下的教师合法权益需要系统地构建教师权益的保障机制，具体包括：完善立法、规范学校聘任权的行使、建立科学的评价考核制度、重视教师的培养、建立规范化的解聘制度、妥善分流安置落聘教师、畅通教师权利的救济路径等。

第五，增加合格教师数量，改善教师生活待遇和工作条件。《中共中央关于教育体制改革的决定》一文曾指出："建立一支有足够数量的、合格而稳定的师资队伍，是实行义务教育，提高基础教育水平的根本大计。"增加合格教师的数量，提升学校师资水平，是完成教学工作的保证。为了充分发挥教师的积极性，制定、完善和落实教师医疗、养老、住房、绩效工资等政策，积极改善教师的工作和生活条件。依法保证教师的合法收入，继续加大公共教育资源向农村、贫困山区的倾斜力度，建立城市教师到农村支教的激励机制。

三、薪酬制度与绩效工资改革

教师的薪酬与绩效工资制度是教育教学管理制度中的一个重要制度，而义务教育绩效工资制度的实施是国家根据当前社会经济发展的实际情况制定的，是贯彻落实义务教育法、深化事业单位收入分配制度改革的具体措施。

（一）薪酬制度与绩效工资概述

2008 年 12 月，国务院常务会议审议并原则通过《关于义务教育学校实施绩效工资的指导意见》，决定从 2009 年 1 月 1 日起在义务教育阶段实施教师绩效工资改革，希望以此提高教师收入，调动教师工作积极性，提高教育教学质量，从而促进基础教育长远发展。

1. 薪酬与薪酬制度

从狭义的角度看，薪酬是指个人获得的以工资、奖金以及金钱或实物支付的劳动回报。

广义的薪酬包括经济性报酬和非经济性报酬。经济性报酬指工资、奖金、福利待遇和假期等。非经济性报酬指个人对工作本身的一种感受。

薪酬制度是让员工和雇主都满意的有关薪酬的支付方式、支付方法规则的集合。它不仅包括薪酬的决定标准，薪酬组成要素的确定，还包括薪酬的理念、薪酬结构、薪酬等级等内容的确定。

2. 绩效、绩效工资、绩效工资制度

绩效（Performance）在英文中的意思是"履行、执行、成绩、性能"之意，是指通过个体或群体的工作行为和态度表现出来的工作效率和结果，是直接成绩和最终效益的统一体，也可称为工作业绩、成效等。[①]

绩效工资又称绩效加薪、奖励工资等，是以职工被聘上岗的工作岗位为主要对象，根据岗位技术含量、责任大小、劳动强度和环境优劣确定级别，以经济效益和劳动力价格确定工资总量，以职工的劳动成果为依据支付劳动报酬。[②]

绩效工资制度是在对员工的工作业绩、工作态度、工作技能等方面评估的基础上而发放工资的一种工资制度。

3. 教师绩效工资、教师绩效工资制度、义务教育阶段教师绩效工资改革

教师绩效工资是指义务教育学校教师绩效工资，分为基础性和奖励性两部分。基础性绩效工资主要体现地区经济发展水平、物价水平、岗位职责等因素，占绩效工资总量的 70%，具体项目和标准由县级以上人民政府人事、财政、教育部门确定，一般按月发放。奖励性绩

①　李沿知. 国外基础教育教师绩效工资改革中的主要争议 [J]. 外国中小学教育，2010 (7)：30-35.
②　刘美玲. 美国基础教育阶段教师绩效工资实施方案及成效分析 [J]. 教育发展研究，2010 (5)：56-61.

效工资主要体现工作量和实际贡献等因素，在考核的基础上由学校确定分配方式和办法。根据实际情况，在绩效工资中设立班主任津贴、岗位津贴、农村学校教师补贴、超课时津贴、教育教学成果奖励等项目。

教师绩效工资制是依据教师在教育工作中的业绩、态度和贡献等取得收入的一种工资制度。教师绩效工资制度的组成部分如图 2-5 所示。

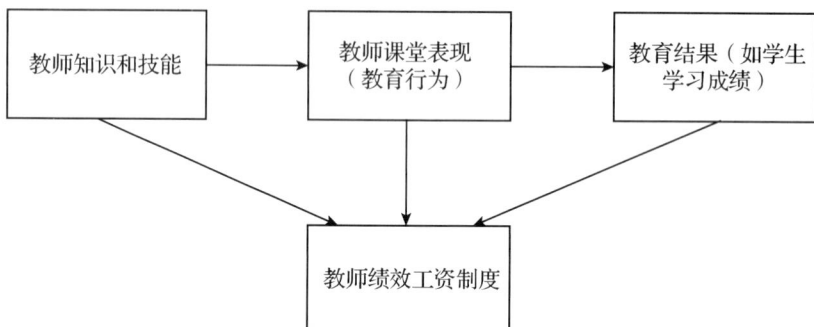

图 2-5　教师绩效工资制度组成部分①

义务教育阶段教师绩效工资改革，是国家为推动义务教育事业长远发展，提高教师地位，吸引优秀人才长期从教而做出的一项重大战略决策，是指按照国务院部署，义务教育学校从 2009 年 1 月 1 日起实施绩效工资。实施绩效工资改革是一项系统工程，需要从经费保障、方案制订、监督指导等方面统筹考虑；更是一个动态的过程，需要有重点有步骤地实施，需要在实践中不断地改进完善。

(二) 教师绩效工资的现存问题

义务教育教师绩效工资的实施，是我国教师收入分配制度的一次重大改革和调整，在改革实施过程中有其显著成效，同时也有许多突出问题。

1. 义务教育教师绩效工资缺乏财政保障

义务教育教师绩效工资的实施需要充足的经费支持和财政投入，仅仅停留在政策层面的绩效工资改革，缺少相应经费的保障，难以达到政策实施的预期效果。目前中央和地方教育经费的分摊模式造成地方政府负担过重，不利于教师绩效工资制度的落实。同时，尽管各级政府尽了最大的努力，但部分县因财政困难，义务教育教师绩效工资难以得到保障，从而拉大了地区间教师工资收入的差距，严重挫伤教师工作的积极性。

2. 城乡义务教育教师绩效工资差距扩大

在义务教育教师工资收入构成中，岗位工资和薪级工资标准全国基本上是固定和统一

---

① Herbert G Heneman Ⅲ, Anthony Milanowski and Steven Kimball. Teacher Performance Pay: Synthesis of Plans, Research, and Guidelines for Practice [J]. CPRE Policy Briefs, 2007 (2): 1-11.

的。但由于绩效工资并没有形成统一的标准和考核体系，因此造成不同经济发展区域的教师绩效工资水平不一，从而导致义务教育教师绩效工资区域差距拉大。特别是欠发达地区和边远地区，由于经济落后、地方财政十分困难，义务教育教师绩效工资标准普遍偏低。

3. 教师绩效考核评估机制不完善

(1) 绩效考核标准的制定缺少依据

第一，相关法律法规对绩效考核标准缺少依据，仅是笼统规定教师绩效工资考核和工资发放，缺乏可操作的绩效考核与分析。对教师的考核，应该以怎样的价值和标准作为评判依据，又该如何来评判考核者、考核方式的公平性及合理性等问题是造成分配方案和考核不合理的主要原因。第二，教师职业的特殊性决定了"绩效"之于事业与企业的内涵、标准截然不同，教育的效果难以在短时间内测量出来。教育工作又是集体劳动的结晶，评定绩效要经过一段的时间，综合考虑多方面的因素，否则难以量化。绩效工资制度实施的初衷是实现"多劳多得"的分配理想，但这个"劳"的考核缺乏一个科学合理的"标准"，教师工作量难以考核评价，在很大程度上制约了绩效工资改革的推进。

(2) 绩效考核和工资发放缺乏监督

第一，教师绩效工资缺乏法律制度的保障，我国关于教师绩效工资实施的法律法规目前还很贫乏。第二，学校内部对于教师绩效工资的考核、发放缺乏民主监督体系。第三，绩效考核评价工作缺乏科学规范，难以公正合理。

4. 利益的过度竞争损害学校文化氛围

教育是一个特殊的事业，教师更是一个特殊的职业，所以教育有其自身的规律，教师这个职业也有其特殊性。但是，教师绩效工资政策的实施在某种程度上加剧了教师的竞争与不合作，加剧了对教学效果急功近利的追求，诱导了一些违背教育规律、影响学校文化氛围的行为发生。所以，把教师工资简单地与其课时和学生的学业成绩紧扣起来——无论是教师个人还是团体，长远来看，易产生作弊或者其他机会主义行为。主要表现为教师过度关注学生成绩，篡改考试成绩，泄题，后进生考试缺席，虚报管理数据等。

(三) 教师绩效工资改革对策

教师绩效工资改革总体设想是好的，但是在实施中逐渐暴露出一些问题，从而影响绩效工资改革预期目标的实现。这里将对教师绩效工资的现存问题提出相应改革对策。希望对完善教师绩效工资改革有所助益。

1. 加大公共财政投入力度，确保改革顺利进行

公共财政是政府为社会提供公共产品的行为，面对义务教育教师绩效工资改革中出现的种种问题，政府必须加大对义务教育的投入力度。从我国现实情况看，义务教育经费主要用于支付中小学教师工资和福利的开支。从国家的经济实力和财政收入看，政府完全有能力

统筹义务教育学校教师工资，保证绩效工资按时足额发放。按照《国家中长期教育改革和发展规划纲要（2010—2020年）》的要求，要提高国家财政性教育经费支出占国内生产总值的比例，并在2012年达到4%。同时，经济发达的大中城市义务教育教师绩效工资由当地政府负担，边远地区或农村地区义务教育教师绩效工资由政府公共财政负担，共同促进义务教育教师绩效工资的顺利改革。

2. 提高农村贫困地区教师待遇，稳定农村教师队伍

义务教育教师绩效工资实施后，尽管大部分县都设立了农村教师津贴，积极鼓励优秀教师到农村偏远地区任教。但农村，特别是边远、贫困地区教师津贴标准普遍偏低，大部分县每月不到100元，最低的每月只有10元，对农村教师激励作用十分有限。而要吸引大批优秀教师到农村任教，稳定农村教师队伍，调动农村教师的工作积极性，关键是要提高教师的经济待遇，改善教师的物质生活条件。这样做一方面可以平衡、统一省域内义务教育阶段教师收入；另一方面，条件越恶劣、区域越偏远的农村学校教师补贴越高，有利于激励更多的优秀教师到农村偏远地区任教，从而促进城乡义务教育均衡发展。

3. 完善绩效评价机制，建立公开透明评价体系

绩效工资考核是绩效工资分配的重要依据，这就要求建立公开透明的绩效考核体系，对义务教育学校教职工进行定期考核。

第一，注重绩效评价内容的科学性。教师绩效评价内容要由阶段性、综合性评价转向日常性、专题性评价，重视对教师实践性知识的评价。从德、能、勤、绩、廉5个方面评价教师，重点关注教师职业道德、学科能力、知识素质、科研水平、情感态度、文化修养等方面，确保评价结果公正客观、真实可靠。

第二，注重绩效评价主体的多元化。把教师看作评价对象的同时，也看作评价活动的积极参与者。在突出教师主体地位的基础上，建立以教师自评为主，其他多方参与评价为辅的评价体系。多元化的评价主体应当包括教育管理者、教师本人、同事、专家、学生及家长等。通过教师的自我评价，借助领导、学校同事、学生及家长等多方评价，促使教师深入了解自己，不断提高教育教学质量和自身综合素质。

注重绩效评价标准的合理性。评价标准要由同一性、群体性向个体差异性、多元性转变，探索一套科学合理、客观有效的绩效评价指标体系。要针对不同岗位、不同学科教师的特点，分别制定不同的绩效考核标准，确保每个岗位、每个学科的"优绩优酬"。注重教师教科研工作、职业道德、人文修养等方面的评价指标。对于师德师风、教学态度、人文修养等指标则要确定规范性或者方向性目标，以文字写实的方式进行表述，使考核评价有理可依。

除此之外，还应认真听取利益相关者的利益诉求，充分保证各方的切身利益；重视教职工的积极参与，保证绩效评价公开、公正和透明，优化教师绩效工资制度，给教师绩效工资

实施提供一个良好的法律环境，加强法律监督作用。

4. 引导教师提升自身修养，营造学校育人氛围

思想水平和业务水平的提高，对于绩效工资的实施、提高教师工资待遇有着重要的推动作用。因此，教师要提升自己的道德修养，以满腔的爱投入到教育工作中去；不断提高自己的业务水平，在新形势下更新知识、刻苦钻研，知识的掌握要做到"精"与"博"；重新思索教师身份的内涵，树立正确、合理的绩效观；积极参与学校的绩效管理，不断促进自己与学校的共同发展；提升自我意识，形成理性的自我绩效评价，在评价与反思中成长。

🔊 名家语录

教师之为教，不在全盘授予，而在相机诱导。

——叶圣陶

第四节
学校基层组织管理变革

🎯 学习目标

了解学校基层管理组织变革的现状以及年级组等学校组织变革中的思路。

学校的不断发展和规模的不断扩张，需要与之相适应的组织变革。学校基层管理组织作为学校最基础的教育教学执行组织，需要进行相应的组织管理变革，以适应和服务学校发展。

一、学校基层组织管理概述

（一）学校基层管理的重要性

学校的中心工作（即培养学生）是通过教师劳动完成的，而教师劳动特点之一是通过个体劳动的形式体现集体创造的成果，其本质是一种集体协作性劳动。学生德、智、体等方面的全面发展，既是每个教师应担负的责任，又不是任何一个教师能独立完成的，必须由每个学习段的教师和各职能部门共同完成。基层管理者在学校管理中处于基础地位，起到把关、反馈和评价作用。并且，每一项教育任务的完成都具有纵向连续性和横向联系性，具有

立体性。因此，必须加强学校基层组织建设，强化基层管理实体的作用。

（二）年级组的历史沿革和局限性

1. 年级组的产生与发展

1988 年 8 月，国家教委颁布《中学德育大纲（试行稿）》，在"实施德育大纲的领导和管理"中规定："年级组是实施德育大纲的重要环节。年级组应定期组织年级组教师分析研究本年级学生的思想品德状况，制订有针对性的教育措施，沟通信息，协调各方面的关系，组织本年级教师共同贯彻德育大纲的要求。"

1995 年 2 月，国家教委正式颁发了《中学德育大纲》，在"实施与管理"项下规定："学校要加强对年级组和班主任工作的指导和管理。年级组应定期组织年级教师分析研究本年级学生的政治思想品德状况；制订实施本大纲的分年级要求；沟通信息，交流经验，开展年级性的教育活动，组织本年级教师共同完成本大纲的任务。"

年级组的出现不是偶然，国家多项政策导致中学规模急剧扩大，使传统的"校长—各处室—班级—班级教师"4 级科层化管理体系无法适应学校运作的要求。为解决学校中层机构管理幅度过大的问题，增设基层管理组织就成为一种必然选择。尤其是当学校的规模膨胀已经达到这样一种程度：即使学校再通过向教研组转嫁管理职能也不足以解决问题之际，就不得不增设"年级组"这一具有鲜明管理性职能的"准建制化"组织，以承担越来越繁杂的基层管理任务。[①] 年级组作为处于各处室与教研组之间的中介性机构，具有职能优势、管理优势、效率优势和互补优势，利用得好，有利于学校的改革和发展，在学校管理中能起到桥梁的作用。

2. 年级组的局限性

这种"学校—各职能处室—年级组—班级"的传统组织结构，具有直线职能制结构的天然弊端，其在中学发展过程中会产生以下问题：体制僵化；不利于中学科研的展开；不利于教师业务素质的提高；导致浪费。[②] 实践证明，年级组科层化产生了许多弊端，管理层次增加，这在一定程度上加长了沟通渠道，影响了校长和各职能部门作用的有效发挥；年级组科层化易架空教研组，削弱教学研究，从而影响教学质量的提高。

二、学校基层管理组织与年级组变革

学校基层管理组织在学校基层管理中有其不可替代的重要性，同时也存在着传统基层管理模式的天然弊端。年级组作为学校基层管理组织中的核心要素，同样有其不足之处。

---

① 葛新斌. 年级组的建制及其对超大规模中学内部管理的影响 [J]. 教育科学研究，2007 (3)：29-33.

② 段丹. 普通中学矩阵式教学管理组织结构讨论 [J]. 现代中小学教育，2004 (11)：51-52.

（一）学校传统基层组织管理模式的弊端

1. 管理层次过多，工作效率低下

学校管理层次过多，中间环节多，导致决策下达和信息反馈速度慢，容易失真，影响工作效率和工作质量。如按传统的教学管理模式运作，教学工作安排要经过以下程序：校长与主管教学副校长将工作计划传达给教务主任，教务主任召开教研组长会传达布置，再由教研组长通知到备课组及全体教师。同时，来自教学一线的信息反馈也要经过相同的路线向上传递。这在某种程度上影响了决策和管理效能，降低了学校的办学效率。

2. 管理重心偏高，决策偏离实际

在传统组织结构中，领导管理重心偏高，造成管理脱离实际，决策缺乏科学依据，从而造成工作失误。在规模较大的学校中，教务处直接管理一二百名甚至更多的教师，德育处要面对全校两三千名的学生。通常情况下，职能部门很难驾驭如此庞大的管理系统，无形中造成工作无序杂乱，势必降低学校管理的效率和效益。

3. 双线管理协调难，教育教学易脱节

教育和教学作为学校工作最重要的两个环节，是相互联系、相互渗透、相辅相成、密不可分的统一整体，应为一条主线贯穿始终。传统的管理模式在操作过程中容易各行其是，协调困难，给教育、教学带来负面影响。

4. 平行沟通不足，易造成管理冲突

各职能部门之间缺乏平行沟通，处室间利益冲突或沟通障碍的出现，会造成学校管理的不协调。而管理环节多，造成协调任务大，校长和职能部门主任很容易陷入繁杂的日常管理事务中，偏离教育教学主题。

5. 职能部分干预多，基层管理自主权少

在这种学校组织结构中，年级组和教研组不是相对独立的基层管理实体，各种权力均集中在职能处室。职能处室对年级组和教研组的管理往往干预过多，而年级组和教研组因缺乏必要的自主权导致工作积极性差、管理效率低下。

（二）基层组织内部科层取向与专业取向冲突

1. 学校组织结构中专业性与科层制的冲突

科层取向是指以科层体制的价值观念和是非标准作为学校管理的基本原则，追求效率与合理化是学校管理科层取向的核心与思想基础。专业取向是学校科层组织内部产生，同时又与科层体制的管理原则有着激烈冲突的一种倾向。[①] 专业取向关注教师的成长，关注教师

---

① 张新平. 学校管理的科层取向与专业取向 [J]. 教育评论，2001（5）：36-38.

的专业自主权，要求最大限度地发挥教师本身的主体性与创造性，强调教师不仅是管理的客体，更是管理的主体。

学校管理的专业取向与科层取向冲突主要表现在两个方面：第一，管理目标的对峙；第二，教师专业自主权与科层体制纪律及控制之间的不可调和。教师作为专业人员，通常希望在自己的业务范围内有广泛的自主权，与学校行政领导相比，他们更认同本专业的同行、专家的意见，以此作为自己的行为参照。科层取向要求教师行为接受行政领导的批示与控制，主要指教师行为是否与学校现存的各项法规条例一致。虽然专业取向与科层取向之间有很多相似之处，但由于两者确实存在差别，潜在的矛盾依然存在（见表2.1），科层取向程度越高，冲突事件越多。人们希望管理者和教师能共同努力，使学校组织多一些专业性，少一些权威性。

表2.1 专业取向和科层取向的基本特征：相似性与差异性

	专业取向	科层取向
相似性	技术专家 目标观点 非人格化和公正的方法 服务于顾客	技术专家 目标观点 目标观点非人格化和公正的方法 服务于顾客
差异性	同行评价小组 决策自主 自定控制标准	等级取向 规训化服从 服从于组织

2. 基层管理组织内部专业取向与科层取向的潜在冲突

学校中有两类基本组织：一类是负有制度与管理职能的科层组织；另一类是专业组织，负责实际的教与学的技术过程。在学校内部管理体系中，年级组趋向于科层组织，教研组倾向于专业组织。正如前面所讲，学校组织中必然潜在着专业取向与科层取向的冲突。因此，在学校管理体系基层管理实体中，科层倾向的年级组和专业倾向的教研组在管理过程中必然潜在着矛盾和冲突，这是由学校是由"科层要素与专业要素明显地结合在一起的组织"的特征所决定。在学校管理实践中，年级组与教研组之间的摩擦和冲突时有发生。随着学校办学规模的扩大，学校管理压力的增加，为规范管理和加强管控，年级组的功能得到进一步强化，使年级组在基层管理中取得强势地位。相形之下，教研组地位降低且受到削弱，甚至在一些管理压力特别大，尤其是新合并的超大规模中学中，教研组出现名存实亡甚至完全被年级组和年级备课组取代的现象。

（三）年级组与教研组的权责之争

随着年级组科层的强化，教研组受到削弱。学校组织规模扩张，学校面临强化层级监控的压力。年级组的"准建制化"加重了学校管理的科层化倾向，动摇了学校组织的专业性基础，将促使学校更注重管控性行为，给学校氛围带来不利影响。[1] 有关资料显示，年级组在超大规模中学内部的运作中往往挤占了教研组的活动空间，在教研组和年级组并存的体制下，教研组名存实亡。年级组分散了各学科的教学研究骨干；切断了同一学科教师之间的专业技术性关系；严重挫伤了教研组长的工作积极性，使教研工作失去支柱。[2] 由此，引发年级组和教研组之间的摩擦和冲突，并导致超大规模中学组织结构和内部管理的科层化倾向。

🔍 **案例**

年级组 VS 教研组

L 高中是某市的首批十五所省级示范性高中之一，拥有较大的办学规模，近两年来办学规模在继续扩大，办学水平逐年提高，在全省拥有较高的知名度，正在向国家级示范性高中迈进。学校目前拥有 45 个教学班，2700 多名学生，170 多名教职工。年级组规模庞大，平行班都在 8 个以上，有的年级组学生多达 500 名，年级组教师达十几名之多。年级组管理初具规模。然而，在向国家级示范性高中迈进的过程中，学校领导以及教职员工对年级组与教研组的权责分配问题意见不一。有的教职工认为，年级组才刚刚成立，在管理上有着诸多不稳定因素，况且学校的工作中心应该以教学、教研为主，向国家级示范性高中迈进的各项工作应该以教研为主。而另外一些教职工认为，学习规模的不断扩大，亟须年级组协助学校各方进行年级、班级管理，才能保证学校的正常秩序。

从上述材料出发，你认为年级组和教研组之间的矛盾为何会发生？

三、年级组变革的基本策略

（一）构建适合校情的学校基层组织管理模式

不存在普遍适用的学校基层组织管理模式，合理的基层组织管理模式就是适合各校校情的基层组织管理模式。超大规模学校出现的管理问题，其根源是学校组织变革滞后于学校规模扩张。大规模学校的扩张必然要求其组织结构的变革，并以此为基础进行学校内部管理资源的重新配置，构建适合校情的学校基层管理组织模式，提高组织管理绩效。目前，我国部分地区超大规模学校正在进行探索和尝试。例如，浙江杭州求是教育集团在其发展的 7 年

---

① 葛新斌．年级组的建制及其对超大规模中学内部管理的影响 [J]．教育科学研究，2007（3）：29-32．

② 刘凤学，吴占权．教研组与年级组管理体制的优劣辨 [J]．石油教育，1998（4）：16-17．

间，随着学校规模的扩大，他们在组织结构变革上积累了丰富的经验，总结为：在集团化学校成型、持续发展、完善调整的不同发展阶段，应采用不同的管理组织结构模式：初建时期——以老带新的组织结构；持续发展阶段——条块相辅的组织结构；完善调整阶段——网络矩阵整合的组织结构。① 学者们也在探索超大规模学校应有的几种组织结构模式：有矩阵结构模式、项目组织模式、多层委员会式组织模式。②

（二）理顺基层组织与各层级之间的关系

学校的各项决策最终都要操作实施层——年级组和教研组这两个基层管理实体来执行。如何理顺决策层、中间层与基层管理实体之间的关系，直接影响决策执行效率。学校办学质量的高低最终也是由年级组和教研组的教育教学质量的高低来衡量。因此，应理顺基层组织与各层级之间的关系，保证基层组织能作为一个相对独立、自主的管理实体高效运作。

1. 管理重心下移，使基层组织集职、权、责、利于一体

把层级管理的重心下移到年级组和教研组，确保年级组和教研组集职、权、责、利于一体。年级组担负着对学生的课内、课外活动进行统筹安排，对全年级学生全面管理的职责，同时又要成为全年级教师的思想政治和福利待遇的管理单元，在学校基层管理中发挥核心作用。因此，管理工作重心下移，有利于强化其功能，调动年级组负责人及教师工作的积极性、主动性和创造性。同时，将教师业务管理、教师业务考核和绩效考核以及年度评优评先等管理职、权、责、利下放到教研组，使教研组成为业务管理和专业引领的管理实体，强化其业务管理功能，激发教研组长及教师的工作热情、激情和教研科研干劲。

2. 严格选聘负责人，确保其真正成为基层组织的"灵魂"

年级组担负着学校教育教学、德育管理等多方面的工作，是学校管理至关重要的一环。年级组长素质的高低，将直接影响该年级组管理水平、管理效率和年级组师资队伍整体素质的提高。因此，应慎重挑选，将德才兼备、年富力强的教师挑选出来担任年级组负责人。③同样，教研组负责人是学校学科教学和教研的带头人，教研组长的业务能力和科研水平直接影响该学科的教研气氛、教研水平和学科教师的专业成长。因此，应将学科中教学效果好、科研水平高、起到模范带头作用的教师挑选出来担任教研组长。

3. 充实基层组织管理力量，改进基层领导方式

加强基层组织管理力量，专门设立年级组办公室，办公室人员由一位年级主任和两位副主任组成，实行集体领导，加大年级组管理力度。在教学研究方面，以年级为单位成立年级备课组，开展符合全校和年级实际的教研活动。全校性和具有学科共性的活动由教研组协同

① 李勤. 对集团化学校管理组织结构变革的探讨 [J]. 中小学管理，2006（9）：21-23.

② 金瑛. 高中组织结构变革的几种模式 [J]. 中小学管理，2006（9）：29-30.

③ 沈益. 广州市示范性普通高中级部制管理模式研究 [D]. 广州：华南师范大学，2007：45-46.

研讨；具有年级阶段性的活动由年级备课组负责，教研组提供指导和服务，从而促进学校良好教研氛围的形成。

4. 实施群体绩效考核，促进基层组织团队建设

促进年级组和教研组团队的形成，增强年级组和教研组作为基层管理实体的凝聚力、教育力和战斗力，建议逐步建立对年级组和教研组的群体考核制度。例如，对年级组的群体考核，可制定《年级组目标管理责任方案》，量化考核、评价教师团队绩效，实行三年循环制，考核执行上学期初评，下学期总评，三年终评。实行群体绩效考核，有利于个体目标与群体组织目标相互结合，增强成员的归属感和凝聚力，有利于增进群体内良好人际关系，有利于发挥全体教师的主动性和创造力，积极主动参与管理。

（三）年级组与教研组并存下管理优化策略

1. 明确两组的职能定位，加强组织间的互助合作

在学校管理中，年级组与教研组各自存在的权力基础与职能划分完全不同。学校应健全基层组织的岗位责任制，明确两组的职能定位：年级组管理重在提高教学效率，教研组管理重在提高教学质量，两组之间保持相对独立，避免权力职能交叉重复。同时，要加强两组之间的信息沟通与共享，强化两组之间的互助合作，从而兼顾学校教育短期利益和长期利益。

教研组的功能是提升教师的专业能力，着重学校的长远利益；年级组的功能是监督教师准时完成工作任务，着重学校的短期利益。[1] 尽管一直强调学校教育应该注重长远利益，应该为学生的长远发展奠定基础，但学校往往只注重学生成绩这种短期利益，强化了年级组的教学监控功能，弱化了教研组的专业引领功能，这不利于学校长远发展。因此，在明确年级组和教研组职能定位的同时，加强二者的协作交流，对学生学习、教师专业发展、学校长远发展负责。

2. 强化年级备课组的自治能力，把好基层教学质量关

学校办学规模的扩大以及教研组的人数的增加，降低了教研组对教师个体的影响力。年级组的出现缓解了学校行政机构的管理压力，却阻碍了教师间教学和专业沟通，不利于同一学科教师的交流与合作。强化年级备课组的自治能力，使备课组承担教研组的部分职责，引领与指导年级教学，同时关注本年级和跨年级教师间的合作，兼顾学校长期利益和短期利益。备课组是对教研组管理与年级组管理的折中，增强备课组的自治能力，既符合专业组织管理的基本原理，也利于把备课组发展成一个"自我驱动型的专业共同体"，以弥补学校基层管理中教研组缺位带来的专业发展缺陷。[2]

---

① 周彬. 年级组与教研组的冲突与协作 [J]. 中小学管理，2005（7）：10-11.
② 蒋园华. 广州市中学年级组管理现状与对策研究 [D]. 广州：华南师范大学，2006：52-53.

3. 建立矩阵式教学管理模式，开展全方位管理

就中小学教学管理组织结构来说，变革的关键在于根据学校不同办学规模、目标、文化等，找到纵向控制与横向协调之间的平衡点。[①] 在基层组织建立矩阵式教学管理组织结构，是教研组与年级组的有机结合：纵向以学科为导向，由教研组长实施管理；横向按年级进行组织，由年级组长实施管理（见图2-6）。在这种矩阵式组织系统里，一名教师同时接受教研组长与年级组长的领导，既同年级组保持组织联系，又参与教研组的工作。从科层隶属关系上来说，教师受年级组长领导并在该年级承担教学、科研工作，在体制编制上直接归属于该年级。同时，教师还要完成教研组长分配的任务。教研组长要对教师的专业成长与专业发展负责。

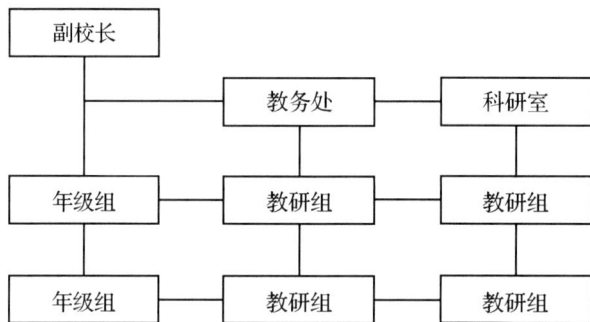

图 2-6　矩阵式教学管理模式

建立矩阵式基层教学管理结构，可以兼顾临时性与永久性。规模较小的学校可就某个项目或课题建立临时的、灵活的矩阵结构。规模较大的学校则适宜构建长久性教学管理组织结构。在后一种结构中，横向层面以年级组为协调机构，赋予年级组自主管理的权力，加强跨学科之间的教学协作。在年级组内设备课组，负责本年级本学科的教研工作。纵向层面以各教研组引领的学科为导向，充分发挥各职能部门的作用，以缩短教师与校长之间的距离，校长可直接了解教学动态，教师直接体验校长的决策智慧。

实行矩阵式基层教学管理模式，有利于加强学术交流，开拓教师的知识面；有利于科学发展和知识创造；有利于学校教学质量的提高。当然，矩阵式基层教学管理模式有其天然缺陷，但在现阶段，它能有效地协调年级组与教研组之间的关系，使其平衡发展。一种新的组织结构从采用到发挥作用，不是一朝一夕的事情，人们对其适应与接受需要一个过程，为此，所有教育工作者需要共同为之努力。

---

① 方学礼. 中小学教学管理组织结构的变革 [J]. 中小学管理，2005（7）：8-9.

名家语录

先生不应该专教书，他的责任是教人做人；学生不应该专读书，他的责任是学习人生之道。

——陶行知

本章小结

领导与决策是学校管理中两项极为重要的职能，而学校领导的核心在于决策。

第一，本章从概念上介绍了领导与决策体制，并分析领导与决策、领导体制与决策体制的内在关系。我国中小学组织领导体制架构中，包括党组织、校长（办公室）、教职工代表大会、教育工会、行政会议（党政联席会议）五种机构，它们各司其职。学校中层管理机构是由教务处、总务处、科研处（科研室）、德育处等多部门构成的有机整体。学校基层管理组织是在上级组织机构领导下，开展教育教学工作的基层组织机构，主要有年级组（部）、教研组、学科组、备课组以及班（班级）。

第二，本章介绍了美国、英国、日本、法国4个国家中小学内部的组织与管理，介绍4国学校内部管理机构的设立、分工与协调运作等情况，并通过比较分析，概括了它们的异同。

第三，本章针对学校组织与管理中的制度改革进行了重点探讨，分别讨论了学校领导体制及其改革、教职工任用制度及其改革以及薪酬制度和绩效工资改革等重点改革领域，并就如何推行下一步改革给出了对策与政策建议。

第四，本章指出了学校的不断发展和规模的不断扩张，需要与之相适应的组织变革。在这一部分，我们重点讨论了年级组的变迁历史及其局限性，并就年级组与教研组的关系处理做了探讨。

总结 >

Aa 关键术语

校长负责制
Principal Responsibility System

领导体制
Leadership System

教代会	绩效工资
Teachers' Representative Meeting	Performance-related Pay
聘任制	年级组
Appointment System	Grade Group
教研组	
Teaching Research Gmup	

章节链接

本章从宏观的角度探讨学校管理组织体系、国外学校组织与管理、学校组织与管理制度改革以及学校基层管理组织变革。与本书的其他各章均有密切联系，尤其是与第六章、第十章的内容更是具有密不可分的关系。

应用 >

批判性思考

有人认为，校长应采取柔性领导的方式，以人文关怀的视角管理学校，才能更好地实现学校效能。又有人认为，权威型的领导更有利于学校的高效运转。

对此，你怎么看？请说说你的理由。

体验练习

一、判断题（判断正误，并说明理由）

1. 在学校组织管理体系中，校长是学校行政事务的中心，学校的所有事情，校长说了算。

2. 外国学校的组织与管理理论和实践是科学可行的，应全部吸收。

3. 年级组阻碍学校的专业取向，挫伤教研组的积极性，因此，中学不应该设立年级组。

二、讨论与探究

结合实践经验，谈一谈你对推进教师聘任制度改革有哪些建议。

案例研究

新校长上任带来了什么？①

老校长退了，新来的年轻校长血气方刚、敢作敢为、威严果断、雷厉风行。"新官上任三把火"，第一把火就对准了学校的管理。新校长对所有原来的制度、文化都不满意，专门组织班子重建管理制度二百余个，重典严管。有的干部有意见，校长在会上讲："不要拿以前说事，你应该明白现在。不是要校长适应你，而是你要适应校长。服从是干部首先应该具备的素质，不换脑筋就换人。"又广布耳目，察言观色，干部教师噤若寒蝉，无一人再敢多言语。

思考题：

1. 你认为上述校长的做法有何不妥之处？为什么？

2. 请结合本章内容，说说校长应该如何协调好与下属的关系，营造和谐的工作环境和校园氛围？

管理一线纪事

常校长主持一所重点中学的行政工作。近几年来，由于在社会上兼职较多，不可能每天从早到晚深入学校各项工作中去，于是他同校党支部书记、副校长、教导主任等人商议，要求明确分工，各司其职。他自己也尽可能到各教研组走走，同教师谈心，听取意见。有时，他也到课堂听课，接触一些学生。但是，对教师、学生向他提出的具体意见和问题，他却很少直接表态。他认为：有的事有章可循，只要按章办事不管是校长或是副校长，谁说了都算数，不按章办事，校长说了也不能算。校长负责制，不能仅按校长个人意志办事；有的事无章可循，就要集体研究，特别是有关改革的事更不能由校长个人决定；还有的事，须向上级请示汇报，不能自己说了算。如果学校里大大小小的事都由校长决定，都要通过校长，这不叫有职有权，而是个人专权。集体讨论决定的事，校长随意变更，或者对那些由其他干部分管的事，校长出面表态处理，则是不善于用权。常校长的这些看法，得到学校领导班子的赞同。但有些教职工对这种领导方式提出疑问："这样说，校长不是'无为而治'了吗？……各人分管一个方面，校长的权不就落空了吗？"

---

① 孙世杰. 值得警惕的学校管理案例［J］. 教书育人，2010（26）：22-23.

请问：

1. 通过上面的案例，你怎么看学校管理的职能分工问题？

2. 如果你当校长，你认为其最基本的工作职能是什么？

拓展 >

补充读物 ....

1　萧宗六．学校管理学（第四版）[M]．北京：人民教育出版社，2008.

　　本书从中国的国情和学校管理实际出发，分析了学校管理的各个方面和全过程。其中第二章、第十章较为全面地讨论了学校领导体制和教师管理方面的问题，具有较大的启发意义。

2　吴志宏．教育行政学 [M]．北京：人民教育出版社，2000.

　　本书第四章着重探讨了学校组织的性质，并对学校组织的管理过程、原则等问题进行了分析。

第三章

学校人力资源开发与管理

本章概述

　　本章主要介绍了学校人力资源开发与管理的概念，回顾了改革开放以来学校人力资源管理理念所发生的主要转变，指出了学校人力资源管理具有人力资源规划、教师招聘任用、教师技能培训、教师绩效考核、教师薪酬管理等主要职能，总结了教师资源开发的目标任务、应遵循的规律及主要策略，指出了教师的保健与激励策略，阐述了中小学教研组的历史、现状、生存困难的原因及对策。

结构图

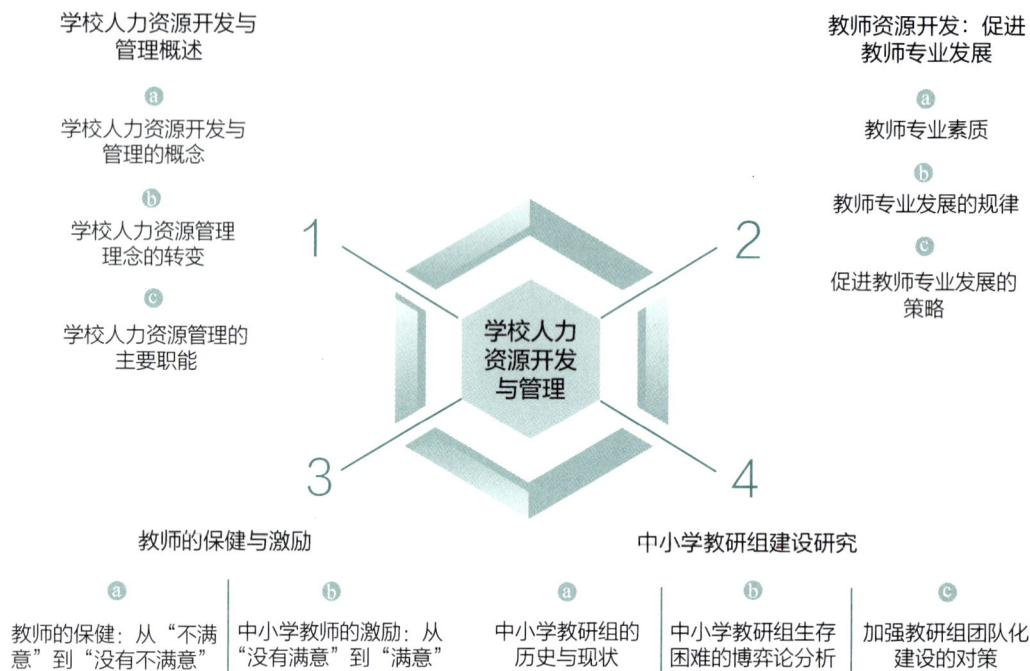

ⓐ

学校人力资源开发与
管理的概念

ⓑ

学校人力资源管理
理念的转变

ⓒ

学校人力资源管理的
主要职能

教师资源开发：促进
教师专业发展

ⓐ

教师专业素质

ⓑ

教师专业发展的规律

ⓒ

促进教师专业发展的
策略

1   2

学校人力
资源开发
与管理

3   4

教师的保健与激励

ⓐ

教师的保健：从"不满
意"到"没有不满意"

ⓑ

中小学教师的激励：从
"没有满意"到"满意"

中小学教研组建设研究

ⓐ

中小学教研组的
历史与现状

ⓑ

中小学教研组生存
困难的博弈论分析

ⓒ

加强教研组团队化
建设的对策

学习目标

1．了解学校人力资源开发与管理的概念。

2．了解学校人力资源管理理念所发生的转变。

3．掌握学校人力资源管理的主要职能。

4．掌握教师资源开发的目标任务、应遵循的规律及主要策略。

5．了解教师保健与激励的策略。

6．了解中小学教研组的历史、现状、生存困难的原因及对策。

读前反思

1．学校人力资源的个性特点是什么？学校人力资源管理理念经历了哪些转变？学校人力资源管理的主要职能是什么？

2．为什么提出学校人力资源开发？促进教师专业发展的策略有哪些？如何保障教师的发展？

3．学校人力资源开发与管理的未来发展趋势是什么？

第一节
学校人力资源开发与管理概述

学习目标

了解学校人力资源的概念，了解人力资源管理理念的转变，掌握学校人力资源管理的主要职能。

学校作为教书育人的场所，知识传授是学校进行的主要活动，这一活动需要学校的"人"来完成。学校人力资源是一所学校的"软实力"，是学校达到高质量、高水平办学目标的重要保证，是促进学校又快又好发展的"推动器"。随着社会发展步伐的加快、知识更新速度的加速，学校应紧跟时代的步伐，加强学校人力资源的开发和管理，使得学校人力资源能够适应时代发展的要求，努力发展面向现代化、面向世界、面向未来的教育。

一、学校人力资源开发与管理的概念

（一）学校人力资源

"人力资源"这一概念曾先后于 1919 年和 1921 年在约翰·R. 康芒斯的两本著作《产业信誉》《产业政府》中使用过，但当时他所指的人力资源与我们现在所理解的人力资源相差甚远，只不过使用了同一个词而已。现在的"人力资源"（Human Resource，HR）这一概念是由戴维·乌尔里克首先提出来的，他被誉为人力资源管理的开创者。在现代经济学领域，学者们把为了创造物质和精神财富而投入于生产活动中的一切要素通称为资源，人力资源、物力资源、财力资源、信息资源、时间资源等概念由此产生。

人力资源是指在一定时期内组织中的人所拥有的能够被组织所用，且对价值创造起贡献作用的知识、技能、能力、经验、体力等的总称。很显然，在各种类型的资源当中，人力资源是最宝贵的第一资源。一般来说，人力资源具有九大特性：第一，不可剥夺性。人力资源内在于人本身，与人的生命、人的尊严同在，不可剥夺。第二，生物性。人是自然界中的高级动物，因而人力资源具有基因遗传、生殖繁衍、新陈代谢等生物性。第三，能动性。人不仅具有生物性，而且还具有超越生物本能约束、由自主意志支配行为的特性。第四，社会性。人力资源具有时代性、地域性、国别性、民族性、文化性、职业性、阶层性、财富占有性、信仰差异性等社会特性。第五，动态性。人力资源所处的状态总是随着人的成长而发展变化的。第六，累积性。体力、智力、知识、技术、能力、经验等人力资源在培养上具有累积效应。第七，激活性。在给予适当刺激的情况下，人会处在兴奋状态，体力、智力等人力资源往往有超常表现。第八，载体性。人的大脑是智力、知识、技术、能力、经验等人力资源的载体。第九，个体差异性。人力资源因个体的性别、年龄、文化程度、专业、性格等的不同而不同。

学校人力资源是指学校领导、教师及后勤服务人员所拥有的，能够服务于学校育人目标的知识、技能、能力、经验、体力等的总称。学校人力资源既具有一般人力资源的特性，如不可剥夺性、生物性、能动性、社会性、动态性、累积性、激活性、载体性、个体差异性，又具有企业、行政等人力资源所不具备的个性特点：第一，知识性。学校人力资源特别是教师人力资源，不是一般的劳动者，而是知识的拥有者、传播者和主宰者，是知识资本的使用者以及物质财富的创造者，是人力资源的重要组成部分。第二，智力性。学校人力资源特别是教师人力资源，必须凭借自身的智慧，既传播知识，又创造性地解决教育、教学、科研和经营管理过程中遇到的各种实际问题。第三，教育性。学校人力资源即教职工肩负着的历史责任，指根据一定的社会要求，有目的、有计划、有组织地对受教育者的身心施加影响，把他们塑造成未来社会所需要的人力资源的过程。换言之，教职工既是学校人力资源开发的对象，也是学生人力资源的开发者。

（二）学校人力资源开发

人力资源开发（Human Resource Development，HRD）的概念最早是由美国乔治·华盛顿大学伦纳德·纳德勒于1967年提出的。人力资源开发就是把人的智慧、知识、经验、技能、创造性、积极性当作一种资源加以发掘、培养、发展和利用的一系列活动。

学校人力资源开发是指借助教育培训、激发鼓励、科学管理等手段，持续发掘、培养、发展和利用学校领导、教师及后勤服务人员的知识、经验、技能、能力等聪明才智，以便能够更好地实现学校育人目标的系统工程。这一概念包括如下几方面的含义：第一，学校人力资源开发的对象是学校领导、教师及后勤服务人员的聪明才智。第二，学校人力资源开发主要依靠教育培训、激发鼓励、科学管理等手段来进行。第三，学校人力资源开发没有止境，需要持续进行。第四，学校人力资源开发最终要服从和服务于学校的育人目标。第五，学校人力资源开发并不能简单地等同于教育培训，它是一项复杂的系统工程。

（三）学校人力资源管理

人力资源管理（Human Resources Management，HRM）是指在一定的管理理念指导下，通过招聘、培训、使用、考核、激励、调整等一系列过程，调动成员的积极性，发挥成员的潜能，为组织创造价值，给组织带来效益，最大限度地保障组织战略目标和成员发展目标得以实现的管理活动。

学术界一般把人力资源管理分为八大模块：第一，职务分析与设计。对组织各工作职位的性质、结构、责任、流程以及胜任该职位工作人员的素质等，在调查分析的基础之上，编写出职务说明书和岗位规范等人事管理文件。第二，人力资源规划。在人力资源现状分析的基础之上，开展人力需求预测，做出人力资源规划，以便实现人力供需平衡。第三，员工招聘与选拔。根据人力资源规划和工作分析的要求，为组织招聘、选拔、录用所需要的人力资源。第四，绩效考评。对员工在一定时间内对组织的贡献和工作中取得的绩效进行考核和评价，以便为员工培训、晋升、计酬等提供依据，激励员工提高和改善工作绩效。第五，薪酬管理。对基本薪酬、绩效薪酬、奖金、津贴以及福利等薪酬结构进行设计与管理，以激励员工努力工作。第六，员工激励。采用激励理论和方法，对员工的各种需要予以不同程度的满足或限制，引起员工心理状况的变化，以激发员工向组织所期望的目标而努力。第七，培训与开发。鼓励和帮助员工制订个人职业生涯规划，通过培训提高员工个人、群体乃至整个组织的知识、能力、工作态度和工作绩效，以进一步开发员工的潜能，促进员工个人和组织整体的发展。第八，劳动关系管理。协调和改善企业与员工之间的劳动关系，进行组织文化建设，营造和谐的劳动关系和良好的工作氛围，保障组织的正常运转。

学校人力资源管理是指学校运用科学的技术方法，对教职工的智力、体力、情感进行合理发掘、配置、使用和评价，最大限度地激发教职工的内在积极性，最终达成学校组织的整体目标，为实现教职工个人和学校组织的共同发展提供可靠人力资源保障的一系列管理活动。

如前文所述，学校人力资源不仅拥有不可剥夺性、生物性、能动性、社会性、动态性、累积性、激活性、载体性、个体差异性等人力资源的共性，而且还拥有知识性、智力性、教育性等鲜明的个性特点。正因如此，学校人力资源开发作为学校人力资源管理的一个重要组成部分，在学校人力资源管理中占据着特别重要的地位。

二、学校人力资源管理理念的转变

改革开放以来，随着我国经济社会的迅速发展，学校人力资源管理理念也悄然发生了深刻变化。回顾 30 多年来我国学校管理的历史变迁，不难发现我国学校人力资源管理理念发生了以下转变。

第一，由"封闭"到"开放"的转变。传统的学校人力资源管理带有明显的封闭、保守观念。一方面，缺乏主动引进其他国家、地区、学校人员来本校工作的意识；另一方面，对已经在本校工作的教职工采取"管、卡、压"政策，严防教职工尤其是骨干教师的流失或在外兼职。现代的学校人力资源管理具有鲜明的开放、进取观念。许多学校积极创造条件，从外校、外地、外国"刚性"或"柔性"引进人才为我所用；允许或鼓励本校教师在履行岗位职责、完成本职工作的前提下，在校外适当兼职；许多地区积极创造条件促进区域内的教师合理流动，以实现各学校教师队伍的与时俱进、共同成长。

第二，由"计划"到"市场"的转变。传统的学校人力资源管理是按计划进行的。在人才所有权和使用权都属于国家这种思想支配之下，教师培养按计划招生，教师就业按计划分配，"党指向哪里就奔向哪里"，较好地满足了我国各层次各类别学校对教师的需求。但是，这种"居高临下"的管人、用人模式，对教师的自主意志缺乏应有的尊重。现代的学校人力资源管理普遍注重发挥市场的作用，一是适度保持师范生的培养规模，保障教师的需求和供给平衡；二是尊重学校和教师双方的自主选择权利，通过双向选择来实现学校对所需教师的聘任，并以合同的形式规定聘用时限及双方的权利、义务等。

第三，由"管制"到"开发"的转变。传统的学校人力资源管理往往把教职工当作"管制"对象，关注的只是如何用好现有人员，要求教职工认真履行自己的工作职责，全身心投入到教育教学等工作当中，却忽视了教职工自身的成长发展需要，见"事"不见"人"。现代的学校人力资源管理改变了以往的"管人"模式，强调"以人为本"，认为人力资源是唯一的一种可再生、可增长和可发展的资源，倡导"吸引人才、善用人才、发展人才"的用人思路，将学校人力资源管理的重心由"用人"转移到了教职工的潜能开发之上，以期实现教师个人与学校整体的共同发展。

第四，由"管束"到"激励"的转变。在传统的学校人力资源管理中，学校管理者口口声声强调"建章立制、强化管理"，实际上在内心更期望教职工听从他们的个人指令，服从他们的"管束"，按部就班、一丝不苟地开展工作。但事实上，这种外在的压制和管束很难让教职工心悦诚服，往往容易导致教职工与学校管理者之间的冲突与对立。在现代的学校人力资源管理中，学校管理者更加重视思想文化建设，希望通过思想文化的引领，尽可能满足教职工个人的正当需要，鼓励教职工在自己的本职岗位上取得成功，激发他们的内在积极性。

第五，由"管治"到"服务"的转变。过去的学校人力资源管理拥有许多优良传统，但"管治"思想浓重。管理者们总期望教职工"围着自己转"，对不听指挥、不听调遣的教职工常常加以批评、指责甚至惩处。在"官本位"的思想支配之下，这些管理者很少放下身段反过来倾听教职工的心声，关心他们个人的疾苦，为他们的成长与发展创造条件。在现代的学校人力资源管理中，依靠教职工办学、为教职工服务的意识更加浓厚，管理者们更加乐于深入基层调查了解实际情况，现场解决实际问题，更加乐于关心人、理解人、尊重人，积极创造条件帮助教职工克服困难障碍，帮助他们取得成功。

🔍 案例

给老师打个电话

小张老师进校 3 年了，工作认真负责，教学效果良好，赢得了学生的欢迎和拥戴。可是最近，他刚入校时的笑容不见了，平素总是郁郁寡欢，闷闷不乐。多方询问了解到事情的原委：学校安排班主任没考虑他，而与他一起入校的大学同学都当了班主任，有的还被委以重任，小张感到沮丧。几日后，我给他打了电话，充分肯定他的工作成绩，告诉他学生都喜欢他的课，学校领导看在眼里记在心里，并请他出任班主任。前嫌尽释，笑容再现在他的脸上。

小李老师在省里组织的课堂教学比赛中荣获冠军，得知消息，没等小李到家，我就给他打了热情洋溢的电话；大刘老师一篇论文发表在核心期刊上，我专门打电话表示祝贺……给老师打个电话，沟通顺畅了许多，矛盾缓解了许多，工作轻松了许多；也让我和老师的心连在了一起，了解到了老师们的喜怒哀乐，彼此心心相印，无话不谈。

碍于情面，老师们一般不愿直接表露心中的怨气和不快，很难把心里的真实之言坦陈。憋屈于心或是背后发牢骚，不仅不利于教师的身体健康，也不利于学校的沟通和团结，不利于正常工作的开展。而用电话沟通，避免了面对面时的尴尬和言语冲突，可以无拘地表露心迹，坦诚地大胆直言。

元旦晚上，我将新年祝福短信群发给老师们，很快收到了更多的问候和祝福。有的老师两三条地回复，两天时间竟达一百多条，让我感到寒冬尽消，温暖如春。端午、中秋、教师节，每每都能收到许多问候和祝福的短信，让我如沐春风，温馨无比。①

从上述材料出发，你认为沟通在学校人力资源管理之中发挥什么样的作用？

三、学校人力资源管理的主要职能

学校人力资源管理的主要职能包括人力资源规划、教职工招聘与任用、教职工培训、教职工绩效考核、教职工薪酬管理五大模块。它们之间的关系如图3-1所示。

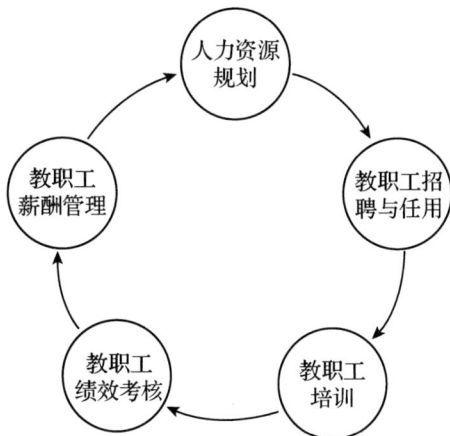

图 **3-1**　学校人力资源管理主要职能示意图

---

① 王泽农，等. 治校之道：学校管理的方法与理念 [M]. 长春：东北师范大学出版社，2009：58.

（一）人力资源规划

学校人力资源规划是指学校根据内外环境的发展和自身的战略目标，通过对学校人力资源供给和需求预测，针对学校人力资源获取、利用、保持和开发的具体实施步骤以及相应的政策措施、经费预算等方面进行的一项全局的、长期的谋划与具体的计划安排。在学校管理过程中制订合理的人力资源规划，有利于学校获得必要的人力资源，有利于学校人力资源的合理配置，有利于促进教职工的自我成长。

一般来说，学校人力资源规划包括两个层次的内容：第一，学校人力资源的战略规划。它是人力资源的长期规划，是学校总体战略发展规划的重要组成部分，服从和服务于学校整体工作目标的实现。它的主要内容包括在一定的规划期内学校对教职工各种人力资源的需求、人力资源的配置以及如培训资金等相关投资的总预算、总安排，总体实施步骤，有关教职工的选拔、聘用、培训与发展、绩效评估、福利待遇、奖惩、职称评定等重大方针政策。第二，学校人力资源业务规划。它是学校人力资源战略规划的展开与实施，包括职务规划、职称评定规划、人员配置规划、继续教育规划（含教育培训规划）、工资福利（含医疗与保险、退休及养老保险）规划、职业发展规划等。

学校人力资源规划的制订要切实做好以下五项工作：第一，根据学校总体战略发展规划和中长期教育、教学、科研与经营管理计划，确定学校教职工的需求数量和质量。第二，根据国家、地方国民经济与社会发展现状与计划，学校所在地未来人口变动及规划期内人口出生的变化状况，本地区未来学校发展布局调整及学校自身规模变更状况，教育及管理信息化带来的学校组织结构变化与组织形态变迁，推定未来学校教职工需求的变动情况。第三，分析学校现有教职工的素质结构、年龄结构、性别结构、学历结构、职称结构、流动趋向、缺勤率、工作士气与情绪消长走势等状况，确定完成各项工作需要什么样的（学历、类别、专业和职称等级）人才。第四，调查分析未来高等师范院校各专业各层次毕业生的数量和质量以及人才市场的供需状况，预测学校可以直接从高校毕业生、社会人才供给中获得什么样的人才；明确离岗培训、脱产进修人员的回归情况；如果发现上述渠道仍不满足学校对人才的需要，则应进一步制订培训计划，以培养学校所急需的人才。第五，寻求学校人力资源供给与需求之间的平衡。

（二）教职工招聘与任用

教职工招聘与任用是学校人力资源管理中最重要的环节之一。靠"伯乐相马"，靠在"马厩里选马"，领导凭印象选才的传统选人、用人模式带有极大的主观性、片面性。学校公开选拔、录用教职工的聘任制度，对激发学校的内部活力具有显著的优越性：第一，聘任制实行双向选择，求职者的主体地位得到了应有的尊重。第二，聘任制实行优胜劣汰、择优上岗，学校可以借此吐故纳新，优化教职工队伍结构。第三，聘任制不仅可以做到因事择人、量才录用，还可以实现公平竞争，激发教职工的前进动力。

教职工选聘途径分内部聘用和外部聘用两种。内部聘用是指在学校内部或教育系统内部，人力资源管理部门根据教职工的平时工作表现和业绩考核状况，将他们择优聘任到各工作岗位，并签订合同发放聘书。外部招聘是学校根据自身对人才的需求状况，通过笔试、情境模拟与试教、面试等程序，对外公开招聘符合任职资格和条件的教职工。无论是内部聘用还是外部聘用，教职工的聘用过程都应遵循因事择人、宁缺毋滥、平等竞争的原则，都应按照计划，招聘、选拔、录用、评价等环节有序进行。

（三）教职工培训

教职工培训是学校为了提升教职工的知识、能力水平，改善教职工的工作动机、态度和行为，以便最终提高他们的工作绩效，实现学校的育人目标，而有计划、有系统地开展的各种活动。教职工培训，尤其是教师培训是学校人力资源开发的主要手段。

教师培训的工作流程主要包括3个阶段：第一，制订培训计划。根据教师个人职业生涯规划、目前发展状况和学校发展目标，分析教师培训的具体需求，包括培训形式、内容、时限和经费等，制订具有可操作性的教师培训计划。第二，实施教师培训。根据教师培训计划的要求选定培训教材、确定培训地点、准备培训器材、做好时间安排等，组织实施教师培训活动。第三，培训活动的评估。教师培训活动质量如何，是否真正提高了教师的教育教学水平，是否真正提高了教育工作绩效，需要通过评估来检阅，也需要评估来督促和提高。

教师培训分岗前培训和在职培训两种基本类型。教师岗前培训有助于增进新老教师之间的相互了解，培养新教师对学校的归属感，使他们在心理上、思想上和情感上产生对学校发展目标、办学理念和核心价值观的高度认同。岗前培训主要包括学校文化培训和规章制度培训。前者主要是让新教师了解学校的历史、办学理念、发展目标、经营思路等；后者主要是让新教师了解他们开展工作所必须把握的制度规范，如考勤制度、请假制度、奖罚制度、薪酬福利制度、财务报销制度、人员调配与考核制度、职称评定与晋升制度、岗位职责制度和教师守则等。在职教师培训对更新教师知识、技能，提高教师理论素养，提升教师学历层次，强化教师职业道德，增强教师对学校的归属感等，都具有十分重要的意义。按培训内容的学科归属来分，在职教师培训可分为数学、语文等多学科教师的培训；按培训内容的性质特点来分，在职教师培训可分为技能培训、能力培训、道德培训等；按培训对象的层次性来分，在职教师培训可分为普通教师培训、骨干教师培训等；按培训阶段的层次性来划分，在职教师培训可分为岗位培训、提高培训、研修培训等；按在岗与否来分，在职教师培训可分为脱产培训与在岗培训；按培训活动的组织级别来分，在职教师培训可分为国家级培训、省级培训、地市级培训、县区级培训和校本培训。无论是哪个层次类别的在职教师培训，其培训方案基本上都是由专家讲座、专题研讨、观摩交流、课题研究、以老带新、自主研修等活动形式组合而成。

（四）教职工绩效考核

教职工绩效考核是根据学校目前的发展目标，运用科学的理论和方法，收集、整理和传递教职工个人在工作岗位上的行为表现和工作业绩信息，并对其进行科学测定和价值判断的过程。对教职工的工作业绩进行精准的考核，有助于学校领导班子了解教师的工作态度、业务水平和工作绩效，从而合理使用和培训教师，为教师的职务聘任、职称评定、加薪及奖惩等活动提供科学的依据。

目前，教职工绩效考核一般采用360°绩效评估法。所谓360°绩效评估法是在既听取被考核教职工本人的意见，也询问学校组织网络上位于考核对象上下、左右人员，如学校领导、各部门负责人、同事、学生家长以及学生等人员的意见基础上，对被考核对象的工作业绩做出综合评判。这种考核评估方法可以避免单方面评估的主观武断性，可以增强绩效评估的信度和效度。

传统的教职工绩效考核的确存在评价标准随意化和评价过程形式化、情绪化与人情化的情况。现代的教职工绩效考核更加强调评价标准的公认性，评价过程的科学性、合理性。目前，教师考核的内容主要有以下3个方面：第一，教师职业道德水平，包括政治态度、爱岗敬业、依法执教、热爱学生、严谨治学、团结协作、尊重家长、廉洁从教、为人师表等。第二，教师业务水平，包括教师自身业务知识水平和教育教学业务能力水平。第三，教师工作成果，包括教学成果，如学生的平均成绩、及格率、提高率、优生率、差生转化率、培养特长生率等；教育成果，如班主任工作、德育工作、家长工作、社会工作、班级获奖、班风、班级学生巩固率等；教育科研成果，如公开课、示范课、专题讲座学术交流、教育科研成果、论文及获奖情况等；指导成果，如培养指导其他教师在教育、教学、教研等方面的情况以及培养指导特长生的情况等。

（五）教职工薪酬管理

教职工薪酬管理是学校根据教职工的工作绩效，确定每一位教职工应当得到的薪酬总额以及薪酬结构和薪酬形式的过程。教职工薪酬管理是学校人力资源管理的重要组成部分，是学校吸引人才、留住人才、激励人才的法宝。

教职工薪酬管理一般应遵循以下原则：第一，补偿性原则。学校应补偿教职工恢复工作精力所必要的衣、食、住、行费用，补偿教职工为获得工作能力所先行付出的费用。第二，公平性原则。学校应考虑教职工个人的绩效、能力、劳动强度、责任承担等情况，考虑教职工所处团队的业绩状况，以及各类人才的市场稀缺程度，保持薪酬的内部公平性、一致性和外部竞争性。① 第三，激励性原则。学校应将教职工的薪酬待遇与他们所做出的贡献挂钩，适度拉开薪酬待遇的差距，"奖勤罚懒、奖优罚劣"。第四，合法性原则。学校应在遵循有关国家法律、法规的前提下，制订本校的薪酬方案上报有关部门，并向全体教职工公开。第五，方便性原则。教职工薪酬方案的设计，应内容结构简明、计算方法简单和管理手续简便。

🔍 案例

年终奖发放为何事与愿违？

城区某小学在分配一年一度的年终奖金（人均 6000 元）时，年轻校长为了体现"多劳多得、优劳优酬"的分配原则，通过发放奖金调动广大教师的工作积极性，制订出详细的量化考核方案。此方案分成德、能、勤、绩四大块，每块 25 分，总分 100 分。考核前五名的教师为 A 等，年终奖金 6500 元；考核得分最后五名的教师为 C 等，年终奖金 5500 元；考核得分在中间的教师为 B 等，年终奖金为 6000 元。该方案在教代会的讨论过程中，教师们没有提出任何异议，方案非常顺利地得到通过。但是，年终结果出来后，教师们反响非常激烈：后五名的教师非常不满，认为这个结果不公平。校长认为自己制定的制度没有问题，认为这是真正体现"多劳多得，优劳优酬"的分配原则。②

从上述材料出发，你认为分配方式为何事与愿违？

📢 名家语录

在学校中应有严肃的管理，容许说笑话，但不能整个事业变成笑话，温和而不谄媚，公平而不吹毛求疵，仁慈而不软弱，有秩序而不拘泥，主要的是真正有理智的活动。

——乌申斯基

---

① 乔治·T. 米尔科维奇，杰里·M. 纽曼. 薪酬管理（第九版）[M]. 成得礼，译. 北京：中国人民大学出版社，2008：178.

② 周俊. 学校管理案例教程 [M]. 杭州：浙江大学出版社，2006：13-14.

第二节
教师资源开发：促进教师专业发展

学习目标

了解教师专业发展的内容，了解教师专业发展的规律，掌握教师专业发展的策略。

学校人力资源开发是学校人力资源管理的重要内涵，其核心任务就是促进教师的专业发展。学校要又好又快地促进教师专业发展，就应明确教师专业发展的方向，尊重教师专业发展的规律，既激发教师自身的内在积极性，又提供丰富多彩的外部条件，让教师们在适宜的环境中茁壮成长。

名家语录

谁要是自己还没有发展、培养和教育好，他就不能发展、培养和教育别人。

——第斯多惠

一、教师专业素质

教师专业素质简称教师素质，是指教师能顺利从事教育教学活动的基本品质或基础条件，也是教师资源开发的目标取向。一般来说，教师专业素质包括思想品德素养、专业智力素养、身心健康素养 3 个方面。

（一）教师思想品德素养

教师思想品德简称师德，它是教师及其他教育工作者在从事教育教学活动中必须遵守的道德规范和行为准则。历代教育家主张的"为人师表""以身作则""循循善诱""诲人不倦""躬行实践"等基本原则，都应成为教师必须恪守的道德规范。

师德在教师专业素养中占据着首要地位。在学生心目中，教师是社会的规范、道德的化身、人类的楷模、父母的替身。他们都把师德高尚的教师作为学习的榜样，模仿其态度、情趣、品行，乃至行为举止、音容笑貌、板书笔迹等。因此，师德才是教师的灵魂，是教师人格特征的直接体现。

在当代，一个专业化的教师应当具备良好的思想道德品质，树立正确的世界观、人生观和价值观；具有高度的爱国热情，能自觉遵守国家法律、法规、政策和学校的规章制度，为人诚实守信，待人谦和友善，善于与人共事，具有良好的团队合作精神；热爱教育事业，关心爱护学生，具有高度的责任感和使命感。

（二）教师专业智力素养

教师专业智力素养是指教师认识、理解客观世界，并运用一定的技术、方法解决教育教学过程当中所遇到的各种问题的能力。一般来说，教师专业智力素养包括教师专业知识素养、教师专业技能素养、教师专业综合能力素养三个方面。

教师专业知识素养是衡量教师对人类科学文化知识储备水平的指标，也反映教师认识和理解客观世界的能力。从知识范围由一般性到特殊性这个维度来看，一个专业化的教师应具备：第一，广博的一般科学文化知识。对科学、技术、人文、社会等各领域的知识都有所涉猎。第二，深厚的所教学科的专业知识。对未来所教学科如语文、数学或物理等必须把握通透，这是理所当然的。第三，必备的教育专业知识。从事教育教学工作不仅要懂得所教学科领域的知识，还必须把握该怎么去教的知识，如教育学、心理学等学科的基本知识。

广义地说，教师专业知识素养本身就包括教师专业技能素养，后者是前者的一个重要组成部分。狭义地说，教师专业知识素养体现的是教师对客观世界"是什么"的情景性认识和规律性认识，并不包括"该怎么做"的知识内容。在此，我们做狭义的理解。教师专业技能素养则指的是"该怎么做"的方法策略性知识、操作性知识内化所形成的素养。从不同内化程度来看，一个专业化的教师不仅应当具备良好的一般性的生存、发展技能，如信息获取、加工和运用等现代信息技能，而且还应当具备丰富的专业技能：第一，专业动作技能，能在特定的物质环境中自如地具体说出恰当话语或者做出恰当动作的技能。第二，专业心智技能，在反复练习或广泛运用的基础之上，将动作技能加工到了自动化程度之后，"该怎么做"的方法策略性知识、操作性知识得到了完全的内化，无须外界物质环境的帮助就能在内心形象地再现完整操作过程的技能。

教师专业综合能力素养是指教师完成教育教学任务，发现、分析和解决教育教学过程中所遇各种问题的能力，是对各种已储备的"是什么"的知识和"该怎么做"的技能的综合运用。在当前这样一个国际交往频繁的大数据时代，一个专业化的教师至少应掌握一门外国语，能较为熟练地使用外文资料，能运用外语进行简单的交流；能够充分利用现代信息技术条件自主学习、自我发展，具有强劲的自主发展能力；无论是在比较艰苦的教育教学条件下，还是在现代信息技术环境中，都能娴熟地组织一至两个系列的科技、文体、班级活动，系统地开展一至两门课程的教学活动。

（三）教师身心健康素养

教师的职业是一种劳心的职业，是一种用生命感动生命、用心灵浇灌心灵的职业。教师职业的这一特殊性决定了教师必须具备良好的身体和心理健康素养。在当代，一个专业化的教师必须养成良好的身体锻炼习惯，保持简单、低碳的生活方式，秉持乐观向上的人生态度，正确看待自己的得失荣辱，以一颗平常心对待生活、工作、他人和自己。

🔍 **案例**

广元中学多管齐下提升教师专业素养①

广元中学以研养教、优化育人队伍，通过"五学"课堂、课题研究、专业培训、校本研修、技能竞赛等方面不断提升教师综合素养，搭建综合性、专业性相结合的优质师资队伍。

一是探索"五学"课堂，优化教育课堂生态。自2014年起，广元中学相继派出教师南学广东生本课堂、东学昌乐"高效课堂"、北学宜川自主管理和自主学习模式，结合广元中学课堂实际，研磨形成"五学"课堂1.0。2021年9月起根据新课程新教材新高考要求，再次启动探究"五学"课堂2.0，形成广元中学课堂教学标志性的文化符号和课堂新生态。

二是深化课题研究，提升教师科研能力。扎实开展省市教育科研课题研究，每年保持2个以上省级课题、6个以上市级课题在研，推进学科教学、学校管理、教育信息化等工作，提高教学质量水平；务实开展小微课题研究，以教育教学为中心，坚持问题导向进行专题研究。

三是强化专业培训，促进教师专业素养提升。打造"汉寿讲坛"学术品牌，坚持"引进来"，外聘学界专家登台授课，遴选校内行家分享交流，发挥教师专业成长的引领示范作用；坚持"送出去"，外派教师参加国家、省市教师培训，让教师开拓视野、增长见识；引入国家教育行政学院的校本专题培训项目，提早进行新课程新教材培训；加强校际间交流，以学科教研活动为载体，承办学科研讨会、研究会等活动。

四是狠抓校本研修，守正创新做实常规教研。加强制度建设，夯实学科组备课、上课、评课、研教、磨题环节，加强考核，做到教研"三定"、评课"三讲"、研教"三统"、磨题"三细"；落实推门观课，分类明确教师观课任务，让学科教师相互学习、共同提高。

五是推进技能竞赛，锻造专业教师队伍。参加省市学科优质课展评等技能竞赛活动，在专业竞赛中锻造优秀教师，近年来，广元中学语文、英语、政治、化学等学科纷纷获得省级赛课一等奖；组织校内骨干教师"优质课"和青年教师"新秀课"，在集体研磨中融合提升学科教师的教学技能。

从上述材料出发，你认为广元中学的做法哪些是值得学习的?

---

① 广元中学多管齐下提升教师专业素养［EB/OL］．（2022-11-23）［2024-3-15］http://jy.cngy.gov.cn/new/show/20221123114254559.html.

二、教师专业发展的规律

上文已经阐明，教师的专业素养包括多个层次、多个方面的内容。从发展的角度来看，这些不同的层次或方面都遵循着不同的成长发展规律。学校教师资源开发必须充分遵循这些规律，因为只有这样，才能使得教师资源开发工作真正做到卓有成效。

研究发现，中小学教师教学能力的成长曲线如图 3-2 中的实测部分所示。如果将该曲线向两端做合理延伸，将会呈现出完整的与人的创新能力变化曲线相类似的钟形曲线。①

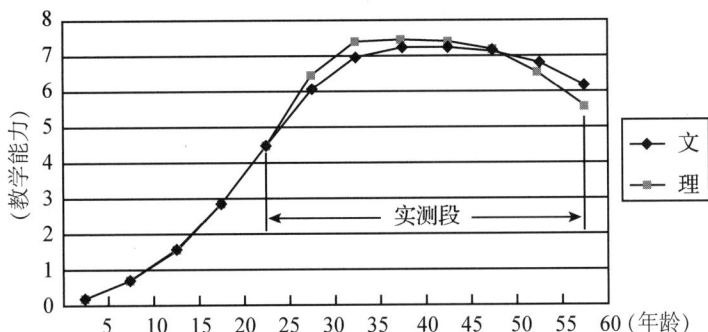

图 **3-2**　中小学教师教学能力的成长发展曲线

中小学教师教学能力成长发展过程大体可分为三个时期：成长期、成熟期、衰退期。

(一) 成长期

教师教学能力发展的成长期是指教师教学能力迅速成长发展的时期。这个时期包括职前培养阶段、入职适应阶段和成长趋缓阶段。

高中毕业生选择从教，进入大学攻读师范专业时就已经具备了一些基础性的教学能力。经过大学 3~4 年的专业化培养，他们的教学能力迅速提升，达到甚至超过了教师招聘的基本要求。

教师进入教学工作岗位之后，有 1~3 年的入职适应时间。在这个时间段里，新教师一方面迅速转变角色，适应自己所面临的全新的教育教学环境；另一方面教学能力得到急速提升，基本熟悉了一门课程的教学过程或一个系列教学活动的开展。

教师入职 3~9 年这个时间段，也即教师开展第二个和第三个三年一轮的教学期间，教师的教学能力仍然有较迅速的提升，只不过提升的速度比原来趋缓，也就是说第二轮时教学能力的提升速度会比第一轮时要稍低一些，第三轮时教学能力的提升速度比第二轮时还要

---

① 万文涛，余可峰．从美国诺贝尔奖得主的成长曲线看其创新教育 [J]．比较教育研究，2008 (7)：36-40.

更低一些。

（二）成熟期

教师教学能力发展的成熟期是指教师教学能力处在较高水平的时期。事实上，这个时期教师的教学能力并不是"停滞在高原"一成不变，而是仍然有升有降。教师在经历了3个三年一轮的教学，进入第四、第五轮教学时，教学能力仍然有日趋缓慢的爬升，直至到达顶峰。到达顶峰之后，又表现出缓慢的下降趋势。

从图3-2中可以看出，理科教师的教学能力峰值大约出现在教龄为12.5年的时候，也就是大约在教师35岁的时候；文科教师的教学能力峰值大约出现在教龄为20年的时候，也就是大约在教师42岁的时候。相比较而言，理科教师的教学能力峰值比文科教师的要早出现7~8年，相应地，理科教师的教学能力成熟期来得也比文科的要早7~8年，结束得也要早7~8年。

（三）衰退期

教师教学能力发展的衰退期是指教师教学能力已明显下滑的时期。处在成熟时期的教师即便在过了峰值年龄之后，教学能力虽会有所下滑，但这种下滑趋势并不明显，教学能力仍然处在高位。随着年龄的增长，教师教学能力下滑的速度会进一步加快，下滑的水平也累积到了一定的程度，教师的职业生涯也就进入了衰退期。如图3-2所示，理科教师在从教27.5年，即大约到了50岁以后，教师能感觉到自己的反应变慢，精力已大不如前，对许多事情越来越感到力不从心。相比较而言，文科教师成长得慢一些，衰退得也慢一些，他们大概在55岁迎来自己的明显衰退期。

三、促进教师专业发展的策略

教师资源开发是一个庞大的系统工程。要想教师资源开发工作做得卓有成效，就得从制度激励、文化引导、条件支撑、个性化服务等多个方面加以全面筹划，并注重细节、精心加以实施。

（一）构建发展型教师制度

发展型教师制度是指着眼于促进教师发展的制度。以往，我们的一些教师制度，如按计划招收师范生、按计划分配教师、终身任用等，明显缺乏发展性，不能激发教师们的自觉学习、自我提高的内在动力。今后，我们要加速有关教师人事制度的改革，构建发展型教师制度体系，让这一制度体系发挥持续稳定的激励作用。

根据目前我国学校的实际情况，构建发展型教师制度体系应着力做好以下几个方面的工作：第一，克服阻力，全面深化教师聘任制改革。到目前为止，我国只有少数学校实行的是真正意义上的聘任制，绝大多数学校实施的是名义上的聘任制，还有不少教师在学校站稳脚跟之后，就不再学习、不再研究，甚至不再读书、不再看报。在未来的几年里，我们应该克服困难和障碍，全面深化教师聘任制改革，使教师聘任制在全国范围内得到全面实施，从而极大地激发教师自觉学习、自我提高的积极性。第二，注重反思，对教师发展提出新的要求。目前，学校的岗位责任制度往往只是对教师开展课堂教学活动、班级工作等提出了具体的要求，而忽视了有助于教师岗位提升的一个重要环节——反思。今后应该将反思纳入教师岗位责任制的要求，从制度上保障反思活动的开展，让教师通过反思来不断地提升自身的素质，提升自己的教育教学水平。第三，重视过程，开展发展型教师评价活动。应改变以往只重视结果评价，不重视过程评价的传统习惯，对过程评价也予以高度重视。各学科的骨干要在课堂听课、查阅学生作业、与学生沟通、与教师面谈的基础上，发现教师们的优点，指出他们的不足，在教学过程中帮助他们完成工作职责、提升教育绩效，帮助他们不断认识自我、发展自我、完善自我，顺利实现个人的发展目标。第四，把握火候，将教师发展状况恰当地纳入教师职称、职务晋升考核的范围。目前，我国的大多数高等院校都已经将教师个人的发展指标，如学历、论文论著发表、课题研究、获奖等纳入了教师职称、职务晋升考核的范围，但有过分强调个人成长业绩，忽视教育教学这一中心工作绩效之嫌。与此相反，我国中小学教师职称、职务的晋升对教师的个人发展却重视不够。今后的教师职称、职务晋升制度应恰当地考虑教师的个人发展指标，既保障教师自主发展的积极性，又不至于造成教师只注重自身发展而忽视学生发展的局面。

（二）建设学习型学校文化

学习型组织这一概念是美国管理学者彼得·圣吉首先提出来的，它是指一个能够熟练地获取、传递和创造知识的组织，是一个善于不断适应新环境修正自身行为的组织。我们认为，在当今这样一个经济全球化、信息网络化、社会学习化的时代，学校也应与时俱进，积极推动办学理念的更新、课程模式的创新和教育教学方式的转变，将自身建设成为一所学习型学校。在这样的学校里，学习氛围非常浓厚，自主学习、团队学习已经成为教师个体或团体的自觉行为。任何一个新来的教师都不可能不受到影响，自觉加入到学习的行列当中。

在当代，学习型学校的建设应该以正确引导教师专业发展的努力方向为起点。许多刚入职的新教师都有着崇高的职业理想，但是在一段时间的岗位实践之后常常陷入迷茫状态，既定的个人发展目标遇到了挫折，新的个人发展目标又不甚明确，在这个关键性的时间段，学校应特别注意帮助教师重新确立切合自身实际的职业理想，引导他们朝着正确提升自身素养、提高工作业绩的方向努力。具体的引导措施有：第一，任务引领。学校应充分信任已经取得教师资格顺利来到学校工作的每一位教师，除了给他们合理安排最基本的岗位工作外，还应给他们"压担子"。例如，强调他们工作岗位的特别重要性，给他们布置特殊的调查、研究任务，要求他们积极参与教研组活动并力争有好的表现，要求他们辅助开展一些班级及其他管理工作。第二，榜样引领。学校领导应带头学习，用自己的实际行动为教师们做好榜样、做好示范。学校还应当主动宣传教师们的感人事迹，挖掘教师当中的先进典型，用自己身边的名师来激励青年教师。第三，竞赛引领。学校要在校内组织多种形式的教学竞赛或星级评比，如青年教师教学比武赛、教学能手大赛、师德师表明星评比、教育科研明星评比、课堂教学明星评比、班级管理明星评比等活动，积极参与跨校级的教学观摩评比活动。第四，评价引领。学校领导不仅仅是要在学期末才给教师的工作给予评价，在平时就得对教师们所付出的劳动、所做出的业绩做出充分肯定。即便有不妥之处，也应在充分肯定成绩的基础之上，通过个别交换看法等方式加以纠偏。

学习型学校建设应该以学校与教师之间的充分沟通为关键。西蒙说："没有沟通，就没有组织。"① 巴纳德说："高层管理人员的首要作用，就是发展并维持意见沟通系统。"② 沟通在整合教师专业发展的力量上发挥着极其重要的作用。学校要通过各种途径向教师们传达学校的办学理念、宗旨及各种具体的管理策略、方案；教师们也应借助各种机会向学校表达自己的愿望和想法。只有上下充分沟通，才有可能使得教师个人的努力方向与学校的共同愿景真正实现内在的契合，确保教师个人的发展目标与学校的整体发展目标同时得以实现。只有上下充分沟通，才有可能使得学校领导的办学思想与教师们的教育思想达成高度的统一，确保学校整体合力的最大化。否则，教师个人的努力方向容易与学校的期望背离，学校所发出的指令常常难以得到贯彻落实，学校的整体计划常常难以得到全面实施，教师本人也常常生活在纠结当中，备感煎熬。

学习型学校建设应该以领导班子、教研组等团队性质的组织开展团队演练为利器，努力将教师的个人学习上升为团队学习、组织学习。在传统的学校中，许多团队性组织并没有发挥团队的作用。现代学校的团队性组织必须摒弃不良的传统习惯，创新自己的活动方式，开展诸如头脑风暴、同课异构之类的活动，使自身充满生机活力。团队要学习新的活动方式，必须从团队演练开始。一般来说，团队演练先要做好计划与准备工作，群策群力选好主题，做好详细的活动流程设计和职责分工方案，提前通知到每一位参与活动的成员，让他们有时间查阅资料、充分准备；团队演练后要做好组织与实施工作，负责人要按照预先设定的要求稳步推进团队活动，其他成员要积极参与、相互配合、相互观照；团队演练还要做好总结与反思工作，发现不足，提出改进意见。万事开头难，在有了成功的第一次团队演练之后，团队会慢慢熟悉这种活动方式，以后再开展类似的活动就会变得轻车熟路，参与者之间也会越

① 丁煌. 西方行政学说史 [M]. 武汉：武汉大学出版社，2017：158.
② 颜明健. 管理学原理 [M]. 厦门：厦门大学出版社，2014：458.

来越有默契。

(三) 完善一体化培养体系

到目前为止，我国已经建立起了一体化的教师培养培训体系。在这个体系中，有中专、大专、本科、研究生等多个层次的教师培养，有各学科、类别教师的培养；有国家级、省级、地市级、县区级、校级等各级教师培训，有上岗、提高、研修等各能动层次的培训，有师德、知识、技能、能力等各种功能的培训，有普通教师培训也有骨干教师培训，有在岗培训、顶岗培训也有脱产培训。从总体上看，这个培养培训体系较好地满足了我国庞大的教育体系对教师教育的需求，为我国教育事业的发展做出了重要贡献。

但是，如果从教师终身教育的角度来看，从充分尊重教师的发展规律，为教师各发展阶段提供最恰当教育服务的角度来看，我们的教师培养培训体系还有必要做如下改进：第一，确保师范生的质量，把好人才分流关。从近几年的情况来看，师范专业的吸引力还不够，没有吸引到优秀的毕业生来从事教育工作。我们应尽快提升教师的职业地位，提升教师教育的吸引力，让最优秀的学生都乐于从事教育工作。第二，确保教师教育的质量，把好教师储备关。目前师范院校的学生在系统知识的学习方面比较扎实，但是在教师职业技能训练，如"三字一画"、课堂教学技能、班级工作技能等方面，在教育教学综合能力培养方面还存在一些欠缺，需要师范院校创造性地予以弥补。第三，完善教师资格证书制度，把好教师准入关。目前的教师资格证书考试，主要考核的是教师的基础学力和教育学科、心理学科的知识学习水平，没能对教师的职业技能水平、实际的教育教学能力予以充分的考核。今后，应加强各学科、各层次教师考核委员会的建设，让他们切实加强对教师教育教学能力的考核。第四，改进新教师的培训，把好教师起步关。新教师的培训不仅应包括学校文化、规章制度、教材教法等内容，而且应包括教学中经常遇到的问题与应对策略等内容。新教师的培训可以采取专题讲座，也可以采取观摩、个别指导、教学研讨、经验交流等形式。第五，优化中青年教师的培训，把好教师提升关。中青年教师需要通过研究来提升自身的教育教学能力，因此，中青年教师的培训重点应当是培养他们研究解决自身工作中遇到的各种各样的教育教学问题的能力。培训的方式除了专题讲座、教学研讨、经验交流之外，更重要的应是开展教育课题研究、教学改进研究等活动，帮助优秀教师发表或出版教育教学研究的成果。第六，吸纳老教师参与培训，把好教师升华关。经过二三十年的教师职业生涯，年过五旬的老教师精力已不如当年，直接教学生的能力有所下降，但是他们已经累积了丰富的教育教学经验，有的还拥有不少教育教学研究成果，理应吸纳他们作为培训者参与其他教师的培训，让他们的教师职业生涯得到新的升华。

(四) 搭建数字化学习平台

近年来，"大数据"一词越来越多地被提及，它预示着大数据时代即将到来。麦肯锡说："数据，已经渗透到当今每一个行业和业务职能领域，成为重要的生产因素。人们对于海量数据的挖掘和运用，预示着新一波生产率增长和消费者盈余浪潮的到来。"① 在大数据时代即将到来之际，我们的教师资源开发也应跟上历史发展的步伐，要尽早搭建数字化的学习平台，为教师的自主发展提供方便、快捷的个性化服务。

搭建数字化学习平台需要开展一系列基础性工作：第一，建立教师数字化学习系统。这个系统应当具备足够的数据处理能力，在全国范围内能同时容纳 1000 万名教师开展数字化学习。第二，开发可视化的教师教育资源。在网络上给教师提供自主学习的资源，不仅要有传统的文字资源，如网上书籍、报刊等，而且还要有教学录音、录像、微课、慕课（MOOC）等可视化资源。这些可视化的教师教育资源，部分可以从教育教学活动实时监控中获得，其他则必须有计划、有系统地组织开发。第三，开发教师发展水平评估与诊断系统。教师可以在网络上开展自测活动，系统能迅速报告自测者每一个方面的发展情况，也能报告他在发展过程中所遇到的困难和问题，并指出继续发展的努力方向。第四，开发教师教育资源智能化推送系统。教师既可以在数字化学习系统中主动找到自己所需要的学习资源，也可以在自己的手机、平板电脑等移动终端上，随时点开系统根据此前的评估、诊断数据为他专门推送的学习资源。

总而言之，要促进教师专业发展，既要用制度来激发教师的专业发展动力，用文化来引领教师专业发展的努力方向，还要为他们的专业发展提供持续的、个性化的教育服务。

🔍 案例

构建中小学教育数字化生态

吉林省教育信息化的建设目的，是通过在资源建设、课堂教学、远程教学、教师研修、教育管理、自主学习等多个方面有效应用信息技术，支持教育教学创新，提高教学质量和效率，推进教育均衡发展，给教育教学带来革命性变化。

通过近年来的建设与应用，吉林省已在部分地区实现了"教学数字化""研修数字化""培训数字化""管理数字化""远程教学数字化""家庭学习数字化"等，帮助管理者及时了解、掌握学校运行状况，优化业务流程、合理调配资源；帮助教师及时了解学生状况，动态调整教学方式，有效引领学生学习；让社会大众及时了解学校运行状态，增加透明度。真正通过信息化提升学校的运行效率，扩展学校的业务功能，优化学校的管理模式，从而达到全面提高教育教学水平的目的。

---

① 冯国珍．管理学［M］．上海：复旦大学出版社．2018：139.

教学数字化

吉林省选择省二实验学校、一零三中学、长春市天津路小学等一批信息化教学应用示范学校，通过教学平台及各类应用平台的建设，创新教育教学方法，为真正实现信息技术与课堂教学的深度融合提供了强有力的支持，使灌输式教学向启发式、探究式、讨论式、参与式教学转变，使网络环境下基于内容的教研和互动教学成为可能，为应用信息技术促进课堂教学创新、为学习带来革命性变化提供了必要的保障。各示范校对周边学校的教育信息化建设也起到了很好的引领和示范作用。

研修数字化

吉林省为长春市宽城区、南关区等地搭建了网络互动研修平台，整合了学科教学工具、仿真实验室、教学资源库以及电子图书馆，实现了学科内容级的集体备课、异地互动教研以及互动交流，实现了身处不同地区的专家、一线教师、教研员通过网络参与教研活动，实现教育均衡发展。

培训数字化

依托网络培训平台，吉林省远程培训形成了独具特色的"网状家校"管理模式，实现了"家、校、师、生"沟通的良性循环和"教、学、研、管"快捷优化一体。开展多元化多层次培训，强化教师专业化建设，全面提升城乡教师信息技术应用水平。

管理数字化

开展包括吉林省教育信息网、吉林省教育政务网、吉林省教育资源网以及吉林省教育数据中心在内的"三网""一中心"建设工程，建成了国内第一家集教育数据科学存储、教育发展监测管理、教育应用支撑平台等多种信息化服务于一身的省级教育数据中心，并依托此数据中心开展了各类教育公共服务平台的建设与应用，逐步实现教育全过程的信息化管理。

远程教学数字化

在吉林省教育学院建成了全省范围内的网络互动教学试点试用平台，通过组织开展不同地区师生的互动教学活动，探索"城市带动农村""强校带动弱校"的远程教学形式，对缩小城乡教育差别、实现教育均衡发展起到重要的促进作用。

家庭学习数字化

在"家庭学习数字化"建设方面，建成了长春市全民学习网，为全市人民搭建了一个自主在线学习的平台，并提供教育、生活、娱乐、工作、医疗等丰富的学习资源，实现了全市信息资源的共享，形成了全民学习、终身学习、积极向上的社会风气，为建设新型的学习型社会做出贡献。①

---

① 吉林：构建中小学教育的数字化生态［EB/OL］.（2016-09-17）［2014-3-15］http://www.360doc.com/content/16/0917/10/3367442_591422062.shtml.

从上述材料出发，你认为吉林省是如何从多方面推动教师专业发展的？

第三节
教师的保健与激励

🎯 学习目标

了解教师保健的内容和策略，掌握中小学教师激励的内容和策略。

美国行为科学家弗雷德里克·赫茨伯格提出的双因素理论认为：引起人们工作动机的因素主要有两个，一个是保健因素；另一个是激励因素。激励因素能够给人带来满足感，而保健因素只能消除人们的不满，但不会带来满足感。教师作为学校教育工作必须依靠的主要力量，在教育工作中发挥着重要的作用。因此，学校人力资源管理既要尽力做好教师的保健工作，以消除教师的不满，也要尽力做好教师的激励工作，以增强教师的满意感，让教师在学校快乐工作、享受工作，真正提高教师工作的积极性。

🔊 名家语录

精神空虚，思想枯竭，志趣低下，愚昧无知等，绝不会焕发和孕育出真正的爱。

——苏霍姆林斯基

一、教师的保健：从"不满意"到"没有不满意"

许多调查研究表明，令中小学教师不满的因素主要有健康因素、压力过大、职业倦怠等，这些就是弗雷德里克·赫茨伯格所说的保健因素。如果这些因素得不到缓解，教师就会对学校、对工作产生明显的不满情绪，继而表现出消极怠工甚至对抗行为。很显然，在教师管理中应尽可能保持教师的身心健康，缓解他们的职业压力，消除他们的职业倦怠，将教师的保健工作放在一个突出的位置，消除他们对学校、对工作的不满，确保他们对学校、对工作没有不满意，保障学校教育教学工作的正常开展。

（一）促进身心健康

教师的身心健康关乎学生的健康成长。教师的身心健康状况良好，学生就会从中受益，反之，如果教师的身心健康出了问题，也会直接影响学生的健康成长。身心健康主要体现在身体和心理健康两个方面。由于社会矛盾加剧、工作压力增大等原因，中小学教师的身心健康状况不容乐观。

据深圳市福田区对中小学教师所做的一项调查表明，在饮食、药物、锻炼、保养、工作、闲暇、社交、精神8个因素中，锻炼因素得分明显低于正常值，其中女教师的健康状况表现得比男教师还要更差一些。[①] 由于缺乏锻炼，中小学教师经常容易出现咽喉炎、颈椎病、腰肌劳损等疾病。为保障教师的身体健康，学校应高度重视教师的身体锻炼，充分利用课间操、课外活动等时间组织开展多种形式的体育活动。教师自身也应加强健身意识，可以选择慢跑、登山、游泳、有氧操、骑自行车等有氧运动，主动享受快乐，拥有健康。

有研究者采用SCL-90心理健康量表对辽宁省内168所城乡中小学的2292名教师进行了心理检测，结果发现50%的教师在不同程度上存在心理问题，远远高于目前我国正常人群心理问题20%左右检出率，且小学多于初中，初中多于高中，城市多于乡村，女教师多于男教师。教师的心理问题主要表现在自卑心态严重、嫉妒情绪突出、虚荣心理明显、焦虑水平偏高、性格忧郁孤僻和逆反心理较强等方面。学校应高度重视教师的心理健康，为他们建立心理健康定期检测制度；设立电话热线、信箱或在网络上开辟虚拟咨询室，为他们提供心理咨询与治疗服务；为他们开设心理健康课程，启发他们自我诊断、自我调节、自我保健。

(二) 缓解职业压力

近年来的一项有关中小学教师的职业压力测验发现，在考试压力、学生因素、自我发展需要、人际关系、工作负荷、职业期望6个因子上的平均分均高于2.5分（采用的是5点计分法）[②]。这一测验数据表明，中小学教师的职业压力过大，需要设法缓解。

中小学教师的职业压力主要源自学生、家长、学校和教师自身。现在的中小学生，多以自我为中心，再加上家长又比较溺爱，这就使得孩子们更怕挨批，造成对学生的管理比以往更加困难。现在的家长仍然"唯分数论"，对考试分数看得很重，如果小孩考试分数有明显下降，就会自觉不自觉地抱怨教师，甚至还以颜色。其次，学校经常迎接各类检查、评比，教师们不得不疲于应付。在当今这个"知识大爆炸"的时代，教师要跟上时代的步伐，还得不断"充电"。针对这些造成职业压力的根源，学校需要为教师营造一个相对宽松的环境，有针对性地开展教育，克服他们的骄娇之气；定期召开家长会，加强教师与家长之间的沟通，消除家长对教师不必要的误解；除了必需的检查评比外，学校应更加重视对教师的发展性评价，帮助他们顺利取得较好的工作业绩。教师自身应转变观念，自我提升既要尽力而为，又要量力而行，不要给自己过大的压力。

---

① 胡兵荣. 深圳市中小学教师身心健康影响因素分析 [J]. 中国健康教育，2011（9）：691-693.
② 王文增，郭黎岩. 中小学教师职业压力、职业倦怠与心理健康研究 [J]. 中国临床心理学杂志，2007（2）：146-148.

案例

莱西推出"幸福课"减轻教师教学压力

进阅览室读读书，练练字，喝喝茶；到活动室打打乒乓球，练练太极拳，跳跳健美操；到运动场跑跑步，打打篮球，跳跳绳……这是时下在莱西市中小学教师中推行的教师幸福课的一幕。

据了解，为释放教师教学压力，提高教师的幸福指数与健康水平，莱西市在全市推行落实教师每天一节幸福课制度。教师可以根据自己的兴趣爱好安排运动、阅读、休息等不同形式的活动，具体时间由教师自主安排，报学校汇总，固定在教师的课程表上。

从上述材料出发，你能否给教师设计一次"减压"活动方案？

（三）消除职业倦怠

"职业倦怠"又称"职业枯竭症"，它是一种与职业有关的综合症状，由工作引发的心理枯竭现象，是上班族在工作的重压之下所体验到的身心俱疲、能量被耗尽的感觉，这和肉体的疲倦劳累是不一样的，而是源自心理的疲乏。

职业倦怠源于个体对付出和回报之间显著的不平衡知觉，它受个体、组织和社会因素的影响。在整个社会群体非理性"拜金"思潮影响下，与其他职业薪酬的对比，让教师觉得非常的不平衡，他们也就慢慢地对教师这个神圣的职业感到厌倦。主要表现在：纯粹应付教学工作，不认真备课，不认真上课；教学活动缺乏一定的创新性；对学生的提问感到厌烦，甚至动不动就体罚学生；不关心学生的进步与现状，对学校和家长的反映置之不理；上班时间到其他地方工作赚"外快"；在学校的课堂上不讲或者少讲教学重点，变相强迫学生去上自己非法开办的辅导班等；对教师工作完全失去热情，甚至开始厌恶，试图离开教育岗位，另觅他职。学校对这种现象必须加以遏制，如适当提高教师的基本工资待遇，关心教师的身心健康，切实改善教师的生活待遇等。当然，制定合理的分配制度，特别是确定合理的薪酬水平，是提高教师薪酬满意度和调动教师工作积极性的重要策略。政府在优化分配制度过程中，要尽量缩小教师与其他职业薪酬之间的差距，要从公平的角度重新合理定位教师的工资水平，消除教师的不平衡感，营造一个和谐团结、人人向往的工作环境。

二、中小学教师的激励：从"没有满意"到"满意"

激励因素是那些与工作内容紧密相关的，能促使人们产生工作满意感的因素。在工作中，如果有激励因素的改善，就会使人们产生工作满意感；如果这种因素缺乏，则会使员工产生"没有满意"感。

中小学有外在的和内在的两大类因素对教师发挥着激励作用，能够极大地激发教师对工作的热情，促使他们积极投身于教育事业，提高他们对工作的满意感，使得他们从"没有满意"到"满意"。

（一）外在激励

1. 晋升激励

教师的职称水平是教师教育教学能力的体现，也是教师工资水平、奖金收入的重要标志。很显然，职称晋升的机会也是激发教师工作积极性的重要因素之一。学校要充分发挥职称晋升的激励作用，建立起一套合理的职称晋升制度或条例，让教师们看到自己朝什么方向努力，达到什么条件才能得到晋升。只有这样，教师们才能自觉地按照制度或条例的要求来不断提升自己的素养，来提高自己的工作积极性。如果晋升制度或条例不够清晰、不够完善，教师们就不知所向，导致那些善于投机钻营的人往往得偿所愿，而勤勤恳恳、业绩优良的教师却难偿所愿，那就会让更多的教师对职称晋升凉心。如果职称晋升这一激励教师的利器都发挥不了作用，那么学校的教育事业将会遭到重创。

2. 奖惩激励

古往今来，适者生存，优胜劣汰，人与人之间的竞争是人们努力前行的不懈动力。学校也可以适当运用设置奖惩机制的方式来激起教师之间的适度竞争，激发教师的前进动力，促使一个个优秀教师脱颖而出。奖励的"诱因"可以是物质的，如奖品、奖金，也可以是精神的，如一个荣誉称号或者一个进修提高的机会；惩罚的"诱因"可以是取消评优评先资格、取消晋升机会、扣除奖金等。一般来说，教师管理多用奖励手段，少用惩罚手段。奖惩"诱因"的大小与激励的强弱密切相关，奖惩的力度越大，激起的竞争越激烈；奖惩的力度越小，激起的竞争越弱。学校在设置奖惩机制时必须恰当地把握奖惩的力度，力度过小不能有效发挥激励作用；力度过大会引起教师之间不必要的内部冲突与摩擦。

3. 授权激励

事实上，每一个人都有进取心、成就感，都渴望有展现自我的机会、表现自我的平台。授权激励就是抓住这一人性特点，授予当事人更高或更重要的权力，以激发当事人的潜能，让他取得更优异成绩的一种激励手段。在学校环境中，领导对教师的欣赏、信任及肯定，会增强教师的存在感，提高教师的融入水平，让教师真切地感受到自己就是学校的一员，自觉自愿为学校的发展奉献青春。例如，语文教研组长出差在外时，领导授权某位普通教师暂代教研组长主持教研活动，这位教师就会获得一定的成就感，以极大的热情尽力发挥自己的才干，组织开展好本组的教研活动。

（二）内在激励

1. 目标激励

20 世纪中叶，管理学家彼得·德鲁克提出了"目标管理和自我控制"的主张。他认为，人们会为了目标的实现而努力工作。松下幸之助曾说过："管理者的重大责任之一，就是让员工拥有梦想，并指出努力的目标，否则，就没有资格当管理者。"目标本身是行为的一种诱因，具有诱发、导向和激励行为的功能。因此，适当地设置目标，能够激发人的动机，调动人的积极性。在学校管理中，应当给教师设定与集体目标相一致的个人奋斗目标，如达到什么水平，获得什么称号，完成多少任务等，还应当通过沟通让教师认同这一目标，以激发教师自觉实现目标的动力。

2. 兴趣激励

知之者不如好之者，好之者不如乐之者。兴趣是最好的老师，是激发一个人的潜能，调动一个人的积极性最有效的武器。对教师来说也是如此。例如，某位老师对摄影很感兴趣，那么学校就让他开设一门摄影选修课，他对这门课程将会抱有极大的热情，热爱摄影教学活动，甚至热爱每一位选修摄影课程的学生。如果学校领导看不到教师的兴趣爱好，看不到教师的长处与短处，在教师任用中不能做到投其所好，不能做到用其所长，那么教师将会认为自己受到了莫大的侮辱和伤害。

3. 成就激励

成就激励是指支持和帮助员工取得工作成就，以激发他们对工作的内在热情的一种激励方式。相比于人的生理需要、安全需要、社会交往与尊重需要而言，成就需要是人的一种较高层次的需要。如果人们在自我发展或本职工作上能够不断取得成功，那么他们将会对自我发展或本职工作迸发出极大的热情，从心底里流淌出巨大的力量源泉，并且伴随着难得的人生高峰体验。在我们的学校里，领导应特别注意帮助教师在职称评定、教学竞赛、课堂教学、主题班会等活动中取得成功，让他们获得充分的自信，让他们对自己的前途充满信心，让他们对自己的工作感到游刃有余，让他们逐步赢得广大学生的爱戴和家长的尊重，成就他人，快乐自己。

第四节
中小学教研组建设研究

🎯 **学习目标**

了解中小学教研组的历史与现状，了解中小学教研组生存困难的博弈论分析，掌握加强教研组团队化建设的对策。

目前，在我国中小学学校的人力资源开发与管理中，"个人主义"倾向还很明显，学校注重的只是教师个人潜能的开发，却忽视了教研组这一团队性基层组织的重要作用。本节我们就站在"团队"的立场上，着力讨论一下中小学教研组的建设问题。希望大家通过这一讨论，能够把握学校人力资源开发与管理的未来发展方向。

📢 **名家语录**

只有在集体中，个人才能获得全面发展其才能的手段，也就是说，只有在集体中才有可能有个人自由。

——马克思、恩格斯

一、中小学教研组的历史与现状

我国的中小学教研组始建于20世纪50年代初，至今经历了四个重要发展阶段：第一，初创与确立阶段（1952—1965）。1952年3月8日，教育部颁发了《中学暂行规程（草案）》和《小学暂行规程（草案）》两个文件，文件明确提出了中小学学校要建立教研组的规定。此后，我国各地中小学陆续建立起了教研组这样一种基层组织，但是在人员编制、队伍建设、领导管理、经费拨付等方面还缺乏明确规定。第二，消亡阶段（1966—1976）。1966年8月8日，中共八届十一中全会通过了《中共中央关于无产阶级文化大革命的决定》，提出"改革旧的教育制度，改革旧的教学方针和方法，是这场无产阶级文化大革命的一个极其重要的任务"。从此开始，学校教育体制受到了极大的冲击，中小学教研组也不复存在。第三，恢复与规范化阶段（1977—1998）。"文化大革命"结束之后，教育部门恢复和整顿了教育秩序，规范了教研组的组织性质和工作范围，逐步确立了教研组的三大职能：教学研究、教学指导和教学管理。在实际运行中，教学管理职能得到了强化，教研组的行政化趋势明显。第四，特色化阶段（1999年至今）。从1999年开始，基础教育课程改革对学校教研工作提出了新的要求。2003年教育部《关于改进和加强教学研究工作的意见（征求意见稿）》明确提出："将教学研究的重心下移到学校，建立与新课程相适应的以校为本的教学研究制度，是当前学校发展和教师成长的现实要求与紧迫任务，也是深化教学改革的方向和重点。"这一政策的出台，标志着我国中小学教研组建设进入了一个特色化发展阶段。①

我国中小学学校的教研组经历了 60 多年的风雨历程，其生存状况却总体堪忧。除了少数重点学校、名校外，绝大多数中小学教研组基本处在名存实亡的生存境地。

第一，组织结构"有形无神"。无论是在农村还是在城市，无论学校规模是大还是小，几乎所有的中小学都组建了"有形"的教研组，既有正式的组织划分，也有正式的教研组长任命。然而，这些看起来"有形"的教研组基本上都是一盘散沙，缺乏应有的组织"神韵"。青年教师也好，老教师也罢，基本上都处在单打独斗、各自为政的工作状态。真正能够凝聚成教研团队，能够凸显出团队精神的教研组寥寥无几。绝大多数教研组既没有形成为提升本校本学科教学整体质量而努力奋斗的共同愿景，也没有形成向合作教研要教育质量、互助互利求发展的教研文化氛围，更没有达成齐心协力、相互配合的教研行动默契。

第二，组织职能"有名无实"。教研组这一名称就说明其核心职能就是教育教学研究。通过一系列的教育教学研究活动，既可直接产生教育教学研究成果，也可间接促进教师的专业成长，还可进一步保证和提高学科教学质量。然而在现实中，教研组的教研功能被严重弱化，教研组很少或者不做教育教学研究已经成为一种常态。以老带新式等帮扶措施在一些学校仍然存在，但从整体上看，教研组促进教师专业发展的功能没能得到应有的体现。唯有教研组的教学管理功能体现得相对较为充分一些。偶尔开展的几次教研活动，基本上被制订教学计划、统一教学进度、统一竞赛活动、统一期中期末考试、开展学期总结等"刚性内容"所充斥，无暇顾及教育教学问题的深入研讨、教育教学心得的深层次交流。本该是专业性、研究性的教研组，实际上演变成了教学管理组织，行政化现象比较普遍。②

第三，参与成员"有气无力"。当前在我们的中小学教研组里，大多数成员都缺乏参与教研活动的内在动力。在学校的统一安排下偶尔开展的几次教研活动，经常有人找这样或者那样的借口不来；就算是按学校的纪律要求或者给组长一个"面子"来了，也常常是漫无目的地东拉西扯；一旦切入正题就不发言、不表态，沉默寡言；要是轮着来非发言不可的话，就客套一番、敷衍几句，明显缺乏深思熟虑。正是由于教研组成员的参与积极性不高，才导致教研组这个整体半死不活、软弱无力，教师们就更是感觉到这样的组织可有可无。③

第四，教研活动"有始无终"。在开学之初，大多数中小学都会要求各教研组制订教研计划。但实际上，制订出来的计划往往既简单、偏颇，又笼统、草率。许多教研组计划只是

① 李叶峰. 建国以来中小学教研组建设的历史考察 [J]. 教学与管理，2010（1）：20-22.
② 陈家刚. 从教研组走向合作型教研组织——从教师专业共同体得到的借鉴 [J]. 辽宁教育研究，2007（2）：32-35.
③ 孙焱，孙朝仁. 教研组生存危机及知识管理——以数学教研组为例 [J]. 教育科学研究，2011（12）：38-41.

简单地罗列教学管理方面的"刚性内容"，围绕某个主题开展的教学研讨、心得交流方面的"柔性内容"难得一见。就算是见到了，也很难见到活动时间、活动地点、责任人、主发言人等更具体的安排。甚至，绝大多数的教研计划似乎是写出来给领导一个交代，而不是用来指导实际教研行动的。许多教研活动一推再推，最终不了了之；还有的教研活动虎头蛇尾，主题研究没结果，培育教师没成果，提升质量没效果。

二、中小学教研组生存困难的博弈论分析

经历了几十年风风雨雨的教研组，为什么会沦落到了今天这种地步？从博弈论的角度来看，这主要是没能很好地满足合作博弈条件造成的。

合作博弈必须具备两大条件：有超可加性；有合理有效的协议。所谓"有超可加性"，是指人们在抱团合作之后，的确能够创造出比单干创造出的价值总和还要大的价值。合作博弈这第一个条件显然是必需的，如果团队合作获得不了超可加性，团队合作也就失去了意义和价值。合作博弈的第二个条件——有合理有效的协议，包括有"合理协议"和"有效协议"两个方面。有"合理协议"是指必须存在这样一种机制，它能保证团队合作创造出的超可加的价值被拿出来合理分配，至少要保证成员在团队中获益比他单干的要多，否则他将会离团队而去；最好还要保证团队在内部分配时多劳多得、优劳优酬，否则成员之间还是会产生一些不和谐，妨碍紧密合作。"有效协议"是指协议必须兑现。一般来说，团队合作往往是先有协议，后有合作，待到成果或业绩出来之后再有分配。如果在最终分配的时候能够兑现当初的承诺，那么这个协议就是"有效协议"。如果协议不兑现，团队立马会分崩离析、不复存在。

依据上述合作博弈理论，详细审视教研组就不难发现，教研组生存困难既有难以取得显著超可加业绩的原因，也有超可加业绩不能得到合理有效分配的原因。

（一）难以取得显著的超可加业绩

对几所学校的访谈调查发现，教师们有这样一些口头禅："搞什么教研，纯粹是瞎耽误时间，还不如去改几下作业""搞教研也是走走形式、做做样子，卖领导一个面子，没什么实质意义""就自己几个人在一起搞教研，没什么实际效果"。很显然，教师们并没有亲身体验到合作教研有多大的价值，因而也就缺乏参与合作教研的积极性。为什么许多教师体验不到合作教研的价值呢？原因主要有以下三点。

第一，缺乏名副其实的学科带头人。俗话说："三个臭皮匠，顶个诸葛亮。"按理说无论是一个什么样的教研组，只要教师们精诚合作、不懈努力，都有可能创造出超可加业绩。但实际上，要获取超可加业绩不难，要获取显著的超可加业绩却很难。如果某个教研组里有

那么一位德高望重、业务精湛、有影响力的学科带头人，并将他任命为教研组长，那么这个教研组就更容易凝聚人心、汇集力量，更容易攻克教研难题并发表教研成果，更容易从整体上提升学科教学质量，更容易促进组员的专业成长，更容易获得显著的超可加业绩。可现实情况是，多数教研组很难找到名副其实的学科带头人，谁当组长都难以服众，谁当组长都缺乏足够的引领能力，因而也难以创造出显著的超可加业绩。

第二，已滋生了一些不良的思想观念和教研习惯。长期以来，不少教研组已养成了一些不良思想观念和教研习惯，如"面子观"。教师们特别爱面子，来参加教研活动是给组长面子；不愿别人来听课是怕丢面子；评课时"你好我好大家好"，优点牵强附会说一大堆，缺点只字不提或轻描淡写是给人留面子。① 又如"评鉴习惯"。评课活动在学校还是开展得比较经常的，教师们也普遍练就了一套评鉴功夫。结果，无论是开展评课活动之时，还是在开展教学研讨、课例分析、专题研究等其他活动之时，都抱着评鉴的心态，全无探究之意。总而言之，业已形成的一些不良思想观念和教研习惯，阻碍了教师之间的真诚、持续合作，也阻碍了教研组取得显著的超可加业绩。

第三，长期处在团队化发展的初级阶段。从表面上看，教研组的存在已有几十年，但实际上却由于经常改组等原因，长期处在谁当组长都难以服众的团队化发展的初级阶段，难以步入制度规范认同这一团队化发展的中级阶段，更难步入文化价值认同这一团队化发展的高级阶段。而团队合作研究表明，超可加业绩是随着团队的成长、成熟而逐步提高的。长期处在团队化发展初级阶段的教研组，很难获得显著的超可加业绩。

（二）缺乏合理有效的超可加业绩分配协议

一般来说，教研组的超可加业绩大体可分为三类：第一，教研成果。它又分为营利性教研成果，如优质教案、导学案、试卷集、练习册、教学光盘等；非营利性教研成果，如论文、专著、校本教材等。第二，教师的专业成长。第三，学科教学质量的提升。无论是哪一种超可加业绩，只要被创造出来，就应当得到合理有效的分配，可现实却没能做到这一点。

大多数中小学没有制定教研项目资助制度、教研成果津贴制度、教研成果奖励制度；在职称评定制度中，发表教研成果也没能成为晋升高级职称的必备条件。在这种无制度保障的情况下，教师们即便耗费精力、倒贴成本获得一些非营利性教研成果，得到的也只是"虚名"，对职能、职务的晋升，对提高社会名望都没有什么实质性意义。反过来，教师们不去争取非营利性教研成果，对他的职称、职务晋升，对他的社会名望也没有什么实质性影响。

大多数中小学也没有制定营利性教研成果的资助制度。没有名校、名师光环的教研组、教师们，要想通过出版营利性教研成果来营利，就必须耗费更多的时间去精心设计，必须冒

---

① 朱能成．教研组评课活动存在的问题及改进措施［J］．教学与管理，2011（25）：33-34.

着市场不认可、血本无归的极大风险。因此，一般的教研组、教师根本就不会去考虑通过教研来营利。

许多中小学都想采用"以老带新"的做法来促进教师的专业成长，却常常是只开花不结果。究其原因，主要是现行的个人主义奖惩制度带来了负累。许多中小学制定了基于同校、同年级、同学科考试成绩比较的个人业绩考核、奖惩制度，谁教的班考试成绩高于平均分就奖谁，谁教的班考试成绩低于平均分就罚谁。在这种制度的诱导下，老教师越是帮助新教师，就越得不到奖励，甚至出现"教会徒弟打师傅"的不利局面。

提升学科教学质量是学校最为关心的最终教研业绩。可是大多数中小学没有制定教研组考核、奖励制度。教师们不会因为共同提升学科教学质量而得到奖赏，也不会因整个学科教学质量差而受罚。难怪教师们常说，"做教研没什么好处，不做教研也没什么坏处""教研做不做无所谓了"。

三、加强教研组团队化建设的对策

当前教研组建设困难重重，教育行政部门和学校要想让教研组摆脱困境，重新焕发青春活力，就得从培养学科带头人、端正不良观念和习惯、改善超可加业绩分配制度等几个方面下功夫，努力创造教师合作教研的条件。

🔍 案例

把教研组建成合作共研的集体

新一轮课程改革，对课堂教学目标提出了新的要求，也是对教师教学方法、教学理念与教学技能的新挑战。此种情况下教师如果一个人"闭门思过"或者单打独斗，很难快速成长或者提高。此种情况下教研组的作用就充分显现出来。

教学研讨活动为何陷入困境

近两年来，笔者亲身参与和观察了许多教研组的活动，感到目前一些教研组的教学研讨活动陷入了尴尬境地。

教研组活动不受重视与支持。目前部分学校负责人只看重学生期末的考分，仅仅以学生的成绩考核教师的业绩，在一些人心目中，以学生分数高低定教师水平高低。这种单向度的考核方式，必然会导致教师在集体的教研活动中不再研究如何上好课，而只是一起探讨怎么让学生考高分。这样，教研组的方向在无形中就产生了偏离。

教研组是教师集体进行教学研究的基本组织，其健全程度和工作水平如何，直接关系着教学质量的高低。在学校的教学研究活动中，教研组长的作用举足轻重，教研工作的有序开展，离不开教研组长的精心安排，然而如果仅仅是组内热火朝天地研究，工作却得不到学校领导或者相关部门的重视与支持，教师教学研究的劲头就会慢慢地消减。

教研组的活动脱离教学本位。面对当今社会的多种诱惑，许多教师花在课堂上的心思少了。一些教师聚在一起，很多时候不再是研究教育，而是议论房子、车子之类，仿佛生活茶话会。这样，即使教研组的活动开展得再多再频繁，也只是一个形式，发挥不了它应有的促进教学的作用。

还有一些教师思想观念严重滞后。以小学数学教学为例，一些教师觉得，小学数学难度不大，只要把书本上的知识传授给学生就行了，没必要研究什么教法。新课程的实施，对小学数学教师提出了新的要求，只有依靠集体的力量，充分发挥教研组的作用，教师才能更好地胜任小学数学新教材的教学工作，从而推动教学改革的不断深入发展。

集体的力量不能低估

在教学改革中，教研组不是无所事事，而是大有可为。

以数学教研组为例，它可帮助其成员了解当今数学教育的发展动态与趋势，帮助其成员明确本校各年级数学教学的要求，等等。同时，教研组负责人要关注教师的解题能力与教学能力，关注每一位教师的教学长处与弱项，并在教研组活动中有针对性地进行研讨。对于新的教学动态，数学教研组应该组织理论学习或者专题讲座。除了平时的理论和业务学习外，每学期也可安排教师走出去，到市区的其他学校去听课、上课，接触不同的学生，再让其他学校的数学老师点评，并请数学专家到学校进行教学诊断。

相关教研组也可针对时下的教研动态，及时制订与之同步的专题研究计划。每位数学教师收集并整理在本年级教学中出现的困惑以及自己独特的教学方法，并在教研组集体活动中予以交流和研讨。这样就发挥了教研组集体的智慧，能帮助教师解决许多教学上的困惑。

抓小课题研究，发挥教研组集体智慧优势。课题研究是教师开展教学研究的主要途径。省市级课题立项一年只有一次，有些平时教学中出现的问题不可能等到省市级立项再去研究。小课题的研究应植根于小学数学课堂教学，教研组应把切入点放在课堂教学中遇到的问题上，把着眼点放在理论学习与教学实践的结合上。鼓励教师把教学中遇到的问题上升为研究课题，在实践中围绕课题研究开展课例分析，或者通过问题会诊、沙龙研讨、小课题专题研讨课等形式多样的活动，让教师在具体行动中学会反思，学会研究学生、研究自我、研究教学方法。

教研组如何回归本位

教研组只有发挥它应有的作用，让每一位教师凝聚在其左右，发挥集体智慧，为教学改革和学校发展出谋划策，才算回归了本位。要想让教研组发挥其应有的功能，笔者认为，最重要的是应使其功能回归本位，必须做好以下几点。

摆正教研组的位置。教研组虽然不是一种行政组织，但是学校布置的教学任务大部分是通过教研组下达并完成的，它是学校指挥教学的前沿阵地。为此，学校应保证在时间上为教研组活动开绿灯。比如，数学教师每周应有半天时间集体不安排授课，这样便于全部教师能有时间参加数学组的集中活动。在人力上，如果学校校长是数学教师出身，而且对小学数学教学有一定的研究，就该亲力亲为，尽可能地参加数学教研组的每一次研讨活动，并且校长每学期都应当上几节展示课。这样，数学组其他成员参加教研活动时才会精心准备，不敢松懈。

同时也应加强对教研组的目标考核。每学期初应对教研组下达一定的具体任务，如各级公开课、课题研讨等，学校相关部门进行考核，如达到了预期目标，应给予一定的精神和物质奖励，这样，教研组的每位成员在平时工作中的积极性就会有较大的提高。

抓好常态管理，充分发挥教研组每个成员的优势。教研组的活动不应该是教研组长或者是几位骨干教师的活动，而应是全体教研组成员"百花齐放"的活动，因此，在平时的教研组活动中，应将老教师的严谨与新教师的创新结合起来，使教研组每位成员都能发挥自己的特长。①

从上述材料出发，你认为如何把教研组建设成教研共同体？

（一）培育学科带头人并适度赋予权力

学科带头人不可能自然出现，教育行政部门和学校必须有计划、有系统地甄选、培育学科带头人。学科带头人培育工作的重点，一是要帮助他们开阔理论眼界；二是要帮助他们学会怎么研究；三是要帮助他们取得教研成果。经过系统的培育，有潜质的学科带头人很快就能脱颖而出，完全能够凭借非权力性影响力，引领本组教师取得显著的教研成就。当然，如果在培育学科带头人的同时，还从制度上赋予学科带头人一些必备的权力，如新进教师的考评权，组内教师的评价权，资助、奖励项目的评审权等，那么学科带头人既拥有一定的非权力性影响力，也拥有一定的权力性影响力，更容易将教师们凝聚在一起，也更容易取得突出的教研成就。

（二）端正教研思想观念，扭转不良习气

要加强教研组的团队化建设，还必须端正教研思想观念，扭转已经形成的不良教研习气，让教研组重新走上健康的团队化发展道路。在中小学教研组中应着力倡导和培育的新风，主要包括以下几个方面：第一，自我批判。金无足赤，人无完人。教师应主动反思自己

① 唐长云. 把教研组建成合作共研的集体 [J]. 辽宁教育，2014 (24)：74-75.

的思想观念和教育教学实践，认真审视其中的谬误与不足，让批判的武器成为推动自身前进的动力；教师还应主动参与思想交锋，主动邀请他人来指导工作，争取在平等的交流对话、批评辩驳中取得更大的进步。第二，创新超越。教师要学习他人的先进经验，更要通过集体备课、课例分析、专题研讨等教研活动，坚持不懈地实现创新与超越。第三，携手共进。携手共进是教研组凝心聚力的关键。为了共同的教研理想，组内教师应相互沟通、相互配合、相互帮助、共同进步，切忌相互排斥、相互轻慢、相互指责、光说不练。第四，见利思义。"见利思义"是孔子提出来的，他主张君子见利必先思义。教师在利益面前必须摒弃诱惑，淡泊名利，切忌自私自利、损人利己、见利忘义。

（三）有序推进教研组的团队化建设

任何一个团队的成长，都要经历形成期、激荡期、凝聚期、收获期等几个成长发展阶段，教研团队也不例外。加强教研组的团队化建设，理应遵循这一成长发展规律，有序推进以下工作：第一，在团队的形成期，教研组要让每一位教师都明确教研工作的重要性；在充分讨论的基础之上明确教研组的总体目标和各成员的具体任务。第二，在有了最初的教研合作之后，团队很快就进入了激荡期，此时教研组在开展教研活动的同时，必须注意加强沟通与交流，给每位成员提供恰当的展现机会；注意充分讨论教研组内的利益分配规则并适时兑现。第三，在利益冲突和角色激荡之后，团队就会进入凝聚期，此时教研组要充分讨论如何改进教研组织方式，优化教研活动流程，进一步提高教研活动业绩。第四，一个经过了组织、流程改造的团队很快就会步入它的收获期，此时教研组要组织正式或非正式的集体活动，加强组员之间的深层次交流和文化价值观念的认同；要加强教研活动的项目管理，快出成果、出好成果。

（四）建立合理有效的超可加业绩分配制度

建立和完善超可加业绩分配制度，对焕发教研组的活力来说至关重要。加强中小学教研组的团队化建设，应建立和完善以下分配制度：第一，建立营利性教研成果的资助制度；建立剩余利益在资助人与研发团队之间、研发人员之间的合理分配制度。第二，建立非营利性教研项目的资助制度；建立非营利性教研成果的评鉴、津贴和奖励制度。第三，改革高级教师职称评审制度，将教研成果纳入晋升的必备条件。第四，建立青年教师优秀指导者奖励制度；建立或完善课堂教学竞赛奖励制度。第五，建立教研组业绩考核、奖励制度；改革以本校同年级、同学科教师相互比较为基础的个人奖励制度，建立个人业绩与教研组业绩相互捆绑的个人业绩奖励制度。

本章小结

　　学校人力资源是指学校领导、教师及后勤服务人员所拥有的，能够服务于学校育人目标的知识、技能、能力、经验、体力等的总称。我国学校人力资源管理理念发生了以下转变，即由"封闭"到"开放"，由"计划"到"市场"，由"管制"到"开发"，由"管束"到"激励"，由"管治"到"服务"。学校人力资源管理主要包括学校人力资源规划、教职工招聘与任用、教职工培训、教职工绩效考核、教职工薪酬管理五大职能。

　　教师专业素质简称教师素质，是指教师能顺利从事教育教学活动的基本品质或基础条件，包括思想品德素养、专业智力素养、身心健康素养三个方面。中小学教师的教学能力随年龄呈钟形曲线变化的发展规律。构建发展型教师制度，激发教师们的内在发展动力；建设学习型学校文化，引导教师专业发展的努力方向；完善一体化培养体系，为教师发展提供持续性支持；搭建数字化学习平台，为教师发展提供个性化服务，是促进教师专业发展的基本策略。

　　为缓解教师对学校的不满，学校应有意识地促进教师的身心健康，缓解教师的职业压力，消除教师的职业倦怠。为提高教师对学校的满意度，学校应注意运用好晋升激励、奖惩激励、授权激励等外在激励手段，目标激励、兴趣激励、成就激励等内在激励手段。

　　我国绝大多数中小学教研组处在结构有形无神、职能有名无实、成员有气无力、活动有始无终的状态；要扭转教研组生存困难的局面，我们必须培养学科带头人并适度赋予权力，端正教研思想观念，扭转不良习气，有序推进教研组团队化建设，建立合理有效的超可加业绩分配制度。

总结 >

Aa　关键术语

学校人力资源
School Human Resources

学校人力资源管理
Management of School Human
Resources

学校人力资源开发
Development of School Human
Resources

教师专业素质
Teachers' Speciality Quality

章节链接

本章主要介绍了学校人力资源管理理念、组织建设等内容，与本书第六章、第八章、第九章的内容具有一定的联系。

应用 >

批判性思考

有些教师认为学校应脚踏实地，把学校的教育教学工作做好，不要去做什么人力资源开发，搞什么教研团队，做什么教研活动，那是不接"地气"的瞎搞；有些教师认为在当代知识性社会，教师要做一个常流常新的小溪，学校不能闭门造车，要加快学校人力资源的开发，更新教师教育教学理念，促进教师的专业化发展，推进学校教育的发展。

对此，你怎么看？请说说你的理由。

体验练习

1. 当代教师应当具备什么样的专业素养？

2. 应如何促进中小学教师的专业发展？

3. 我国中小学应当如何加强教研组团队化建设？

4. 以一所中学为例，拟订调查方案，设计调查问卷，统计和分析调查结果，提交一份"××学校教研团队及其教研现状的调查报告"。

案例研究

"全勤"带来了什么?[1]

某校为加强教师考勤管理，制定了上下午上班签到的考勤制度，并且每天由值班领导亲自给教职工签到。这项制度已经施行了几年，基本上杜绝了迟到、早退和无故缺勤现象的发生。随着学校考核评价等一系列管理办法的实施和教学成绩的不断提高，学校声誉越来越好，学校和教师所承受的各种压力也越来越大。在一次骨干教师座谈会上，老师们提出能否取消下午考勤签到的问题，理由是："老师们很累，下午第一节如果没有课，中午想踏踏实实休息一会儿，缓解

---

① 程凤春. 学校管理的 50 个典型案例. 上海：华东师范大学出版社，2009：108.

一下。如果有签到，就不敢休息，有时刚睡着就惊醒，这样下去总得不到充分的休息，对身体健康很不利，也不能精力充沛地投入工作。"有位主管领导说："签到是我校实行了多年的制度，如果取消就会给一些对自己要求不严格的人带来可乘之机，这样就会产生由于少数人的不自觉而影响整个教职工群体的现象，会造成严重的后果，所以签到不能取消。"

思考题：

1. 根据本案例，结合本章所学知识，你认为下午的签到该不该取消？

2. 你认为，这所学校主管领导的担心有无必要？为什么？

📓 管理一线纪事

本学期某偏远县农村小学汪校长接到县教育局通知要求安排一名教师参加在省里举办的国培计划。接到通知后汪校长向全校 7 个教师传达了文件精神，希望年轻教师珍惜这次培训机会踊跃报名。然而，离上交名单还有 1 天的时候仍然没有任何老师报名。了解到这种情况后，汪校长找个 4 位年轻教师谈话，希望他们当中能有 1 位能够代表学校参加这次培训，但年轻老师均以小孩尚小不方便参加为期一个多月的培训，而且学校离省城距离也很远等理由推脱，建议学校派其他教师参加。汪校长综合考虑了下，除 4 名年轻教师外，学校其他 3 位教师资历都比较老，而且一位是教导主任兼总务主任，根本无法脱身，另一位即将退休，还有一位 53 岁的黄姓教师，没几年也就退休了。万般无奈之下，汪校长只得让黄老师去参加国培。

请问：

1. 你认为汪校长的做法对吗？

2. 如果你是汪校长，你会怎么处理这件事情？

拓展 >

☕ 补充读物

1　郭继东．学校人力资源管理［M］．天津：天津教育出版社，2006．

　　本书以人力资源管理的理论体系为框架，结合教育系统和学校组织的特点，分别论述了工作分析、人力资源规划、人员获取、培训、绩效评价、薪酬管理和职业生涯管理等学校人力资源管理活动的基本原理与实践策略。

2　加里·德斯勒．人力资源管理（第 12 版）［M］．刘昕，译．北京：中国人民大学出版社，2012．

　　本书是美国著名人力资源管理学者加里·德斯勒教授的经典著作。它以可读易懂的方式，阐述了完整而全面的人力资源管理基本概念以及技术方法。

本章概述

　　德育是素质教育的重要组成部分，德育组织与管理是全面推进素质教育的重要保障。本章主要阐述了加强学校德育管理和促进学校德育管理实体化的意义，介绍了学校德育的组织体系及其运行方式，并就学校德育管理规范尤其是学生管理规范的制定与执行展开了具体讨论。此外，对于班级德育管理的具体运作与改革取向也进行了相应论述。

结构图

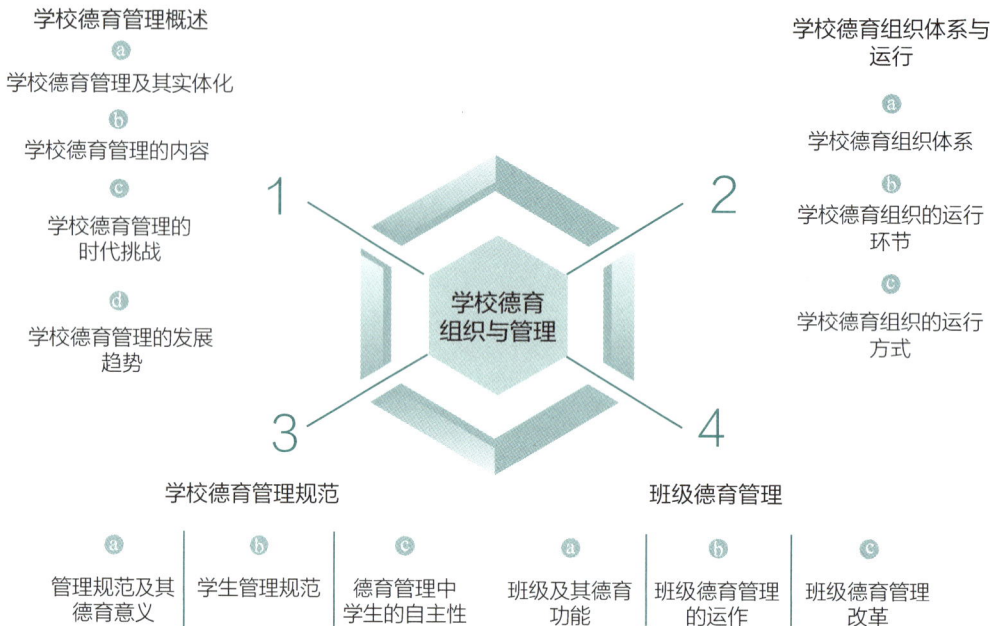

学校德育管理概述
ⓐ 学校德育管理及其实体化
ⓑ 学校德育管理的内容
ⓒ 学校德育管理的时代挑战
ⓓ 学校德育管理的发展趋势

1

学校德育组织体系与运行
ⓐ 学校德育组织体系
ⓑ 学校德育组织的运行环节
ⓒ 学校德育组织的运行方式

2

学校德育组织与管理

3

学校德育管理规范

| ⓐ 管理规范及其德育意义 | ⓑ 学生管理规范 | ⓒ 德育管理中学生的自主性 |

4

班级德育管理

| ⓐ 班级及其德育功能 | ⓑ 班级德育管理的运作 | ⓒ 班级德育管理改革 |

学习目标

1．了解学校德育实体化的意义和内容。

2．理解学校德育组织及其运行的一般原理和方法。

3．熟悉学生管理规范的制定与执行的一般过程。

4．掌握班级德育管理的运作要求。

读前反思

　　谈起学校德育管理，新教师可能立即想到德育处、班主任一类的专职部门和专门岗位，还有那些令人难管的班级和学生，以及那些烦琐的规章制度和课堂纪律。

　　为什么学校的一些管理规范令人反感？一些活动让人乏味？

　　为什么校长、班主任的有些话语暖人心窝、发人深省？有些却乏善可陈、味同嚼蜡？

　　试想一想，如果自己是学校主管德育的领导，如何才能让本校的德育管理才能变得更有"人情味"？或者，自己担任班主任，如何让自己负责的班级在监督约束和自主管理之间保持张力？

德育是素质教育的重要组成部分，德育组织与管理是全面推进素质教育的重要保障。经由专门组织和专业人员构筑德育组织与管理体系，将德育管理实体化，是我国中小学管理的一大特色。在全面深化教育领域综合改革的背景下，要使学校德育落到实处、取得实效，除了需要进一步转变德育观念、明确德育目标、丰富德育内容、改进德育方法之外，更需完善德育组织体系、健全德育管理体制和不断提升教育者的德育专业素质。因此，《中共中央　国务院关于进一步加强和改进未成年人思想道德建设的若干意见》（2004 年 2 月 26 日）中就明确提出："教育与管理相结合"，是加强和改进未成年人思想道德建设要遵循的重要原则之一。本章将全面阐述学校德育管理实体化及其意义、学校德育管理规范等问题，并对我国中小学德育组织体系和运行方式予以详述。

第一节
学校德育管理概述

学习目标

学校德育管理实体化有什么意义？包括哪些主要内容？

学校德育管理是现代学校管理的重要组成部分，既是学校管理活动的一项重要内容，也是学校管理活动的一种特殊形式。为深入了解学校德育管理的运作形式，首先有必要知晓学校德育管理的内涵以及学校德育管理实体化有何意义。

一、学校德育管理及其实体化

（一）学校德育管理的含义

学校德育管理是一般管理原理在学校德育中的具体应用。学校德育由多种要素构成，直接受多方面因素的影响和制约。由于影响学校德育的因素多、涉及范围广，这就决定了学校德育要落到实处、取得实效，便需要有专门的组织机构，能够针对德育工作的复杂性、特殊性、专门性，制订可行的德育工作计划，协调好各方面的教育力量，以求达到德育目标。

因此，所谓学校德育管理，就是学校管理者根据现代社会的德育目标，遵循德育发展和管理的一般规律，运用科学的管理方法，在一定的环境条件下，通过预测、决策、计划、组织、指导、协调、控制、评价，有效地组织、分配和利用校内外各种德育资源和相关要素，形成德育合力和整体优势，以提高德育效率，实现德育目标的过程。

名家语录

我们应当知道这种灌输真正的德行与虔信的艺术怎样才能用一种一定的方法去贯彻，怎样才能介绍到学校里去，使我们能够公正地把学校叫作"人类的锻炼所"。

——夸美纽斯

（二）学校德育管理的实体化

德育是学校全面发展教育的重要组成部分，是实现我国教育目的，全面提高年青一代素质的一个极其重要方面，相对于其他各育的实施而言，具有激励和导向等作用。虽然德育的重要性不容置疑，但多年的教育实践证明，"重智轻德"的现象仍然较为普遍，一些学校往往把德育当成"软指标"，把智育看成"硬指标"，那种过分强调把德育完全"渗透"在各育之中或完全"寓于"各项活动之中的立场和行为，更是令德育的处境显得十分尴尬，以至于"说起来重要、做起来次要、忙起来不要"，成为德育在现实生活中的真实写照。究其根本，就是没有真正把握德育自身的规律，视德育为独立实体来加以实施。其实，教育实践早已表明，德育"从来都是作为一个教育的独立实体客观地存在着"①。要想实现德育价值，取得德育实效，就需要树立德育实体观，在全面推进教育体制改革的过程中，把德育打造成可操作、可调控的实体。

学校德育管理实体化，是指学校德育工作有其独立的主体地位、客体对象、物质载体、精神内容、领导体制、可以量化的评估标准，还有物质投入的保障体系和相应的组织机构以及队伍建设等。当然，这种实体化是以看得见和摸得着的显性实体为主要特征，但不排除看不见、摸不着的隐性实体，诸如人们对德育工作的价值观念、思辨方式、风俗习惯、环境氛围等。

具体而言，学校德育管理实体化，应在理论上和实践中解决好以下几方面问题。

第一，加强德育领导体制的实体化建设。德育领导体制是落实德育管理的关键。在实践中，要注意做到：一是完善国家、省、县市、学校四级德育工作领导体制；二是明确各级领导机构的职责所在；三是建立定期的议事制度，及时汇报德育工作事宜。

第二，加强德育队伍（含专职德育教师和德育管理队伍）的实体化建设。高素质的德

---

① 鲁洁，王逢贤．德育新论 [M]．南京：江苏教育出版社，2000：130．

育队伍是学校德育管理的中坚力量。在实践中，需要注意如下内容：一是明确德育管理队伍的岗位职责；二是明确德育管理工作者的素质要求；三是制定德育专职教师和骨干教师的选拔和聘用办法；四是建立中小学德育教师的职称系列；五是确定德育工作者的地位和待遇；六是健全德育工作者培训制度。

第三，加强德育制度的实体化建设。具体内容包括：一是建立德育工作会议制度，譬如领导例会制度、德育工作经验分享会等；二是建立德育工作表彰制度，譬如确立优秀德育教师、优秀班主任、优秀学生等荣誉的评选标准、方法、待遇享受标准；三是健全学校德育工作制度，譬如升国旗、开班会、社会实践、重大庆典等活动；四是推进德育工作的监督与评估，对各级政府、教育行政部门和学校组织、德育队伍进行考察、评估。

第四，加强德育研究的实体化建设。加强省、市（县）、校几个层级的德育研究室建设，扎根德育实践，及时了解德育工作和学生品德现状，总结教师的德育经验，全面、深入推进直接服务于德育实践的德育研究。

第五，加强德育教材的实体化建设。德育教材是德育工作的载体，为此，需要抓住两个重点：一是确保依照国家课程标准、经国家教材审定委员会审定的德育教材落到实处；二是挖掘地方德育资源，开发具有区域特色的地方性德育教材、校本德育教材。

第六，加强德育环境的实体化管理。德育环境具有隐性的教育作用。加强德育环境实体化管理的基本要求是：一是净化社会环境，包括努力营造适合青少年的成长环境，令他们免受不良信息干扰，同时严格执法，禁止未成年人出入某些公共场所，譬如酒吧、游戏厅、网吧等；二是强化德育环境建设，包括校园的绿化、美化、文明化，以及班级环境优化；三是优化家庭德育环境，包括通过举办家长学校、制定家长行为规范、评选模范家长代表、分享家庭教育经验分享会等形式来加以落实。

（三）学校德育管理的意义

🔊 **名家语录**

一生的生活是否幸福、平安、吉祥，则要看他的处世为人，是否道德无亏，能否作社会的表率。因此，修身的教育也成为他的学校工作的主要部分。

——裴斯泰洛齐

1. 有利于全面提高德育实效

相对学校其他方面而言，学校德育管理更为复杂。德育管理旨在通过加强实体化管理，建立德育质量保障体系、完善德育工作控制系统和健全德育约束机制，运用科学合理的方法发挥德育的作用，以求切实明确学校各部门及相关人员的德育责任，提高德育实效。

2. 有利于充分调动德育工作者的积极性

德育工作者是德育工作的实施者和主力军，是学校德育工作的保证。德育的科学管理，一方面要根据德育目标的要求，对德育工作者的行为实行必要的监督和限制；另一方面要鼓励、支持和强化德育工作者那些符合社会需要、为社会所要求的愿望和追求，使之转化为从事工作的内在动机，使德育工作者的心理活动保持一种能动活跃状态，具有强烈的学习和工作的欲望和行为，表现出既有争取优良工作绩效的意志，又有研究改进工作的创新精神。

3. 有利于发挥德育组织的作用

学校德育组织是德育管理的直接载体。为了实现一定的德育目标，学校中的人们按照某种方式结合而成的正式群体，称为学校德育组织，如学校的党（团）组织、少先队组织、年级组、班级等。正是基于这些不同组织的存在，学校德育工作才能正常地开展。如何利用、管理好这些组织，使它们有效地服务于学校的德育工作，是学校德育管理需要思考和解决的问题。加强德育管理，就是要依据科学的德育管理体系，建立有特色的德育管理体制，从而理顺德育组织内外的各种关系，充分发挥德育组织的凝聚力，从而使得德育工作卓有成效。

4. 有利于营造良好的育人氛围

校风是学校全体成员的作风，是学校成员在思想、学习、工作、生活上表现出来的相对稳定的态度和行为方式的总和，如学风、教风、学校领导作风等。从学校管理的角度来看，校风是一所学校的办学思想、管理意识、管理制度、管理价值等方面的外在表现；从学校伦理价值的角度来看，校风又是对学校的基本精神状态和道德风貌的总的概括。优良的校风一旦形成，会成为一种强大的感召力和约束力，能够对学校每个成员产生潜移默化的影响，在无形之中使学校组织凝聚在一起。校风建设是德育管理的重要内容，良好校风的形成，意味着学校良好育人氛围的形成。

5. 有利于协调各方教育力量

学校德育是一项系统过程，其中涉及对诸种影响因素的综合考虑和各方教育力量的协调。加强德育管理，就是要通过组织、协调、指挥等职能，把校内外各种可调动的德育因素科学、合理地组织起来，并按照统一的目标和计划相互协调地发挥作用，以求取得整体的育德效果。就学校外部而言，意味着需要从学校实际出发，开发和利用各种德育资源，创设各种有利情境和机会，加强学校和社区之间的联系，促进教师和家长之间的沟通，由此整合学校、家庭、社会的教育力量和影响，发挥德育的整体效果；就学校的内部而言，意味着需要突破单一依靠德育组织或德育工作者的状况，调动学校内部各种教育资源和力量，最大限度地发挥校内各种力量的德育功能。

6. 有利于促进学校的整体管理

德育管理是整个学校管理的重要组成部分。作为整体存在的学校环境中，德育工作的开展，需要同智育、体育、科研、后勤等各项工作紧密联系。并且，作为各育之首的德育，其管理对其他各育的管理具有先导、指引的作用。因此，加强德育管理，不仅意味着需要学校其他管理的支持和配合，也意味着可以直接影响和促进学校其他各项管理工作的全面改善，对学校管理的整体工作有极大的促进作用。

二、学校德育管理的内容

（一）德育目标管理

学校依据党和国家的方针政策，结合学校外部环境和内部条件，制定出本校德育的总体目标、阶段（学年或学期）目标和层级（各部门、年级、班级）目标，并且要处理好总目标和子目标、整体目标和局部目标、长远目标和近期目标、组织目标和个人目标之间的关系，形成德育目标网络体系，对各级各类目标的完成情况进行相应的指导、督促和评价。因此，学校德育目标管理是学校德育工作成效的衡量尺度，对学校德育具有导向、激励、凝聚和评价的作用。

（二）德育计划管理

德育计划管理是德育管理的首要内容，是其他德育管理活动的重要基础和依据。学校根据德育目标和德育管理目标，制订周密的德育工作计划，明确各个阶段的德育工作内容、重点和要求；制订具体的德育活动计划，明确不同学习阶段德育活动的侧重点，并依据各个学习阶段的活动内容，从途径、方式、方法等方面提出要求或建议；通过检查、督促德育工作的执行情况，使德育计划落到实处。可见，德育计划管理是一项依据现实、预测未来、设立目标、计划决策，科学地配置现有德育资源的工作，使得学校德育工作获得最大成效的过程。

（三）德育组织管理

为了实施学校德育计划、实现德育目标，需要建立德育组织系统，加强德育组织的管理。而德育组织管理关系到德育组织的建立和运行状态，进而在一定程度上决定着德育计划的成败。德育组织管理，首先要建立健全德育管理组织机构，形成一支德育工作队伍，将德育任务细致分配到全校各个部门、各个组织机构以及全体工作人员，并协调好各机构、部门之间的关系，凝聚学校内部教育力量；组织家庭、学校、社会等力量，互相配合、协作，保证德育影响的一致性；提高德育管理过程中各种资源（人力、物力、财力或时间、空间、信息等要素）的有效利用。

（四）德育制度管理

德育制度是德育各项工作开展的依据和保障。建立和健全各种德育管理制度，其中既包括全校师生员工、学生必须遵守的规章、规定和规则，还包括学校德育机构设置、德育队伍建设、德育资源的开发和利用等方面的规章制度和管理条例，并要保证这些规章制度的有效实施，能够及时地进行调整、修改、补充、完善这些规章制度，做到有章可循，有据可依。

（五）德育环境管理

学校德育环境是指开展学校德育活动所具备的内外时空条件的总和，包括学校外部环境和学校内部环境。对学校的外部环境而言，包括一定时期下的经济、政治、文化背景和社会、家庭、传媒等资源，这时德育环境管理意味着在社会环境的大背景下，通过多种渠道，取得社会各方力量的联系与沟通，加强对德育工作的支持和配合；对学校的内部环境而言，包括学校师生关系、校园文化传统、学校和班级的空间布置等，学校德育管理就是要加强学校物质环境和精神环境的双重建设，其中文化建设尤其重要，加强育人环境建设、形成良好校风和学校传统，充分发挥环境对学校思想品德形成的潜在性、持久性的功能。但是，就一般意义而言，德育环境专指学校内部环境，即为促进学生品德形成和发展而有意识创设的环境。

（六）学生品行管理

学生品行管理属于学校德育管理的一项基本内容，由于它直接涉及德育工作的受教育者，所以能够直接体现学校德育管理的成效。学生品行管理涉及学生的日常行为活动，包括生活习惯、学习习惯、人际交往习惯等，如何帮助学生养成良好的品德习惯，是学校德育工作的主要内容，是德育管理工作的中心任务。

三、学校德育管理的时代挑战

🔍 案例

调皮学生难管教　校长千余师生前下跪

"那是在去年6月的一天早操上"，9月21日中午，在J中学初三145班教室，正在学习的几名学生对校长下跪教育大家的事情记忆犹新。一位同学告诉记者，那天早操刚做完，师生们全体集合在操场上，校长突然走到初三年级145班学生的前面，双手合拢，一下子跪在地上，大声喊："求你们了，不要再玩闹了，好好学习！"

现场有师生 1000 余人，在场的其他校领导见状，赶紧上前想将他扶起来，但他坚持不起来，直到被这一跪惊呆了的 145 班的学生们缓过神来，异口同声地说，"校长，我们不会闹了，快起来吧"，周校长才缓慢地站起来。"当时，同学们明白过来后都深深地被感动，一些女同学当场痛哭。"

一位校领导向记者介绍，145 班去年才毕业，当时临近中考，145 班的学生很调皮，上课不但不听课，反而在课堂上"大闹天宫"，扰乱课堂秩序，政教处曾对两名学生进行过处理，校领导和老师也多次专门做 145 班学生们的思想工作，一些孩子屡教不改，周校长也多次做过他们的思想工作。

该校领导同时告诉记者，145 班自从校长下跪后，变得很听话，表现比以前好多了。①

从上述材料出发，如何看待校长跪求学生"别闹了"这种教育行为？

（一）物质时代和消费主义的挑战

第二次世界大战后，随着西方科学技术的迅猛发展，市场经济体制的日益精巧，消费主义逐渐成为西方社会的一种意识形态。"消费"不再仅仅局限于货币、市场、商品的经济学领域，也同时带有社会、象征和心理的符号意味，被赋予社会学、文化学和心理学方面的意义，成为一种个体身份和地位的建构手段。美国学者丹尼尔·贝尔曾指出，消费主义的主要表现，就是那种将大规模的消费、高水平的生活视为经济体制的合法目的、社会发展的主要手段和个人生活的根本追求；人们普遍去追求的是那些无限扩张的更高、更多的消费，这种消费的目的，满足的不再是人的需要，而是人的欲求。② 正是这种无限的欲求，改变了传统的消费理念和方式，呈现出一种以消费为特征的新的文化意识形态。

消费主义作为 20 世纪末期经济主义的表现形式，其实质仍然是物质主义的。正是这种物质主义、消费至上的文化意识形态，造成现代人的精神危机。20 世纪 80 年代开始，随着全球化的全面推进和我国改革开放的不断深入，消费主义思潮逐渐进入我国，开始冲击着中国人传统的人生观、价值观。

物质主义和消费主义给青少年的道德发展带来了负面影响，直接作用于其价值观念、思想信仰、生活态度和行为方式的形成过程中。在其诱惑下，青少年很容易产生错误的消费观，以至于在实践中出现一些不正常的消费行为，如消费攀比、炫富等。青少年的这些不当观念和不正常行为，不仅直接加重了父母的经济负担，而且在一定程度上扭曲了校园人际关

---

① 海南中学校长在千余师生前下跪　求学生学习 ［EB/OL］.（2007-09-24）［2024-03-15］. http://www.360doc. com/content/07/0924/16/39714_767380. shtml.

② 丹尼尔·贝尔. 资本主义文化矛盾 ［M］. 赵一凡，蒲隆，任晓晋，译. 北京：生活·读书·新知三联书店，1989：68.

系，导致同学关系的冷漠化、金钱化。物质的极大丰富和对消费的过度推崇所带来的诸多社会现象，使得学校德育面临着更为繁杂而艰巨的新问题，客观上加大了学校德育的难度。

（二）科技进步和网络时代的挑战

科技进步极大地推动了人类文明的进程。但科技不是万能的，对科学技术的误用和滥用，更可能导致人类的灾难。一方面，科技的进步逐渐形成了技术至上观念，却让人类无法应对核武器、能源危机、环境污染、生态破坏等带来的灾难性后果，使得人们开始反省在科技理性的迷雾中，人们是否已经逐渐忘却甚至否定了人文主义价值观；另一方面，一些新技术的逐渐推广，如堕胎、安乐死、克隆技术等，引发了诸多争议，并引起许多新的伦理问题。二者都需要德育工作者予以充分关注。

随着通信技术的快速发展，以互联网为标志的新兴媒体得到了广泛应用，人类已经步入网络时代。互联网在为青少年的学习和娱乐开辟新渠道的同时，却大大增加了学校德育的难度。互联网作为一种信息载体，是一个信息垃圾场，娱乐信息、学术信息、经济信息和色情信息、暴力信息并存的信息仓库；互联网作为一种空间形态，以空间虚拟、身份隐形为特征，能够极大地满足青少年的好奇心和求知欲，但却容易使青少年沉迷网络。如何引导和帮助未成年人正确使用新媒体并形成正确的媒介观，全面提高其媒介素质，是现代学校德育面临的新挑战。

（三）全球化、价值多元化的挑战

人类社会的活动空间正日益超越国家主权版图的界线，在世界范围内展开全面的联系、沟通、交流与互动，这便是全球化。全球化令人类居住的星球正在变成一个"村庄"，人们之间的交往突破民族、种族、地域、文化、传统等界限，文化交融日益普遍，单一化社会所形成的思想、价值、道德观念渐渐失去往日的权威性，多元文化模式逐渐形成。多元化在提供多样可能性的同时，也在令各种不确定性不断滋长，使主流价值观面临庸俗化、世俗化、平面化的危险局面。这些都会对青少年的价值观教育带来巨大影响。在价值多元的全球化时代，学校德育如何做到一方面充分汲取传统教育智慧，另一方面与时俱进，通过对话、协商，树立价值观教育的灯塔式引领作用，把价值引导和自主建构有机结合起来，是当代学校德育管理面临的又一重大挑战。

此外，当代中国正处于社会转型的关键期，社会流动加剧，社会分层日趋明显。社会流动、社会分层体现着一定社会结构的性质和状态，但不合理的社会流动、社会分层，就是社会资源分配不平等、个体发展机会不均等的直接体现。这些不平等对学校德育的影响极为直接而显著，也令学校德育面临着诸多非教育性难题。

四、学校德育管理的发展趋势

传统的学校德育管理，过度依赖学校管理机制，注重规章制度的制定和实施，使学校德育管理过于刻板化、教条化。应对学校德育管理面临的诸多挑战，必须深化教育管理体制和学校内部领导体制改革，理顺行政管理、业务督导和自主办学之间的关系，加强学校德育管理与学校其他管理之间的有机整合，彻底根除学校德育管理中"以管代教"的非正常现象，并打开校门，跨越学校"围墙"，形成开放式学校德育管理的新格局。

（一）家校互动

家庭是孩子的第一所学校，父母是子女的第一任老师。学校要将家庭纳入学校德育管理的视野，以积极、主动的姿态与家庭建立良性互动关系。在学校德育管理中，重视家校互动的主要形式有：第一，建立家校联系制度。与家长保持联系和沟通，让家长了解子女的在校表现和学校发展状况。第二，建立家长委员会。邀请家长代表参加制定学校德育管理规章，参与学校其他相关管理事务，密切家校合作。第三，建立"家校"合作平台。打破地域限制，利用网络的互动性和便捷性建立家校联系和合作平台，拓宽家庭参与学校管理、交流教育经验的渠道，等等。

（二）社会参与

让社会参与学校德育管理，就是要让更多的社会机构和人员加入到学校德育管理行列，壮大德育管理专业队伍，充分利用各种德育资源。社会参与学校德育管理的主要形式有：第一，搭建学校德育管理监督平台。通过设立监督电话、举报信箱等形式，形成一个强大的监督网络。第二，建立社会实践教育基地。与各种社会教育机构合作，与企业合作，与社区合作，让全体学生有机会参与广泛的社会实践。第三，利用多种社会宣传手段，营造让学生健康成长的良善环境，等等。

（三）校际合作

通过校际合作，可以借鉴经验，有效地整合德育资源，提高德育工作者的专业水平，激发学校内部管理的活力，提高德育实效。校际合作的一些做法包括：第一，整合校际资源，建立德育资源库。每个学校享有的德育资源不同，所产生的德育影响不完全相同。建立校际德育资源库，就是实现德育资源共享的重要路径，这些资源库包括师资、课例、活动方案、学生成长案例等。第二，利用网络技术，建立校际德育平台。第三，发挥名师作用，设立校际德育工作室，等等。

第二节
学校德育组织体系与运行

◎ 学习目标

了解学校德育组织体系与运作方式。

学校德育管理要从容实施，必须依赖于学校德育组织体系及其具体的运作机制。因此，我们有必要理解并掌握何谓学校德育组织体系，我国现行的中小学德育组织体系到底是怎么样的以及学校德育组织运行的基本环节等诸多问题。

◎ 名家语录

你的教鞭下有瓦特，你的冷眼里有牛顿，你的讥笑中有爱迪生。你别忙着把他们赶跑。你可不要等到坐火轮、点电灯、学微积分，才认识他们是你当年的小学生。

——陶行知

一、学校德育组织体系

（一）对学校德育组织体系的理解

学校进行德育管理需要一个健全的组织体系，否则，学校德育管理就无法进行全盘运筹，也无法将各方力量充分调动起来。所谓健全的学校德育组织体系，就是所建立起来的这种组织体系适合于完成德育目标，具有系统性、完整性、全方位性，能够将有关的德育工作者组织起来，并根据客观环境的变化而进行整体性运作。

（二）我国现行的中小学德育组织体系

根据中共中央办公厅印发《关于建立中小学校党组织领导的校长负责制的意见（试行）》，中小学校将逐步推行党组织领导的体制机制，这就大体决定了我国中小学德育组织体系的基本模式（见图4-1）。不过，在教育实践中，由于受着区域、学校规模、教育条件等因素影响，不同地区、不同学校在德育组织体系上也存在着某种差异。

具体来看，我国中小学德育管理已经大致形成了四级组织体系，即党组织（党组织书记）、校长、德育处（室）、班（级）四个层级。在日常工作中，这四个层级也被称为校级德育管理、中层德育管理和班级德育管理。部分中小学受办学规模和人员编制的制约，并没有设置专门的德育处（室），中层的德育管理职能由教导处（室）统一负责。在这样的德育组织体系中，各个层级的主要职责如下。

```
              ┌─────────────────────┐
              │  党组织（党组织书记）  │
              └──────────┬──────────┘
                    ┌─────┴─────┐
                    │   校长    │
              ┌─────┴─────┬─────────────────────────┬──────────────────┐
        ┌─────┴─────┐ ┌───┴────┐                          ┌────┴─────────┐
        │ 家长委员会 │ │分管副校长│                          │ 三结合指导   │
        └───────────┘ └───┬────┘                          │ 与咨询委员   │
                                                          └──────────────┘
  ┌──────────┬──────────┬───┴──────┬──────────┬──────────────┐
┌─┴────────┐┌┴────────┐┌┴────────┐┌┴────────┐┌┴──────────────┐
│校长办公室││教务处（室）││德育处（室）││总务处（室）││团总支（少先队大队）│
└──────────┘└────┬────┘└────┬────┘└────┬────┘└───────┬───────┘
            ┌────┴───┐ ┌────┴───┐ ┌────┴───┐
            │ 学科组 │ │ 年级组 │ │ 教科室 │
            └────────┘ └────┬───┘ └────────┘
                      ┌─────┴─────┐
                      │  班主任   │
                      └─────┬─────┘
              ┌─────────────┴──────┐         ┌──────────────────┐
              │  班（级）学生群体   │─────────│ 团支部（少先队中队）│
              └────────────────────┘         └──────────────────┘
```

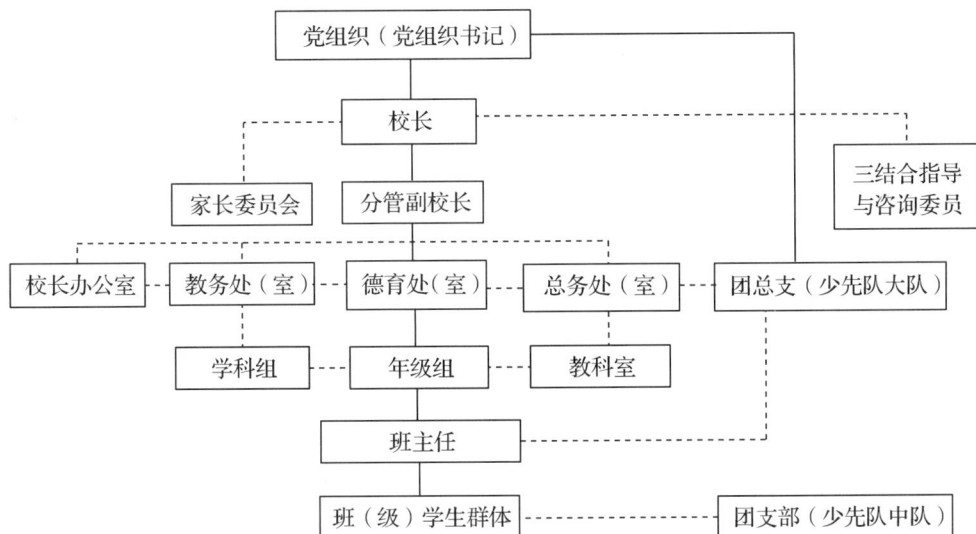

注：—— 表示其有直接隶属的管理关系

----- 表示非隶属的管理关系，但在业务上相互沟通乃至相互交融

图 4-1 我国中小学德育组织体系的基本模式

在第一层级上，学校党组织全面领导学校工作，履行把方向、管大局、作决策、抓班子、带队伍、保落实的领导职责。学校党组织实行集体领导和个人分工负责相结合的制度，学校党组织书记主持党组织全面工作，它的职责是保证监督党的教育方针政策在学校中的贯彻落实，指导和支持校长开展德育工作，并通过党员的先锋模范作用，影响和带动广大教职工做好德育工作。

在第二层级，校长是中心人物，要全面负责学校的德育工作，并在党组织的领导下，全面贯彻和落实党的教育路线、方针、政策，直接领导学校德育总体规划或特色品牌方案的制订，并指导和督促校本德育实施方案的落实。

在第三层级，德育处（或政教处、教导处）是管理学生德育工作的职能机构，主要职责是协助校长组织领导德育工作，了解学生的思想品德动态，抓好校风校纪，组织全校性的思想教育活动，定期召开班主任会议，探索思想品德教育的规律。

在第四层级，班主任是学校德育管理工作的直接组织者和实施者，具体负责学校德育工作计划的贯彻落实和学生思想品德考核、评定工作，肩负着德育管理的重要任务，承担着大量细致的工作。

特别值得注意的是，共青团、少先队、学生会是学生的群众组织，是我国中小学德育组织体系的重要组成部分。通过这些组织所开展的活动，能更好地使学生受到民主集中制教育和纪律教育，从而增强自治、自理的能力，培养独立生活的能力。

二、学校德育组织的运行环节

按照人们对学校管理过程的一般理解，可以把中小学德育管理过程区分为计划、组织、沟通、协调、督导（或评价）等几个功能性环节。依据中小学学校管理过程的几个功能性环节，可以把中小学德育组织运行看作是由目标、计划、检查、总结等几个环节所构成的整体。① 在这里，我们将分别就中小学德育组织运行的几个环节进行具体阐述。

（一）设置德育管理目标

德育管理是为实现学校德育总目标服务的。在中小学的不同学习阶段，有着不同的德育目标，在不同地区、不同学校，也有着不尽相同的校本德育目标。如何把德育目标分解为具体化的、可操作性强的目标，充分调动学校的人力、物力、财力资源，协调好各方教育力量、各种教育影响因素之间的关系，便涉及德育组织目标的制定问题。

良好的中小学德育组织目标，指明了学校德育工作的具体方向，明确了不同阶段学校德育工作的重心，有利于增强德育工作的针对性和目的性，有利于对学校内部各种组织或机构、各种人员提出明确而统一的工作要求，有利于调动德育工作者和广大教师参与德育工作的主动性、积极性，从而使学校德育工作落到实处、取得实效。

中小学德育组织目标的设置，必须以中小学德育目标为指引，充分考虑中小学生思想品德发展的特点和水平，充分考虑本地、本校的实际情况，要对学校德育管理工作具有明确的指向性和指导意义。在目标设置过程中，既要遵循中小学生思想品德形成和发展的规律，从中小学生的思想品德的实际出发，又要关注中小学德育所面临的新形势、新任务，从而满足个体发展和社会发展的需要；既要体现现实性、连续性，又要体现前瞻性、超前性，以求较好地发挥德育管理目标的指导作用和指向功能；既要体现中小学德育的统一要求，又要反映本地、本校的实际状况，使德育组织目标具有针对性、实操性；既要体现校长的办学理念，又要切合学校德育工作的基础和条件，从而有利于教师和学生全员参与、全程参与。

（二）制订德育工作计划

中小学德育组织目标要想发挥实效、付诸实践，就必须有一个周密的计划和安排，以保证德育管理目标能够有步骤、分阶段地得到落实。周密的德育工作计划可以使德育管理者与被管理者有的放矢地开展工作，有利于协调学校各方的工作步调，是使德育目标和内容得以层次化、序列化的重要保证。

---

① 胡守棻. 德育原理 [M]. 北京：北京师范大学出版社，1989：246-252.

制订中小学德育工作计划的基本要求如下。

第一，以德育组织目标为指引，实事求是，切实可行。在计划制订过程中，依据学校在一定时期或发展阶段的德育管理目标，针对中小学生的思想品德的现状和发展水平，从学校人力、物力、财力等实际情况出发，有步骤、分阶段地安排德育工作。

第二，合理分工，优化德育资源配置。根据学校有关机构或部门的性质和特点，对德育工作任务进行合理分工，并从有利于达成德育目标和德育组织目标的角度，设法优化现有的德育资源配置，并通过多种渠道、多种方式，不断开发新的德育资源。

第三，提升工作计划的针对性、有效性。要充分发挥教职工的积极性、主动性，让他们参与德育工作计划的制订并明确各项工作的具体要求，促进他们把学校德育工作计划转化为不同岗位的具体工作任务和要求。

当然，中小学德育工作计划的制订必须服务于中小学德育目标，服务于中小学生的成长。在实际操作中，要努力避免形式主义、长官意志，避免德育组织目标高于甚至掩盖德育目标、学生的成长屈从于管理者或教育者的个人目标等不良现象的发生。

（三）开展德育工作检查

检查就是对德育工作进行考查、督促、约束，是德育工作计划执行情况的信息反馈。德育计划制订得再好，如果只有布置，不进行检查仍达不到预期的效果。检查是德育组织管理的必要环节之一。

开展学校德育工作检查的基本要求是：第一，检查工作要有正确的指导思想；第二，检查工作要以上级的各项规定，学校德育工作计划规定的德育目标为依据；第三，检查工作要走群众路线；第四，领导干部对自己的工作也要进行检查。

与其他学校管理过程一样，在中小学德育管理中，检查也可以区分为多种类型。根据检查的时效性，可分为平时检查、阶段性检查和总结性检查；根据检查的内容，可分为专项检查和全面检查；根据检查的形式，可分为实地考察、书面检查和口头汇报；等等。不管何种类型的检查，都必须以中小学德育目标和德育组织目标为依据，按照学校德育工作计划来加以实施。检查的目的在于及时了解德育管理工作计划的执行情况，关注各种活动方案、应对措施的可行性、有效性。因此，对于中小学德育管理工作的检查，要十分注意德育管理工作计划完成的基本情况，包括人力、物力、财力的使用和时间、空间、信息的配置，充分关注德育管理工作的成绩，同时发现德育管理工作中存在的突出问题或困境。

（四）进行德育工作总结

总结是德育管理过程的终结环节。中小学德育管理总结的基本任务是：对整个德育管理过程进行回顾，做出评价，找出成绩，发现问题，概括经验，为确定下一阶段的德育管理目标、制订新的德育管理工作计划及实施方案奠定基础，从而使德育管理过程有效地进入下一个管理周期，促进德育管理过程的螺旋式上升，由此不断提高学校德育管理工作的效果和水平。

在中小学德育管理过程中，进行德育管理工作总结要注意这样几点：第一，把总结和目标、计划、检查几个环节看作是一个完整过程。总结要从德育组织目标出发，依据德育工作计划、基于对德育管理工作的检查结果来进行；第二，总结工作要实事求是，不夸大，不缩小；第三，提高认识，注重分析。要提高全体人员对总结这一环节的认识，运用多种形式，如全面性总结、专题性总结等，引导大家相互交流、相互启发，归纳出有益经验，分析存在的问题及其原因；第四，表彰先进，激励各方力量不断改进德育管理工作。在可能的情况下，要针对总结中发现的问题，提出下一阶段进行改进的意见或建议。

三、学校德育组织的运行方式

如前所述，我国中小学德育管理正在形成学校党组织（党组织书记）、校长、德育处（室）、班（级）四个层级的组织体系，中小学德育组织体系也正在或将要按照这四个层级来运行。近年来，人们不断探索德育组织与管理的有效运行方式，许多学校采用校长或党组织领导下的德育组织运行体系。这一体系包含两条渠道：一条是与教学行政密切联系的渠道，就是在校长领导下，通过主管教学的教导主任指挥各科教师，实施德育管理；另一条是与政治思想工作密切结合的渠道，就是在校长和党组织的领导下，通过主管德育的教导主任指导班主任和学生会，在团委或少先队的配合下，实施德育管理。这两条渠道处理得好，会并行不悖，发挥各自的长处，并能互相促进，收效显著。目前，我国的中小学德育组织体系正是按照这样四个层级、两条渠道运行的，只是各有侧重。

（一）校级德育组织运行

校级德育管理通常是对办学方向、德育整体实施方案、德育管理过程的管理，其管理内容主要包括德育思想、德育目标、德育计划、德育组织、德育制度、德育环境。通常，校级德育管理的运行，是校长在国家的办学方针和本校的办学理念指引下，对学校德育工作的整体把握，着眼于学校德育管理的宏观层面，通过岗位设置、人员安排、资源配置、过程调控等加以落实。

在学校德育管理的运行过程中，校长的管理思想、工作思路、领导方式等显得十分重要。校长能否做到既遵循学生思想品德形成规律和学校管理规律，又体现尊重、平等、公正、关爱、合作的道德精神，直接制约着校级德育管理的有效运行。

学校党组织是党在学校中的领导力量，它全面领导学校工作，并保证和监督党的教育路线、方针、政策在学校中的贯彻落实。在学校德育管理工作中，党组织必须根据新时期形势任务的要求和党政分工的原则，加强和改善党对学校德育工作的领导，保证监督党的教育方针和各项行政任务的贯彻落实；加强对学校德育工作队伍的领导和建设，领导和支持共青团、少先队和学生会开展工作，帮助他们提高执行方针政策、做好思想政治教育工作的自觉性；经常研讨干部、党员和师生德育工作中的方向性、全局性问题，调查研究，掌握情况，与校长密切合作，并支持其工作，共同抓好教职工和学生的德育工作。

（二）中层德育组织运行

学校中层德育管理主要是指德育处（或政教处、教导处）对于学校德育工作的管理。它是校级德育管理和班级德育管理的桥梁。中小学中层德育管理的运行的基本特点就是，通过对德育实施方案的制订和德育活动的落实来加以体现。

学校中层德育管理的运行，需要在把握学校德育管理计划和工作重心的前提下，在广泛征求班级师生意见的基础上，制订出既体现统一要求又留有伸缩余地的德育实施计划和活动方案。制订计划和活动方案的具体落实，则需要共青团（少先队）和年级组的协调、配合。至于德育管理过程中的常规性工作，如升旗仪式、早（午）间操、卫生评比、纪律状况、日常行为表现等的管理，更需要在共青团（少先队）的统一组织下，通过学生自我管理机构或组织来加以落实。

具体来说，德育处（或政教处、教导处）要做的工作包括：协助校长组织领导全校学生的德育工作，参加制订学生的德育工作计划，落实学校有关决议和措施，并负责处理德育工作的日常事务；积极开展以教学为核心的德育活动，建立健全有关规章制度；具体布置、指导、检查班主任工作，负责召开班主任或年级组教师会议，研究教育工作中的问题，交流教育管理工作经验；指导班主任做好学生的操行考核和评定工作以及评选三好学生和优秀班集体的工作；深入开展德育实践活动，指导班主任、科任教师与共青团、少先队密切合作，共同开展工作。

🔍 案例

某中学年级组长的岗位职责

一、具体负责本年级的教育教学管理，组织班主任抓好对学生的教育，努力达到学校为年级规定的各项工作目标。

二、根据学校每学期德育工作计划和对各年级思想教育系列的要求，协助班主任做好各项工作，在德育处指导下，搞好班主任的考评。

三、组织教师参加学校政治学习，定期召开年级教师会议、班主任会议和学生干部会议，研究分析全年级学生的思想动态，有针对性地做好学生的思想工作。抓好本年级各班的主题班会。

四、高度重视教学工作和学生的学习情况，重要考试后做出有质量的分析、总结，及时向家长通报。

五、坚持年级组卫生值日制度，美化工作环境，坚持文明办公。

六、协助教务处安排好教学工作，遇有教师请病假，及时协助教务处组织教师代课，努力做到不因教师请病假而使学生停课。

七、根据本年级学生的生理、心理特点以及思想、品德、习惯、学习情况，组织、开展全年级系列教育活动和文体、卫生、社会实践等各项活动。

八、组织本年级各班学生参加学校活动，组织学生完成学校布置的各项任务。

九、抓好学生常规管理，如各班课堂纪律、课间纪律、室内卫生和美化，创造良好的学习环境。做好各班级、各学科的协调工作，处理年级学生中的重大偶发事件。

十、协助团委会、学生会、少先队工作。

十一、做好本年级学生评优工作，讨论推荐本年级"文明集体""三好学生""优秀学生干部"名单和其他单项奖获得者名单。同时，讨论提出对犯错误学生的处理意见和撤销处分的意见，指导班主任写好学生评语。

十二、开好年级家长会、家长委员会，努力争取家长和社会对年级工作的支持。

十三、抓好后进生的教育管理工作，防止违法犯罪现象发生。

十四、完成学校临时交给的其他任务。

从上述材料出发，你认为年级组在德育组织管理体系中处在何种层级？应当扮演怎样的角色？

（三）班级德育组织运行

班级德育管理是学校德育管理的基石和落脚点。我国中小学班级德育组织的运行，主要是通过年级组和班主任来加以组织和推进的。本章第四节将对班级德育组织运行予以详述。

需要指出的是，共青团、少先队和学生会是学生的群众组织，是党和学校对学生进行德育管理工作的有力助手。它们是学校德育组织体系的重要组成部分，在德育管理工作中发挥着重要作用，但往往并不能被明确地归于德育组织体系的某一个层级。其中共青团组织受双重领导，既受学校党组织的领导，又受学校行政的领导。

学校共青团组织在学校德育管理工作的运行中所做的工作包括：加强团的组织建设和思想建设，健全团的生活；在共青团员和青年中开展树立共产主义理想和新的道德风尚的教育活动；组织共青团员和青年适当参加社会政治活动和公益劳动；领导和帮助少先队组织有计划地开展适合于少年儿童特点的教育活动。

少先队在学校德育管理工作的运行中所要做的主要工作是：以共产主义精神和当代道德文明知识教育儿童，依据队章，与班委会、学生会密切配合，开展各种有利于少年儿童身心健康的丰富多彩的活动。

学生会是全校学生的共同组织，其在学校德育管理工作的运行中所做的工作包括：在学校的统一领导下，配合德育处、共青团、少先队，组织同学开展各项活动；组织学生值日，推动同学自觉遵守班级班规和学校规章制度；协助共青团、少先队办好学生墙报、黑板报，做好宣传工作；广泛听取同学对学校工作的意见，负责向学校有关方面传达反映，促进学校各项工作的改进。

第三节
学校德育管理规范

◎ 学习目标

认识学校管理规范和德育的关系，把握学生管理规范制定与运行的一般过程。

学校管理规范是学校德育管理的重要载体，具有重要的德育意义。学生管理规范是学校管理规范的重要内容。把握学生管理规范制定与运行的一般过程，熟悉学生管理的基本特点，是有效开展学校德育管理的重要基础。

一、管理规范及其德育意义

（一）管理规范的含义与特点

对于何谓管理规范，目前并无确切定义。规范的英文"norm"一词来源于拉丁文"norma"，本义指木匠使用的规和尺，后被用于研究人的社会行为，作为人的行为标准。规范是调控人们行为的、由某种精神力量或物质力量来支持的、具有不同程度普适性的指示或者指示系统。社会规范是社会组织根据自身需要而提出的、用以调节其成员社会行为的标准、准则或规则。那么，管理规范即是某一组织（或组织体系）根据自身需要而提出的、用以调节管理对象（人或机构）行为的标准、准则或规则，它通常以文字的形式规定管理活动的内容、程序和方法，包括管理条例、章程、制度、标准、办法、守则等。

管理规范关注的是效率和效益，因而具有以下特点。

第一，科学性与系统性。管理规范总是不同程度地反映着社会生活的某种因果必然性，而不是任意制定的，它是对与人的行为相关的客观规律和客观必然的把握。管理规范作为行为的指示，具有操作的可能性和达成预期的可能性。管理规范要维持效力除了本身的科学性外，还需要系统性对之加以保障。这不仅要求管理规范要有全面的内容和体系，还需要管理规范得以搭载的统一的观念体系，使其所指定的目标和行为准则不是孤立地存于制度规范之外。总之，管理规范要成为人们的行为准则，它本身就应当准确、健全、统一，不能模棱两可，更不能相互矛盾。

第二，价值性与评价性。管理规范的确定在规定其具有"真"的成分外，还需规定它有"善"的内涵。作为指示性的管理规范，它先于行为而存在，并期待着某种行为的实施及其结果的发生。但在行为发生后，管理规范转变为一种评价标准，用于考察主体行为结果是否符合主体（包括个体与群体）的目的。

第三，规范性与强制性。管理规范以简单明了的具体规章告诉人们应当做什么，应当如何去做。学校管理规范就是用规范化的要求来指导学校的运行，并以之来指导和纠正学校内各成员的行为，使他们的行为符合学校组织体系运行的要求。同时，管理规范对所有对象都有严格的约束力，任何人不得因为任何原因而违反，否则会受到管理规范执行者的指责甚至惩罚。

第四，公开性和权威性。与管理规范的指导作用相适，管理规范必须具有公开性，以简明扼要、通俗易懂的形式呈现，方便管理对象了解、掌握，从而发挥管理规范的作用，使之获得有效执行；同时，管理规范由具有权威性的特定机构制定，因而具有权威性，这也是强制性得以保障的需要。

第五，相对稳定性与发展性。管理规范一经批准，并公开实行，它在一定的时期内就要保持稳定，不能朝令夕改，使人无所适从。然而，随着社会的发展和人的诉求的变更，任何组织（或组织体系）都不是固定不变的，自有其发生发展的历史。当组织（或组织体系）的目标发生变更时，其所规定的各种规范也必须随之变化，及时反映本组织（或组织体系）的利益与目标。

(二) 学校管理规范的分类

学校管理规范对学校内各成员的所有个体行为做出了具体的要求，因而学校管理规范设计的内容相当广泛，它的分类也多种多样（见表4.1）。

第一，按照学校管理规范的性质划分，可分为正式和非正式的管理规范。正式的学校管理规范由权力机关制定，有具体的文本；非正式的学校管理规范属于隐性的管理规范，具有临时性，常存在于班级管理中或突发的学校管理事件中。

第二，按管理规范的形式划分，可分为制度性学校管理规范和非制度性学校管理规范。

制度性管理规范由具有一定强力的管理机构执行，如教育法，违反法律者会受到强制性制裁。这类规范包括专门法律、法令、条例、规则、章程等；非制度性的学校管理规范则不通过强制手段强迫学校内各成员或机构执行。

第三，按照规范的内容进行划分，主要可分为对教育人员和教育对象的管理规范、教学管理规范、德育管理规范、总务后勤管理规范、安全管理规范等。对教育人员和教育对象的管理规范包括教职工管理规范以及学生管理规范，其中教职工管理规范包括对学校领导机构、行政机构的工作人员以及教师的管理，涉及职责认定、行为指导及聘评规范等；教学管理规范指对教学岗位职责、教学程序、教学设施、教学评价的规范化管理，部分学校也将教研管理纳入教学管理规范；德育管理规范指学校对德育工作的要求，包括对学校德育组织、学校德育内容、学校德育活动、学校德育考核等的规范化标准；总务后勤管理规范是指学校对后勤人员的后勤工作以及后勤设施的管理规范；安全管理规范是学校对师生生命和财产安全的管理要求，包括具体的安全措施、各级的安全职责以及日常安全常规。

第四，按规范的适用范围划分，可分为全国性学校管理规范、地方性学校管理规范、校本性管理规范以及班级管理规范。全国性学校管理规范通常以法律或文件的形式呈现，由全国人民代表大会或其常委会、国务院或其部委制定，法律效力最强。地方性学校管理规范包括具体的地方性教育法规和行政性质的教育规章，由省、自治区、直辖市人大或其常委会制定，适用于本行政区域。校本性管理规范由学校按自身的管理需求制定，通常要参照国家、地方的教育法规和行政文件，以管理章程或者守则的形式在全校内公布。班级管理规范以班规的形式体现，由班主任、班级委员会按照本班状况联合制定，用于规范日常的班级行为。每个班的班规都不一样，主要涉及学习、记录、出勤、卫生等诸多方面，是中学生自我管理的重要制度。

表4.1 学校管理规范体系表①

	形式	具体文本	制定机关	说明及适用范围
全国性学校管理规范	宪法	宪法中的相关条款：第19条、第46条、第47条、第89条、第107条、第119条等	全国人民代表大会	"根本大法"，是教育法规的立法依据，适用全国
	教育基本法	《中华人民共和国教育法》	全国人民代表大会	教育法规体系中的"母法"，规定国家的教育基本方针、任务、制度，适用全国

---

① 在我国，根据现行宪法第89条规定，行政法规专指由国务院根据宪法和法律制定的规范性文件。在名称上一般有三种：一是对某一方面的行政工作做比较全面、系统规定的，称"条例"；二是对某一方面的行政工作做部分规定的，称"规定"；三是对某一项行政工作做比较具体规定的，称"办法"。行政法规一般有两种批准方式：一是由国务院常务会议审批；二是由国务院总理审批。经审议通过或审定的行政法规，可有两种发布方式：一是由国务院发布；二是由国务院批准、国务院主管部门发布。行政法规不论采取哪种批准方式或发布形式，都具有相等的效力。

续表

	形式	具体文本	制定机关	说明及适用范围
全国性学校管理规范	教育单行法	《教师法》《义务教育法》等	全国人民代表大会常务委员会	调整某类教育或教育的某一具体部分的关系，适用全国
	教育行政法规	《义务教育法实施细》《学校卫生工作条例》《学校卫生工作条例》等	国务院	针对某一类教育事务发布的行为规则，适用全国
	部门教育规章	《小学生守则》《中学生守则》《小学生日常行为规范》和《中学生日常行为规范》等	国务院部委	全国性教育规范文件中数量最多，包括各种规程、规定、办法、细则、意见等，适用全国
地方性学校管理规范	地方性教育法规	如广东省制定的《普及九年制义务教育实施办法》	省、自治区、直辖市人大或其常委会	根据上级教育法规制定，具有因地制宜的特点，只适用地方行政区域
	政府教育规章	如广东政府发布的《普通教育督导工作暂行规定》	省、自治区、直辖市人民政府	类同部门教育规章，但只适用地方行政区域
校本性管理规范	学校管理细则	如南通市天星湖中学《学校管理规范》	校长及学校管理委员会	根据全国和上级学校管理的要求以及校本特色制定，只适用于全校
班级管理规范	班规	如广东实验中学高一（8）班班规	班主任及班级委员会	根据学校的管理要求制定，因班而异，只适用于本班

（三）管理规范的德育意义

学校管理规范是教育系统各级成员（或机构）在教育活动中共同遵守的规定和标准，是学校管理的基础工作，对保证学校正常运转，提高德育管理水平具有极其重要的作用。

学校管理规范是教育系统有效运转的基本保证，对提高我国学校管理效率有重大的意义。作为庞大而又复杂的学校组织体系，要想有效运转，就需要一定的规范来统一学校内各成员的个体行为。管理规范以统一而全面的方式指导教育体系的运行，使教育系统内各部分发挥了自身最大的效益，同时，合力产生促进我国教育发展的整体效益。

学校管理规范是加强和有效改善学校德育工作的基本依据。学校管理规范体系中的德育管理规范直接指导学校的德育工作，使各级各部门的德育工作能够有效开展，同时，德育管理规范自身的评价功能让德育在评价与反馈的过程中有效进行。

学校管理规范是实现高效德育目标的重要保障。学校管理规范引导整个教育体系和学校主体的运行，各机构、岗位成员按管理规范行事，使得各部分的力量互不冲突，相互配合，这也为实现高效德育提供了重要的环境保障。

学校管理规范是提高学生自主管理能力、引导班级自治的重要手段。学校管理规范以直观的条文规定了教育系统内各成员（机构）的职责，同时，对学生的自主行为也进行了规范。学生参照这些标准能够规范自己的行为，也能制定班级范围内的守则对班级进行管理和自主自治。我国各级学校管理规范的针对性也为学生自主、班级自治的实现提供了可能。

二、学生管理规范

（一）学生管理规范体系

学生管理规范是学校德育管理规范的主体部分。学生管理规范体系包括学生常规管理规范和学生组织管理规范。其中，学生常规管理规范又包括学业管理规范、德育管理规范、生活管理规范；学生组织管理规范包括班级管理规范、学生组织管理规范和学生社团管理规范。

学生管理规范体系中，德育管理规范指教育管理机构或部门为了促成个体思想品德的社会化，达成德育目标，而以守则、规章、制度等文本形式对学校各成员的行为进行整体规定。德育管理规范是保障德育组织有效实现德育管理的重要手段，其作用在于以明确而严格的系统规范约束德育管理工作和成员的行为，以建立良好的德育管理秩序，使德育管理者养成科学的管理行为。我国学校德育管理规范内容繁多，大致可从完整性和层次性两方面加以概括。

从横向内容来看，有分属职责类的规范、常规类的规范以及考核奖惩类的规范。第一，职责类的规范规定了管理者的岗位职责，如《校长职责》《学校党委书记职责》《教导主任工作制度》《团委书记工作制度》《班主任职责制度》《课任教师职责》等。第二，常规类的规范指向师生在学校内外各不同场所的日常行为，如《中小学生守则》《学生日常行为规范》等。第三，考核奖惩类的规范依据前两者的要求来制定，目的在于评价德育行为和德育管理效果，通过奖惩进行行为的强化和矫正。这类规范有《学生奖惩制度》《学生奖励条例》等。

从纵向体系层面看，我国学校德育管理规范有两大层级：第一层级是国家或上级主管部门制定和颁布的法令法规。这些是学生管理规范体系中权威性、政策性、原则性最强的规范，起主导性作用。如我国依次发布的《中小学德育工作规程》《小学德育纲要》《中学德育大纲》就是我国中小学德育工作的基本依据。第二层级是学校融合国家或上级主管部门颁布的学生管理规范，根据校本特色和所面临的问题来自行拟定的具体的规章制度。学校自行制定的规范也称校本德育管理规范，这是一种操作性、特色性极强的规范体系，每所学校都有自己的德育管理规范。这些德育管理规范在细节上有所差异，但在方向上具有一致性。

（二）学生管理规范的制定

教育行政部门通过制定法律、法规以及各种规章制度，对学生的学习和活动做出明确规定，以此在宏观层面上对学生进行管理，如规定招生制度、制定学生守则等。因此，教育行政部门是学生管理的重要主题，学校往往负责具体实施教育行政部门颁布的各种规定。除此之外，学生不单纯是一个管理的客体，他们也是管理的主体之一。学生管理中，不仅要发挥教育行政部门和学校的作用，而且要发挥学生自我管理的主体作用。

1. 学生管理规范的制定者

我国学生管理规范有中央、地方、校本、班级四级体系。由此可将学生管理规范的制定者分为四大类：第一，在全国推行并具有最高法律效力的法令法规由全国最高行政部门制定并颁布，包括国务院、国务院部委及全国教育委员会。第二，省市地方级的学校管理规范由地方的行政部门，根据国家有关法律法规和教育部有关学校管理方面的规定制定，并指导实施。第三，校本级学生管理规范包括学校的总体规范和各部门具体规范，它是学校结合本校的具体情况制定的，是教育教学过程中全体师生言行的标准和准则。校本级学生管理规范不仅外在地体现了学校的管理理念，而且是学校发展软实力的重要组成部分，是规范学生管理并提高学校办学质量和水平的重要推动力。第四，班级管理规范由班主任指导，班委联合全体学生共同制定，旨在规范班级日常行为。班级管理规范通常以细则的形式列出，内含奖惩条例、实施流程以及成员职权。

🔍 **案例**

国外小学生守则摘录

【美国小学生守则】

1. 总是称呼老师职位或尊姓。

2. 按时或稍提前到课堂。

3. 提问时举手。

4. 可以在你的座位上与老师讲话。

5. 缺席时必须补上所缺的课业。向老师或同学请教。

6. 如果因紧急事情离开学校，事先告诉你的老师并索取耽误的功课。

7. 所有作业必须是你自己完成的。

8. 考试不许作弊。

9. 如果你听课有困难，可以约见老师寻求帮助，老师会高兴地帮你。

10．任何缺勤或迟到，需要出示家长的请假条。

11．唯一可以允许的缺勤理由是个人生病、家人亡故或宗教节日。其他原因待在家里不上课都是违规。

12．当老师提问且没有指定某一学生回答时，知道答案的都应该举手。

【英国小学生十大宣言】

1．平安成长比成功更重要。

2．背心、裤衩覆盖的地方不许别人摸。

3．生命第一，财产第二。

4．小秘密要告诉妈妈。

5．不喝陌生人的饮料，不吃陌生人的糖果。

6．不与陌生人说话。

7．遇到危险可以打破玻璃，破坏家具。

8．遇到危险可以自己先跑。

9．不保守坏人的秘密。

10．坏人可以骗。

从上述材料出发，如何看待国外这种事无巨细都加以规定的学生守则？

2. 学生管理规范的制定原则

学生管理规范是学校管理规范的一大重要组成部分，其要实现规范学生行为，指导实现规范化管理的目的，必须是科学的、有效的，以确保规范得到切实有效的落实。为此，学生管理规范在制定时都必须坚持一些基本原则。

（1）遵循规律原则

学生管理规范首先规定的是学生的行为，在制定的时候必定要充分考虑学生的年龄特点和认知水平，要有助于学生的身心发展和知识结构的完善，要尊重学生差异，要充分体现因材施教的原则。同时，校本和班级的学生管理规范要突出学生的自主性，强化学生的自我管理和自我教育，尽力使学生主动接受规范，通过规范培养学生良好的道德品质和学习品质。此外，作为管理规范，学生管理规范的制定还要遵循管理活动的规律，反映管理在实践活动中的常态。

（2）权威性原则

学生管理规范，尤其是国家和地方级的学生管理规范由权力机关或行政部门制定，用于指导全国和地方的学生管理活动。因而，这种学生管理规范要言简意赅、目标明确，体现出国家和地方级的学生管理规范的权威性和指导意义。同时，校本级和班级的学生管理规范亦要体现出权威性和强制性，以明确的条款引导学生正确的行为。通过提高规范的可操作性使规范得到充分有效的落实。

（3）突出教育性原则

学生管理规范是教育管理的一个重要组成部分，体现的是教育活动中的规律，目的在于培养全面发展的人才。因而，学生管理规范无论如何制定都脱离不了教育性的目标。学生管理规范的制定不仅要体现对学生的共性要求，还要体现对学生的具体的个性要求。要通过较为软性的"期望"引导学生的行为，通过适度约束发展人、成就人。

（4）激励惩罚并举原则

规范可以分为两类，即奖励性规范和惩罚性规范。无论将哪种规范运用到学生的管理活动中，都旨在达成约束并规范学生行为的目的，学生管理规范要内含激励性的条款，以体现并发挥学生在教育教学过程中的主观能动性，从正面引导学生的行为。同时，学生管理规范中有关惩罚的条款亦不可缺失。学生管理中有效运用惩罚能够起警示、威慑的作用，预防或制止危害行为的发生。当然，在制定惩罚性规范时，要切实考虑到被管理者的感受和心理承受能力，尽可能地避免和减少被管理者产生反感或抵触情绪，尽量减少或消除其可能产生的负面效应，以体现学生管理规范中"人性化"的理念。

（5）协调互补原则

学校管理是一个有机的整体，学生管理是中心环节，但其他部门和成员的管理也是不可缺少的重要组成部分。学校各项管理规范的制定都应围绕学校总体发展目标和教学这个中心来制定，学生管理规范需与其他管理规范相互配合、协调互动、共同发展，避免与其他规范相互冲突、相互抵消。学生管理规范这个"点"要与其他规范连成"线"，进而形成学校管理规范这一总体意义上的"面"。

（三）学生管理规范的执行

学生管理规范确立并制定好了，并不能自行产生效果，其意义在于有效地去执行它。在现代德育中，有效地运用学生管理规范规导学生行为，必须做到如下几个方面。

体现学生的自主性，尽可能多地让学生参与到管理活动中，其中包括参与各种规章、条文的制定，对于国家级和地方级的管理规范，要结合本校、本班实际，尽可能帮助学生去理解管理规范的必要性和意义；此外，管理规范的目的在于提升学生自我管理的自主性，即"管是为了不管"，鼓励学生自觉遵守管理规范的经常行为。

注重学生管理规范在学生管理中的激励作用，无论是正式的学生管理规范，还是非正式的管理规范，必须内含直接的行为期待，这种行为期待或是鼓励作为的激发和鼓励，或是禁止危害发生的消极预防和制止。

根据具体情境灵活使用规范规导学生行为，学生管理规范是条条框框的文本或条例，不能以一敌多，这就要求规范的执行者要灵活地配合其他手段进行学生管理。

加强学校、家庭和社区之间的联系，协调沟通各方力量，避免产生抵消效果，进而协同促进学生管理规范的落实。

三、德育管理中学生的自主性

学生自主管理是指学生在教师的积极引导下，自行发现自我价值、发掘自身潜力、确立自我发展目标、形成适应社会发展和推动个体与社会发展的意识和能力的一种教育管理模式。学生自主管理既是学生自我能力优化的教育过程，也是促进学生社会化的一个社会实践过程，更是学校德育组织与管理的重要目标。

（一）学生自主管理的德育意义

陶行知十分注重学生的自我管理和参与管理，他在《学生自治问题之研究》一文中指出学生自治的三大好处：一是学生自治可为修身伦理的实验；二是学生自治能适应学生之需要；三是学生自治能辅助风纪之进步。具体说来，学生自主管理的德育意义包括如下几个方面。

第一，有利于实现德育组织目标。学生在管理班级的过程中，自己制定目标，自己要求自己遵循目标，并进行自我管理。这一过程中，学生的主观能动性得到充分体现和调动，利于激发学生的学习兴趣，积极主动参与学习和自我修养的建设；同时，学生的自我意识得到充分唤醒，表现在自我认识方面更加客观全面，自我评价方面更加具有中性价值，自我体验方面更加直观和主动，自我控制方面更加完善。因而，加强学生群体的自主管理，不仅有助于增强学生的自主意识，更有助于培养学生的主人翁精神和个人责任感，培养学生的社会责任感和义务感；在管理与被管理的过程中，获得自尊与尊重他人的态度；在管理规范的制定和遵守中，增强自觉遵守纪律、制度、法律的观念。

第二，有利于健全人格与良好精神风貌的形成。学生自主管理的过程不仅是学生增长自信心的过程，还是学生提高人际沟通能力和对社会的适应能力的重要过程。学生能在自主管理的实践中迎接各种挑战，锻炼勇气和意志，承受挫折并战胜危机，培养积极参与班级、学校与社会活动的意识，提升自我心理调节能力和自主管理能力。

第三，有利于增强学生的民主意识和责任意识。学生自主管理区别于传统学生管理的"管、卡、压"，班主任和老师的作用从压制变成疏导，班级学生从单一的被管理者成为管理者，他们既是被管理的客体，又是管理的主体，都处于管理和被管理体系之中。这样的班级自主管理体现了民主、开放的教育观念，民主意识在学生的自我管理过程中得到增强，又进而唤起学生自主管理的积极性和对班级的责任感。

第四，有利于促进学生获得全面发展、终身发展。学生自主管理不仅需要良好的外在环境和氛围，还需要以多样化的健康活动为载体，以全面而客观的评价机制为保障，以学生自我经营和管理的能力为中心来构建。这些足以使学生在自理自律的前提下，走向自立自信，推动学生个体的社会化，提高学生各个方面的能力，包括政治上的自辨能力、文化上的自学能力、生活上的自理能力、体魄上的自健能力和道德上的自觉能力等。从国家的角度而言，有利于国民素质的整体提高和社会的不断发展。

名家语录

自我教育是学校教育中极其重要的一个因素……没有自我教育就没有真正的教育。

——苏霍姆林斯基

（二）学生自主管理的形式

学生自主管理的形式多样，主要包括规范管理、组织管理、舆论管理和学生个体的自我管理。明确的管理规范、健全的管理组织、良好的管理舆论以及科学的自我管理，都是实现良好育人氛围的重要途径。

1. 规范管理

明确而具体的管理规范是学生自主管理的前提。规范管理即是学生对自己制定的规范进行管理，包括规范的制定、实施、考评。俗话说：没有规矩，无以成方圆。学生自主管理必须要有所依，要有明确的办事标准和评价指标。学生进行自主管理的起点就是制定和完善管理规范，目标明确、指向分明的规范更能发挥效用。因而，在管理规范的制定过程中，首先要有统一的指导思想，以之为基础建立具有一致性的规范体系。其次，管理规范要全面而具体，作为学生的管理规范，应当涉及德、智、体、美、劳等各个方面，既要强调德育为核心、智育为中心，又要引导学生全面发展。再次，学生自己建立的规范要从学生自身的实际需要出发，充分体现学生的意愿，民主协商、公开制定。最后，指派专人考评正在施行的管理规范并进行修正，及时对管理规范的实施情况进行调控。

2. 组织管理

建立和健全学生组织是学生自主管理的组织保证，学生群体的组织管理包括全校学生的自主管理，班级学生自主管理以及社团、班委的自主管理。

全校范围内的学生自主管理目的在于让学生参与到具体的学校管理中去，展现学生作为学校主人翁的地位，让学生从自我的实际能力出发，增强主体意识和责任感，在参与中成长和发展。不同的学校因不同的教育理念以及活动安排，学生参与学校自我管理的程度和形式也有所差异。例如，有的学校组织学生成立校园环境护卫队，有的学校建立礼仪队综合评定班级文明礼仪行为，有的学校让学生参与大型活动的策划、编排、主持等。

　　班级内学生自主管理是学生自主管理的重要环节，每位学生都有可能成为班级学生自主管理的直接参与者和受益者。首先，班集体组织机构应由学生民主推荐、竞选产生，充分征求全班学生的意见，行使学生的民主权利。其次，尽可能多地结合每位学生的特长，让每位同学都能参与班级管理，实行轮岗制度或者一人一岗制。再次，班委、团支委和其他学生干部要分工明确、职责清晰、协调配合，充分发挥班集体合作管理的合力。最后，要实现自主工作和互助监督相结合，在相互监督和互相帮助中共同成长。

　　3. 舆论管理

　　健康的校园舆论是学生自主管理的环境基础。中小学生由于身心发展的特殊性，容易受外在环境和朋辈群体的影响，所以，要重视校园舆论在学生的自主管理中的作用。以有言的校园舆论无形地规导学生行为，以"软文化"的形式倡导学生的价值追求。良好的校园舆论需要在教师的引导下，通过学生自身的自控自管和自我约束而产生。首先，培养学生群体的集体意识和集体荣誉感，使学生在群体差异中得到协调，获得可团结协作的共同目标。其次，采用价值评价的方式倡导健康的舆论，通过举办各种活动，如讨论、辩论、班会、团会、报告会、校内外实践等澄清学生的价值观。最后，利用校内和班集体的各种宣传工具，如黑板报、墙报、光荣榜、班级小报等，引导舆论健康发展。

　　4. 学生个体的自我管理

　　学生个体的自我管理是学生自主管理的基础，是学生走向参与集体管理的重要前提。自我管理是指学生对自己本身的管理，包括对自己的目标、思想、心理和行为等表现的管理。学生的自我管理是提升自我约束能力的过程，通过制定目标、自我激励等形式规范自我的行为，科学地对自己的行为进行安排和调控。

　　当然，实施学生自主管理教育，并非是任学生自由发展，必须发挥教师的指导和督促作用。也就是说，教师的监控要与学生的自主管理和谐统一。教师在引导学生自主管理时，要注意避免这样几个误区：第一，自主管理不等于完全放手的不管理；第二，自主管理不等于只有纪律、卫生的自主管理；第三，自主管理不等于仅让部分人参与，教师要在全班倡导全员参与班级的自主管理，每位同学应在班级管理中找到合适自己的岗位，做到人人有岗，一岗一责。

第四节
班级德育管理

🎯 **学习目标**

把握班级德育管理的运作要求。

班级不仅是一种社会群体，而且是一种社会组织。作为一种社会群体，班级里群体成员间的交往、互动，存在一定的群体角色、人际关系和群体氛围。班级具有重要的德育意义，为此，需要把握班级德育管理的基本要求。

一、班级及其德育功能

班级是学校的基层教育组织。按照一定年龄、学业程度、师生比例分编而成，具有相对稳定的学生群体，就是"班"。依照目标层次和学习内容程度依次将班连贯编排，相互衔接，就是"级"。"班"的划分往往与学年、学级相连，俗称"班级"。

作为一种社会组织，班级是学校教育的基本组织形式，具有相应的组织目标、机构体系、制度规范等。因此，在探讨班级管理等问题时，就存在不同的研究视角，影响较大的有社会体系理论和集体理论。班级社会体系理论是欧美教育社会学理论的一个重要分支，该理论把班级看作一种特殊的社会系统或社会群体，注重对班级结构与功能的研究，强调对班级课堂中的角色体系、人际交往、学生亚文化等进行微观分析。班级集体理论则是苏联教育社会学的一个重要流派，该学派把班级教育问题看作是集体教育问题，注重对班级集体的社会特征、组织体系、组织活动、社会环境等问题以及班级群体如何由自在群体向自为群体的转变与飞跃。[①] 此外，还有组织管理理论视角、社会互动论视角、群体动力学视角等。

无论基于何种视角，都必须始终关注班级作为学校教育基本单位的特殊性，关注班级作为有意识组织起来的正式群体的特殊性，尤其是关注班级作为具有专门化功能的社会组织的特殊性。

（一）班级的组织特性

班级是学生在学校生活中所属的正式群体，是学校、教师依据相关的教育法律、法规，遵循一定的社会原则（公正原则、人道原则、民主原则等）和教育原则（循序渐进原则、因材施教原则等）而组织起来的。这种组织的建立，目的是满足学生的学习、发展需要。与其他正式群体或社会组织相比，班级具有下面两个基本特征。

---

① 唐迅. 班级社会学引论 [M]. 南京：南京大学出版社，1990：22-34.

1. 自功能性

班级作为一种社会群体或社会组织，具有多重社会功能，如归属功能、社会化功能等。然而，一般的社会群体或社会组织的功能总是指向组织外部的，组织的发展往往取决于社会和组织外部成员的需要、愿望。与此不同，班级群体成员的核心角色是学习者，学习者是通过学习来获得自我发展的。班级的这种组织功能是自我指向性的，即为了满足学习者自身发展的需要、达成学习者的愿望而服务。

2. 不完全自治性

班级作为一种教育性组织，其成员是成长中的未成年人。他们身上没有太多的社会羁绊和约束，他们追求个性张扬，突出自我表现，这就很容易令他们走向自我中心，偏离甚至抗拒现有规范，这就决定了班级这种组织并不能完全依据其成员的自主管理来进行，班级组织是一个具有"半自治"[①] 性质的组织。

因此，在教育实践活动中，必须充分考虑班级作为社会群体、社会组织的各种外在因素，如社会、社区、家庭、学校的环境、文化氛围等；也必须充分考虑到班级作为社会组织的诸种内在因素，如组织活动、人际关系、组织结构、组织体系、制度规范等，才能够真正有效地发挥班级的育人功能。

（二）班级的发展阶段

学生进入学校之后，由学校根据一定规则将他们分配到某一班级，并配备班主任及任课老师。从形式上来看，班级已经形成，班级由此具有了正式组织的特性。不过，这一过程却并非学生自愿选择的结果，因此，班级能否真正使每个学生产生心理认同与归属感，成为一个具有影响力的教育集体，取决于班级群体的发展水平。这种发展水平主要是可通过这样几个方面得到反映：第一，共同的群体意识；第二，制度规范的建立与完善；第三，被大多数成员认可的共同目标与发展途径；第四，组织内群体成员之间的相互交往、沟通的程度。

在班级管理学上，根据班级群体成员之间的关系，一般将中小学班级的发展划分为松散阶段、联合阶段、合作阶段、集体阶段。日本学者曾对小学儿童同伴团体进行了相关研究。[②] 该研究把小学班级群体的发展大致划分为五个阶段（见表4.2）。

---

① 吴康宁. 教育社会学 [M]. 北京：人民教育出版社，2010：276.
② 韦有华. 个别心理辅导 [M]. 上海：上海教育出版社，2000：244.

表 4.2 小学班级群体发展阶段

阶段	特点
孤立期	学生个体初步聚在一起，各自都处在探索和谁交朋友的过程之中
水平分化期	由于空间的接近，如座位相邻、上学同路、活动同组等，个体之间开始建立一定的联系
垂直分化期	凭借学业成绩的高低，身体状况的强弱，性格特征的内、外向等，分化为处于主动与被动、控制与被控制的不同个体
小群体形成期	个体之间分化并形成若干小群体，且在小群体内部出现了核心人物，同时，小群体中的成员之间的团体意识明显增强，制约团体成员的内部规范也开始形成
集体形成期	众多的小群体之间出现联合，形成较大群体，并出现更大范围、更具影响力的核心人物，团体意识和团体规范得到进一步加强

（三）班级的德育功能

从学校管理的视角看，班级的德育功能可以通过教育功能和管理功能来得以实现。教育功能就是班级作为学校教育的基层组织，能够保护学生的身心健康，增进学习者的知识与技能，发展智能、个性、健全人格诸方面；管理功能就是班级作为学校管理的基层组织，通过计划、组织、实施、评价等环节来保障教育、管理目标的具体落实，尤其是不断提高学生的自主管理能力，提升自主发展的意识。教育和管理两大功能相辅相成。

从作为一种社会群体或社会组织的特性上看，班级对学生的个性化形成与社会性发展具有以下几种功能。

1. 归属功能

人类天生就有一种寻求同伴成员、与人聚合的心理倾向，这种倾向反映在个体作为完整的人的需要层面，就是人的归属需要。家庭是儿童作为生活者、成长者的首属群体，班级则是其作为生活者、成长者的次属群体（或第二归属群体）。对他们这种归属需要的满足，是班级作为社会组织的基本功能，只不过这种功能具有更多的正式组织特征。

在班级这个次属群体中，学生在一起共同学习，共同生活，他们年龄相仿，智力水平相当，学业程度相近，每个人都有平等的机会获得班上其他成员的尊重、理解与认同。班级这个群体具有群体性、同龄性、平等性等特点。一旦教师对学生的批评过多，或者是受到其他同学的"排挤"，他们便会感到非常的伤心、难过、孤独。这是因为学生在这个群体中得不到接纳与认可，失去在同龄人中得到"自我确证"的机会，其归属感未能得到满足，就很容易出现厌学、逃学等行为。

2. 社会化功能

社会化是指个体在社会影响下，通过对社会知识的学习和社会经验的获得，形成一定社会所认可的心理-行为模式，成为合格社会成员的过程。① 班级就是一个微型社会，学生归属班级群体的过程，就是他们不断走向社会化的过程。"从功能的观点看，班级可以被看成是一个社会化的机构。这就是说，它是培养学生个性品格，使他们在动机上和技能上都能胜任成人角色的一种机构。"② 班级的社会化功能，是教育者以学校教育教学目标和班级组织目标为导向，在班级课堂内外的正式和非正式的交往、互动中，借助课程安排、组织制度、人际关系、群体氛围等来加以实现的。班级社会化的核心，是个体作为社会成员履行个人责任和发展自身能力。

3. 个性化功能

班级中的学习、交往等活动的经历与体验，是学生个性发展的重要资源。因此，个体社会化的过程，同时又是他们增长个人阅历、发展自己个性的过程。在班级中，教育者按照一定的社会要求来促进个体社会化，这只是一个"外烁"过程。要真正使得外在的经验个体化、个性化，就必须遵循学生自身的身心发展规律，从学生个体发展的实际需要与可能出发，经由学生的自主活动和内化机制来加以实现。即学生个体的这种个性化、个体化过程，是他们不断地进行自我建构的过程。在有目的、有意识的班级活动中，学生的自我意识可以不断得到唤醒，业已形成的"自我概念"可以不断得到确证与加工。正是在这种"不断被唤醒""不断被确证""不断被加工"的过程中，他们关于自我、关于学校、关于家庭、关于社会、关于世界的思想、观念以及独特的个性和自主生活方式逐渐得以形成。

班级的个性化功能主要体现在：第一，通过开展丰富多彩的班级集体活动，让每个学生都能体认自己的角色、承担相应的责任，促进自我意识的发展，形成独特的个性，逐渐培养学生的兴趣、爱好与特长；第二，通过形成爱学、好学、活泼友善的班级氛围，促使学生养成良好的学习与生活习惯，提高学生的学习能力；第三，通过营造群体心理氛围来满足学生的情感需要，引导学生获得人格上的自尊感，发现自己的价值，磨炼自己的意志；第四，通过集体活动中的各种评价机制及进行自我评价，引导和纠正学生的不良倾向，有利于在班级同学共同生活中得到更多的"自我确证"的机会，唤起恰当的自我期望，促使个性和谐、健康发展。

4. 选择功能

班级的选择功能，主要是指班级能够重视并善于鉴别学生之间的差异，从而可以有针对性地促进其社会化。就学生作为成长者而言，班级的选择功能，主要是指班级不仅仅尊重学生的差异性，而且为学生在多元价值观、多重社会角色和不同的职业结构等方面，提供多种参照与选择的可能性。例如，在课程设置和教学过程中，教育者可以提供不同类型、可供选择的"选修课"、不同的学习兴趣小组、采用不同的教学方法、教学策略等。在班级组织和

---

① 章志光，金盛华. 社会心理学 [M]. 北京：人民教育出版社，2008：68.
② 张人杰. 国外教育社会学基本文选 [M]. 上海：华东师范大学出版社，2009：420.

人际交往中，教育者可以通过设置不同类型、不同层级的岗位，使不同个性、不同才能的学生都有机会得到某种锻炼。教育者还可以通过观察与评价学生的优、缺点，通过小组合作学习，让他们在学习、生活中相互尊重、相互合作、取长补短，并在互动中感受人际交往的社会意义。

5. 保护功能

班级的保护功能是指对学生的身心诸方面的保护，如了解学生的学校学习、生活状态，促进学生养成良好的卫生习惯，保障学生在校的人身安全，等等。班级的保护功能得以正常发挥的基本要求是：加强营养保健；消除安全隐患；注意劳逸结合；创设有利于学习、生活、游戏、劳动、休息的良好环境，尤其是要注意教室的环境布置（采光、通风等）、座位安排要合理并且要适时进行调整；及时处理班级偶发事件；根据学生的差异，创造所有成员都能积极参与的机会和条件；等等。

二、班级德育管理的运作

名家语录

正如拍一部好电影需要一个好的摄影组一样，成功的教育也得有一个好的班级集体，从这一角度着眼，摄制组的导演也许和班级的教师有很大的共同之处。

——山田洋次

从班级作为正式群体的形成与发展看，如何有效地开展班级德育管理，使班级群体实现由松散群体向班集体的跨越，需要予以深究。根据师生在班级管理中所发挥的作用，可以把班级管理划分为民主集中型和合作型两种基本的管理模式。① 前者以教师为中心展开班级管理，后者则是基于个体参与、合作等方式来实施班级管理。在实际中，班级德育管理采取何种模式，直接取决于班级特性、班级发展水平、教师管理能力等。具体来说，班级德育管理的运作包括以下几个方面。

（一）设置班级组织机构

班级组织机构是班级的社会结构和运行机制的统一体。健全的组织、坚强有力的核心，是班集体的重要特征。建立和健全班级组织机构，首先要设计班级组织机构，其核心是班委会，通常由正副班长及学习、文娱、生活、体育等委员组成。同时，为了便于管理与指导，

---

① 张人杰. 国外教育社会学基本文选［M］. 上海：华东师范大学出版社，2009：439-445.

还必须对班级进行小组编排，将全班学生按照性别、学业发展水平、兴趣特长、个性倾向等原则，分编成若干小组，使之成为班级教育活动的基本单位。

此外，为了加强班级管理，形成班级教育网络，班主任还可以社区为背景，建立家长委员会等机构，其工作内容包括：参与班级管理与学生指导、教育设想、计划的讨论或相关的咨询；辅导学生的校外、闲暇活动；共同做好学生的个别管理与教育工作；对班级其他工作提出意见或建议等。还可以班主任为核心，建立教师指导协调机构，其工作内容主要包括召开有关教育教学的讨论分析会、教师联席会、"教育会诊"等。

（二）培养班级管理骨干

班干部是班级的中坚力量。一个好的班级群体，有赖于一批团结、得力的班干部。为了提高班级管理的有效性，并尽可能使每个学生都有机会得到相关锻炼，班主任必须灵活把握班级组织的机构设置、人员配置、运作方式，如通过"两制一会"（班干部轮换制、值日或值周班长制、周会）来加以落实。而每次主题班会、每次班级活动都要求班委会成员积极参与。此外，为了发挥班干部的助手作用，并锻炼学生的语言表达能力、组织能力、自我管理能力，班主任需要针对不同特点的班干部进行适当分工，使他们既能各司其职，又能团结协作。在班级管理过程中，班主任还应当加强对班干部的指导，尤其在工作细节上给予具体的帮助和指导，并经常和他们一起讨论、分析班级情况。

（三）建立班级管理常规

班级的日常管理涉及的内容多、范围广，因此建立班级管理常规，是班级德育管理行之有效的保证，也是班集体的重要特征。班级管理常规主要包括：做好班级的计划和总结；做好学生的学籍管理工作；做好考勤、值日、两操（广播体操、眼保健操）的组织，各种班会的安排，课堂内外的秩序等方面的日常管理工作；针对《中小学生守则》《小学生日常行为规范（修订）》和《中学生日常行为规范（修订）》，注意对中小学生进行常规训练，促进他们养成良好的学习、生活习惯，努力使各种日常的教育要求内化为他们的内在准则，班级要做到教室有"规范"，学生人人知"规范"、守"规范"；努力培养学生的规范（规则）意识、责任意识和集体荣誉感；引导学生自主积极参与班级事务，培养他们的自觉性与积极性；努力在班级中营造民主公正、团结互助、健康向上、和谐共处的群体氛围。

（四）处理班级突发事件

班级突发事件通常是指在教育教学活动中、课堂教学、课外活动或日常生活中突然发生的，影响学校正常学习生活秩序的，危及学校师生人身、财产安全的重要事件，如课堂失控、财物失窃、恶作剧、学生斗殴、家长滋事、师生冲突、伤亡事故及其他表现等。这些突

发事件都有类似的共同点：起因的不确定性、出现的突然性、后果的损伤性、教育处理的紧
迫性。① 对突发事件的处理，意义重大。处理得当，便能化消极因素为积极因素；处理失
当，则会产生诸多不良后果。

在处理班级突发事件时，班主任首先要从教育入手，本着教育从严、积极化解的原则；
其次要遵循目的性、客观性、针对性、启发性、有效性、一致性、可接受、因材施教、冷处
理等原则，并尽可能做到沉着冷静、公平、民主、把握分寸、果断机智。②

（五）优化班级德育环境

德育过程是促进一个人精神成长的过程。优化班级德育环境，不仅可以陶冶学生的情
操，还可以启迪学生对美好事物的追求。更重要的是，它有助于激发学生热爱班级、热爱学
校的情感，培养学生之间、师生之间的人际交往能力。如何通过加强人际沟通、营造和谐班
级氛围、提升班级文化品位等，努力促进班级成为真正体现平等、尊重、关爱、公正、互
助、合作和具有责任心的道德社区，是改进班级德育管理的当务之急。

班级道德环境的优化和道德社区的建设，既可通过开展多种多样的活动，又可通过引导
班级舆论、形成优良班风来加以落实。它要求，在班级德育管理中，必须让学生积极参与各
项管理、参加各项班队活动，鼓励学生在活动中交往，在交往中发展，鼓励他们与班主任或
其他教师进行及时沟通。

三、班级德育管理改革

班级授课制从其萌生伊始，便一直处在不断改造和发展之中，尤其是针对集体教学所存
在的诸种弊端，如教学步调统一、难以照顾个别差异等进行改革。就班级德育管理而言，以
下几种改革举措值得引起广泛关注。

🔍 案例

走班制"走"出来的好感觉

自 1998 年起，上海市第二初级中学开始在预备年级实行"走班制"的试验工作。一年
后，"走班制"在全校全面铺开，现在该校 4 个年级，21 个行政班的数学、英语两门学科和
43 门活动课全部实现了"走班"教学。"走班制"的实施使该校的学生明白：对自己而言

---

① 白铭欣. 班级管理论［M］. 天津：天津教育出版社，2000：346.
② 刘伟. 班级突发事件处理十原则［J］. 教学与管理，2006（1）：22.

"最好的"就是"最适合"的。

初中"走班制"不是简单地按学生的成绩或学生的智力分班，而是根据学生的现有学习水平、学习潜力、教师评价、学生自评等4个方面进行综合。学生现有的学习水平以学习成绩为主要标准，具体操作是将学生以往的一年成绩都换算成标准分，根据标准分划分3个层次；学习潜力包括接受知识的快慢、知识的应用能力等；教师评价主要是从学生的成绩、作业、课堂表现等方面综合评价学生；学生自评则是在"走班"前，教师把每个层次水平的目标、教学内容、教学方式、学习要求等告知学生，让学生结合自己的情况进行自我评判。对上述4个方面的评判得分进行综合，由此分出A、B、C 3个层次，从而形成"走班"后的3个班级。

"走班制"学科教学班的学生可以流动，但采取的是阶段性流动。

学生走班上课，势必会给班级管理带来困难，如学生之间的交往范围扩大、班主任老师的工作变得困难等。为了解决这些困难，该校进行了一些实验性探索。

首先，为教学班配备班干部。每个行政班的班主任与学科教师共同协商、选定课代表1名，保证每个教学班都有来自不同行政班的课代表。这些课代表是班主任和各教学班之间的联络员，负责把上课纪律、作业情况、学生对教学的反映等传递给班主任。

其次，为教学班设立辅导员。辅导员一般由业务能力强、敬业爱生的学科教师担任。辅导员负责对教学班的学生进行课堂和课后管理，了解学生的学习状态，对个别学习有困难的学生进行课外辅导，对学生在各层教学班中的流动进行指导，并和行政班的班主任及时交流学生的情况。

再次，建立学生周记制，以此扩大师生交流的渠道。学生通过周记向教师反映自己在学习中遇到的困难，对教师的教学提出要求，教师通过学生的周记来了解学生当时的情况，以此为基础制定下一步的教学目标。

最后，加强学校的校务管理。将两个行政班的学生按数学和英语分别分出3个层次水平，这样就组成了6个教学班，为6个班配备3名数学教师，3名英语教师，从而保证分层教学的质量。

从上述材料出发，从德育管理的角度谈谈你对"走班制"的看法。

（一）班级教育小组制

班级小组制是一种超越传统班主任制的新型班级管理模式。传统的班主任制度，虽使班级管理的职责显得集中而明确，但容易造成诸种弊端，如工作负担过重、压力过大，容易无意间将"教书"与"育人"相分离，等等。有鉴于此，一些学校便尝试着取消"班主任"这个专门岗位，改由班级教育小组来履行班级管理职责。例如，从2006年开始，南京某学校就取消了原来的单一班主任负责制，改为由班主任、任课老师、家长、学生组成教育小组共同管理班级。每个班的"班级教育小组"由3~4名老师、2名学生代表、2名家长代表组成。根据各自特点，教育小组的教师进行具体分工，如有的负责主题班会，有的负责校级活动，还有的负责帮扶困难学生，有的负责帮助学习成绩差的学生等。① 而这样就发挥了学生、教师、家长等集体的力量，让每一个人都能发挥自己的才能，使班级管理走向最优化。

（二）导师制

为了加强对每一个学生的管理与指导，一些地方的中小学还仿效大学的"导师制"，在班级管理中推行"学生成长导师制"。一种做法是，由班级任课教师任"班级导师"，每名导师负责指导6~8名学生，师生共同签订职责协议书。这种指导是全面性的，其基本内容包括：生活上，每周至少与所指导的学生沟通一次，每月和学生家长联系一次；学习上，帮助学生养成良好的学习习惯，师生共同探讨与制订可行的学习计划，使学生逐步学会学习；在心理和人格上，及时帮助学生消除和克服心理障碍，养成健全人格，促进学生身心和谐。学生则需主动做好阶段发展分析，定期向导师汇报。② 另一种做法是，依据班级学生指导的内容，如学业与发展状况、兴趣爱好、生活与休闲、心理与人格等，由2~3名科任教师分别承担所在班级的不同指导任务。前者适合中学高级阶段，后者则适合小学阶段和中学初级阶段。

不过，无论对班主任制度如何改革与发展，教师在班级管理中的指导作用仍是不可缺少的。改革的关键在于：如何让更多的教师参与到班级管理之中，避免"教"与"育"或"德"与"育"的两相分离；如何让学生真正成为学习和成长的主体，成为班级的主人，避免简单的"管教"乃至"压服"。

（三）班级学生自治

为了更好地发挥班级组织的社会化、个性化功能，班级德育改革的另外一些做法就是，将指导员制和班干部轮换制二者结合，由学生在教师指导下实行班级自主管理。与此相一致，一些学校还试图从培养学生的公民意识、促进公民道德水平发展、提升公民行动能力出发，通过设置多种岗位、公开竞聘的方式来改革班级管理模式。

总体看来，以学生为本，从人治（教师拿权威来管治学生）到事治（学生积极参与管理），从个人压制到社会法律、法规或舆论的制裁，从禁止接触到鼓励互动与交往，力行"学生自治"，将逐渐成为班级德育管理改革的主旋律。

---

① 南京：试点班级管理改革，取消单一班主任负责制 [J]. 小学德育，2010（24）：2.
② 长铁一中首推高中生导师制 [EB/OL].（2006-10-25）[2024-03-15] http://news.sohu.com/20061025/n245987908. shtml.

（四）班级德育管理改革的要求

在我国中小学，深化班级德育管理改革必须始终注意处理好以下几种基本关系。

1. 管理与教育的关系

在学校教育活动中，管理是手段，教育是目的，管理是为了教育，管理是为了使教育更好地进行，也是为了促进教育目标更好地得到实现。因此，管理目标必须服务于教育目标。任何班级管理及其改革措施，都必须以是否有利于促进学生身心健康成长、达成教育目标为鹄的。班级管理的有效性，则取决于班级组织的人本化、班级规范的激励性、班级人际关系的共生性、班级环境的融洽度。

2. 集体培养与个性发展的关系

个体是集体中的个体，个体的成长离不开集体。同时，个体的利他行为、良好的道德品质、团队精神、合作意识，也只有在人际交往中、在集体活动中、在社会服务中，才能得到培养并得以体现。班集体是由每一位学生组成的共同体，学生的个性发展离不开班集体的培养。因此，班集体的培养，必须以尊重学生个体的差异为前提，充分考虑学生表现在知识、能力、兴趣爱好、个性诸方面的差异，重视学生在学习过程中的情感、态度、学习动机等，从而促进他们的个性发展和人格健全。

3. 专人负责与全员参与的关系

在班级管理中，无论课堂教学管理，还是班级日常管理，都需要专人负责。但是，专人负责并不等于设立专门的班主任岗位，由班主任一个人承担全部的管理职责，而是指以班主任为核心，其余教育教学工作人员都积极参与，共同管理班级，才能真正达成"教书"与"育人"的有机结合，才能提高班级德育管理的有效性。此外，无论是否设立专门的班主任岗位，班级德育管理都必须做到专人负责与全员参与的有机结合。

4. 教师管理与学生自主的关系

由教师专司管理之职，是学校组织的基本特性。但管理不等于"管教"，更不等于控制或限制。同时，管理是为了教育，学生不是班级的旁观者。好的教育必须是基于并有利于学生自主性发展的教育。"教是为了不教"，"教是为了学"，说明的正是这种道理。所以，班级管理改革的任何做法，都必须处理好教师管理与学生自主之间的关系，基于师生之间建立相互尊重、平等信任之上，把教师管理、教育、指导和学生的自主管理、自我教育、自我修正、自主学习有机结合起来。

5. 学习与生活的关系

在班级中开心的学习、快乐的成长、愉快的生活，是学校教育的本然追求。然而，实际的情形却是一种失真的教育状况。在普遍存在着的"分数至上"、升学主义的背景下，学校中的"学习"被窄化为文化知识的习得和专门技能的获得，以致班级在某种程度上变成了

"训练营""竞技场"。在班级管理改革中，如何还原学习的本真面目，正确处理学习与生活、生活与生长的关系，把班级建成健康的学习型组织，需要教育者进行不懈努力。

本章小结

将德育管理实体化是我国中小学管理的一大特色。学校德育管理实体化的意义在于，有利于全面提高德育实效，有利于发挥德育组织的作用等方面。

健全的学校德育组织体系，具有系统性、完整性、全方位性，能够将有关的德育工作者组织起来，并根据客观环境的变化而进行整体性运作。我国中小学德育管理已经大致形成校级、中层、班级三级组织体系，并依据目标、计划、检查、总结等几个环节予以运作。

学校管理规范能够保证学校正常运转，对于提高德育实效具有重要作用。学生管理规范是德育管理规范的主体部分。制定学生管理规范必须遵循权威性、教育性、激励惩罚并举等原则。有效运用学生管理规范，必须注重发挥规范的激励作用，考虑具体的教育情境，并充分体现学生的自主性。

班级是学校的基层组织。开展班级德育管理，直接取决于班级特性、班级发展水平、教师管理能力等因素。在我国中小学，深化班级德育管理改革，必须始终注意处理好管理与教育、集体培养和个性发展、专人负责与全员参与、教师管理与学生自主几者之间的关系。

总结 >

Aa 关键术语

学校德育组织
Moral Education's Organization in School

学校德育管理
Management of Moral Education in School

管理规范
Management's Norm

学生自主管理
Student Self-management

班级突发事件
Class Emergency

章节链接

本章主要介绍了德育管理组织体系、学生管理规范等内容，与本书第二章、第八章的内容具有一定的联系。

应用 >

批判性思考

在德育管理中，大多数学校力求规范周详，奖惩分明，也有一些学校注重学生的自主自律，设法让校园氛围变得宽松。

对此，你怎么看？请说说你的理由。

体验练习

以下自测题有利于您了解自己在德育管理方面的认识情况，请从 A、B、C、D 四个选项中选出跟您自己的理解最符合的选项。

1. 对于学生违反学校纪律的行为，您更倾向于以（　　）方式来处理。

A. 照章办事，严格要求

B. 动之以情，晓之以理

C. 原谅初次，对于屡教不改者进行处罚

D. 交由学校主管领导或主管部门进行处理

2. 您在筹划班级事务、处理班级问题时，（　　）会让同学们自由发言，集体决策。

A. 每次　　　　B. 经常　　　　C. 偶尔　　　　D. 从不

案例研究

如此规定为哪般？

某中学《关于学生违纪行为处理的试行办法及学生考勤制度（试行）》中，对男女生"非正常接触"进行了明文规定。具体如下：

1. 未经班主任同意，男女生相互陪护到医务室输液、看病，男女生互相追逐打闹、动手动脚，个人将扣 2 分、班级扣 2 分，教育方式为年级进行通报批评。

2. 男女生相互请客、互发短信、互赠礼物、互传纸条、书信，互相以兄妹或其他昵称称呼，个人扣 3 分、班级扣 3 分，教育方式为年级进行通报批评、回家反省 3 天，处分为警告处分。

3. 一男一女在隐蔽角落单独接触，男女生单独一起进餐（相互代买饭菜、共用一张餐卡、共用同碗饭菜），个人扣 4 分、班级扣 4 分，学校通报批评、回家反省 4 天，处分为记过处分。

4. 不经允许进异性宿舍、男女生两人频繁交往、男女生两人拉手搭肩、在校园内过分亲密接触、校园内有严重越轨行为，个人扣 5 分、班级扣 5 分，学校通报批评、回家反省 5 天，处分为记大过处分。

思考题：

1. 该校关于中学生异性交往方面的规定合理吗？它体现了管理者什么样的想法？

2. 这种学生管理规范可能产生的效果是什么？

📖 管理一线纪事

针对学生使用手机影响学习的这一现象，为了加强管理，M 高中最近规定：凡在学校擅自使用手机者，一经发现，该生将受到全校通报批评的处分，且手机也将被没收。对于学校这一规定，尽管部分学生表示理解，但大多数学生都表示不满，认为学校不近人情，管理过于简单化。作为年级组长或班主任，你怎么看这种做法？又打算如何执行？

王盛高　高一年级　年级组长

我不知道这所学校相关规定具体是如何出台的。虽然在目前的教育形势下，对于中学来说，这类规定具有合理性，但似乎显得过于简单了一些，且有"以管代教"之嫌，教育效果可能差强人意。

既然作为校规需要遵循，所以，面对于此，我所能做的是：

第一，与学校有关方面沟通，陈述自己对规定的看法，并建议试行期间更多地注重实际的教育效果，及时发现问题。

第二，在具体执行之前，向班级同学解释该项规定的合理性，并征询他们的意见，同时也要约法三章。

第三，针对学生使用手机这类问题，我会分别召集学生和学生家长开会，尽可能找到一个大家都可以接受的解决办法。

请问：

1. 你如何看待学校没收学生手机的做法？

2. 你认同王盛高年级组长的观点吗？

拓展 >

　　　　补充读物 ···

1　鲁洁，王逢贤．德育新论［M］．南京：江苏教育出版社，2000.

　　　　该书在阐述德育的本质和面临的新挑战时，就德育的实体地位进行了专门阐述。

2　班华．现代德育论（第二版）［M］．合肥：安徽人民出版社，2001.

　　　　该书第八章专门就学校德育管理的含义、任务、内容、运行等方面进行了具体介绍。

第五章

学校课程与教学管理

本章概述

　　本章重点介绍学校课程与教学的管理。第一节分析了学校课程与教学管理的概念、层次和领域。第二节梳理了校本化课程实施和校本课程开发的规划管理，提出了民主化的发展走向。第三节聚焦于教师培训管理和教学活动管理两个方面，剖析了课程与教学实施管理，提出了弹性化的发展走向。第四节关注课程与教学评价管理，介绍了评价对象、评价主体、评价方法管理的内容，指出了我国课程与教学评价管理应该朝着学本化的方向发展。

结构图

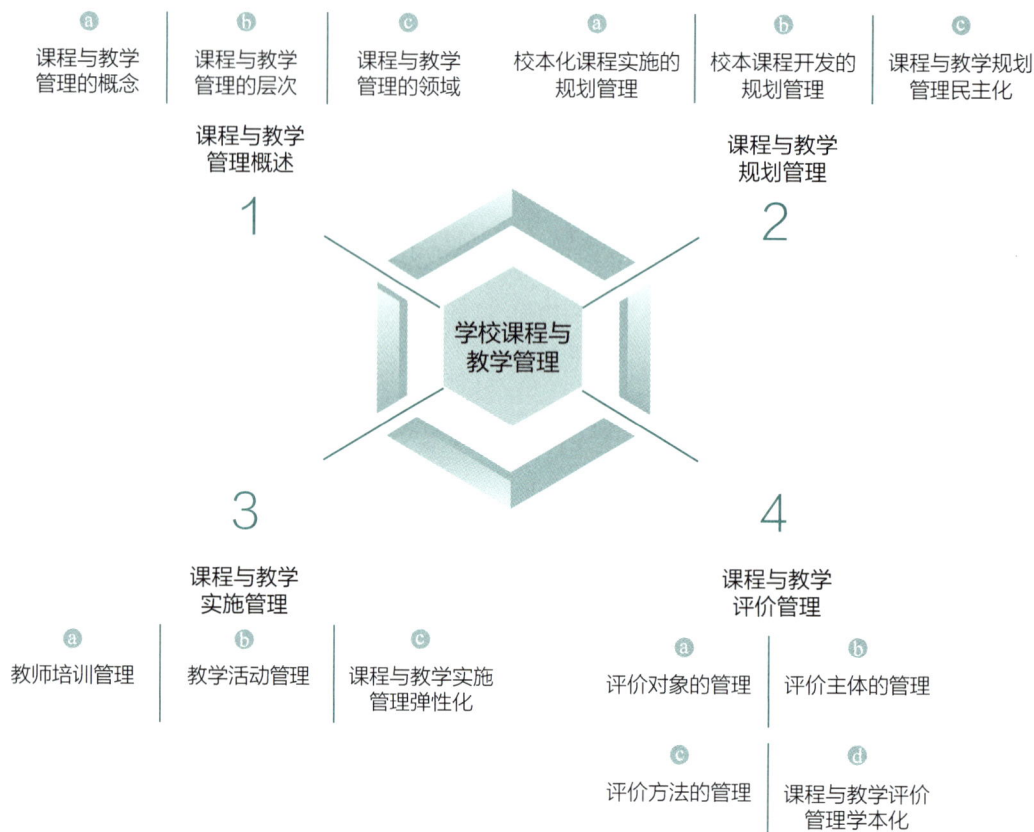

- ⓐ 课程与教学管理的概念
- ⓑ 课程与教学管理的层次
- ⓒ 课程与教学管理的领域
- ⓐ 校本化课程实施的规划管理
- ⓑ 校本课程开发的规划管理
- ⓒ 课程与教学规划管理民主化

1 课程与教学管理概述

2 课程与教学规划管理

学校课程与教学管理

3 课程与教学实施管理

4 课程与教学评价管理

- ⓐ 教师培训管理
- ⓑ 教学活动管理
- ⓒ 课程与教学实施管理弹性化
- ⓐ 评价对象的管理
- ⓑ 评价主体的管理
- ⓒ 评价方法的管理
- ⓓ 课程与教学评价管理学本化

学习目标

1. 掌握课程与教学管理的概念、层次与领域。
2. 理解校本化课程实施与校本课程开发规划管理的含义、内容及其任务。
3. 掌握教师培训管理的方式以及教学活动管理的范围。
4. 熟悉评价对象和评价主体管理的内容。
5. 理解不同的评价方法。

读前反思

1. 你认为学校课程与教学管理的重点和难点是什么？
2. 如果你是学校领导，你认为课程与教学管理包括哪些内容？
3. 根据你的实践经验，你认为理想的学校课程与教学管理应该是什么样的？目前我国学校课程与教学管理普遍存在哪些问题？如何解决这些问题？

　　长期以来，学校教育领域逐步孕育和发展起了专门的课程与教学管理活动，以协调、规范、组织、引导并优化课程与教学活动，从而改进课程体系、促进教师教学、提升学生学习和提高教育成效。本章在勾勒课程与教学管理整体概貌的基础上，具体探讨学校课程与教学规划、实施和评价的管理。

第一节
课程与教学管理概述

<table>
<tr>
<td>🎯 **学习目标**

掌握课程与教学管理的概念、层次与领域。</td>
<td>　　探讨"课程与教学管理"，首先需要对基本概念有一定的理解，进而把握管理的多种层次，分析课程与教学管理的基本原理。</td>
</tr>
</table>

一、课程与教学管理的概念

　　在我国教育管理领域，多年来主要提的是"教学管理"，鲜有"课程管理"一说。这与中华人民共和国成立后大力引进苏联教育学的历史传统有关。其典型表现为：一是移植苏联式中央集权的教育管理制度，全国中小学统一使用一个"教学计划"、一套"教学大纲"和一套"教科书"；二是取消了"课程"的提法，采用苏联的"教学计划""教学大纲""教科书"和"教学法"等一套专门概念及其理论，形成了配套的高度统一的"教学"思维方式。在这样的背景下，课程仅仅被定位为教学活动中的一个要素——"教学内容"，而且"教学内容"还是全国统一和相对稳定的。因此，"教学管理"成为了主要的关注点和聚焦点，人们着力落实对教学工作的管理，确保对教学活动各要素进行合理组合，促使教学活动有序高效地展开，从而完成教学计划和教学大纲规定的教学任务。

　　20世纪80年代，我国教育管理体制开始出现由"集权"向"分权"转化的趋势，地方和学校的教育管理权力逐渐扩大。进入90年代，我国中小学课程管理体制改革正式拉开帷幕。1992年《九年义务教育全日制小学、初级中学课程计划（试行）》首次在课程表中设置地方课程，提出实行"一纲多本"的教科书制度。1996年《全日制普通高级中学课程计划（试验）》第一次将"课程管理"作为课程计划中的单独一部分列出，规定普通高中课程由中央、地方、学校三级管理。1999年《中共中央　国务院关于深化教育改革全面推进素质教育的决定》提出，要"建立新的基础教育课程体系，试行国家课程、地方课程、学校课程"。2001 年《基础教育课程改革纲要（试行）》明确规定："为保障和促进课程对不同地区、学校、学生的要求，实行国家、地方、学校三级课程管理。"新的课程管理体制的确立与施行，促使"课程管理"逐步凸显出来，成为教育管理领域的新兴主题。

由"教学管理"到"课程管理"，不只是名词术语的变化，而是体现着课程与教学管理观念的深刻变化。这表明，人们思考、研究和解决课程与教学问题的立场和取向，发生了根本性的转变。人们既关注"怎样教学"的教学管理问题，也关注"教学什么"的课程管理问题，更强调立足于解决"教学什么"问题的课程管理立场，来观照"怎样教学"的教学管理问题，从而把教学管理纳入课程管理的视野，形成以课程管理为核心和取向的"课程管理思维"方式，并逐渐扩展演变为教育管理领域的行为方式。这些思维方式的转变，并不意味着教学管理不重要了，更不是要用"课程管理"取代"教学管理"。恰恰相反，这意味着，教学是课程实施和教育目标达成的重要途径，课程管理与教学管理正在走向全面整合。

由此，课程与教学管理在实质上已经超越了过往的"教学管理"内涵，指在一定社会条件下，课程与教学管理者依据一定的管理原则和方法，对一定课程与教学系统的人、财、物、时间和信息等要素进行决策、计划、组织和控制，以有效实现课程与教学系统预期目标的活动。

二、课程与教学管理的层次

近年来，我国基础教育课程管理体制从"中央一统"走向"三级分权"，地方教育行政和学校获得了部分权力，课程与教学管理形成了国家、地方和学校三个层次。每一层次均有专门的管理机构履行具体的职责。①

（一）国家层次的课程与教学管理

国家层次课程与教学管理的职能部门是国家教育行政部门的最高机构——教育部。其主要职能是制定国家基础教育培养目标、课程计划框架和课程标准等宏观的政策，并指导和监控地方、学校贯彻执行国家课程政策。国家对于课程的控制，从国家课程到地方课程，再到校本课程，逐步减少，课程管理权力的重心一步步下移。

国家课程与教学管理机构的具体职责主要有：第一，宏观指导我国基础教育课程改革，并具体制定相应的课程政策和国家基础教育课程计划框架。第二，组织制订或修订、审定我

① 教育部基础教育司. 走进新课程——与课程实施者对话［M］. 北京：北京师范大学出版社，2002：197-200.

国基础教育各个阶段的课程计划。包括统一规定国家课程在各个教育阶段的中观课程结构，如学习领域或科目数，总课时、周课时及课程分配结构，严格控制学生的在校学习时间和基本学业负担。第三，颁布国家课程标准，确保统一的基本学业要求，规定国家基本的教育质量要求。第四，制订国家课程实施过程的指导性意见，引导地方和学校根据实际情况创造性地实施国家课程计划。第五，确定基础教育课程的评价制度，确保国家基础教育课程在各个阶段的目标得到有效的落实。第六，制定三级课程管理政策，颁布地方、学校课程管理指南，为地方课程和校本课程的开发以及地方一级和学校一级的基础教育课程管理提供基本的规范。第七，制定教科书或教材开发与管理的政策，定期向学校和社会公布经过审定的中小学教材目录和教材使用情况评估报告。第八，监控国家基础教育课程整体运行质量，对中小学教学、评价与考试、课程资源开发与利用等情况定期进行抽查和跟踪研究，并提出评估报告。

（二）地方层次的课程与教学管理

地方层次课程与教学管理的职能部门是地方教育行政部门。其主要权力和责任是贯彻执行国家课程计划和课程标准，按照地方的实际情况与发展需要，为落实国家课程标准制订具体方案，开发地方课程，指导学校合理地实施地方制订的课程计划。

地方课程与教学管理机构的具体职责有：第一，省（自治区、直辖市）一级教育行政部门按照国家课程计划的要求，制订本地实施的各个教育阶段的课程计划，并报教育部基础教育司备案。同时，制订课程计划实施方案。第二，负责对全省（自治区、直辖市）中小学教学、评价与考试、课程资源开发与利用情况进行监控，组织研究机构通过抽样调查、跟踪研究等方式对中小学课程运行质量做出评估，及时发现、反映和解决基础教育课程改革的问题。第三，依据教育部颁布的地方课程管理指南，组织专家或与专家合作开发地方课程，并制订学校实施地方课程的指导性意见。第四，通过下属各级教育行政部门，负责监督与评估当地学校执行国家课程计划的状况，确保各个阶段的课程计划得到全面有效落实。第五，通过下属各级教育行政部门，负责指导学校制订学校课程计划的具体实施方案，以及校本课程的合理开发。第六，县一级教育行政部门要在规定的时间内审议各中小学上报的校本课程开发方案，并反馈审议意见。

🔍 **案例**

《广东省义务教育地方综合课程指导纲要》节选①

2023 年 9 月，广东省教育厅印发《广东省义务教育地方综合课程指导纲要（2023 年版）》（以下简称《纲要》）。广东省义务教育地方综合课程（以下简称"广东综合课程"）是以学生生活和实践体验为基础、密切连接国家课程、体现广东特色的综合性、实践性、探究性省级地方课程。旨在充分发掘广东地方教育资源特色和优势，打造立足广东、胸怀祖国、有世界意识的地方综合课程体系，构建主题式、项目式学生学习和发展体系，增强学生核心素养和实践能力，培养有理想、有本领、有担当的时代新人，培育德智体美劳全面发展的社会主义建设者和接班人。

广东综合课程在义务教育三年级和四、五、六、七年级上学期开设，每周 1 课时，每月一个主题。主要有四大项目主题：新时代文明实践活动、广东岭南文化传承与创新、中国式现代化的广东实践、参与绿美广东生态建设。主题内容以学生已有学科知识和社会生活经验为基础，充分发掘广东经济社会和文化教育资源，加强和道德与法治、语文、历史、地理、艺术、综合实践活动、少先队活动等国家课程和专题教育的跨学科、跨领域连接，总体形成循序渐进、螺旋递进、纵横衔接的内容体系。广东综合课程资源是由教科书、电子资源和学习网站等共同构成的立体教学资源体系。教科书以项目式、主题式、实践性、活动型方式编写，突出实践活动特点和学生能力培养要求。

《纲要》指出，各级教育行政部门要高度重视广东地方综合课程实施，加强课程实施的规划、保障和管理，把它纳入基础教育质量监测体系、评估督导指标体系和教育领域综合改革重大项目。学校要将广东综合课程明确列入课程和教学计划，加强在课时、师资、实施、评价等方面的管理和保障。专门设置地方和校本课程教研组，统筹综合课程与劳动、综合实践活动、班团队活动和校本课程实施。

---

① 节选自广东省教育厅.《广东省教育厅关于印发〈广东省义务教育地方综合课程指导纲要（2023 年版）〉和〈广东省中学生涯规划课程指导纲要（试行）〉的通知》［EB/OL］.（2023-09-13）［2024-03-15］. https://edu. gd. gov. cn/zwgknew/gsgg/content/post_4253023. html.

广东综合课程融合专题教育一览表

	项目主题及融合对应的专题教育			
	新时代文明实践活动	广东岭南文化传承与创新	中国式现代化的广东实践	参与绿美广东生态建设
三年级全学年	公共安全 健康教育 心理健康 文明礼仪	岭南民俗 岭南文化 岭南艺术 广东历史	广东民俗 广东地理 广东历史 岭南文化 广东现代化	环境保护 生态文明 广东现代化
四年级上学期	公共安全 健康教育 心理健康 文明礼仪	岭南文化 岭南艺术 广东历史 中医药文化	广东地理 广东海洋 广东乡村振兴 广东现代化	环境保护 生态文明 广东现代化
五年级上学期	公共安全 健康教育 心理健康 文明礼仪 财经素养 国防教育	广东历史 广东红色文化 岭南文化 岭南艺术	广东地理 广东数字经济 广东现代化	环境保护 生态文明 广东现代化
六年级上学期	公共安全 健康教育 心理健康 廉洁文化 国防教育 保密教育 财经素养	广东历史 岭南文化 岭南艺术	广东地理 广东海洋 广东现代化	环境保护 生态文明 广东现代化
七年级上学期	公共安全 健康教育 心理健康 廉洁文化 保密教育 国防教育	广东历史 岭南文化 岭南艺术	广东地理 "双区"建设 广东现代化	环境保护 生态文明 广东现代化

从上述材料出发，你对地方综合课程的设立有哪些建议？

（三）学校层次的课程与教学管理

国家和地方的课程计划都需要通过学校加以落实，学校层次的课程与教学管理对于确保基础教育课程目标的实现范围和水平具有重要意义。学校课程与教学管理机构主要是学校教导处或课程开发委员会等，主要关注国家课程和地方课程的有效实施以及校本课程的合理开发。

学校课程与教学管理机构的具体职责有：第一，根据教育部和本省（自治区、直辖市）课程计划的有关规定，从当地社区和学校自身的实际出发，制订学校学年课程实施方案，报县一级教育行政部门备案。第二，依据教育部颁布的学校课程管理指南，结合本校的传统和优势，独立自主或与校外有关机构或人士合作开发校本课程，提供给学生选择。校本课程开发方案必须在规定时间内报县一级教育行政部门审议。第三，选用经国家一级审定或省一级审查获得通过的教材。教材的选用应体现民主原则，应该有教师、学生代表参加，并通过多种途径听取学生家长的意见。第四，反映国家和地方课程计划在实施中所遇到的问题，建立校本课程的内部评价机制，以保证校本课程与国家课程、地方课程在总体目标上的一致性和互补性。第五，根据上级教育行政部门的规定，结合本校的实际情况，对学校实施的所有课程进行管理。特别是对教学、评价与考试、课程资源开发与利用等要进行自我监控，确保学校基本办学质量的稳定和提高。

三、课程与教学管理的领域

顺应当下"课程与教学一体化"和"课程与教学整合"等发展趋向，"课程研制过程"成为划分课程与教学管理领域的基本依据。"课程研制是一个综合性的术语，包括了课程规划、实施和评价。① 实际上，课程与教学规划、实施和评价三个阶段依次演进并相互作用，循环往复并不断发展，实现着课程与教学的改革、变迁和创新。由此，课程与教学管理可以进一步具体化为"课程与教学规划管理""课程与教学实施管理"和"课程与教学评价管理"这三大领域。

（一）课程与教学规划管理

课程与教学规划，就是对课程与教学活动进行计划并做出规定的过程。具体来说，包括制订课程计划或方案，研制课程标准和编制教材等。与课程与教学规划相关的，还有两个术语，即课程与教学设计、课程与教学决策。其区别和联系在于，课程与教学规划是一个综合的课程与教学决策过程；而课程与教学设计则是产品和独立存在的实体，是课程与教学决策过程的产物。有的时候，人们也在动词意义上使用"课程与教学设计"一词，此时，其与"课程与教学规划"的含义是一致的。

课程与教学规划管理，就是对课程与教学规划活动进行管理。由于课程与教学规划具有明确方向、描绘蓝图的价值，影响范围广、作用时间长，因此，课程与教学规划管理显得格外重要。在一定意义上，课程与教学规划管理被视为课程与教学管理的首要任务。但是，规划管理的成功，并不意味着课程与教学管理的成功。因为再美好的课程与教学计划和方案，都必须付诸实践，才能真正发挥效用，进而实现预期的课程与教学目标。

---

① Oliva P F. Developing the Curriculum（eth ed.）[M]. New York：Longman，1997：23.

（二）课程与教学实施管理

课程与教学实施，就是把规划好的课程计划、方案和标准等付诸实践的过程。实质上就是将课程理想变成现实，将课程计划落实为教与学的行动。课程与教学实施管理，即对课程与教学实施活动进行管理。

由于诸多影响因素的存在，整个课程与教学实施过程有着不可预测性和不确定性。长期以来，人们形成了关于课程与教学实施的三种取向。第一，忠实取向，倡导按部就班地执行预定的课程与教学方案。第二，相互调适取向，强调预定课程与教学方案和学校情境之间的相互适应，既包括课程与教学方案为适应具体学校或课堂的实际情况，在目标、内容和方法等方面进行调整，也包括学校或课堂的实际情境为适应课程与教学方案而发生的改变。第三，创生取向，认为预定的课程与教学方案仅仅是师生进行或实现课程与教学"创生"的材料或背景，是一种课程与教学资源，师生应该借助于这种资源，在具体情境中不断地联合缔造新的课程与教学经验。总体而言，当下的课程与教学实施管理，需要在现实意义上，调和与平衡影响课程与教学实施的诸因素，促成并推进课程与教学方案的采纳、调适与应用，进而实现课程与教学的预期目标，并不断创生出课程与教学的新文化。具体来说，在目标维度，它是在众多复杂性中求得调和与平衡的过程。这就需要管理者系统考虑课程与教学实施的诸多影响因素，最大可能地发挥和协调每一个因素的功能，使之产生最大功效。在操作维度，它是采纳、调适与应用课程方案的再创造过程。"采纳"不等于实施的完成，"调适"代表一种努力，"应用"的方案才是实际运作的课程方案，应用的方案与最初的课程方案相比，已经发生了根本的变化，是一种发展了的或者发展中的行动计划。这就需要管理者有效地利用各种课程资源，推动预定课程与教学方案积极而富有创造性地调适、应用和创生。在效果维度，它是落实课程与教学理想以创造课程与教学新文化的过程。这就需要管理者调动课程与教学实施者的积极性，发挥其实践智慧，促使课程与教学的新文化得以孕育、生成和发展。

名家语录

关于课程实施取向的研究，最为大家熟知和广为引用的是忠实取向、相互调适取向和课程创生取向。然而，从历史的角度来看，中国的课程实施或教学主要有三种类型：一是基于教师经验的课程实施，二是基于教科书的课程实施，三是基于课程标准的课程实施（教学）。当前，尽管有了国家课程标准，倡导教师应该基于课程标准开展教学，但事实上绝大部分教师还是依据教科书来实施课程。

——崔允漷

（三）课程与教学评价管理

课程与教学评价，是对课程与教学实施的结果进行评估，以确定预期的课程与教学目标是否实现，理想的课程与教学方案和计划是否获得成功。课程与教学评价管理，即对课程与教学评价活动进行管理。

评价具有"检查""反馈"和"激励"等功能，因此，为了更好地开展课程与教学活动，不仅需要对课程与教学实施进行评价，还需要对课程与教学规划进行评价，也需要对课程与教学评价本身进行评价。可见，课程与教学评价管理，涉及面广，复杂度高，主要包括对教师教学评价、学生学习评价和课程产品评价等的管理。

第二节
课程与教学规划管理

🎯 **学习目标**

理解校本化课程实施与校本课程开发规划管理的含义、内容及其任务。

课程与教学规划管理，有国家、地方和学校三种层次。就学校层次而言，主要有两重任务，即国家和地方课程校本化实施的规划管理和校本课程开发的规划管理。同时，为了进一步提升和优化管理成效，课程与教学规划管理应当并正在走向民主。

一、校本化课程实施的规划管理

国家和地方教育行政部门拟定的课程理想、规划的课程方案，必须要"因校制宜"和"因人制宜"，才能真正得以落实。这就涉及国家和地方课程校本化实施的问题。

就 2001 年我国推行的新一轮基础教育课程改革而言，教育部颁布的《义务教育课程设置实验方案》和《普通高中课程方案（实验）》分别规定了九年义务教育阶段和普通高中阶段必须设置的国家课程门类。比如，小学要设置的国家课程为"品德与生活""科学""语文""数学""外语""体育""艺术（或选择音乐、美术）"和"综合实践活动"，另外，还需根据地方教育行政部门的规定，设置一定的地方课程。

教育部颁布的课程方案和一系列规定，都是面向全国所有中小学学校、教师和学生的。

然而，由于我国各地经济、社会和教育发展水平不平衡，整齐划一的改革方案和规定难以适应所有地区的教育改革和发展的需要已是不争的事实。同时，地方教育行政部门颁布的地方课程方案，也是面向本地区所有中小学校、教师和学生的。即使是同一个地区，同一座城市，不同学校之间仍然有较大差异。因此，统一的课程改革方案客观上需要不同学校创造性地加以改造，以适应本校的实际。可见，国家和地方课程的校本化实施已成必然。校本化课程实施，首先需要一系列的课程与教学规划来保障。

有鉴于此，校本化课程实施的规划管理，即学校调动一切资源，在坚持国家和地方课程改革基本精神的前提下，根据本校性质、特点和条件，将国家和地方层面规划和设计的面向全国和本地区所有学校的课程方案和计划，创造性地转变为适合本校学生学习需求的课程方案和计划，包括课程设置的校本化整合、课程目标的校本化调适、课程内容（含教材）的校本化处理、课程资源的校本化开发与利用、教学方法的校本化调整以及课程与教学评价的校本化优化等。

例如，东北师范大学附属小学根据国家新课改的现状，结合多年实践探索的经验，认为"品德与生活""品德与社会"这两大综合学科的教材还不尽理想、不太成熟，并相对地弱化了道德科、社会科各自的基础和品性，故将其独立开来，由两大综合学科又分离出三大独立的学科："道德""生活"和"社会"。学校采用课程选择模式，引进国外比较优秀的道德科教材、生活科教材和社会科教材，对其进行校本化的改造。其中，就所选的《以充实的心灵》为主题的教材，共6册218课，学校做出重大修改的有3课，一般程度本土化处理的有187课，删去28课，占原教材总量的12.84%。[①]

在经济条件相对落后的农村，学校的课程与教学资源比较匮乏，这就需要对资源进行校本层面的规划，开发与利用大量替代性的资源，比如科学课程的实验仪器、药品的短缺问题，在农村十分常见。这时，可以建议和指导教师带领学生利用生活中的常见用品和废弃物制成简易的实验仪器或替代实验用的化学药品。诸如用贝壳或鸡蛋壳代替碳酸钙；用食用碱代替碳酸钠；用废铁刨花或铁屑与硫酸反应制取硫酸亚铁；用植物的花、叶等制取酸碱指示剂；用铁质瓶盖制作燃烧匙；用废电池制取碳棒（作电极）、锌（制氢气）、二氧化锰（作催化剂）、氯化铵（制氨气）等。这样的课程与教学资源规划管理，有助于解决实验仪器、药品的短缺问题，又可以培养学生的实践能力以及节约和环保的意识。

在校本化课程实施的规划管理方面，值得特别提出的是对综合实践活动的规划管理。综合实践活动侧重跨学科研究性学习、社会实践。一至九年级开展班团队活动，内容由学校安排，每周不少于1课时。这是一门独特的课程，它是国家课程计划中规定的一门必修课程，但与其他国家课程有显著区别。语文、数学、外语等国家课程，都有国家课程标准和教材，

---

① 熊梅，脱中菲，王廷波. 校本课程开发实践模式探索 [J]. 教育研究，2008（2）：61-65.

而综合实践活动则只有指导纲要或实施指南，如《国家九年义务教育课程综合实践活动指导纲要》，同时不允许出版综合实践活动的教材，只允许提供学生学习资源包等资源。这样，能够充分体现课程的生成性和适应性。可以说，这是一门国家规定课名、课时和一般要求，地方统一协调和指导，由学校自己开发的课程。就这一具有特殊性质的课程，需要加强管理力度，从师资建设、组织建设和制度建设等方面进行有力、有效的规划。

当前综合实践活动课面临的一个重大问题是未形成多学科结合的稳定的教师队伍。这就要求学校从实际出发，优化配置学校的人力资源，建立专兼职相结合的教师队伍。专职教师是学校综合实践活动的负责人，要承担起学校综合实践活动课程实施的规划、组织、协调与管理等方面的责任。学校领导、班主任、任课教师以及有关社会力量都可以成为综合实践活动的指导教师或兼职教师。另外，可以充分发挥学校原有的劳动技术课程专职教师和信息技术教师的作用。而且，学校要根据实际，明确由某一部门协调校内各部门之间的关系，发挥各部门在综合实践活动实施中的作用，保证综合实践活动的课程质量。

同时，为了给予综合实践活动一定的政策支持，需要建立和健全综合实践活动课程制度，主要包括：学校综合实践活动课程规划和实施方案、学校综合实践活动课程教师配备制度、学校综合实践活动教学评价制度、学校综合实践活动教师工作量计算办法、学校综合实践活动教研制度、学校综合实践活动档案建设制度以及学校综合实践活动安全保障制度等。

🔊 名家语录

如果我们要从事课程研制活动，就必须回答以下四个问题：

学校应该达到哪些教育目标？（What educational purposes should the school seek to attain?）

如何选择可能有助于达到这些目标的学习经验？（How can learning experiences be selected which are likely to be useful in attaining these objectives?）

如何为有效的教学组织学习经验？（How can learning experiences be organized for effective instruction?）

如何评价学习经验的有效性？（How can the effectiveness of learning experiences be evaluated?）

——［美］拉尔夫·泰勒

二、校本课程开发的规划管理

除国家和地方规定的课程之外，学校中还有校本课程，即学校自行开发的课程。校本课程的主导价值在于满足学生具体的、特殊的学习和发展需要。根据相关规定，地方和学校课程的比例应占学校总课时的 10%～12%。① 因此，开发校本课程，既是一项具有挑战性的任务，也是一个值得努力的方向。在校本课程开发的过程中，规划阶段的管理任务主要有以下几项。

（一）组织建立

成立校本课程开发委员会或工作小组，可以为校本课程开发提供必要的组织保证。这一机构主要负责引领校本课程开发的总方向，拟定校本课程开发的规章制度，审议教师申报的校本课程等。在一定意义上，机构的名称代表着校本课程开发的愿景，如某校的"梦想课程开发中心"内蕴着"让孩子拥有梦想、放飞梦想、追逐梦想"的期望。

机构的成员应该具有广泛的代表性，不仅有学校教师和行政人员代表参加，还应有学生、家长、教育行政部门官员、社区人士、校外专家等代表参加，他们各自扮演不同的角色。教师代表、主任与校长等学校行政人员，是主要的决策者，自始至终都投入校本课程开发的讨论并进行决策。学生和家长代表是主要的参与者，自始至终参与校本课程开发各个阶段有关议题的讨论，并提供必要的各种支持。社区代表和校外专家，是学校课程发展的强劲支持力量，在校本课程开发过程中，能够提供许多切实的建议和贡献。教育行政部门官员，是教育资源的主要掌握者。他们在教育哲学和教育目标确定上，起着相当重要的作用。在课程资源比较稀少的状况下，争取他们的支持和帮助，是促进校本课程开发的有效策略之一。

（二）情境分析

情境分析，就是要在探讨校本课程开发各种必要性和可能性的基础上，对开发什么样的校本课程做出决策。主要包括需求评估、资源调查和决策拟定三个小环节。

需求评估，就是对学生的学习需要、家长的期望、社区和社会的要求以及学校的发展需求等进行调查研究，这主要是调查开发相关校本课程的必要性。课程的适用范围越大，其有针对性地满足学生具体特殊学习需要的可能性就越小。由此，我国才突破长期以来只强调共性和统一性的国家课程开发模式，逐渐推行三级课程管理体制，针对国家和地方课程难以照顾不同地区和学校学生具体学习需要的不足，鼓励以校本课程予以弥补。在这样的背景下，学校如果脱离了本校学生具体的、特殊的学习需要去进行校本课程开发，就等于否定了校本课程开发的根本价值，背离了校本课程开发的美好初衷。可见，需求评估特别要注意评估学生的学习需要，这也是以往校本课程开发经常忽视的方面。学校可以采用多种手段，比如观察、访谈和问卷等，评估本校学生的具体学习需要。

资源调查，是弄清校本课程开发的条件和限制，包括师资力量，各种课程材料和设备、

---

① 教育部基础教育司. 走进新课程——与课程实施者对话 [M]. 北京：北京师范大学出版社，2002：24.

资金情况以及社区潜在资源等，这主要是调查开发相应校本课程的可能性。

决策拟定，是通过分析需求评估和资源调查取得的信息，在想开发什么课程和能开发什么课程之间找到平衡，进而拟定应该开发而且有条件开发的课程目标和门类等，明确校本课程开发的总体方向和具体思路。

（三）文件编制

在调研校本课程开发所处境遇、明确开发方向和思想的基础上，就可以考虑编制课程方案等一系列文件，既进一步将开发活动加以具体化和操作化，也为整体性的开发活动提供制度保障。在学校层面，需要拟定的文件主要有：《校本课程规划方案》《校本课程开发与建设细则》《学校课程开发委员会章程》《校本课程开发立项、审议制度》《校本课程教学班管理办法》和《校本课程开发教师工作量计算办法》等。

其中，《校本课程规划方案》是校本课程开发的总体方案和纲领性文件，大致包括如下基本内容：课程开发背景、课程总体目标、课程结构与门类、课程实施与评价的建议和保障措施。

课程开发背景，主要从开发的必要性和可能性两方面入手，梳理需求评估和资源调查所获得的信息，呈现校本课程开发的背景。例如，列举学生学习需要和家长期望的调查结果，剖析学校发展需求，明确校本课程与国家和地方课程的配合程度，探讨学校开发各种类型校本课程的可能性等。

课程总体目标，主要结合校本课程开发的具体背景，拟定课程开发的整体目标。目标应包括三类：一是优化学生学习活动方面的目标；二是促进教师专业发展方面的目标；三是推动学校文化发展方面的目标。

课程结构与门类，主要说明校本课程的组织形式，需要回答以下问题：第一，将校本课程组织为必修课还是选修课？第二，必修课包括哪些门类？适用年级有哪些？课时要求如何？第三，选修课包括哪些门类？适用年级有哪些？课时要求如何？

当下的校本课程开发出现了一种现象，即将校本课程定位为在全校范围内铺开的课程——"全校性"校本课程。如开发"乒乓特色"课程，就要求从一年级起每周开设乒乓球课和相关课外活动，力求"人人爱打乒乓球、会打乒乓球"。虽然校本课程开发自兴起以来，就与学校特色建设形成了一种密不可分的关系，但当前二者结合的基本形式是学校借校本课程形成一种教育特色，"科技文化"校本课程促成学校科技教育特色，"剪纸文化"校本课程促成学校剪纸教育特色……这种特色，表现为参与人数多，整体水平高。然而，这也在一定程度上要求学生按照学校特色的要求，具有统一的爱好、相同的技能，几乎使学校变为某项活动、某种技巧的"专业培训学校"。这样做，恰恰不利于学生生动活泼的发展和个性化的成长，有悖于教育的根本目的，有悖于校本课程作为国家和地方课程的补充"要充分满足学生具体特殊学习需要"这一基本诉求。因此，在一定意义上，校本课程的形式绝不能仅仅是全校统一的单一模式，而应包括多样而灵活的丰富样式。从空间维度上看，可有全校统一的课程、全级统一的课程、全班统一的课程和走班选修的课程；从时间维度上看，可有持续整个小学/初中/高中阶段的课程、年段的课程、年级的课程、学期的课程和微型的课程。① 从价值维度上看，可有分别侧重于提升知识和技能的课程、满足兴趣爱好的课程、开展思维训练的课程和进行文化熏陶的课程。

课程实施与评价的建议，主要是对校本课程的实施和评价做出规划。包括对教师培训、教学活动、教师教学评价和学生学习评价等做出设计和安排。

保障措施，主要说明学校的校本课程开发组织机构及成员、经费的支持情况以及其他一系列的配套措施等。

（四）课程决定

教师始终是校本课程开发的主体，关于校本课程开发的一系列文件编制完成后，即可组织教师在熟悉文件的基础上，针对学校《校本课程规划方案》中规定的课程门类，结合自身的实际情况，个人或小组申报相应的课程。例如，就学校拟开的修身类课程，教师如果在生命美学方面有造诣，可考虑申报"人生的诗意"课程；教师如果在摄影方面有造诣，可考虑申报"摄影与人生艺趣"课程。

为了统筹安排、规范操作、保证质量，教师进行课程申报时，需要在规定时间内，提交所申报课程的"课程纲要"。主要内容包括：开课教师、教学材料、适合对象、学习时间、课程目标、课程内容与实施方式、课程评价以及课程简介等，具体可参考表5.1。

表5.1 "课程纲要"列表

课程名称				开课教师	
教学材料		适合对象		学习时间	
课题 简介	限200字内，供学生选课/学校审议用。				
开课 背景 分析	为什么要开设这门课程? 可从学校的办学理念、课程目标、学生需求、已有资源等方面分析。				

---

① 曾文婕. 微型化：校本课程开发的深化之路 [J]. 教育发展研究，2009（4）：51-55.

续表

课程 目标		
课程 内容 与 实施 方式	1	
	2	
	3	
	4	
	……	
课程 评价		

　　教师申报课程后，由校本课程开发委员会进行课程审议。审议的主要内容有：申报课程的目标与学校校本课程开发总体目标的吻合度、申报课程的内容的科学性与合理性、申报课程开设的可能性以及教师本身的课程开发资质等。

　　审议通过的课程，则成为学校正式开出的校本课程，并由学校统一制作《校本课程简介》等材料，既供教师和家长等传阅，也供学生了解相应课程进而有针对性地进行选修。有条件的学校可将简介放置于学校网站上，并开发网络选课系统供师生使用。

🔍 **案例**

校本课程如何开发？

　　韶山实验中学是伟人毛泽东故乡的学校，该校根据当地独有的乡村休闲与旅游度假的优越条件，开发了"走近毛泽东，构建红色文化"校本课程。

　　在规划环节，首先成立了由韶山市关心下一代协会、韶山市旅游局、家长委员会和校领导组成的课程开发领导小组；为了营造良好的校本课程氛围，学校组织全体学生搜集资料，并将搜集的资料进行展示；学校还成立了校本课程开发小组，编制了一系列校本教材。

　　在实施环节，强调教学与课程资源整合，重视学生体验，通过探究式教学培养学生搜集和处理信息的能力、获取知识的能力、分析和解决问题的能力以及合作交流的能力。

　　在评价环节，学校建立了促进学生全面发展的评价体系。具体来说，就是使每一个学生都知晓毛泽东，能背诵毛泽东诗词，能讲述毛泽东的故事，能自豪地介绍韶山风物，能逐步形成积极的人生观，以自己是韶山人而自豪。①

从上述材料出发，你认为校本课程开发具有哪些环节？

三、课程与教学规划管理民主化

现代意义上的学校课程与教学，正在朝着开放化、社会化、人性化的方向迈进，在这样的背景下，课程与教学规划需要走向民主，方能保证规划的质量。走向民主化的课程与教学规划管理，需要积极创设条件，有效听取学校管理人员、教师、学生、教育行政部门、专家学者、家庭与公共社会等各方的意见和建议。

然而，我国学校课程与教学规划管理在其历史与当下的发展过程中，某些主体总是力图使自身极端化，并产生了一些变异的形态。校长意见的绝对化导致出现了行政垄断式，它表达的是没有边界的长官意志；专家学者意见的绝对化导致出现了学者把持式，它只是某些学术观点的玩弄和炫耀……毫不奇怪，这些力图使自身极端化的主体，正窒息与扼杀着其他主体的活力，进而窒息与扼杀着整个课程与教学规划管理的生命力。因此，在课程与教学的审议和决策过程中，如何真正做到"向一切人开放，倾听一切人的声音"，既是未来的发展方向，更是值得探讨的紧迫问题。

第三节
课程与教学实施管理

学习目标

掌握教师培训管理的方式以及教学活动管理的范围。

课程与教学实施管理的关键，是将规划出的各种课程与教学方案转变为实际的教与学。如果没有有效实施，再美好的规划，也难免沦为空谈。课程与实施涉及的要素和方面，不胜枚举、千头万绪，结合当下新课程改革的基本理念和现实遭遇来看，需要着重抓好教师培训和教学活动两方面的管理，并逐渐践行弹性化的管理理念。

---

① 成星萍，欧晓玲. 走近毛泽东 构建红色文化——韶山实验中学校本课程开发与探索 [J]. 当代教育论坛，2006（14）：79-80.

一、教师培训管理

基础教育新课程的实施，对学校课程与教学实施管理提出了全新的要求与挑战。作为主要的课程实施者，面对新课程提出的新要求，一线教师在观念上都较为认同。受教育部委托，课程专家评估小组先后于 2001 年 12 月、2003 年 3 月、2004 年 11 月和 2006 年 12 月对基础教育课程实施状况进行了四次评估，几次评估的结果基本一致，都表明教师对课程改革具有较高和较稳定的认同感。① 但是，教师在观念上对新课程改革的认同度高，并不必然意味着对课程改革很有热情、很有劲头。事实上，在课程与教学实施过程中，教师普遍表现出"不安"的情绪。这一方面源自打破习惯而带来的迷失感。虽然教师认为课程改革可以理解、可以接受，而且非常重要，但是对自己熟悉的课程与教学进行全方位改变的这种过程实在是令人焦虑，甚至是痛苦和沮丧的。另一方面源自能力不足而带来的压力感。在传统教学中，教师拿着教科书和教学参考书就可以"自信"地走进教室了。在新课程理念下，自己却不知如何具体操作，产生了"教了几十年书，现在竟不会上课了"的困惑。当一个人面对一件事情，一边发现自己不能完成它，感觉自己找不到出路，另一边又认识到此事非常重要，这只能使他更不安、更沮丧。在这样的背景下，加强对教师培训的管理，使教师对课程与教学实施能力得到持续提升，就显得尤为重要。经过探索和实践，在学校层面，可以采用如下一些教师培训方式。②

第一，专业报告式。比如就学校课程与教学实施中的关键问题，或许多老师感到非常困惑的问题，邀请专家学者或主管领导做报告。

第二，课题引领式。通过组织教师参加课题研究，提高教师的理论水平和实践能力。当前，有的课题研究存在重申报、轻研究，重出文章、轻解决实际问题的倾向，应特别注意研究的课题要从学校实际出发，以解决学校课程与教学各方面的问题、提升教师的课程与教学实施素质、促进学校的课程与教学发展为目的。在做法上，不求人人设计课题，但求人人参与行动研究。

第三，微格训练式。把课堂教学分为不同的单项技能分别进行训练，如导入技能、提问技能、演示技能、板书技能等，每次只集中训练一两项技能，使之容易掌握。在采用此模式时，多采用教师自主报名的形式。先由教师自行查找有关资料进行备课，然后付诸实践——上课，并辅以全程录像，接着自主进行个人反思，撰写一份课堂分析报告，然后与教研组和专家交流讨论并再次备课，最后再实践、再反思。如有必要可再一次重复以上过程。对上课教师来说，这是剖析、总结和提高的过程，对教研组其他教师来说也可以吸收别人的长处，

---

① 马云鹏. 基础教育课程改革：实施进程、特征分析与推进策略 [J]. 课程·教材·教法，2009（4）：3-9.
② 蒋明珠. 校本培训模式实践初探 [J]. 全球教育展望，2006（7）：78-80.

优化自己的教学活动。尽管时间花费多一些，但实效显著，特别适合对青年教师和骨干教师的培养。

第四，案例剖析式。从教学案例描述的教学实践中探寻方法，寻找理论支撑并总结得失。选择合适的具有真实性、典型性、浓缩性和启发性的案例，是案例剖析培训的基础。教学案例可来自本校教师的教学实践，亦可摘自报纸杂志。它可以将问题指向课程与教学实施中带有共性的典型困惑。案例研究是一种超越课堂教学本身的教学知识增长，更是剖析别人、剖析自己的专业成长阶梯。在案例剖析时应提倡各抒己见，让每一位教师畅所欲言，努力创设一种平等、互助、友好的交流氛围，让教师们在这样的氛围中相互质疑、相互启发。这样，许多新思想、新灵感就会不断地激发、碰撞、裂变、融合，使问题迎刃而解。

第五，校际交流式。各个学校在办学风格、管理方式、师资队伍等方面都存在一定差异。组织校际交流可以借鉴别人的成功经验，取长补短。校际交流可以是相同学科教师间的听课、评课；可以是实地见习、互访；也可以围绕某一课程与教学主题进行探讨。

第六，教育叙事式。教育叙事就是"讲教育故事"。要求教师以合理有效的方式解决自己在教室或其他场所里遭遇的课程与教学问题，然后将自己怎样遇到这个问题，怎样解决这个问题的整个教学过程"叙述"出来。教育叙事是记录教师教学生涯和成长历程的重要方式，也是教学反思的重要方式。许多青年教师普遍存在着理论认识较丰富、工作精力充沛，但实践经验缺乏的问题。学校可以针对青年教师在工作中遇到的具有普遍性和典型性的问题预设主题，然后在有经验的教师中征集成功或失败的故事，每次教师会开始时利用 10~15 分钟，在交流中解答，在切磋中传授，在分析中提升。由于所讲故事是自己亲身经历的，因而这种培训有很强的亲和力。

第七，网络共享式。随着网络技术的普及应用，超越时空的网络共享成为可能，网络共享的形式因其便捷实用深受教师喜爱。首先是可实现备课笔记、教学札记、课件设计、练习方案等的共享。在实践中，可以先从骨干教师、学科带头人课堂教学设计的全面开放做起，逐渐延伸到整个教研组全体教师教学设计和成果的共享。当然，在此过程中，在管理上要注意避免教师对网络资源的照搬照抄，影响对教材教法的自主钻研，阻碍个人教学特色的形成，限制自身的专业发展。其次是可以利用校园网络平台集结众人智慧，实现优势互补。在课程与教学实施中的困惑可随时获得帮助，感想可及时和同事分享。在此过程中要注意加强操作管理，尽可能采用校内实名注册上网的形式，避免"谁都可以发表的混乱"。

二、教学活动管理

教学活动始终是学校教育的核心，教学活动的管理始终是学校教育管理的重点。因应新课程改革的要求，学校的教学活动管理特别需要做好备课、上课和作业等方面的管理。

（一）备课管理

基础教育新课程改革在倡导学生合作探究学习的同时，也同时要求教师展开同伴互助、合作研究，形成研讨氛围，发挥"集体效应"的优势。集体备课作为教师合作研讨的一种有效形式，对于发挥教师团队合作精神，集思广益，取长补短，具有不可或缺的作用。但是，目前，许多学校的集体备课存在形式化严重的问题。集体备课成为"网上资料的拼盘"或"个人独裁"等现象屡见不鲜，从而导致教师视集体备课为"负担"。

针对这样的情况，在学校管理层面，首先需要澄清对"集体备课"的认识。① 第一，"集体"是个什么概念？是指包括所有同学科教师的教研组还是使用同教材教师组成的备课组？同一教研组有多少教师？使用同教材的教师是否够得上成为一组？其中新老教师配置的情况如何？教师课业负担如何？一个教师只教一门课还是兼教其他课，只教一个年级的一门课还是兼教其他年级的同一门课？第二，必须经过集体准备的"课"是个什么概念？是指一门课程的课程标准、教材分析、学期的课程计划，或是指按教材中的单元组合的若干课，还是一节一节的课？是专指公开课还是指日常课？是有选择的集体备课还是无例外的集体备课？

在澄清认识的基础上，可以具体按"准备材料""集中探讨"和"教后反思"三个步骤展开集体备课。第一，准备材料。备课组长明确主备教师和辅备教师。主备教师设计出教案，在集中探讨前2~3天把教案发给组内每位教师，同时，准备好主讲内容，交给备课组长。辅备教师认真阅读和思考主备教师的教案，为集中探讨做好充分准备。第二，集中探讨。首先，交流上一次集体备课的教后反思以及备课存在的问题，备课组长可有针对性地进行主题发言或以讲座辅导的形式，给予其他老师以专业引领和指导。其次，主备教师结合主备教案，阐述主讲内容。再次，主备教师和辅备教师就主备教案进行充分交流。最后，在参考他人发言的基础上，每位教师根据本班实际情况，形成个性化、特色化的教案。第三，教后反思。每位教师对自己的教后情况进行总结，同时，重新设计教案中不切合学生需求的环节。

为了充分彰显集体备课的实效，已经获得成功经验的学校，特别提出在管理层次上，应注重落实集体备课中的"四度调整"。② 第一，一度调整，即辅备教师在集体备课活动前，一定要抽时间浏览主备教案，注上个人见解，对主备教案做教前的设想调整。第二，二度调整，即在集体备课集中活动时，主备教师发言后，辅备教师根据主讲内容从不同角度、不同侧面谈个人见解，并在听取大家对主备教案的调整意见的基础上，积极思考，博采众长，对

---

① 陈桂生．"集体备课"辨析 [J]．中国教育学刊，2006（9）：40-41．
② 瞿梅福．集体备课：从"减负"到"能力提升"——记一所小学的四次探索 [J]．人民教育，2007（10）：47-49．

教案做一些修改调整，以便形成一个合理的、个性化的教案。这是集体智慧的结晶，也是个人智慧的激活。第三，三度调整，即做好平时的教后反思。尽管教学预案对学生可能遇到的问题做了充分考虑，但事先的设计与具体的实施之间总会有一定的距离，加上教学之后教师也常会发现预设教案的某些美中不足。因此，要将自己课后的反思分析也记到教案中。教师可以记录成功的经验，也可记录教案的修改，还可以记录学生的创新和问题，包括一些突发事件的应对以及分析处理的成败得失。三度调整还可以教学案例的形式，记录教师在教学活动中的经历与思考。第四，四度调整，即在下一次集中探讨开始时，一般要针对上次的集体备课，由教师交流各自的教后反思。大家就教学处理、习题设计、学生学习表现等情况做交流。这是教案运用于课堂教学后的深刻感悟。在交流的过程中，要求教师及时跟进思考，广纳众长，对教案做进一步的补充调整。为强化教师"四度调整"的意识，并学会运用"四度调整"改进教学，学校可以要求教师在集体备课纸上采用不同颜色的文字来标注每次的调整，如一、二度调整用蓝色，三度调整用黑色，四度调整用红色。

（二）上课管理

上课的管理，涉及的维度多，范围广。除了做好出勤等常规管理之外，在基础教育新课程改革的背景下，尤其需要通过管理活动，对教师上课的理念和行为进行有针对性的指导和引领。

新课程对教师的教学方式、学生的学习方式都有新的要求，随着新课程实施的推进，教师对上课产生了许多疑惑，也导致了诸多问题。例如，新课程改革倡导合作学习，在许多课堂上，合作学习似乎成为一种时尚，但调查发现，小组合作学习流于形式的较多。经常出现的教学场面是：讨论时，学生各说各的；学生讨论后，教师依次听取汇报；汇报完毕，活动便宣告结束。① 又如，新课程倡导让学生动起来，让课堂活起来。然而，有的课从表面上看学生是动起来了，课堂气氛也很活跃，但仔细观察便会发现，这些课只停留在形式上的热热闹闹，没有真正激发学生深层次的思维。课堂上，学生一会儿忙这，一会儿忙那，教室里乱糟糟、闹哄哄，为活动而活动；教师不善于捕捉学生发言中有价值的东西，引导学生深入讨论，只满足于课堂此起彼伏的热烈场面。一位教师教授《节约用水》，有位学生指出洗车场用水很多，很浪费，而另一位学生认为，洗车就需要用很多水才能洗干净。两种截然不同的意见，恰恰是引导学生深入讨论的焦点，而教师却轻描淡写地给予简单的肯定"很好"。如果教师能由此引导学生思考日常生活中如何解决"需要用水"和"节约用水"的矛盾，可以大大提高课堂教学的质量。据了解，这种现象在一些实验区较为普遍。② 在这样的背景下，学校管理的一个关键任务就是，让教师知道什么样的课是好课，进而让教师明白应当如

---

① 李建平. 小组学习≠合作学习——课堂教学改革难题及对策分析之六 [N]. 中国教育报，2003-11-04 (2).
② 李建平. 课堂越活越好吗？——课堂教学改革难题及对策分析之一 [N]. 中国教育报，2003-10-28 (2).

何上好课。

一般来说，一堂好课的基本要求有：① 第一，有意义。在一节课中，学生的学习是有意义的。初步的意义是学生学到了新的知识；再进一步是锻炼了学生的能力；再往前发展是学生在上课过程中有良好的、积极的情感体验，产生了进一步学习的强烈要求；再发展一步，学生会越来越主动地投入到学习中去。第二，有效率。一堂课对全班学生中的多少学生是有效的，如果没有效或者只是对少数学生有效，那么这节课都不能算是好课。第三，有生成性。一节课不完全是预设的，而是在课堂中有师生真实的、情感的、智慧的、思维的、能力的投入，有互动的过程，气氛相当活跃。在这个过程中既有资源的生成，又有过程状态的生成，这样的课可称为丰实的课。第四，常态性。即课是平实的课，平平常常、实实在在的课。这种课是平时都能上的课，而不是很多人帮忙准备，然后才能上的课。第五，有待完善的课。课不可能十全十美，十全十美的课作假的可能性很大。公开课要上成是没有一点点问题的课，那么这个预设的目标本身就是错误的，这样的预设给教师增加了很大的心理压力，然后做大量的准备，最后的效果是出不了"彩"。生活中的课本来就是有缺憾的、有待完善的，这样的课称为真实的课。扎实、充实、丰实、平实、真实，说起来好像很容易，真正做到却很难，但正是在这样的追求过程中，教师的课程实施水平才能得到提高，教师的心胸也才能变得博大起来，同时，教师也才能够真正享受到教学作为一种创造过程的全部欢乐和智慧体验。

但是，需要注意的是，在明确一堂好课基本要求的前提下，学校应该根据自己的生源状况、师资力量和发展期望，在管理层面定位出更为具体的好课标准，进而制定出相应的管理目标和方法，渗透到具体的管理活动之中。

除了让教师知道好课的标准之外，还需要创设条件，使教师明白如何去上好课，这就需要与教师培训相结合，以多种有效的方式组织教师进行观摩研讨、评课和议课。

名家语录

校长要努力做到的一点，就是使教师不要把课外作业当成课内作业的量的追加。课外作业应当是知识的发展和深化，是学习能力的改善，是掌握课堂知识的准备。

——苏霍姆林斯基

（三）作业管理

引导学生巩固和运用所学的知识、经验，是教学活动的题中应有之义。在教学过程中，

---

① 叶澜. 什么样的课算一堂好课 [J]. 福建论坛（社科教育版），2005（11）：4-6.

教师帮助学生运用知识经验的形式如练习作业、实验实习等，还可以与社会实践、生产劳动等活动联系起来，相互配合和相互促进。其中，练习作业是最为常见的一种运用知识经验的形式。在课程与教学实施管理中，特别需要注意对作业设计与批改的管理。

学校对作业设计的管理，需要引领教师精心设计作业的内容、类型与方式，力求灵活多样和变革创新，努力避免一味地让学生简单重复和机械模仿。多年来，许多教师都是"布置"作业，而没有"设计"作业的意识，自然投入到作业"设计"上的精力和智慧就微乎其微。但是，很多教师布置的作业，都是"机械重复多，实践应用少""现成内容多，创意研制少"以及"统一任务多，自主选择少"。这样缺乏趣味的作业，令学生"望业兴畏"，苦不堪言；这些"一点也不好玩"的作业，令学生们感到做作业"味同嚼蜡"。可以说，让广大教师逐步从作业"布置"转向作业"设计"，在作业内容与形式上进行改革和创新，进而逐步实现作业方式的多样化，让更多有趣味的、创造性的作业成为学习的主要形式，使学生从单一、枯燥的机械练习中解脱出来，已成为目前学校课程与教学实施管理必须解决的一个迫切问题。例如，面对单调、划一的传统作业题型，学生容易疲劳，产生消极应付的心情。为此，教师可以变换一些题型。学习"百分数"时，可以让学生在优美诗文中，计算百分数问题。这样语、数结合，趣味浓浓，如题：

春水春池满，春时春草生。春人饮春酒，春鸟弄春色。

（1）请朗读这首诗，看看哪个字出现得最多。

（2）"春"字出现的次数占全诗总字数的百分之几？

（3）课后找一首诗，使某一个字出现的次数至少占百分之十，然后有感情地朗读。

课后，学生既要找诗，又要读诗，还要计算，无论是找到了或找不到符合条件的诗，只要学生经历了找、读、算的过程，学生的感受应是丰富的，会有较大的收获。

概括来说，作业设计可注意以下几点：第一，作业不等于书后练习。教师应结合教学，设计贴近生活、启发思考和灵活多样的作业形式，使作业不再是单一枯燥的文本，而是富有色彩、充满情趣的多元复合体。第二，作业的设计应分层次水平，为不同学习水平的学生设计不同的作业。第三，不能忽视学生基础知识的掌握和基本技能的训练。作业题的选编，既不能因循守旧，抱着传统题型不放，也不能全盘抛弃，一味选择与学生生活实际相联系的题或是实践探究题，而应从辩证的视角去选编练习题。作业改革不是对传统作业的否定，而是对作业观念的更新。第四，完成作业是教学活动的一环。这种活动是课堂教学的有机组成或补充延伸，因而，应强调做作业的"做"，体现一种活动的过程，这种活动可以一人独立完成，也可以通过互动的形式分组完成。①

针对一些教师批改学生作业仅仅是打钩、打叉，再给一个分数的做法，学校课程与教学

---

① 李兰瑛.让学生上瘾的可持续发展作业［G］//肖川.名师作业设计经验（数学卷）.北京：教育科学出版社，2007：96.

实施管理，需要引领教师"少生硬批改，多人文评价"，从而尽可能发挥既"批"又"改"的功能，让学生通过教师的作业批阅，改进和提升自己的学习状况。多在作业批改上做文章，将显著提升教学成效。比如，一位老师做着"分数中的减法"。教师布置学生写作文，班上一名学生只写了300多个字，而且字迹潦草，错别字连篇，但是文章的构思较为新颖。按惯例，这样的作文打个60分也就差不多了，但这对学生肯定不会有什么触动。于是，老师给他打了这样一个分数："95-20-15"，并在每一个分数下面分别做了解释：95分——构思新颖，有创新精神；-20——字数未达到规定数；-15——书写太潦草，还有错别字。同是一个60分，但两者不可同日而语。这个带着减号的60分，不仅极大地肯定了学生的创新精神，而且也较为具体地指出了作文中存在的问题，形象而生动，比单一的一个60分更具针对性、激励性。学生从这个分数中，不仅看到了老师对他的信任，而且也看到了自己的希望和努力的方向。这是一个简单的60分能做到的吗？

可以说，批改作业这个看似极平常的教学环节，道是无情却有情，因为在它背后站着的是一个个鲜活的，充满了憧憬的生命。教师的批改，既可以使一个意气风发的学生变得心灰意冷，也可以使一颗颓废的心重新燃起希望之火。具有人性关怀的批改，既能帮助教师了解教学的反馈信息，又能激发学生的学习动机，激发学生健康、向上、积极的心态，进而促使学生不断进步。同时，教师还应注意引导学生进行同伴互评，特别是培养学生学会自我测评，促使学生自觉调控学习过程，强化学习动机，增强学习能力，从而保证教学取得更好的效果。

特别值得说明的是，教师的作业批改尤其要发挥对学生学习的反馈作用，这对提升学生的学习成效起着较为决定性的作用。反馈分为评价性（Evaluative）反馈和描述性（Descriptire）反馈。① 前者以分数或等级的形式对学生学习进行价值判断。低分数或排名靠后会打击学生的自信心，长此以往会导致学习失败。后者则针对学生学习存在的问题提出改进学习的具体建议，使学生知道接下来努力的方向和方法，从而激发学生的学习动机。

根据教师提示的多少，描述性反馈可以有提示、脚手架和例子反馈三种，分别适用于不同水平的学生。例如，老师请学生描述"我在夏令营中认识的一个朋友"。在学生描述的过程中，老师引导学生将"他是我的好朋友"描述得更为具体。对于语言表达能力较强的学生，老师只需要稍加"提示"，即告诉学生"请再跟我们说说你这位好朋友"，学生便可以围绕主题展开更为具体的阐述。对于那些需要老师提供句式或具体描述方向的学生而言，老师要提供"脚手架"反馈，告诉学生：你能否再具体描述一下你这位好朋友？请你说说怎样才是好朋友？当他……的时候，我认为他能成为我的好朋友？学生基于这些"脚手架"才能进一步展开深入描述。对于那些需要更为具体的示范的学生，老师要"呈现例子"，如他是我的好朋友因为他从来不说我的坏话，或他是我的好朋友是因为他经常帮助我，抑或

---

① Katz, Earl. Rechinking Classroom Assessment with Purpose in Mind ［M］. Winnipeg：Manitoba Education, Citizenship and Youth, 2006：33.

为这部分学生提供好朋友特征的选项，让他们从中选出符合自己好朋友情况的条目。①

因此，学校的课程与教学实施管理，要加强指导教师在作业批改过程中，为学生提供描述性反馈，这将有利于教师开展差异化教学，促进每个学生都在原有基础上得到充分发展，进而实现学校教学效益的整体提升。除此之外，教师还要通过一些有效的方法，将相应的信息反馈给家长、同事和其他利益相关者，以便于他们共同支持和促进学生的学习。

🔍 **案例**

减轻负担与提高质量

教导主任黄老师主持召开各科教研组长会议，主题是：怎样做到既减轻学生负担，又提高教学质量。黄老师的开场白很简单，他说："学生作业负担过重的问题不解决，作业一多，那就多必滥、滥必死，扼杀学生智能的发展。上级教育行政部门三令五申，要求从减轻学生作业负担抓起。如何才能既减轻负担，又提高质量呢，今天就是请大家发表意见，探讨改革办法的。"

黄老师的话音刚落，有两位组长就争着发言了。数学组李老师说："若要马儿好，必须喂它草。一般说，作业数量与教学质量是成正比的。"外语组冯老师说："铁杵磨成针，多练出高分。这是一个铁的法则。"

接着会场上议论纷纷，异常热烈。有的说："要减作业量，必须全面、统一行动，不能搞'片面裁军'。"有的说："作业负担一减轻，学生成绩要下降，谁能保证既减轻作业负担又提高教学质量呢？"②

从上述材料出发，你如何认识处理减轻学生负担与提高教学质量的关系？

三、课程与教学实施管理弹性化

在许多学校，一提到课程与教学实施管理，就会自然而然地将之等同于统一的规范和规定，有的学校甚至还提出了"统一备课、统一进度、统一作业、统一考试"的四统一要求。虽然学校的刚性规章和制度，是学校办学经验的结晶和反映，对于稳定学校秩序、提高教育质量起着保障作用，每个人都必须接受规定的制约，但是，如果学校管理见章不见人，重章

---

① Katz，Earl. Rechinking Classroom Assessment with Purpose in Mind［M］. Winnipeg：Manitoba Education，Citizenship and Youth，2006：33.

② 华东师大教育系教育管理教研室，上海师范大学教育管理系. 普通教育学校管理案例［C］. 上海：华东师范大学教育系，1984：135-136.

不重人，变本加厉地在规章制度上做文章，把规章细则化、标准化，而且配合量化评分和经济制裁，把领导变成了监工，把"依法治校"变成了"以罚治校"，那么这种管理就严重扭曲了课程与教学的本性，教学过程被程序化、机械化、标准化，管理变成了检查，教师疲于应付。这样的过于强调程式控制，过分倚重刚性制度，经常性地进行检查、通报的管理，既难以切实解决课程与教学实施中的实际问题和具体困难，又容易造成主体之间的矛盾和抵触。

可以说，由于课程与教学实施过程有着明显的不可预见性和不确定性，其管理活动不可能也不应该完全规范化和程序化。因此，当前的课程与教学实施管理，需要在充分考虑课程与教学实施复杂性和特殊性的基础上，尊重课程与教学实施者的工作特点，遵循他们的心理和行为规律，努力搭建一个弹性化的课程与教学实施管理平台，注重课程与教学实施管理的灵活性，尽力帮助教师解决课程与教学实施过程中的实际问题。例如，过去许多学校的教导处，要经常检查教师的教学进度，如果教师没有按统一要求上课，就会受到责难。但弹性化的管理，即可开放空间，让教师在课堂教学过程中根据教学的进程和学生发展的需要随时调整教学内容和教学节奏等，强调在活动中生成动态的课程资源，甚至开发出新的微型课程。

第四节
课程与教学评价管理

🎯 **学习目标**

熟悉评价对象、评价主体管理的内容；理解不同的评价方法。

对学校课程与教学评价进行管理，需要明确三个问题：一是"评价什么"，即评价的对象；二是"谁来评价"，即评价的主体；三是"如何评价"，即评价的方法。结合以往评价管理的问题，当下的学校课程与教学评价管理应更多地凸显学本化取向。

一、评价对象的管理

虽然课程与教学十分复杂，要想对其做全面的评价几乎是不可能的，但是，从近年来国际课程与教学评价的发展情况看，在评价对象的确定上，都主张开放化和多元化，以期达到比较全面地评价课程与教学的目的。然而，受"应试教育"思想的影响，长期以来，我国课程与教学评价的对象通常局限于学生，尤其是学生的知识学习。这是一种片面的、"唯知识"论的评价观。因此，避免评价对象的"狭窄化"，拓展全方位的评价对象，就是课程与教学评价对象管理的一个重要任务。就学校课程与教学而言，评价的对象主要包括：学生学习评价、教师课程开发与教学实施评价、课程产品评价以及学校课程与教学管理成效评价等。

学生学习评价，包括对学习过程和结果的评价。在学习过程维度上，涉及"学习兴趣""学习动机""学习投入""学习方式"和"学习观念"等对象。在日常认识层面，人们通常将学习结果狭隘地局限为"学业成就"甚至"学业成绩"，然而，专门研究表明，学生的学习结果包括"学业发展""人格发展""社会性发展"和"生涯发展"四个方面。① 因此，在学习结果维度上，除了突出评价"学业成就"之外，还需要关注对学生全方位发展的评价。

教师课程开发与教学实施评价，一方面，需要评价教师的课程开发意识、知识、能力和结果。诸如，教师在课程开发方面有什么误解？还欠缺哪些课程开发的知识？能力表现如何？所开发的课程质量如何？等等。另一方面，需要评价教师的教学实施，即通常所说的教学评价，可以分解为教学理念、教学目标、教学内容、教学方法、教学过程和教学效果六个主要指标。其中，教学理念包括理念的来源与内容，教学目标包括目标的制定与落实，教学内容包括内容的选择与处理，教学方法包括方法的选择与运用等，教学过程包括教学环节的划分和处理等，教学效果包括达标的程度、学困生转变的程度和培养学生能力的程度等。

课程产品评价，指对学校开发的校本化课程实施的方案、综合实践活动课程规划和实施方案以及校本课程规划方案等进行评价。如果学校开发了校本教材，还需要对教材的"合理性"和"可行性"等进行评价。

学校课程与教学管理成效评价，包括对学校一系列课程与教学的管理理念、方式方法和成效等进行评价。这里，包括了对学校课程与教学评价管理本身进行评估，诸如检讨评价方案、评价实施过程与结果，对正在进行或已完成的评价进行信息收集和价值判断，进而总结成功经验和纠正评价工作之不足。

🔍 案例

校本课程评价怎么开展？

某校在校本课程实施之后，为检验学生对校本课程的态度，专门制定了一份校本课程学生评价表（参见下表）。②

---

① Esters I G，Douet K P. Influencing Student Achievement Through Counseling：The Story of a Commonsense Professional Development School ［J］. NASSP Bulletin，2001，85（624）.
② 马彦平. 新课程四大困惑的探索 ［M］. 北京：中国轻工业出版社，2005：32.

校本课程评价表

课程：	任课教师：	年 月 日	
评价标准	一般（　　）	不满意（　　）	满意（　　）
1. 你喜欢教这门课的老师吗?为什么?			
2. 你喜欢这门课程吗?			
3. 通过这门课程的学习你有哪些收获?			
4. 现行的校本课程存在哪些不足?			
5. 你心目中的校本课程应该怎样上?			

上述校本课程评价表有何特色？为什么？

二、评价主体的管理

在课程与教学评价活动中，进行评价的个人或组织称为评价主体。过去，对学校课程与教学评价的主体主要是上级教育行政部门，对教师评价的主体主要是学校领导，对学生评价的主体主要是任课教师。这样，课程与教学评价往往成为权力人士单方面的活动。课程与教学评价主体存在的局限性，不利于评价质量的改善。因此，避免评价主体的"单一化"，鼓励多元化的评价主体以适当的形式参与评价，是课程与教学评价主体管理的迫切任务。而且，强调被评价者的主体作用，不仅可以使他们积极配合，还能促进他们通过参与、交流乃至自我评价，主动地、客观地检查自己的工作和学习，进而改进不足，完善自我。具体来说，学生、教师、家长和社会人士、专家学者、学校领导和教育行政部门都是学校课程与教学评价的主体。

当代教育理论特别强调学生应当成为积极的学习者，他们不仅需要自主设计和主动参与学习活动，而且要积极参与课程与教学决策；不仅要评价自己的学习活动，而且要评价学校和教师的课程与教学活动。中小学生绝不会因为其年龄较小而在评价中难以发挥积极作用。事实上，他们完全有可能参与到对自身学习的评价以及与自身有关的课程与教学评价中来。学生对自身学习的评价，是认识自我、发展自我、激励自我的一种手段。而且，中小学生从自己的年龄特点、接受水平、真实感受出发，对课程与教学活动做出的独特评价，往往是改善课程与教学的有力资源，特别需要创设有效的条件来获取和捕捉。

教师是学校课程与教学规划的参与者，是学校课程与教学的主要实施者，他们可以深入了解学生学习的成功之处和问题所在，以及形成原因。除了评价学生学习之外，教师作为评价主体，还应参与对课程产品的评价和对学校课程与教学管理成效的评价。同时，教师也是自身教学活动的评价者，这既是学校课程与教学评价的必然需要，也是教师专业发展的有效途径。

中国传统社会的主要特点，是以五伦为本位的家与国"同构"，家庭是其中最基本和最具自主性的社会细胞。这种传统影响深入人们的骨髓和心灵，在中国人的心里，家族主义根深蒂固，家族社会力量异常强大。因此，每一个家庭都十分看重子女的成长，为了给子女争取更好的学习和发展条件，家庭总是千方百计地和持续地对学校的课程与教学进行干预。同时，长期以来我国的课程与教学改革由政府及其有关专家决定，鲜有公共社会团体或人士参与。但是随着民主政治的建设和发展，公共社会力量开始兴起且逐步成长壮大，并开始涉足教育领域，官员及专家包办课程与教学决策的情形已悄然改变。可以预言，公共社会将积极参与我国当前与未来的课程与教学改革，并不断扩大其影响力，从而干预甚至决定课程与教学的变迁。因此，学校管理者应当疏通和开拓渠道，让家长和社会人士积极参与课程与教学评价，进而获取更多更广的有效信息。

学校教育正逐渐朝着专业化方向行进，专业化的课程与教学活动需要一定的专业化评价体系与评价进程。因此，专家学者理应在评价中发挥作用，他们可以为决策提供专业理论的支撑，在一定程度上减少、避免决策者受个人主观认识与经验局限所犯的教育专业理论方面的基础知识性错误。当然。如果学校要聘请专业人员或者顾问对自己的课程与教学进行评价，作为管理者应该综合考虑本校的资源、评价的范围和教师的专业水平，从而决定是否引进。

学校领导，是为人熟知的课程与教学评价主体，有非常便利的条件对学校课程与教学进行全面评价。但是，过去学校领导通常将评价视野聚焦于对教师教学和学生学习的评价，今后应注意对自己的课程与教学管理成效展开自我评价。

教育行政部门是政府的教育职能部门，在一些国家和地区，其主导着整个学校教育。在我国，基础教育以公办学校为主，中小学教育经费以政府拨款为主。所以，教育行政部门凭借自身拥有的教育行政权力和掌握的大量教育资源，成为中小学课程与教学评价的"强力"主体。然而，一些教育行政部门往往将学生的考试成绩、学校的升学率作为衡量学校课程与教学成效的指标。鉴于此，在学校管理中，如何通过适当的方式，将学校课程与教学的全方位成就呈现给教育行政部门，得到他们的认可和监督，是值得思考的问题。

三、评价方法的管理

现代教育评价从产生之初，就受到科学管理思潮的影响，追求精确和客观，长于用自然科学的方法收集被评对象的信息，进而做出价值判断。逐渐地，人们在选择评价方法时，常陷入这样的误区：似乎只有量化方法，才科学、合理，运用质性评价方法，就有不科学之嫌。毋庸讳言，数量具有简明、精确的特点，能够减少人的主观臆断，而且，数据能够用现代科技提供的统计工具加以处理。量化范式下的标准化测验、常模测验一度成为世界范围内盛行的评价工具和手段。过去很长一段时间里，我国课程与教学评价的主要方法也是量化评价。但是，随着评价的逐步扩展和研究的深入，人们越来越感到课程与教学活动的全面量化是不可能的，许多用于诊断、改进课程与教学的评价结果也不需要完全量化。一味地量化评价只能把复杂的课程与教学活动简单化，而且往往遮蔽了其中一些有意义的、根本性的内容。课程与教学活动生动活泼的个性被抽象成一组组僵硬的数字，学生在各个方面的发展和进步，也被简化为可能的几个数量，课程与教学的复杂性和学生状况的丰富性则泯灭于其中。这样，避免评价方法的"机械化"，采用多样化的评价方法，就成为我国学校课程与教学评价管理中需要解决的问题。

就此，学校管理需要以"贯通一体"的评价管理意识，灵活选用多种质性评价方法和量化评价方法。这就要求，在评价中不能将某一特定方法摆在绝对支配性的地位，而应从具体评价需要出发，综合开发与应用观察、访谈、问卷、结构方程模型和追踪数据分析等方法。例如，要评价教师课堂教学行为的调适程度，就需要采用观察的方法；要了解教师和学生对课程改革的认识和感受，需要采用问卷和访谈方法。又如，在多年的学习动机评价中，自我报告问卷一直占据主导地位。但它难以揭示对学习动机产生影响的丰富背景信息，从而使本来相互联系的变量孤立起来，而非结构性访谈恰好能较好地解决这个问题。再如，对学生学习的评价，不仅可以用测验、作业等方式进行，还可以采用成长记录袋评价的方式。成长记录袋，可以收集学生的作文、模型制作等文本资料、影音资料等，记录着学生在某一时期一系列的成长故事，为教师和家长提供了其他评价手段无法获得的有关学生学习与发展的细节信息，也是学生积极深入地参与自我评价的有效途径。而且，一系列的成长记录袋，是学生美好人生历程的一段成长足迹，是学生人生初始时期的一笔宝贵财富。有条件的学校，可以利用网络空间创建电子成长记录袋，既节约纸张，更便于教师、家长、同伴和学生自己浏览和评论。

值得注意的是，仅因循一些常用的评价方法，人们把握课程与教学活动的能力很可能停滞不前。就课程与教学这个充满契机的、各个变量有着复杂存在方式的评价对象，如何引进和创生出一些新的评价方法来考察、分析与洞悉其整体全貌，也是一个让人颇费神思却极具诱惑的问题。虽然西方学界新近创用的方法，比如现象描述分析、现场研究、临床诊断、深度访谈、历史比较法、名义小组技术、纵向比较研究和网络领域研究法等，为人们提供了丰富的资源，但是不得不承认，它们无一不体现着"西化"的强劲态势，而中国课程与教学评价方法的未来发展，还需在中西方法的边界处度量和开启。这不只是因为近百年来西方评价方法对中国评价方法的全面替换已在学界形成了一种"反抗"力量，更重要的是我们的生存、文化、思想仍然背靠着传统，缺失了传统之维的完全西化的方法，根本无法支撑起整个课程与教学评价的"大厦"。在这样的背景下，如何实现中国课程与教学评价智慧与西方前沿评价方法的整合创生，就成为未来课程与教学评价管理的发展方向。比如，挖掘孕育于中国悠久教育历史传统之中的档案袋管理智慧，使之获得复兴、高扬和现代性转换，并与源自西方的成长记录袋评价走向融合，就是一个可以探讨的课程与教学评价管理的主题。

四、课程与教学评价管理学本化

离开了评价，课程与教学就失去了方向，失去了监控和改进的动力系统。曾任美国教育研究会主席和美国教育测量委员会主席的美国科罗拉多州大学教育学院教授谢帕德在研究报告中说，20 世纪 90 年代末以来，课程范式和人们的课程观发生了历史性的转变，20 世纪传统的社会效能课程在消解，新的改革愿景课程正在形成之中。与此相适应，评价的支撑和促进作用将得到彰显。[1] 但是，课程与教学评价千头万绪，很容易让人迷失其中。鉴于此，人们一直在思考：课程与教学评价的根本价值究竟是什么？究竟为什么而评价？相应的评价管理又应以什么为准绳？等等。其中，一个典型的研究项目是苏格兰的卓越课程改革。经过多年探索，2004 年他们发表了研究报告《追求卓越的课程》，确立了基础教育新的价值观、目标和原则，旨在培养年轻人成为成功的学习者、有信心的个体、负责任的公民和社会的积极贡献者。[2] 这一新课程的实质是在全球化背景下，推动教育转型，改革课程和教学，保证优质的基础教育，成就卓越的学习者。当前，大量的专门研究已经表明，学校课程与教学评价以"促进学生学习"为首要和根本目标，已经成为一种国际趋势。由此，学校课程与教学评价管理正在走向"学本化"，即课程与教学评价管理以学生的学习为本，以促进或者支持学生学习为根本的价值取向，始终把促进学生学习放在评价管理最重要的位置。

在这样的背景下，基于标准的绩效制直接要求校长从"管理维护转到教学领导"，要求校长的作用和责任发生明显变化，校长要能够把领导理论运用到影响学生学习的行动中，要变成为改善学生学习负首要责任的教学领导者。[3] 华莱士基金会支持的大量实证研究表明，学校领导和改进学生成就之间存在必然的联系，有效的校长可以推动教与学的发展。[4] 这就赋予了校长领导力以新内涵，即促进教师的教学，进而提升学生学习成效。

---

[1] Shepard L A. The Role of Assessment in a Learning Culture [J]. Educational Researcher, 2000, 29 (7): 4-14.

[2] Gillies D J M. A Curriculum for Excellence: A Question of Values [J]. Scottish Educational Review, 2006, 38 (1): 25-36.

[3] Haynes B J. Professional Development of Principals [D]. A Dissertation Submitted to the Graduate School University of Arkansas at Little Rock, 2010: 1.

[4] The Wallace Foundation. The School Principal as Leader: Guiding Schools to Better Teaching and Learning [C]. The Wallace Foundation, 2011: 3.

📢 **名家语录**

我们必须牢记，评价的最终目标是使学生能自己评价自己。

——Costa，A.L.

[**本章小结**]

本章从课程与教学管理概述、课程与教学规划管理、课程与教学实施管理、课程与教学评价管理四个方面，探讨了学校课程与教学管理。

第一，分析了课程管理和教学管理的关系，在此基础上提出课程与教学管理是指在一定社会条件下，课程与教学管理者依据一定的管理原则和方法，对一定课程与教学系统的人、财、物、时间和信息等要素进行决策、计划、组织和控制，以有效实现课程与教学系统预期目标的活动。明确界定了课程与教学管理的三个层次，即国家层次的课程与教学管理、地方层次的课程与教学管理、学校层次的课程与教学管理。此外，明确了课程与教学管理的领域主要包括课程与教学规划管理、实施管理和评价管理。

第二，分析了校本化课程实施规划管理的重要性、基本概念及相应案例。接着，论述了校本课程开发管理的四个主要步骤，即组织建立、情境分析、文件编制和课程决定。另外，展望了课程与教学管理的发展趋势，指出民主化是课程与教学规划管理的发展方向。

第三，介绍了教师培训管理的七个模式：专业报告式、课题引领式、微格训练式、案例剖析式、校际交流式、教育叙事式、网络共享式。梳理了学校备课管理、上课管理、作业管理的方法。最后，提出弹性化是课程与教学实施管理的发展方向。

第四，指出了课程与教学评价的对象主要包括：①学生学习评价、教师课程开发与教学实施评价、课程产品评价以及学校课程与教学管理成效评价，并介绍了相应的管理方法；②介绍了课程与教学评价主体管理的基本方法；③分析了课程与教学评价方法的管理，提出需要以"贯通一体"的评价管理意识，灵活选用多种质性评价方法和量化评价方法；④阐述了学本化是课程与教学评价管理的发展趋势。

总结 >

Aa 关键术语

课程与教学管理 Management of Curriculum, Teaching and Learning	课程与教学规划管理 Management of Planning of Curriculum, Teaching and Learning
课程与教学实施管理 Management of Implementation of Curriculum, Teaching and Learning	课程与教学评价管理 Management of Evaluation of Curriculum, Teaching and Learning

章节链接

本章主要介绍了课程与教学规划管理、实施管理和评价管理，与本书第二章、第六章的内容具有一定的联系。

应用 >

批判性思考

有人认为，弹性化的课程与教学实施管理有利于改变学校教学管理程序化、机械化、标准化、一刀切的弊端，但是过度强调弹性化将会加重教师教学负担。有人认为，家长、社会人士参与到学校课程与教学评价管理之中，目前在我国较难实现。

对此，你怎么看？请说说你的理由。

体验练习

一、判断题（判断正误，并说明理由）

1. 课程与教学管理是一项复杂的工作，是学校领导的责任。

2. 课程与教学评价的主体是教师，学生永远是评价的对象。

3. 为减轻学校教师的教学负担，可以在学校内统一教授相同的校本课程。

二、讨论与探究

1. 课程与教学管理在学校管理中处于什么地位？

2. 课程与教学管理的发展趋势是什么？

3. 结合你的实践经验，谈一谈当前我国课程与教学管理存在的问题及其改进策略。

校本课程何以能精彩?

姚老师是北京市某中学的教师,他所在的学校从 1996 年就开设各种校本课程,并通过不断创新,形成了具有一定特色的校本课程管理体制。

在校本课程的申报遴选上,该校设立了课程开发领导小组和课程开发委员会,从纵向与横向的角度,将学校各职能部门、教研组、备课组、全体教师和学生有机地整合起来。围绕校本课程规划、组织、实施、监管和评价,制定了一系列管理制度。在课程申报上,本着一切为了学生发展的基本理念,倡导、鼓励教师合作开发校本课程,学期末由教师根据本人特长申报开设课程类别和内容,并撰写课程方案。该校还启用了课程管理网络系统,方便教师申报和学校课程开发委员会的审核。

在校本课程的组织与实施上,该校开发了学生网上选课系统,在强化网络管理的同时注重对学生选课的指导。在实施的过程中,不断加强校本课程的备课管理,每月进行一次集体备课。打破了年级界限,采用走班制教学形式。该校还出台了校本课程课堂教学管理制度,由校教导处负责校本课程教学管理工作。在教学常规上,由教务处严格巡课并做记录,由教研组长组织教师定期开展校本教研活动,交流讨论校本课程的教学经验。

在课程评价方面,该校每学期召开一次校本课程工作总结会,表彰先进并收集开发出的校本课程,加以论证、推广,达到一定数量后形成校本课程集。学校"校本课程管理委员会"每学年组织有关人员对已有的校本课程进行绩效评估,分别评选出一等奖、二等奖、三等奖若干,并根据学校当年经济状况给予一定现金奖励,以表彰开课教师所做出的贡献,同时对校本课程文本进行修订、完善,使之最终成为正式的校本教材。为了对校本课程进行质量分析和监控,该校制订了《校本课程评价方案》,方案明确了校本课程的目的、原则以及内容和方法。学校每年都进行校本课程菜单的重新修订,新的、成熟的、受学生欢迎的校本课程不断加入并形成特色稳定下来,其余的校本课程将逐渐淡出。

思考题:

1. 该校的校本课程管理有何特点?

2. 该校的校本课程管理都运用了哪些方法?

管理一线纪事

我想成为一名好教师①

李老师毕业于某师范大学中文系，今年应聘成为某市重点中学的教师。开学前，在学校的工作会议上，学校领导对这一学年的工作做了安排，李老师的工作是初中二年级（3）班的班主任兼语文老师。

散会后，李老师主动找到原班主任了解班级情况。原班主任张老师说："我们班是全年级最活跃的班级，学生的情况十分复杂，学生之间成绩的两极分化现象比较严重。大多数学生上课时的表现较好，但有几个学生总是违反课堂纪律。"

回到家里，李老师想，我今年刚毕业，我在师范大学的教育学、心理学成绩都是优秀，我热爱教师这个职业，相信自己有能力成为一名好教师。怀着这份信念，李老师首先找了几本教育学、心理学的书籍，又找出了大学期间的笔记，开始认真阅读。她还翻阅了学生档案，对本班学生的成绩、表现有了初步了解。接着，李老师开始准备语文课的教案。她根据上学期学生的语文成绩，结合有关教育理论，精心确定教学目标、设计教学过程。开学前两天，李老师拿着自己的教案向学校优秀语文教师请教，根据这位教师的意见，她对教案进行了修改，并进行多次模拟教学，直至完全掌握教学内容。

开学的第一天，李老师很早就来到学校，做好了上课前的准备。第一节课是语文课，李老师满怀期待地走进初二（3）班的教室。刚一进教室，原本吵闹的学生立即坐好并安静下来。李老师很满意，微笑着走到讲台上说：

"各位同学，早上好，我是你们的新班主任和语文老师，我姓李，我希望能和大家成为朋友，一起拥有一个愉快的新学期。现在让我们彼此认识一下，我开始点名，叫到名字的同学请站起来回答'到'。"

点名时，学生们十分安静，李老师觉得自己已完全控制了课堂，然后她宣布了本学期语文课的要求和学生在课堂应遵守的规则。接着她开始上课。不久，情况发生了很大的变化，有的学生开始小声讲话，有的做小动作，有的学生和同桌打闹、嬉戏，有的学生看小说……虽然多数学生仍安静听课，李老师还是很生气，她不停地大声喊：

"张扬，坐好！"

"朱力，我希望这是我最后一次看见你讲话，你再讲话，我要请你出去了。"

---

① 杜萍. 中小学教学与管理案例分析 [M]. 北京：教育科学出版社，2001：35-38.

"岳清海，你不要把语文书画得乱七八糟！"

"大家安静一下！"

"王星，你不要总是玩你的铅笔盒！"

…………

李老师喊得声音越大，她越发感受到课堂的失控。她拿起教棒狠狠地敲着讲台，巨大的声音回响在教室中，学生们一下安静下来，都看着李老师。噩梦般的第一节课，令李老师在做教师的第一天深感挫败。她感觉自己的班级是一个战场，越是想在与学生的争斗中取胜，课堂就越失控。李老师觉得她已为这一次课准备了很长时间，结果仍不尽如人意。她问自己，在师范大学读书时，教育理论考试成绩都是优，为什么就不能应对课堂教学管理中的问题呢？看来她应该重新认识"教学"。

请问：

1. "李老师觉得她已为这一次课准备了很长时间，结果仍不尽如人意。"请尝试帮李老师分析原因。如果李老师想请你帮助她，你会怎么做？

2. 学校教育管理者应该如何帮助新教师解决这一问题？

拓展 >

补充读物

1 吴刚平.学校课程管理实务 [M]. 北京：高等教育出版社，2005.

从学校课程管理实务的角度，本书对三级课程管理、课程计划管理、教学常规管理、综合实践活动课程管理、校本课程管理、课程资源管理、课程评价管理、教学研究管理等方面的实践经验和问题进行了梳理，为学校课程管理提供了有针对性的实用分析框架和技术基础，并提供了丰富多彩的案例。

2 罗伯特·L. 马扎诺. 有效的课堂评价手册 [M]. 邓妍妍，彭春艳，译. 北京：教育科学出版社，2009.

该书的特点是用大量的案例和精细的图表来介绍形成性课堂评价系统的设计。

第六章

学校教研与科研管理

本章概述

　　本章首先介绍了学校教研与科研的内涵和基本理念，并重点讨论了学校教研与科研管理的概念、共性要素和共性内容，指出了学校教研与科研管理的六项共性内容，即制订规划、目标管理、知识管理、组织管理、制度管理和队伍管理等；其次，阐述了学校教研活动的组织与管理问题，其中，教研管理的重点是教研组建设；最后探讨了学校教育科研的组织与管理问题，其中，教育科研管理的重点是课题研究管理。

结构图

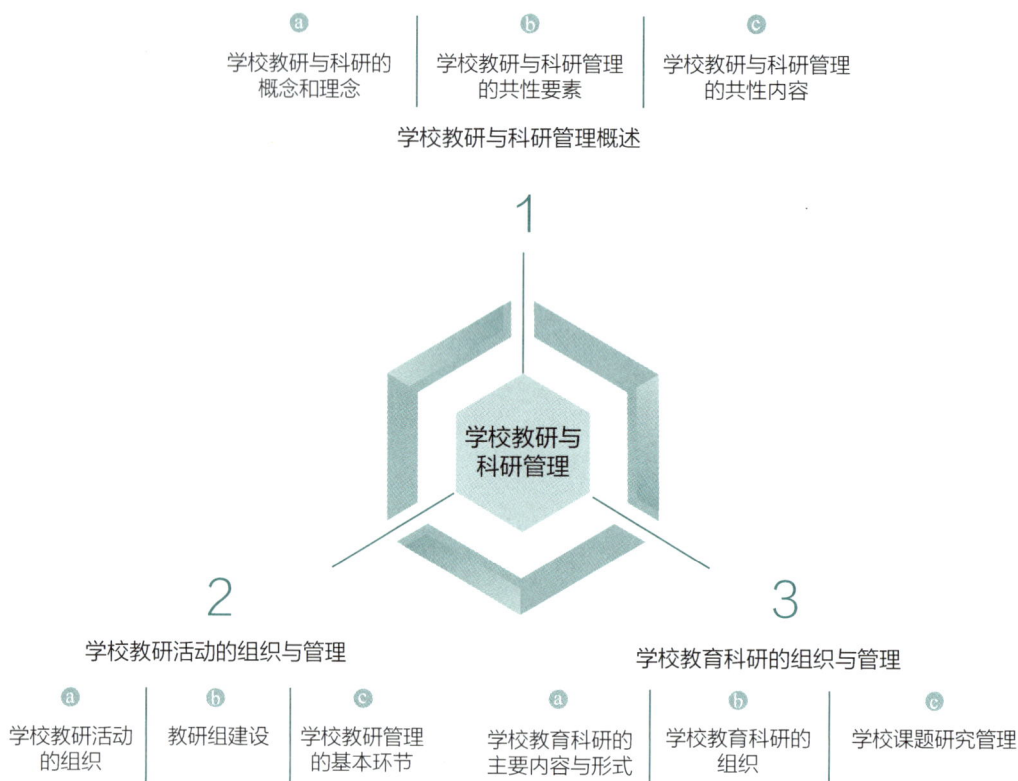

ⓐ 学校教研与科研的概念和理念　　ⓑ 学校教研与科研管理的共性要素　　ⓒ 学校教研与科研管理的共性内容

学校教研与科研管理概述

1

学校教研与科研管理

2 学校教研活动的组织与管理

ⓐ 学校教研活动的组织　　ⓑ 教研组建设　　ⓒ 学校教研管理的基本环节

3 学校教育科研的组织与管理

ⓐ 学校教育科研的主要内容与形式　　ⓑ 学校教育科研的组织　　ⓒ 学校课题研究管理

学习目标

1．正确理解学校教研与科研的内涵及其基本理念。

2．科学把握学校教研管理和科研管理的共性要素与内容。

3．了解学校教研管理的组织机构、教研组建设的内容以及教研管理的基本环节。

4．了解学校教育科研管理的组织机构，掌握教育研究课题管理的流程。

读前反思

新一轮基础教育改革提出"教师是研究者"的理念，这对于平时沉浸于备课、上课、批改作业和学生管理之中的教师来说，无疑是一个新的挑战。在阅读本章之前，请反思自己以及所任教学校的教学研究和教育科研状况，并认真思考：

你对教学研究和教育科研工作有清晰而正确的认识吗？自己参加教研和科研活动的态度如何？你对学校的教研管理和科研管理情况熟悉吗？

你认为教研组是一种怎样的组织？它的主要功能有哪些？教研组长在学校中重要吗？为什么？学校目前的教研活动是有效的吗？

你对学校的教科室或类似的教育科研管理机构的功能了解吗？你会申报和组织实施研究课题吗？学校教师的科研活动能够纳入学校的绩效考核吗？为什么？

第一节
学校教研与科研管理概述

🎯 **学习目标**

正确理解学校教研与科研的内涵及其基本理念，科学把握学校教研管理和科研管理的共性要素与内容。

学校教研与科研是学校内涵建设的重要支撑。没有教研与科研支撑的学校，往往没有发展的动力。如要做好学校的教研与科研，则必须明了其内涵及其基本理念，并把握学校教研与科研管理的共性要素与内容。

一、学校教研与科研的概念和理念

（一）学校教研与科研的概念

教研和科研是学校的两大类研究活动。

学校教研是学校教学研究的简称。它是指学校借助教育科学理论，以有价值的教学问题为对象，运用恰当的研究方法，有目的、有计划、有组织地对学校教学实践进行研究的活动。

学校科研是学校教育科学研究的简称。它是指学校借助已有的教育科学理论，以有价值的教育问题为对象，运用恰当的研究方法，有目的、有计划、有组织地开展的认识教育本质与客观规律、创新教育理论和方法，或遵循教育规律解决教育教学实际问题的创造性活动。

这两个概念包含的基本要素主要有四点。

第一，需要教育科学理论的指导。教育科学中的教育学、心理学、教育管理学、教育社会学、德育论、学科教学论、教育技术学、教育美学等理论为学校的教研和科研提供了先进的理念支撑和科学的理论指导，保证了学校研究活动的科学性。

第二，具有明显的应用性。学校教育研究活动的主要范畴是学校办学发展过程中在教育、教学、管理等方面出现的实践问题，应用性是学校教研与科研的突出特征。

第三，有目的、有计划、有组织。学校教研和科研的目的，在于解决学校发展中的教育、教学、管理等方面的问题，促进学校人员发展和办学质量的提高，最终促进学生全面而健康的发展。为了达成研究目的，学校要分析学校发展中的问题，做出研究计划，并建立相应的机构和制度，而不能盲目进行，随意开展。

第四，学校教研与科研的本质是创造性的认识活动。尽管学校的教研和科研活动具有明显的实践性，但是，它们在本质上仍属于一种认识活动，是探求学校教育教学和管理等各方面的未知，发现新规律，求得新结论，创造出更科学、更新的教育教学和学校管理方法的创造性认识活动。这种活动以已有的知识为基础，以科学实验或逻辑推理为基本手段，以获取新知为价值归宿。

（二）教学研究与教育科研的关系

中小学教研与科研的主要区别在于：①研究范围不同。教学研究主要是针对学校教学工作的各种问题而展开的，是对学科知识、课堂教学等的研究；教育科研包括的范围相对要广泛得多，涉及学校工作的方方面面。②层次深度不同。教研活动中，教学观摩、说课、研讨、反思等都属研究。但教育科研是进一步、深一层的研究，是指有设想与计划，有明确研究目标、内容、方法和步骤的科学研究。

二者的联系是：教研与科研都强调一个"研"字，都是对学校工作进行的探索和研究。学校教育科研包含学校教学研究，教学研究是教育科研的一个重要组成部分。教研是科研的基础，科研能够提升教研的水平，两者相互结合、相互促进，共同推动学校的改革与发展。

在认识教研与科研的关系上，既要强调两者之间的相互联系与渗透，也要注意区分两者之间的差异。那种认为教育科研"神秘"而高不可攀的观点显然是不正确的，但是将教育科研"泛化""庸俗化"也是不可取的。

（三）学校教研与科研的基本理念

1. 教师是学校教研与科研的主体

学校教研和科研活动要依靠教师，它们是"源于教师""由教师做""为了教师"的活动。教师把握和主导着学校研究活动的方向和内容，实施学校研究活动并使用研究活动的结果。

🔊 名家语录

如果想使教育给教师带来欢乐，使每一天上课不至于变成单调乏味的义务，就请你把每个教师引入研究的幸福之路。

——苏霍姆林斯基

教师进行教育教学研究有很多优势：第一，教师工作于现实的教育教学情境之中，最了解教学的困难、问题与需求；第二，教师能准确地从学生的学习中了解到自己的教学成效，了解到师生互动需要改进的方面，尤其是能从教育教学现场中、从学生的文件（如考卷、作业、作文、周记等）中获得第一手资料，这为研究提供了良好的条件；第三，教师针对具体的、真实的问题所采取的变革尝试，能够在实践中得到检验，进而产生自己的知识，建构适合情境的教育教学理论。

2. 学校发展中的问题是学校教研与科研的主要来源

学校教研和科研都是在学校这一具体情境中进行的，与教师的教育教学工作、管理工作、学生身心的健康成长等紧密地结合在一起。尽管我们不否认中小学一线教师也可以对具有普遍意义的、抽象的教育教学理论进行研究，但是，学校教研和科研活动最为直接和首先应该解决的还是学校发展过程中遇到的实际问题。

3. 行动研究是学校教研与科研的重要形式

中小学校的研究活动与大学和专业教育研究机构的教育科学研究，在目的、主体、基础、问题等方面有很大的不同，具体见表 6.1。[①]

表 6.1　中小学教育科研与大学和研究机构教育科研的区别

	中小学教育科研	大学和研究机构教育科研
研究目的	解决实际问题，改进教育实践，促进教师、学生和学校的发展	检验假设，发现规律。发展教育科学理论
研究主体	校长、一线教师为主，学者专家提供支持，注重广泛参考和合作	学者专家为主，其他人员协助
研究基础	不需要太多研究积累，以个体经验为主	需要相当程度的研究积累，且要求一定的学术基础
研究问题	来源于教育实践	来源于理论和实践两个层面
研究方法	抽样不求代表性，只求针对性；一般采用简便易行的方法收集资料，多用行动研究、观察、访谈、调研等方法	抽取具有代表性的样本；采用具有信度、效度的测量技术，研究方法多样、规范
研究设计	简易轻松，在研究过程中可随时修改，不太关注控制无关变量和减少误差	严谨周密，控制无关变量；根据计划，按步骤严格实施；重视研究的信度和效度
资料分析	简单分析，多呈现原始资料，注重实用性	分析技术复杂，呈现分析后的资料，多强调统计显著性、推理一致或事件深层意义的诠释
成果表现形式	成果表现多种多样，依实际需要而定，无统一格式	论文、著作、研究报告为主要成果表现形式，有严格的学术规范上的要求
成果应用	强调实用性和对校长、教师个体的意义	注重结果的意义、理论的显著性和可推广性

上述不同决定了中小学的教研和科研活动主要应该是行动研究。它"是在真实的教育情境中和自然条件下，教育实际工作者按一定的操作程序，综合运用多种具体的研究方法和技术，以解决教育实际问题为首要目标的一种教育研究活动"[②]。这种研究在本质上是一种

---

① 鲍传友. 做研究型教师 [M]. 北京：教育科学出版社，2009：48.
② 康万栋，李晗. 研究提升内涵：中小学教科研与应用 [M]. 保定：河北大学出版社，2012：104.

反思性探索。强调研究结果与实践运用的一体化。

4. 促进学校持续发展是学校教研与科研的价值追求

学校开展教学研究和教育科学研究，根本的价值追求在于解决学校面临的现实问题，改善学校办学条件，提高学校效能。学校效能包括三个方面的内涵："一是学校优秀的工作成果，这包括质与量两个方面在内的学校教育成果，表现为对国家教育目标的实现，使受教育者的身心得到全面而充分的发展……二是学校对所面对的公众基本要求的满足程度，包括国家与社会、社区，学校管理者与教师，家长与学生等的合理要求。获得学校内外公众良好的评价和社会满意度，这是学校对外表现出的社会目标。三是通过改革创新而实现的对环境变化的适应能力。"[①] 通过教研与科研提高学校效能，是中小学校"科研强校"的真实写照。

5. 整合校内外资源是提高学校教研与科研质量的重要保障

尽管学校的教研和科研活动重视学校内部的问题，强调以学校教师为主体，但不能持"唯学校论"。学校必须从社区所在的高等院校、专业教育研究机构、教育行政部门等地方获得必要的指导和支持，以学校的力量为主体，整合校内外一切可供利用的资源开展教研和科研活动。

二、学校教研与科研管理的共性要素

学校教研与科研管理，是以现代管理科学和教育科学为理论基础，遵循教育教学研究的基本规律，有效地发挥学校人、财、物、时间、空间信息等要素的作用，运用决策、指挥、计划、组织、控制、协调等管理职能和科学的管理方法影响学校教研与科研工作，以实现学校教研与科研目标的活动过程。其根本目的是高效率、高质量地完成学校教研与科研任务，并将研究成果运用到学校的教育、教学、管理等工作之中，促进学校的健康发展。

学校管理面对的是学校内外大大小小的各种"事"，这些"事"都是由学校管理的基本要素（人、财、物）和特殊要素（时间、空间、信息）综合作用而形成的。学校教研与科研管理的共同要素，也可以在这几个基本要素上加以分析。

（一）学校教研与科研管理中的"人"

学校教研与科研管理中的"人"，包括管理者和被管理者两大类。

学校教研与科研管理的管理者，首先是校长。作为学校的最高行政负责人，校长要亲自组织和领导教研与科研工作。其次是教务处及负责学校科研的部门负责人，他们协助校长，

---

① 李永生. 学校效能建设 [M]. 北京：教育科学出版社，2012：19-20.

主抓教研与科研工作，是学校教研与科研工作的中间管理层。最后是学校教研组和年级组的组长，他们是学校教研与科研的基层管理者。

学校教研与科研工作的被管理者，是指学校中凡是参与到教研与科研工作之中的所有教职员工，既包括专任教师，也包括行政、后勤等方面的人员。学校要充分调动他们教研与科研工作的积极性，向他们普及教研与科研的理论知识，培养和提高他们的研究能力。

（二）学校教研与科研管理中的"财"

学校教研与科研管理中的"财"，主要就是指学校可用于教研与科研活动的经费，包括校外各相关机构拨付给学校的研究经费，以及学校自己在教研与科研方面的经费投入。研究经费必须专款专用。为了提高学校的教研与科研水平，学校应不断加大在教研与科研方面的经费投入。

（三）学校教研与科研管理中的"物"

学校教研与科研工作对"物"的要求不高，因此学校教研科研管理中对"物"的管理也不复杂，配备好基本的办公设施就可以了，如电脑网络设施、用于教研与科研活动资料储存的相关物品等。

（四）学校教研与科研管理中的"时间"

学校教研与科研工作都必须以专门的时间做保证。由于中小学校教师教育教学任务繁重，很难像专业研究人员一样有专门时间进行研究，因此，中小学教研与科研的时间管理就显得非常重要。

（五）学校教研与科研管理中的"空间"

学校教研与科研管理中的空间管理和对"物"的管理有相似之处，没有特别高的要求和复杂的任务，只要有足够的工作地点，保证教研与科研工作顺利进行就可以了。此外，学校领导管理者要突破学校空间的局限，树立开放的管理理念，加强与高等院校、专业科研机构以及兄弟学校之间的合作教研和科研。

（六）学校教研与科研管理中的"信息"

学校教研与科研工作的质量和效率离不开信息。学校教研与科研管理中首先要重视相关信息资料的硬件及其建设。所谓硬件指的是学校中图书馆、资料室、档案库的建设及计算机的联网等。硬件建设就是要加大学校信息资料建设，购置和更新图书、教育杂志、报纸和其他相关的信息资料；做好学校的网络和信息库建设；充分利用学校已有的文献资料为教师的教研与科研工作服务；要为各教研组配备书柜和文件夹，用于书籍、资料档案的保存等。为此，学校要选择好图书管理员和资料管理员。

学校在加强学校教研与科研硬件建设的同时，还应该加强对教师的教育，使他们有自主学习、查阅资料的意识和积极性；要制定学校教师学习与科研制度，对教师学习理论知识、查阅资料、进行教研与科研活动提出相应的要求，确立评价与激励机制。此外，学校还要邀请教育理论方面的专家学者、专业教育科研人员等到学校进行学术讲座，丰富学校教师的知识，开阔他们的视野，培养他们的信息素养，为教师的教研与科研活动提供更多的便利。

三、学校教研与科研管理的共性内容

学校教研和科研工作中的人、财、物、时间、空间、信息综合作用所构成的各种教研和科研活动中的"事"，有分属于教研或科研的，但也有共属于二者的。这些共性的"事"，就是学校教研与科研管理的共性内容。

（一）制订和管理学校教研科研规划

学校教研和科研规划是学校在一定时期内（如3年、5年）对教学研究和教育科研发展做出的总体设计，其主要内容包括：学校教研和科研工作发展的总目标、教学研究和教育科研组织的发展与队伍建设、教研科研管理的具体内容、学校研究保障条件及其改善等。加强学校教研科研规划，对于克服教研和科研工作的随意性，有计划、有步骤地做好学校研究工作具有重要的意义。

学校教学研究发展规划和学校教育科研规划应该分别制订。学校制订出3~5年的总体规划之后，每年还要制订学年工作计划和学期工作计划；而学校的教研组、年级组等还要在上述规划和计划的基础上制订出本部门的行动方案，并负责方案的实施与管理。

学校教研与科研规划管理，主要包括以下内容和步骤：第一，分析校内外环境。校外环境包括政治因素、经济因素、科技因素、文化因素、人口因素、教育因素、学校所在社区的环境因素等；校内因素包括学校的基本情况（特别是学校教师教学研究和教育科研的现状）、学校的优势和不足、学校发展面临的挑战和急需解决的问题等。第二，确立学校教研和科研的总体发展目标，即3~5年内学校教研和科研应该解决的重大问题、发展的理想规格、应该达到的新高度等。第三，拟订候选方案。根据学校教研和科研发展目标，制订2~3套可供选择的候选规划，并对每一套规划的特点做出明确的说明，以便于学校教职员工进行讨论和选择。第四，评估和确定发展规划。学校把拟订的候选方案交全体教职员工进行民主评议并提出修改意见；在进一步修改的基础上，通过教代会等形式，由全体教职员工决定发展规划。第五，实施学校教研和科研发展规划。将确定下来的规划具体化为学年和学期教研与科研计划，然后将计划再分解到相关的部门和个人，并由教研组、年级组等负责实施具体的工作计划。第六，检查和反馈。在学校教研与科研规划实施的过程中，学校管理部门要对实施情况进行检查，以确保规划实施的正确方向和良好效果。每一个阶段的工作完成之后，要对实施情况进行评价，并将评价结果反馈给学校领导管理层和具体的执行者，以利于改进规划的实施。

（二）目标管理

目标管理就是根据所设置的目标进行管理的活动。具体地说，它是组织中由总体目标引导各个部门直到每个成员制定各自的分目标和个体目标，并据此确定行动方案，组织实施，定期进行成果考核的管理方式。

学校教学研究的直接目的在于解决教学问题，特别是教学实践问题；间接目的在于促进教师发展，让教师自己教育自己，自己提高自己，自己促进自己的发展；根本目的在于促进学生的健康发展。[1]

学校教育科研的目标可以界定为两个方面：一是发现和建立新的教育教学理论，丰富和发展教育科学；二是促进教师专业素质的提升，提高学校教育教学质量。尽管学校教研目标和科研目标各有不同，但是，它们的共性就是通过解决学校实践中产生的现实问题，提高学校的教育质量和办学水平，促进学校中人的发展。这一共性目标是学校利用目标管理方式进行教研科研管理的基础。

运用目标管理方式对学校教研与科研工作进行管理时，要遵循以下步骤：第一，确定学校教研与科研活动的总体目标。第二，根据目标中包含的任务，将目标进行细化和分解。要根据学校工作的轻重缓急、研究工作的难易程度、研究规模的大小等明确研究工作的重点以及不同层级和不同参与者的具体任务。第三，分配任务。将任务分配到学校各相关部门，并要求他们制订出各自部门或每个人具体的工作计划。第四，实施目标。各个部门和教师根据自己的工作计划开展研究。学校领导管理部门在这期间要做好过程管理，包括组织、指导、协调、控制、创建良好的氛围和环境、提供保障条件等。第五，评价成果。各个部门和教师的工作完成之后，就要对照目标评估工作成果，进行工作总结，并依据评估结果进行奖惩。

（三）知识管理

"知识管理"这一概念最早产生于20世纪90年代的管理学领域，其基本内涵是：组织与机构对知识的获取、存储、学习、共享和创新等过程的管理，是将组织内的知识与人员进行有效整合，形成组织内外部各种资源的有效挖掘和共享体系，使知识发挥最大的效用，以

---

[1]　雷树福. 教研活动概论 [M]. 北京：北京大学出版社，2009：24-26.

促进组织的竞争力和可持续发展。①

中小学教师由于其工作环境与任务的特殊性，不可能像专业教育研究人员那样有充足的时间和精力获取大量的研究信息。在这种情况下，加强学校知识管理，为教师提供研究指导、帮助和服务就显得十分必要和重要了。有研究者以学校教育科研管理为对象，比较了以往的科研管理和融入知识管理之后的科研管理的不同，详见表 6.2。

表 6.2　传统的学校教育科研管理与融入知识管理之后的教育科研管理的不同②

	传统科研管理	融入知识管理的科研管理
管理目标	课题立项 成果获奖	关注学习型组织建设； 关注在知识创造中教师的专业成长
管理对象 （信息）	课题研究	正规的课题研究与非正规的专题研究； 具有知识创新含量的、正规的与非正规的研究活动
管理对象（人）	少数课题负责人	每一位教师潜能的开发
管理职能	课题前期申报立项； 中期检查论证； 后期成果鉴定评奖	知识挖掘采集—知识转化运用—知识共享积累
管理主体	科研室主任	学校科研领导团体
管理者职能	指导者、培训者、监控者、鉴定者等	研究者、组织引导者、服务支持者等

做好学校教研科研的知识管理，学校领导管理者要重视教师的自主学习以及学习型组织的建设，强化教师的理论学习，扩大他们的知识视野，提高他们吸收、整理和运用信息的能力，使他们成为终身学习的典范。学校还要建立课题研究资料库、校本课程资料库、校本教学资料库等适合教师使用的、富有特色的学校教育科研资料库，以丰富的知识储备为教师开展教研和科研工作提供信息服务；通过专题研讨、教育论坛、论文交流与评比、成果展示、经验交流、编辑文集、出版刊物等活动，促进知识在学校成员之间的转化和共享；建立学校与高等院校、教育科研机构的合作机制，更好地实现外部知识向学校的输入；通过在线学习、专家引领、同伴互助等形式，实现教师与教师、教师与专家之间的沟通与交流，为学校教师在教研和科研工作中充分地利用知识信息提供更加高效便捷的渠道。

（四）组织管理

作为一种社会组织，学校将与学校生存和发展密切相关的人、财、物、时间、空间、信息等因素按照一定的原则有机地联系起来，建构起一个开放的系统。教研和科研组织是其中

---

①　潘国青. 学校教育科研新论［M］. 上海：上海教育出版社，2005：140.

②　潘国青. 学校教育科研新论［M］. 上海：上海教育出版社，2005：143.

一个子系统。

学校教研科研的组织管理首先要建立学校教研和科研组织管理机构，其中主要是学校的教研组和教育科学研究室（简称教科室）。这些机构是学校管理教研科研工作的具体执行部门。为了提高其工作效率，学校应该健全其内部机构，配备一定数量的管理和工作人员。学校还要为他们提出工作目的和任务，并对这些组织的工作进行指导、监督、检查、评价。同时，学校要为这些组织的正常运转提供较为充分的资源（如经费、设备、信息等）支持。

（五）制度管理

制度是学校教研和科研工作健康发展的规范性保障。学校教研科研的制度管理，就是要建立、完善以及有效地执行关于教研和科研的规章制度。

学校教研与科研管理的规章制度主要包括如下几个方面。

第一，发展规划制度。学校要根据整个教育系统和学校发展规划，对教研科研工作做出一定时期的总体部署。

第二，目标考核制度。学校把教研和科研的目标达成度列为学校管理和办学水平的考核指标，作为教科室、年级组、教研组和教师个人业绩考核指标。

第三，学习制度。包括组织常规性的学习制度、教师自主学习制度、教师参加教育行政部门组织的校外教师培训制度等。

第四，课题管理制度。目前，许多学校都开展了教学研究和教育科研的课题研究。因此，学校应该建立教研和科研的课题管理制度，主要包括课题申报和备案制度、研究实施之前的课题开题制度、研究中期的交流汇报制度、研究结束后的课题成果鉴定和评价制度等。

第五，保障制度。主要包括学校教研与科研管理组织的建设制度、研究经费管理制度、教研与科研档案的管理制度、教研与科研工作的评价制度、教研与科研工作的奖励制度等。

🔍 **案例**

学习+实践=改进
——上海打虎山路一小语文教师合作小组章程①

一、问题

1. 较多关注一节课、一本书的教学，缺少对语文教材系统的学习及大语文观的把握；较多关注教法与形式，缺少立足于学生经验的思考。

2. 比较被动地接受他人的帮助，缺少自我反思的意识。

---

① 潘国青. 学校教育科研新论［M］. 上海：上海教育出版社，2005：174-175.

二、目标

1. 做一个有特色的语文教师；做一个反思的实践者；做半个文人。

2. 学习、实践、改进。

三、活动

1. 新老教师平等合作。

2. 每月活动两次（周三上午2节课）。

3. 以问题研究为主，每次有若干个中心发言者。

4. 带着自己教育教学上的实际问题走进小组，针对问题做中心发言，在研讨中寻求解决问题的方法，制订并实施方案，带着体验再次走进小组反馈交流。

你认为上述语文教师合作小组章程具有哪些特色？

（六）队伍管理

学校管理的核心因素是人。要想做好教研与科研工作，就必须建设一支高水平的学校教研与科研队伍。为此，学校要制订相应的培养计划，包括教育科研队伍建设的目标、内容、途径、方法和保障措施等；制定相应的制度，规范和激励教师积极主动地提高自己的科研素质，从事教研和科研工作。同时规定学校对教育科研骨干教师的选拔、培养、使用、考核和奖励制度；要做好教师科研素质的提高工作，依据不同的培养目标和不同的培养对象，进行不同内容和形式的培训；定期组织教师外出参观考察，参加校内外有关学术会议，开阔视野，提高他们的自我反思及借鉴能力；根据学校的发展需求，适当地给教师分配一些力所能及的科研课题，让他们在研究中学习；聘请校外的专家或专职科研人员到学校指导教师开展研究。

第二节
学校教研活动的组织与管理

🎯 **学习目标**

理解并掌握学校教研管理的组织机构和基本环节。

教学研究是学校的常规活动，中小学都会建立相应的组织机构，以加强对教研活动的管理，一般分为决策层、管理层与执行层。学校教研活动的开展有赖于教研组建设的加强。

一、学校教研活动的组织

一般情况下，学校教研活动管理的组织构成如图 6-1 所示。

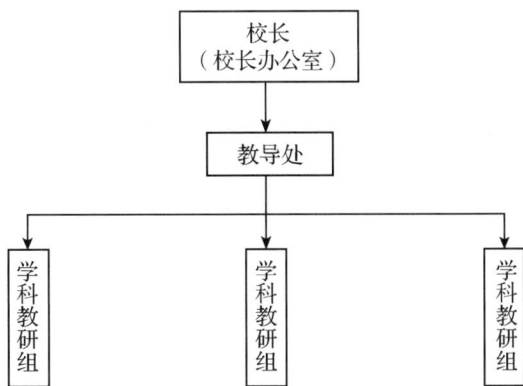

图 6-1 中小学教研活动的管理层次

（一）学校教研的决策层

学校教研的决策层，即校长。校长是学校教研活动的最高行政领导，也是教研活动的直接参与者。其主要管理职责为：组织规划教研活动；任免教学管理层面的主要负责人；指导和监督教研活动的实施；组织评价教研活动的质量；为教研活动的正常进行提供保障条件等。

（二）学校教研的管理层

教务处（教导处）协助校长具体管理学校各教研组、年级组的业务工作，是学校教研活动的直接管理机构。其主要职责是：制订教研活动的学年规划和学期计划；组织和指导各学科教研组教学研究活动；组织全校性的教学研究活动；主持召开各学科教研组负责人会议；分析教学研究的发展动态和存在的问题并予以解决；组织本校教师参加校外教学研究活动；为校长提供学校教学研究活动改革和发展的建议等。

（三）学校教研的执行层

教研组，全称"教学研究组"，是中小学根据学科设置的教学研究单位，又叫学科组，是学校教学研究的执行层。

一般情况下，同一个学科的教师构成一个教研组，如语文学科组、数学学科组、英语学科组等。对于学科规模小、任课教师人数比较少的学科，或者学科教师较少的学校，也可以由相近学科的教师组成联合性的教研组，如生化教研组、音美教研组等。教研组由一名比较优秀的教师担任教研组长，比较大的教研组还会设一名副组长。在规模比较大的学校，教研组下面还会划分出一个小的二级组织——备课组，并设备课组长一名负责本小组的教学研究活动。

教研组内部的人员及其构成如图6-2所示。①

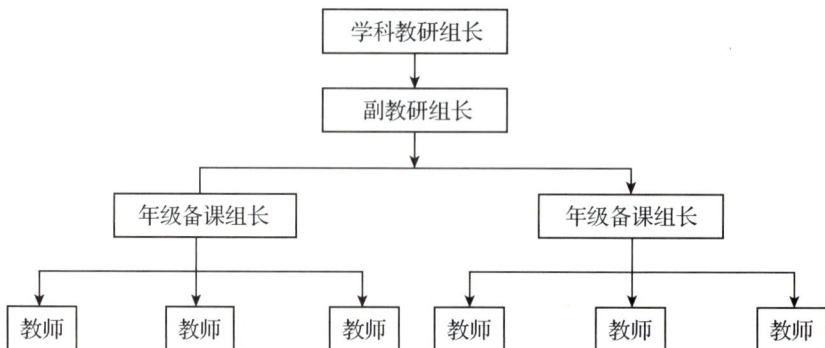

图 6-2　中小学教研组构成图

在教研组中，教研组长处于最高一级，直接对教导主任负责，其主要职责是：根据学校教学研究活动规划以及教务处的部署制订本教研组活动计划；组织实施本教研组教学研究工作；检查本教研组的教学研究进展情况；总结并向教务处汇报本教研组的教学研究结果等。副教研组长协助组长落实以上权责；各备课组起着承上启下的"关节"作用：一方面，负责执行教研组工作计划中所分派的任务，另一方面，负责制订本小组的活动计划，履行布置任务、检查反馈和总结工作的职能；组内教师则承担执行各级任务、完成各项指标的责任。

二、教研组建设

名家语录

老师的自我提高的工作要从集体思想的源泉中吸取营养，这种集体思想体现在代表会议、讨论会、专题研究会等各种活动中。而教师本人也把自己思考的结果、问题、疑难提交给集体来研究。

——赞可夫

① 杨向谊，陆葆谦，等．互动·共享·创新——学校教研组建设的新探索［M］．上海：上海教育出版社，2009：3.

（一）教研组的基本功能

从学校组织文化的角度来讲，教研组是学校的学术性组织；从学校管理学的角度来讲，它又是承担一定的学校行政管理职能的基层单位；从学校教师专业成长的角度来看，它还是学校的教师学习共同体。我国中小学教研组主要有以下几项功能。[①]

1. 研究功能

研究教学问题是教研组最基本的功能。教研组工作的重点，就是组织教师针对教育教学中存在的某一问题展开讨论与交流，同时组织教师研究三类问题：研究学科知识，知道"教什么"；研究课程教学，明确"怎么教"；研究学习心理，知道学生"怎么学"。通过对这些问题的研究与分析，得出解决问题的结论，并汇聚到教学执行，最终提升教学实效。

2. 指导功能

教研组的指导功能突出体现在集体备课各环节，包括制订教学进度计划，进行学情分析、学习内容分析、教法分析等。教研组通过集体备课，一方面可以指导教师如何备课；另一方面还起到指导课堂教学的作用，包括教学质量的设计、控制和改进，以此落实教学常规工作。

3. 培养功能

对职后阶段的教师来说，其专业发展更多受到来自教师生活环境，包括学生、教师群体、校园文化氛围等因素的影响，教师是在与周围环境的相互作用中获得发展的。教研组是同学科教师进行教学交流研讨的最基本的场所，也是教师成长的关键情境。

4. 管理功能

教研组承担着一定的行政管理功能。除了日常的教学研究、教学检查、教师人事管理之外，目前，我国的教研组大多还要处理或参与处理教学竞赛、教师进修等事宜。

5. 服务功能

教研组是教师自己的组织，可以利用自身的人力资源优势，积极调动组内成员的工作热情，为学校发展献计献策，为学校或上级部门评价与培养教师提供真实的第一手材料，发挥教研组的参政、议政等服务职能。

（二）教研组建设的基本内容

1. 设计教研组发展规划

教研组发展规划，是根据学校发展规划以及教研组发展现状，在明确教研组发展的长远目标以及需要解决的重大问题的基础上，由教研组制订并经学校领导管理者认可的关于教

---

① 杨向谊，陆葆谦，等．互动·共享·创新——学校教研组建设的新探索［M］．上海：上海教育出版社，2009：4-7.

研组发展的长远计划。

"教研组发展规划一般由四大部分组成：一是背景分析，即对发展环境和教研组自身情况的分析，这是正确定位的基础；二是达到的目标，包括总的定位和目标、具体和分项的目标任务；教研组不同，定位和目标也应该有所差异；三是实施发展规划的具体措施；四是达到发展目标所需的有效保障，如制度保障、组织保障、资源保障等。"①

制订教研组发展规划的基本要求：第一，与学校发展规划保持一致。教研组发展规划是学校总体发展规划的组成部分。教研组在制订发展规划时，要认真理解和分析学校长远的发展规划，把自己的规划自觉地归入学校发展的总体规划之中，不能偏离学校的总体发展愿景"另辟蹊径"。第二，突出教研组的根本任务——教学与教研。在规划教研组的长远发展时，一定要把这两项最基本的任务放在中心地位。对于这两项任务要合理安排，统筹兼顾，使二者能够相辅相成，共同提高。第三，强调"人本"理念，注意教研组教师的专业成长。教学和教研工作质量的高低，取决于教师的质量。规划好教研组教师专业发展的举措，是教研组规划的关键所在。第四，注意培育教研组的特色。有特色的教研组建设是学校特色文化建设的重要组成部分。在规划教研组发展时，要认真研究教研组的基础和现状、发展趋势以及学校特色建设对教研组的要求，凝练出教研组的个性。第五，全员参与，体现教师的主体地位和教研组的民主管理。组内教师是教研组发展的主体，所以在制订教研组发展规划时，一定要遵循民主管理的原则，让组内每一位教师充分发表意见，集思广益，形成共识。

2. 组织好教研组的日常工作

教研组的日常工作主要包括如下几个方面。

保证教研组日常工作正常运行的各种管理工作，包括组织教师学习新理论；贯彻学校和上级教研部门的要求；讨论和制订教研组活动的计划，并对其进行总结；组织研究课、展示课、竞赛课等教学活动；组织检查型听课、备课组活动监控等教学过程管理；组织课堂教学质量监控、测验和考试等质量管理；组织组内交流、校内各组间交流和校际交流等学习活动；评价本组教师的教学和教科研工作效果。②

研究性工作，主要有：关于课堂教学和与课堂教学相关的诸环节的研究和实践；关于学习心理、学法指导等学生主体性发展的研究和实践；关于教师进修等教学支撑方面的研究和实践等。

教研组要努力建设信息化平台，扩大教师之间研究和交流的时空，资源共享，提高研究和交流的质量，还要帮助教师掌握现代教育技术，让教师之间、学生之间和师生之间的信息交流更加畅通并高效。具体工作内容主要有：电脑备课，教案上网；构筑平台，资源共享；研究现代教育技术的应用等。

---

① 杨向谊，陆葆谦，等. 互动·共享·创新——学校教研组建设的新探索 [M]. 上海：上海教育出版社，2009：24.
② 张剑杰. 中小学教研组建设 [M]. 南京：南京师范大学出版社，2010：1-32.

资料性工作，主要指建立教研组常规项目的档案，把教研组工作过程中和教研活动过程中的重要资料留存下来，再经过整理成为工作档案和教研档案，为教研组建设和发展服务。

3. 建立健全并认真执行教研组工作的规章制度

学校教研组首先要认真执行上级教育行政部门和学校制定的关于教研组建设的规章制度，此外要建立和健全组本制度。这些制度主要包括本组教研活动的日常制度（如集体备课制度、说课制度、听课制度、研课制度、评课制度、教师个人的教学反思制度、教学研究制度等），也包括本组的日常管理制度（如"计划—执行—检查—总结"制度、组内教师教学管理制度、教学研究管理制度、教研组资料和档案管理制度、组内考核与评价制度等），还包括教研组教师学习和研究方面的制度（如组内学习制度、组内教师的培训进修制度、组内教育科研制度等）。制定本组制度时，要树立"制度服务教师而不是管束教师"的理念，充分地听取教师的意见；各种已有的制度要适时进行修订和完善，并认真地加以落实。

4. 培养教研组教师

教研组要树立终身学习的理念，把教研组建设成学习型组织。教研组长要自觉承担引领组内教师通过学习不断提升自身素质的任务。同时，要注意引导组内教师之间的专业交往和沟通，建立良好的人际关系和教师文化氛围，使教师对教研组产生归属感、安全感和责任感，进而形成共同把教研组建设好的合力。学校校长和教务处的中层管理者要重视教研组建设，自觉履行领导、管理职能；加强对教研组建设的研究；经常请校外的相关机构到学校对教研组建设进行诊断和指导。

🔍 **案例**

一位教师的教研活动记录

看了《风姑娘送信》，学习了"六要素"，我有一些想法，外行也来评评。沈老师的教态真好，语调抑扬顿挫，与学生的交流亲切大方，形体语言生动，适合一年级学生。看孩子们听得多认真。对学生良好学习习惯的培养也让我刮目相看。看！学生坐得多端正；与沈老师的配合多默契；回答问题声音响亮清楚，说话挺完整的！作为一名数学教师，这对于我培养学生是有所启发的。但是在我看来，教学目标的设置好像存在一些问题：如知识目标虽然具体明确，也注重学生的情感体验，但是，能力目标的制定好像存在一些问题。我还觉得沈老师在普通话使用方面还得加油。[①]

从上述材料中，关于教研活动你得到了哪些启发？

---

① 胡庆芳，等. 校本教研实践创新 [M]. 北京：教育科学出版社，2007：52.

（三）教研组长的培养与管理

1. 教研组长的岗位职责与专业标准

教研组长是教研组建设的核心人物和骨干力量，在引领本教研组教师专业发展、做好教研组日常管理、贯彻落实学校和上级教研部门的精神和任务、提高教研组教育教学质量等方面具有重要的作用。有研究者将教研组长岗位的基本职责概括为以下八项。①

第一，制订教研组工作计划，以落实学校的教学计划和工作要求，并组织实施教研组工作计划，最后写好教研组的工作总结，定期向学校报告工作。

第二，建设"学习共同体"，组织全组教师学习，在学习理论、研究教学、指导学生、教学科研和完成工作的过程中进修和自我进修，坚持"岗位成长"；同时指导教师进行自我评价和经验总结。

第三，安排、组织和引领全组的教学研究和课程改革，主持集体备课、说课、研课、听课、评课和改课活动，把握分年级要求，明确目标，选好内容，优化方法，协调进度，有效评价。

第四，重视学生学习生态分析，及时提出相应对策和措施，并抓紧落实，讲究成效；同时安排好学生学科课外活动和社会实践活动，促进学生在完整的课堂里不断发展。

第五，按照教学的实际需要和瓶颈问题，寻找并确定适合本组教师的课题，有计划地进行研究，逐步形成课题群，进行系列研究，以期提高教学质量。争取申报高级别的重点科研课题，并付诸实施。

第六，按照学校常规要求，检查和指导教师的日常教学，检查和指导备课组的活动，协助学校做好考核工作，同时落实计划、执行、检查和评价全过程各环节的反思和调整。

第七，注重资料积累，使教研组各项工作都能留下必要的痕迹，能分工保管，适时分析整理，在教学、教研、科研、培训等各项工作中发挥作用。

第八，与教师团结协作，共同完成学校交付的任务、教研组肩负的任务，在任务完成的过程中共同发展成长；并且能领导全组开展组内外交流，展示本组教研活动的成果。

教研组长的专业标准，是教研组长专业素质的集中体现。目前，我国关于中小学教研组长的专业标准尚未正式出台，但已有研究者尝试性地制定了教研组长的专业标准（见表6.3）。

---

① 张剑杰. 中小学教研组建设 [M]. 南京：南京师范大学出版社，2010：298-299.

表6.3 中小学校教研组长专业标准①

一级指标	二级指标	专业标准
落实教学措施	领会措施	经常与学校领导和教师沟通，及时汇报和交流情况；准确理解和把握学校教育教学措施，并能有效地执行措施
	流程管理	协助教导处切实贯彻教学常规，协调各年级重要考试的命题与阅卷和统计反馈工作。能依据学生的实际，及时调控教学进程
	教学质量	组长本人教学效果显著，能实现预期目标。指导组内成员，并能使学科教学质量均衡发展
组织教研活动	计划制订	抓住组内教学中的主要问题或研究专题，制订切实可行的教研活动计划或方案，目标清晰，有切入口或抓手
	计划落实	积极落实计划，能克服执行中遇到的困难或障碍，确保计划有步骤、有层次的推进
	教师参与	主动关注同伴的需求，提出建议，提供帮助，与大家共同分享经验，善于利用各种时机，组织大家研究和探讨教学问题
	活动效果	能解决组内教学中存在的主要问题，切实帮助组内教师的教学；有活动记录、活动分析与总结
引领专业发展	师德修养	严格遵守市、区教师行为规范，有奉献精神和较好的人格魅力。对同伴热心而宽容，有服务意识，关心教师尤其是青年教师的成长，主动提供咨询和帮助。为人正直，办事严谨务实，有责任心
	教学实践	准确把握教学目标、重点和难点，选择合适的教学方式，合理组织教学内容；能对教学中的目标达成动态生成，加以自我分析，并提出后续跟进措施
	学习创新	有进取心和创新意识，密切关注学科教学理论的发展前沿，了解本学科课程改革的最新发展，注重运用理论指导教学实践和研究，并取得一定的成果

2. 教研组长的产生、培养与管理

中小学校教研组长产生的方式有很多种，如学校领导（主要是校长）直接任命或聘任、教师推举、教师竞聘等。无论何种方式，都有一个选拔的过程。

选拔出教研组长后，学校还要对他们进行培养，具体包括三个环节：①培养实施之前的情况分析。根据学校发展规划，明确教研组长应该具备的专业素质，了解教研组长自身发展的需要，结合学校发展和教研组长自身发展确定教研组长专业成长的方向。②实施培养。根据教研组长的岗位职责和专业素质，明确培养内容；根据不同培养内容的具体要求，选择适宜的培养方式。在培养过程中，要注重学校集体培养与教研组长自我培养的结合。③培养后的考核评价。根据培养内容，在培养结束后对教研组长进行科学、公平的考核和评价，以确定对于不同发展水平的教研组长的使用原则和策略以及教研组长后续培养的相关问题。

---

① 杨向谊，陆葆谦，等. 互动·共享·创新——学校教研组建设的新探索［M］. 上海：上海教育出版社，2009：125.

学校领导管理者对教研组长的管理内容主要包括以下内容。

第一，了解情况。学校领导管理者通过观察、交谈、听课、查阅教研组工作资料等方式，了解教研组长的工作状况，掌握教研组的运转情况。

第二，指导工作。学校领导管理者要及时向教研组长说明学校发展规划及策略，使教研组长了解相关情况，积极主动地配合学校工作；结合了解到的情况，就教研组长的管理提出合理化建议；根据教研组长的需要，为他们顺利开展工作提供咨询和指导；参加教研组活动，对教研组长的工作进行现场指导。

第三，检查督促。学校领导管理者运用恰当的管理方法，有目的地考察教研组长的工作，发现问题，提出改进意见，督促教研组长改进工作。

第四，考核评价。学校领导管理者根据学校的相关制度以及教研组长的岗位职责，通过教研组长述职、成果展示、教师评议等方式，结合教研组长的平时工作表现对他们履行职责的情况进行综合评估。

第五，奖励惩戒。这是对教研组长考核评价结果的运用。奖励是对教研组长积极的工作表现和优质的管理效果的正向刺激和强化，包括口头表扬、物质奖励、授予荣誉等；惩戒是对教研组长消极的工作表现和无效或低效的管理业绩的警示和抑制，包括口头批评、书面批评、行政处分，甚至撤销职务。

三、学校教研管理的基本环节

（一）教研计划的制订

制订教研活动的工作计划，是学校教研管理的首要环节。

教研计划是教研组根据教研组发展规划，结合某一学期的教学和其他相关工作，为有效研究教学问题而制订的学术活动的预设和安排。它有助于教研组全体成员明了自己在某一阶段的努力方向和内容，提高工作的主动性和自觉性，也便于教研组长对教研活动进行检查和考核。

一份好的学期教研计划，主要包括以下要素：上一学期教研情况、本学期教研工作的总目标及子目标；本学期教研工作的基本要求；重要教研活动的安排（包括教研主题、应该准备的教研资料、活动的时间与地点、活动的主持人及主要参与者、活动的主要形式与程序、预期的结果等），教研活动需要的保证条件，教研活动的成果及其表现形式等。

制订教研工作计划时，要注意以下几点：第一，依据充分。教研组教研工作的计划，要依据教研组长远发展规划、教研组的实际情况等来制订，要承上启下，有连续性。第二，重点突出。在一个特定的阶段内，要突出一个重点活动，用该活动重点带动一学期的教研活动。第三。操作性强。学期教研计划要有具体的实施要求和措施。一般来说，它要包含

"六定"：定时、定点、定人、定主题、定质量、定措施。第四，民主参与。教研工作计划要反映大家共同的心声和需求，让全体教师都有机会参与其中。应该善于设计让不同层次的教师思考或行动的活动点，体现合作研究、平等分享的原则。

（二）教研活动的组织实施

教研活动计划制订之后，就要组织实施。

在实施教研计划时，首先要让教研组内的教师了解学期教研活动的主题、内容与实施要求，使大家有充分的准备，以积极的心态投入教研活动。在实施过程中，教研组长要发挥好控制、协调等职能，保证教研计划有条不紊地实施，同时还要兼顾工作的质量。对于教研计划中的重点活动，事先要做好充分的准备。学校领导管理人员在教研组实施教研工作计划的过程中，也要及时予以指导和帮助。

为了提高教研活动的效率，必须做到以下几点：①活动实施之前要进行调研，摸清教师的认识和行为现状，了解教师的基本需求。②做好活动方案，设计好教师的可参与点。③精心准备。教研活动预设的目标都是为教师在活动过程中现场"生成"新的思想观点而服务的，所以，教师事先要做好准备。④营造对话氛围，让教师在活动中进行思想的碰撞并现场"生成"新思想。⑤通过教研活动，让教师达成关于教学活动的共识，还要引领教师将这些共识转化为改进教学活动的行为策略。①

🔍 案例

学校学科教研组活动方案框架②

填表人_____　　填表时间_____

主题	
必要性分析	
总目标及子目标	
总次数、每次活动时间及用时	
活动要求	
地点	

---

① 参见杨向谊，陆葆谦，等．互动·共享·创新——学校教研组建设的新探索［M］．上海：上海教育出版社，2009：69-70.

② 参见杨向谊，陆葆谦，等．互动·共享·创新——学校教研组建设的新探索［M］．上海：上海教育出版社，2009：48.

续表

主持人	
参研人员	
准备	
形式	
具体过程设计	
作业	
效果反馈	

你认为上述学科教研组活动方案框架具有什么特点？

（三）教研活动的检查

教研活动的检查是学校领导管理人员或者教研组自身了解教研工作计划实施情况，促进更好达成教研目标的一种管理手段，具有了解情况、监督考核、发现问题、及时纠正的作用。

教研活动的检查形式多样。从时间上来说，可以是某一个具体活动实施过程中的分散检查、教研活动实施之后的集中检查，也可以是整个学期的教研工作结束之后的全面检查。从实施主体来说，可以是教研组内的自查和互查、教务处从教学管理角度的检查，也可以是学校决策层或上级教学研究部门或教育行政部门对学校教研活动的专门检查。不同的检查方式具有不同的价值。

（四）教研活动的总结

总结是对教研组教研计划的执行情况和结果进行全面、公正的评价，一般是在学期结束前或新学期开始之前实施，目的在于为下一个教研活动管理周期提供有益借鉴，促进教研活动水平的不断提高。

总结的基本要求是：①目的明确。总结是对教学研究活动及其管理工作的再认识，它可以明确教研活动的经验和教训，总结教研及其管理工作的普遍性知识，以有效地改进工作。②围绕目标展开总结。总结应该以计划中设定的工作目标为工作绩效评价的标准和尺度，避免总结中的随意性。③以检查为前提。检查中所获得的事实、数据和信息，是总结的重要内容，也是在总结中对教研工作做出公正的价值判断的重要依据。④以科学的理论为指导，并善于在总结中提升出理论。要运用教育科学、心理科学和管理科学等多个学科的理论知识分析学校的教研活动及其管理工作；总结时还要对大量分散、零碎的经验性材料进行抽象和概括，凝练出新的学术观点。

第三节
学校教育科研的组织与管理

🎯 **学习目标**

了解学校教育科研管理的组织机构，掌握教育课题研究管理的流程。

学校科研管理，是以现代管理科学的基本原理为理论基础，遵循教育科研规律，运用决策、计划、组织、控制等基本管理职能，用科学方法管理学校的教育科研工作，有效地发挥人、财、物、信息等要素的作用，以实现学校中教育科研目标的活动过程。然而，要实现高效的学校教育科研管理，有必要了解其组织机构，掌握教育课题研究管理的流程。

一、学校教育科研的主要内容与形式

（一）学校教育科研的主要内容

根据其性质不同，学校教育科研的内容可以分为三大类。

1. 基础研究

这一类研究主要是对教育基本规律和原理的研究，具有相对抽象性。教育理论可分为纯粹理论和经验性理论两类。前者的思辨性较强，其内容包括探讨教育本质、教育规律、教育基本原理、教育哲学、教育心理、教育政策法规、教育制度与体制等；后者具有明显的实证性和操作性，内容包括教学理论、教学方法与原理、学校管理的基本理论、学校文化及其建设问题、教师与学生的基本理论等。

2. 应用研究

应用研究主要是运用教育规律和原理解决教育实践中的现实问题，其成果可直接应用于学校的教育教学、领导管理、文化建设、人力资源等方面，针对性和操作性比较强。具体内容如学科教学模式的研究、学生管理问题研究、班主任工作研究、学生管理、教师专业发展的策略等。

3. 开发性研究

开发性研究是教育实验和发展方面的研究。这类研究不是为了获得新知识和丰富教育教学理论，而是展开知识，将已有的研究成果与经验加以推广与普及，建立实验基地，转化教学成果，通过把基础研究和应用研究获得的知识转化为可以实施的程序及策略，从而解决教育实践中的问题。

（二）学校教育科研的主要形式

中小学教育科研的形式多种多样，总体上可以概括为课题研究和课题研究之外的各种研究。

课题研究是由学校组织教师申报国家级、省（部）级、市级、区（县）级政府和教育行政部门设立的课题，或者学校自己设立的研究课题，以项目研究的形式开展的教育科研活动。

除了课题研究之外，学校要组织和鼓励教师在日常工作中进行教育教学、课程建设、学生管理等方面的研究工作。这些研究也是学校教育科研的重要组成部分，具有普及性，渗透在学校的发展过程之中，直接指向学校工作的改进。

二、学校教育科研的组织

（一）学校教育科研组织机构的设置

一般情况下，学校教育科研组织机构根据其承担的教育科研工作的性质不同可以分为以下几类：一是学校的教育科研领导机构，如学校教育科研领导小组；二是学校教育科研的管理机构，多数学校是成立专门的教育科学研究室；三是教育科研的执行机构，如教研组、备课组、年级组等。这些机构按管理能级划分，同样可以分为决策层、管理层和执行层三个层次。

学校教育科研的组织系统如图 6-3 所示。

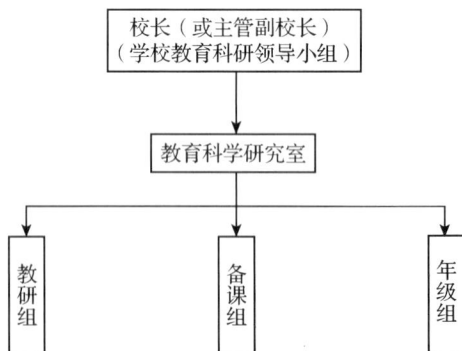

图 6-3 中小学教育科研组织机构图

1. 学校教育科研机构的决策层

学校教育科研机构的决策层是学校设立的科研领导小组，一般以校长或主管副校长为组长。其主要职责是：把握学校教育科研工作的全局，领导和制订学校教育科研工作规划；确定重要的研究课题；建立学校教育科研的工作制度；审批科研计划，研究、检查和督导科研工作；保障研究经费的落实；决定学校科研成果的奖励以及重大科研活动；协调学校正式科研组织机构与非正式科研组织机构之间的关系，使之形成合力，共同完成学校科研任务。

2. 学校教育科研机构的管理层

学校教育科研机构的管理层，是学校的教育科学研究室。其主要职责是：负责全校教育科研工作的规划、组织和协调工作；拟定、实施学校有关教育科研工作的条例和规章制度；组织校级科研课题的申报、论证、立项、检查、成果评审和推广以及向上一级教育科研部门推荐立项课题、优秀成果等工作；组织教师学习教育理论；普及教育科研基础知识与方法；指导教师开展课题研究活动和总结经验；组织开展各种学术交流活动；根据教育改革和学校发展的需要，主持、参与课题研究；组织、承担上一级教育部门、科研机构下达的科研任务；搜集各类教育科学信息，为校长决策和开展教育教学科研提供服务；编辑学校教育科研刊物，组织教育科研成果评奖活动；完善学校教育科研档案管理等。[1]

3. 学校教育科研的执行层

学校教育科研的执行层，是学校的年级组、教研组、备课组和相关管理处室等。各年级组长、教研组长和相关管理部门的负责人组织本部门力量实施研究工作，教师和相关管理处室的员工是学校教育科研工作的具体执行者。

此外，学校中还存在教育科研活动的非正式组织，如群众性科研团队、课题研究小组等。这些组织具有自愿性和广泛性，可以激发更多教师的科研热情，使他们更加方便地开展符合自己特点的研究活动。

（二）学校教育科研组织机构的功能[2]

1. 管理功能

学校科研组织机构的管理功能是指学校教育科研组织机构为了实现学校教育科研的目标，有计划、有组织地对学校内部的人、财、物、时间、空间、信息等进行协调而产生的功效和作用，主要表现在对学校科研规划的管理、课题管理、成果管理、教育科研队伍管理、教育科研情报管理、教育科研经费管理和教育科研档案管理等方面。

2. 研究功能

这是学校教育科研组织机构最重要的功能，主要表现在：①研究本校教育改革与发展中亟须解决的重大问题；②分析学校现状，通过学习、借鉴、发展和创新，选择先进的教育理论和教育经验应用于本校的教育改革实践；③总结本校成功的教育经验，从中探索促进本校教育发展的规律，丰富教育理论。

3. 培训功能

学校教育科研组织机构的培训功能主要表现在组织教师学习先进的教育理论，转变陈旧的教育观念；指导教师掌握教育科研的基本方法，提高教育研究能力；帮助教师总结自己

---

① 王德清. 学校管理学 ［M］. 重庆：西南师范大学出版社，2011：92.
② 潘国青. 学校教育科研新论 ［M］. 上海：上海教育出版社，2005：112-115.

的教育教学经验或应用他人的先进教育教学经验，提高教育教学质量。

4. 服务功能

学校教育科研组织机构的服务功能是指学校教育科研组织机构通过教育科研为学校教育改革、教师专业发展、提高教育教学质量服务的功能。例如，为学校领导制订学校发展规划和进行决策提供咨询服务；举办教改信息专题报告会或编辑"教改动态"之类，为学校教育改革和教育科研提供教育情报服务；进行课题研究，解决学校教育改革中的实际问题，为学校教育改革提供实践服务；发挥自身的培训功能，为教师专业发展服务；推广和应用教育科研成果，为提高学校教育教学质量服务等。

三、学校课题研究管理

课题研究是当前中小学校日益普及化的教育科研形式。

中小学的教育科研课题主要有两大类：一是学校组织申报的源自校外的国家级、省（部）级、市（厅）、区（县）级政府、教育行政部门和科研机构颁布和管理的教育科研课题（以下简称"校外课题"）；二是学校内部设立的教育科研课题（以下简称"校内课题"）。这里重点分析校外课题研究管理问题。

校外课题研究管理可分为课题研究实施之前的前期管理、课题研究期间的过程管理、课题研究结束之后的后期管理三大环节。

（一）课题研究实施之前的前期管理

这是校外课题管理的起始环节，主要包括获得课题申报信息之后的选题、论证和申报工作。

校外课题的来源主要有：①教育科学规划课题。这是根据国家的科研发展规划，在教育领域设立的重要研究课题，包括国家哲学社会科学基金教育学项目；各省（自治区、直辖市）哲学社会科学规划中的教育学课题；教育部和各省（自治区、直辖市），市，区（县）教育行政部门设立的教育科学规划课题。②教师科研的专项课题。这是为了推进各专项工作或为专门的科学领域设立的研究课题，如教育部人文社会科学研究项目，全国教育科学规划办公室与教育部人事司合作推出的"园丁工程"专项课题，与教育部体卫艺司合作推出的"学校体育、卫生、艺术和国防教育"专项课题，与教育部考试中心合作推出的"教育考试科学研究"专项课题，全国教育科学规划办设立的"外语教育研究"专项课题等。③委托课题。这是学校受校外某些行政部门、企事业单位、科研机构的专门委托而开展的研究课题。

除了委托课题之外，前两类课题的主管部门会每年发布课题申报的信息。学校获得课题申报信息之后，就要组织人力进行课题选题、论证、填写课题申请表等工作。

　　1. 选题管理

　　选题是课题内容与研究任务的高度浓缩与概括，是课题整体思想的集中体现。选题是课题研究中最为重要的一个环节。

🔊 **名家语录**

　　提出一个问题往往比解决一个问题更为重要，因为解决一个问题也许只是一个数学上或实验上的技巧问题，而提出新的问题、新的可能性，从新的角度看旧问题，却需要创造性的想象力，而且标志着科学的真正进步。

　　　　　　　　　　　　　　　　　　　　　　　　　　　　　　　——爱因斯坦

　　中小学学校主要应该根据基础教育和学校的发展需要以及学校的实际情况确定有研究价值、具有实际意义的问题作为课题。选题尽量参照课题指南，但也可以根据需要和实际情况自设课题。

　　选题的基本要求：①科学。要选择教育改革和发展中的真问题进行研究；明确限制研究的时空背景和关键事件等研究条件，有可操作性。②新颖。新颖性选题一般是指尚无人涉足的学术处女地、学科前沿的理论探讨、老问题的新观察、新问题的发掘、新策略新方法的运用以及海外新理论和新视点的引进推广。为此，要对准备选择的课题的研究现状进行收集和梳理。③适中。选题不要太大，也不宜过小，要做到以小见大，小而精深。④实际。选题要考虑学校的学术基础和优势。

　　2. 课题的论证与申报

　　选题确定后，学校要组织人力根据课题研究申报书的要求和内容，进行课题论证并填写课题申报书。

　　不同来源的教育研究课题的申报要求不尽相同。但是，一般情况下，课题研究申报书包括以下内容。

　　第一，国内外研究现状与趋势。这一部分内容旨在了解课题申报人是否对自己拟研究的问题的现状有较为清晰的把握，是申报能否取得成功的基础性环节。而做好这一方面的关键是做好文献综述。

　　文献综述是对别人的相关研究成果的梳理和评价，其目的有二：①了解自己要解决的问题别人已做了哪些研究，取得了哪些成果，从而明了自己的研究应该从什么地方切入，在哪些方面取得新进展。②进一步明确研究课题的主要内容、重点、难点和特色。

　　做好文献综述的注意事项：①选择的素材应该是学术成果，而不是国家的相关政策、法规，或者实践中的做法；②选择的学术成果应该是公开发表的；③选择的学术成果应该有代表性；④要做到"述""评"结合，而不能只述不评；⑤要归纳观点，而不能记"流水账"。

第二，选题意义。这一部分主要说明研究选题在学术（或理论）和实践方面的价值。在填写课题申报表时这两方面的意义都要填写，不能顾此失彼。

第三，研究目的与主要内容。研究目的是指通过课题研究期望达到什么样的理想状态，而研究内容是指在课题研究中主要研究哪些问题，不能将二者混为一谈。

第四，研究的重点、难点与创新之处。指课题研究内容中应该着重解决的核心问题以及在研究过程中可能遇到的比较难以解决的问题。一个课题研究的难点要明确，不能模棱两可；确定的重点不能太多，一般情况下 1~2 个较为适宜。课题研究中，往往重点和难点是一个内容，但也不完全一样。通过重点和难点的确定，就能够找出本课题研究的特色。

第五，研究设计。这一部分是对课题研究操作的思考，主要包括研究思路、主要方法、进度安排等。研究思路要反映研究问题的操作顺序，有清晰的逻辑线索。研究方法是课题研究采用的主要方法，要清楚这些方法在课题研究中的使用目的和范围。进度安排的阶段性要强，在每一阶段要突出一个重点，阶段与阶段之间要有连贯性。

第六，研究基础和参考文献。研究基础包括前期研究状况、研究队伍、研究的保障条件等。

前期研究状况主要指课题组成员已经做的与课题研究相关的工作以及取得的成绩或成果，目的在于让评审专家知道学校选取的课题是有研究基础的，而且有能力完成研究任务。在这部分要列举一定数量的、与课题研究关系最为密切的参考文献。

研究队伍主要是指课题研究成员。论证内容主要包括课题组成员的学术背景和研究经验及课题组的组成结构（职务、专业、年龄等）。课题组成员不要太多，所有成员必须是直接参与课题研究的人员。

研究的保障条件主要是要明确学校能够为课题研究的顺利开展在时间、经费、图书资料、实验条件、设施设备等方面的保证。

第七，预期研究结果及其去向。预期研究结果包括阶段性成果和最终成果，前者反映的是课题组成员在研究过程中取得的成绩，后者是整个课题研究成果的集中反映。成果可以是学术论著、学术论文、调研报告，也可以是优秀课例、实验报告等。研究成果的去向是要说明课题研究所取得的成果可以用于哪些领域。中小学教师教育教学研究课题，要重在向实践转化。

第八，研究经费预算。研究经费是课题顺利实施的重要保证。在进行论证和填写课题研究申报书时，要严格按照有关管理办法中规定的项目去填写；各项经费预算要有依据；申请经费的额度以能够满足课题研究所需为标准；经费预算要留有余地。

课题组要对上述内容进行详细论证，然后认真填写课题研究申报书。填写之前一定要阅读并理解相关要求。经费额度、论证字数等要特别注意。提交的课题申报书要内容完整、形式美观。

完成了课题论证和课题申报书的填写工作之后，还有一个课题申报程序。在课题申报材料报送之前，学校科研主管部门或教研室应对教师申报的课题进行形式审查，确保课题申报材料的真实性和规范性。审查合格的申请材料，加盖学校科研主管部门或学校公章后，即可报送相关部门。

（二）课题研究期间的过程管理

学校申报的课题研究申报书，主管部门会组织专家进行评审，按一定比例确定拟立项资助项目，经报批与公示后发布正式立项名单。

学校课题获准立项后，就要组织实施研究。这期间的管理工作主要有课题开题、中期检查、课题结题与鉴定。

1. 课题开题

开题是课题研究实施的第一个环节，其目的在于对课题研究做进一步的论证和设计，使研究更具操作性。通过开题，还可以使课题组成员对研究的目标、意义、内容、方法、步骤等有更清晰的理解和把握。

课题开题一般以会议的形式举行。它由学校教育科研主管机构组织，参加人员除了课题组成员外，还包括学校教育科研管理人员和评议专家。

课题开题的主要程序是：①会议主持人介绍参加会议的人员；②学校主管领导宣读课题立项通知；③课题负责人做开题报告。开题报告一般包括研究目的或选题意义、课题价值、课题研究的条件、课题国内外研究现状、课题内容、研究方法与技术路线、预期成果、研究阶段与任务分工、经费预算等；④评议专家就课题研究提出意见和建议；⑤与会人员就课题研究进行讨论。

课题开题管理，是促进中小学教育科研向规范化、科学化、效率化发展的重要举措，学校教育科研管理部门要认真对待、精心组织。开题前要认真审核课题负责人撰写的开题报告，务求报告全面、翔实、规范。开题会要突出求真务实、力求实效的学术研究氛围，确保与会人员充分发表意见，集思广益，使开题为课题研究起到理清思路、聚焦重点、合理分工、指导实施的作用。

🔍 **案例**

"优秀班主任成长规律及培养策略的研究" 开题报告①

一、课题的提出

（一）研究背景

《国家中长期教育改革和发展规划纲要（2010—2020 年）》指出：要提高中小学教师队伍整体素质，重视班主任培训，创新培养模式，提高教师培养质量。班主任是教师队伍中的重要组成部分，是学校教育中的基层组织者和管理者。班主任工作的重要性呼唤班主任工作走向专业化发展道路。注重班主任的专业发展，是实现学校教育改革的关键路径和有力抓手。

（二）核心概念界定

"优秀"即非常好的意思，一般用于形容工作、学习、品行、成绩出众。我们这里所说优秀班主任主要是从其专业能力确定的。为便于研究，根据学校工作实际，我们将优秀班主任界定为："得到同行专家认可，在班主任岗位上做出较大贡献，所带班集体或个人获得区级以上奖励的班主任教师。"

二、研究的目的和意义

（一）研究目的

1. 探索优秀班主任成长规律，为更多班主任的成长提供典型引领和理论支持。

2. 抽取我校十名优秀班主任作为样本，对其成长历程及班主任工作经验进行总结梳理、充实完善，形成鲜活的校本培训教材。

3. 优秀班主任通过总结、反思个人的成长历程、经验教训，促进其可持续发展。

4. 研究适合校情和当代班主任特点的培养策略，加强优秀班主任的培养，促进我校班主任队伍梯队建设。

（二）研究意义

1. 理论意义

优秀班主任的成长具有长期性、复杂性和阶段性。每个班主任都有自己成长的轨迹，其中凝结了成功与失败、研究与反思的宝贵经验。而优秀班主任的经验又具有真实性、示范性和借鉴性。对其成长轨迹进行纪实及分析将有利于总结规律，分析动因，形成策略，进一步丰富和发展有关班主任专业化研究的理论。教育经验的表达和分享远比经验本身更有价值，本课题的研究也使得这些散落在教师间的教育经验得以增值和扩容。

2. 实践意义

班主任在其专业发展过程中有许多"关键期"，这些时期可以成为"转折期"，从而改变班主任专业发展的路径和速度。我们进行优秀班主任成长规律的研究正是为班主任提供鲜活的案例，在不同的阶段提供借鉴和参考；而优秀班主任也在梳理、反思的过程中得到进一步的提升，从而有利于助推班主任队伍整体素质的提高和完善，带动学校整体教师队伍水平的提高；同时也有利于提高教育管理水平，提高教育的针对性和实效性，促进学生的全面发展。

3. 推广意义

本课题立足于校情，以优秀班主任成长的个案分析研究为切入点，挖掘身边的优秀班主任的成功案例，既总结共性特征，又研究培养策略，为更多班主任的成长提供参考与借鉴。

三、国内研究现状评述

班主任的素质问题日益引起教育界的关注，班主任的专业化成长已经纳入各级各类学校的工作重点。探寻优秀班主任的成长规律的研究成果也较为丰富。

比如郑立平、马爱娥教授发表在 2008 年第 5 期《班主任之友》的研究文章《优秀班主任的成长规律》中对"优秀班主任"进行了如下界定："优秀"一词有多重含义，我们这里所说优秀班主任的"优秀"主要是从其专业能力确定的。

由教育部原基础教育司德育处处长孙学策牵头的"十二五"课题《中小学优秀班主任成长规律研究与实践探索》将"研究总结出骨干班主任必备专业素质、骨干班主任到卓越班主任成长的规律；研究制定骨干班主任、卓越班主任培训课程体系"为研究目标进行了实践研究。

虽然近年班主任专业化理念逐步增强，对优秀班主任规律和培养策略的研究也有进展，但还不够系统和深入，远未达到问题解决的程度。

深化优秀班主任规律和培养策略的研究，就成为当务之急。鉴于此，我们提出了优秀班主任成长规律及培养策略的研究课题。

四、研究的重点、难点和创新点

1. 切入点：优秀班主任群体现状的调查研究。

2. 重点和难点：优秀班主任专业化发展个案及成长规律的研究。

3. 创新点：优秀班主任培养策略的研究。

五、研究的主要内容

1. 优秀班主任群体现状的调查研究。

2. 优秀班主任专业化发展个案研究。

进行《我的成长故事》和《我的治班特色》的征集、梳理工作，并对优秀班主任成长中的"关键事件"和成长轨迹进行纪实分析，挖掘先进典型，形成鲜活的校本教材。

3. 优秀班主任成长过程中相关因素的研究

对影响优秀班主任成长过程中的教育改革与发展、学校文化、人际环境、内在素质等相关因素进行研究，扬长避短，促进班主任的专业发展。

4. 优秀班主任成长规律的研究

（1）优秀班主任成长阶段研究；

（2）优秀班主任自主发展研究；

（3）优秀班主任成长动力研究。

5. 优秀班主任培养策略的研究

拟从"个体修炼，唤醒职业自觉；专家引领，提升专业素养；同伴互助，共享教育智慧；搭建平台，尽展师者风采"四方面对班主任培养策略进行研究。

六、研究思路与方法

1. 文献法

搜集整理相关文献，找到研究的切入点，并为研究提供借鉴。

2. 调查法

自编问卷，在天津四中优秀班主任队伍中进行抽样调查，通过调查、座谈等形式了解现状，进行数据分析，并按照年龄结构、性别、职称等要素进行分层次分析，归纳现存的问题及其原因。

3. 行动研究法

制订优秀班主任培养策略，在实践中进行验证并进一步完善、改进培养策略。

4. 个案研究法

优秀班主任挖掘整理自己的教育案例、成长轨迹，表达自己对教育的理解和诠释。研究者对优秀班主任个案中的各个变量要素进行分析研究，归纳结论，再将这一结论应用于其他班主任实际工作实践中去，检验其是否具有普遍性，并适时予以推广。

七、研究过程

课题研究拟用两年时间（2011年9月—2012年12月）分三阶段完成。

1. 准备阶段（2011年9—10月）

成立课题组，收集相关研究资料，确定人员，落实每项研究任务，依托总课题对课题组成员和相关教师进行研究培训辅导，提高对班主任专业素质等要素的理解与认识。完成课题开题报告，制订课题研究方案。

2. 实施阶段（2011年10月—2012年6月）

按照研究方案深入开展课题研究。通过多种方法和途径收集整理资料，改进措施付诸实践，在此基础上分析整理资料，形成研究结论。

3. 总结阶段（2012年6—12月）

完成研究报告、成果鉴定与结题。聘请专家对课题成果进行评估鉴定。围绕研究成果，在一定范围内举行研讨与交流推广活动。

八、预期研究成果

1. 系列论文

2. 研究报告

3. 个案研究集

4. 专题网站

九、课题组成员及其分工（略）

十、经费预算与设备条件要求（略）

附：参考文献（略）

从上述材料出发，你认为课题开题报告的研制应注意哪些关键问题？

2. 中期检查

中期检查是课题研究实施过程中的常规性管理。

中期检查前，要求课题负责人撰写中期检查报告。报告内容包括研究工作主要进展、阶段性成果、主要创新点、存在的问题、重要变更、下一步计划、可预期成果等。

中期检查形式多样，其中最普遍的方式是召开中期检查会议。会议由学校教育科研管理机构组织，参加人员包括课题组成员、学校教育科研管理人员、评议专家以及关注课题研究的相关教师等。会议的主要程序是：①介绍参加中期检查评议的专家；②课题负责人汇报课题研究的进展情况；③专家进行检查和评议；④与会人员就课题下一阶段研究的问题及策略等进行讨论。

3. 课题结题与鉴定

课题的结题与鉴定是当课题研究结束后对课题研究计划执行情况以及研究成果的终结性的评估验收。主要包括以下几个环节：①课题组向主管部门提出结题鉴定申请，按要求提交结题（或成果鉴定）申请报告、课题最终研究成果、阶段性研究成果、结题报告等相关材料。②主管部门对课题进行鉴定验收。鉴定的方式一般包括通信鉴定和会议鉴定。专家鉴定后要对课题研究及其成果写出鉴定意见，并对课题研究能否通过验收做出判定。③主管部门汇总专家的鉴定意见，发布课题鉴定结果。通过专家鉴定即可结题。

（三）课题研究结束之后的后期管理

课题研究结束之后，课题管理方面还要做好以下工作。①

---

①　王德清. 学校管理学［M］. 重庆：西南师范大学出版社，2011：209-210.

1. 科研成果的登记与归档

学校科研成果是指学校教育科研人员或教师对教育科研课题或现象进行研究，获得具有一定学术意义或实用价值的创造性结果。成果的基本表现形式为著作、论文、研究报告、调查报告、实验报告、软件、工具书等。

对科研成果登记与归档是学校科研管理的必要内容。它能够及时、准确和完整地统计学校科研成果，促进科研成果信息的交流，助推科研成果的宣传与转化，也为学校推荐科研成果奖励做好前期工作。应用类科研成果（如研究报告、调查报告、实验报告、软件等）在登记时，要提交相关的评价证明（鉴定证书或者鉴定报告、教育科研项目验收报告、采纳证明等）；理论研究成果（如科研论文、著作、工具书等）在登记时，需要提交公开发表或出版的刊物的原件与复印件、各种学术评价意见及成果发表后被引用、转载的证明等。学校科研管理机构对提交登记的成果进行分类整理，审核确认后予以入库归档。

2. 科研成果的推广与转化

学校科研成果的推广与运用是学校教育科研工作的重要内容。推广工作要以实实在在的效果为基础，精心策划，认真组织，科学实施。学校科研成果推广与运用的形式很多，通常包括：①直接转化式——把科学的结论直接运用于教育实践活动；②交流启发式——通过公开发表、论坛发言、多渠道推广等方式，运用理论或实践成果去影响他人；③形成研究报告或政策建言提交给相关管理部门，直接为教育决策服务。

3. 科研成果的评奖与申报

设立优秀成果奖是教育科研主管部门或相关组织为了对优秀研究成果进行奖励和表彰而设立的，体现了政府或社会对研究成果的认可，也是为了鼓励科研人员继续潜心科研。

教育科研优秀成果奖的主要来源有四个：①上一级教育科研管理部门；②学校本身；③群众社团、学会等民间行业组织；④学术论坛等学术交流平台。优秀成果的评奖范围一般包括公开出版的著作、工具书、论文，调查报告、研究报告、实验报告等。

学校教育科研成果奖的申报程序是：①申报者填写由上级教育科学规划领导小组办公室或相关机构统一印制的教育科研成果奖励申报评审书；②学校教育科研管理机构对申报书审查后加盖公章，签署意见，然后将评奖材料（包括申请评审书、所报成果及其社会反响等）统一上报；③教育科研管理部门或相关机构组织专家进行评审；④优秀成果奖组织单位或教育行政部门对获奖成果下文表彰并颁发荣誉证书，并以一定形式和方式向社会发布与宣传。

本章小结

教研和科研是学校的两大类研究活动。学校教研是指学校借助教育科学理论，以有价值的教学问题为对象，运用恰当的研究方法，有目的、有计划、有组织地对学校教学实践进行研究的活动。学校科研是指学校借助已有的教育科学理论，以有价值的教育问题为对象，运用恰当的研究方法，有目的、有计划、有组织地开展的认识教育本质与客观规律、创新教育理论和方法，或遵循教育规律解决教育教学实际问题的创造性活动。我们提出了学校教研与科研的五个基本理念，目的在于帮助学习者正确地把握学校教研和学校科研的内涵。

学校教研和科研工作中的人、财、物、时间、空间、信息综合作用所构成的各种教研和科研活动中的"事"，有分属于教研或科研的，也有共属于二者的。这些共性的"事"，就是学校教研与科研管理的共性内容。学校教研与科研管理有六项共同内容——制订规划、目标管理、知识管理、组织管理、制度管理和队伍管理。

我们分析了学校教研与科研的组织和管理问题。学校教研管理的重点是教研组建设，旨在使学习者更加清晰地认识这一学校基层组织的功能和工作，明了教研组长的重要性及其产生、培养和管理的问题。学校教育科研活动管理的重点是教育课题研究管理，希望帮助学习者学会组织和实施教育课题研究。

总结 >

Aa 关键术语

学校教研活动
School Teaching Research Activity

学校教育科研
Educational Science Research of School

目标管理
Management by Objective

课题研究
Subjects' Research

章节链接

本章主要介绍了学校教学研究管理和教育科研管理，与本书第一章、第二章和第五章内容具有密切的联系。

应用 >

批判性思考 ||||||||||||||||||||||||||||||||||||||||||||||||||||||||||||||||||||||||||||||

目前，仍有不少中小学教师对学校教研活动和教育科研活动认识不清，认为学校中只有教学才是"硬"任务，教研和科研是"软"工作，所以对教研和科研工作不积极，存在敷衍了事的心理。

对此，你怎么看？请说说你的理由。

体验练习 ||||||||||||||||||||||||||||||||||||||||||||||||||||||||||||||||||||||||||||||

1. 假设你是一个中学的教研组长，请撰写一份教研组工作计划。

2. 假设你要申报一个省级的教育研究课题，请以"中小学教师专业发展的学校保障"为题，撰写一份课题论证方案。

案例研究 ||||||||||||||||||||||||||||||||||||||||||||||||||||||||||||||||||||||||||||||

论文收得上来吗？①

一年一度的论文上交的时间到了，教科室负责人赵老师对今年的年度论文上交情况很重视，开学初便做了动员，要求教师在教学过程中关注教学问题，注意资料的累积，并重申了上交论文与教学考核挂钩、与教研组考核挂钩。赵老师平时也经常与教师们交流他们的研究方向，但总有些教师说近段时间很忙，等过段时间一定会写的。在原计划上交时间的前一周，考虑到教师们可能会忘记，赵老师特别在校园网上发出了通知，强调了上交论文的格式及要求，并用电话通知了每个教研组长，要求教研组长督促组员完成任务。预定的时间快到时，越来越多的文章交了上来，赵老师心里还是很轻松的。赵老师对今年的论文上交情况很满意，每位教师都及时交了论文。学校对年度论文的评审有专门的机构，称为教学研究成果评审小组，对校内的成果及论文进行评审。在评审前，赵老师一般要进行初选，主要去除掉一些没有内容、应付性的文章。赵老师对所有的文章进行了浏览，在上交的论文中看到李老师的文章有些眼熟，想起来了，这篇文章与刚看到的孙老师的文章很类似，怎么回事？是不是抄袭的？赵老师就将题目放在网上搜索引擎中搜索，发现在某教学网站中有一模一样的文章，除了名字外其他没有任何区别。学校一年一度的上交论文制度从教科室成立以来就实施了，每年教

---

① 周俊. 教育管理热点案例研究［M］. 北京：北京师范大学出版社，2010.

师都能按时上交文章，但每年的论文质量并没有什么大的提高，并且每年总有些文章有些眼熟。虽然有些教师认为"天下文章一大抄"，但完全整篇复制的文章倒是第一次出现，令人有些意外。

赵老师找李老师了解情况。李老师表现得很尴尬，但他马上申明了他的理由：工作很忙，上课学生又不好管，晚上很多时间都在备课，班主任工作又很杂，白天时间总是为学生管理的事花费很多的空余时间，实在是没有时间去写文章，所以在网上搜索了这篇文章，完成学校交给的任务。如果文章不交，既关系到自己的考核，又关系到教研组的考核，特别是组里其他同事会有微词，那很不好受。并且说这种形式化的东西加重了教师的工作量，并没有实效。并对赵老师说随便他如何处理，扣钱也罢，取消评优资格也行，以后也只能这样来充数。

赵老师陷入了思考，学校对教师的教学研究能力进行评价重要的依据之一就是一年一篇的论文，并且教师对这种要求已成为习惯，每年都能按时上交。早些年，很多教师每年多以教学总结、教学随笔来交差。近几年，教科室提出文章要与自己工作过程中的教学问题、教学困惑、教学情境相结合，教师交上来的文章中有不少出彩之作，但部分抄袭现象也慢慢出现了，这次干脆整体抄袭。他思考着或许这种对教师的教学研究能力的评价不够合理，或者说这种方法有问题。他一直有一个想法，想取消这种一年每位教师一定要交一篇文章的制度，但又担心从此教师们会不再重视教科研，更加不关注教学研究。在教科研本来就不被重视的情况下，教学研究工作的开展会变得更加弱化。

经过这次事件，赵老师对全校教师做了一次无记名调查，调查结果表明大部分老师不赞同每位教师一年一定要交一篇论文的制度。赵老师向主管领导谈了想法，提议是否取消每年强制性的论文上交。主管领导很支持，认为可以试试看，但要求教科室平时必须关注教师们的教学研究，并做好积极进行研究并出成果老师的激励工作。于是，赵老师决定下一年度不再采用原来的交论文形式，不再统一要求，而是改为自愿上交的原则。修改了考核的办法，对每年能出研究成果的教师加以激励。但自己也不确定自己这样的做法是否有效，很担心：明年论文收得上来吗？

思考题：

1. 你认为该校明年的论文收得上来吗？为什么？

2. 案例中的这种现象说明了什么？应如何处理？

📝 管理一线纪事

　　李老师是某中学的科研积极分子，经常申报市和省一级的教育科学规划课题。有一次，当拿着自己填写的课题申报书找校长审批时，校长对他说："你这个课题我很感兴趣，给我挂个名吧。"李老师听后，陷入了矛盾之中。因为全校上下都知道，校长说的所谓"挂个名"，意思就是课题主持人让校长来做，而绝对不是在课题组成员中出现。这种现象在中小学学校是普遍存在的。如果按校长的意思去做，那么就意味着自己的知识产权和劳动成果要拱手相让；如果不按校长的意思去做，那么以后在学校里……犹豫再三，李老师只好把课题负责人换成了校长，而这个课题也顺利获得立项。

　　请问：

　　1. 这种现象在你的学校存在吗？

　　2. 如果你是李老师，你将如何处理这个问题？

拓展 >

☕ 补充读物

1　雷树福. 教研活动概论［M］. 北京：北京大学出版社，2009.

　　　　本书介绍了教研活动的基础、原则、策略等基础理论，介绍了教研活动的准备、实施、总结三个阶段以及教师磨课、案例写作、专题研讨、专辑编印等常用方法，探讨了工作落实、研管结合、实验开展、效益提高等管理措施。

2　杨向谊，陆葆谦，等. 互动·共享·创新——学校教研组建设的新探索［M］. 上海：上海教育出版社，2009.

　　　　本书提出了当前新课程实施中教研组的功能和作用，聚焦教研组建设的关键环节，分别阐述了具体的实施操作，提供了有益的成果和经验。

第七章

学校财务与后勤管理

本章概述

　　本章主要讲解学校财务管理和后勤管理。第一节介绍了教育经费来源构成与教育财政管理体制。第二节论述了学校财务管理体制，着重讲解了学校财务管理的内容以及学校财务管理的评价体系。第三节介绍了学校后勤社会化管理的含义、内容与运作，管理中存在的若干问题和国内外社会化的基本模式等。通过本章的学习，我们可以对学校的财务状况和后勤社会化管理状况做出评价。

结构图

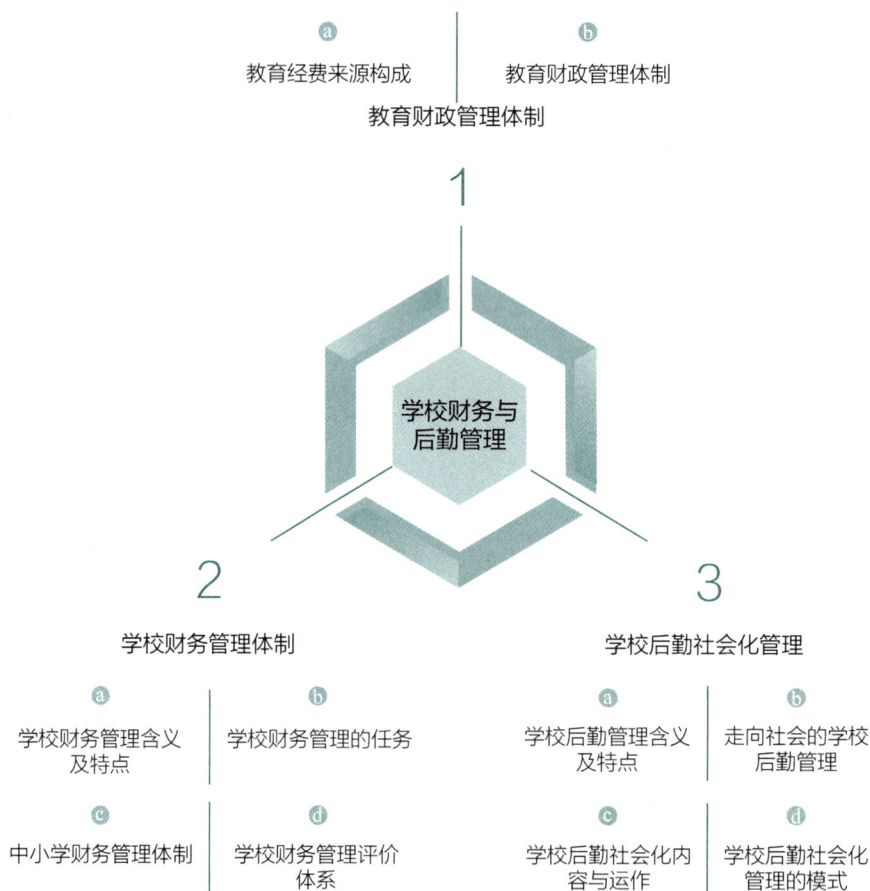

ⓐ 教育经费来源构成　　ⓑ 教育财政管理体制

教育财政管理体制

1

学校财务与
后勤管理

2　　　　　　　　　　　　　3

学校财务管理体制　　　　　　　　学校后勤社会化管理

ⓐ 学校财务管理含义及特点	ⓑ 学校财务管理的任务
ⓒ 中小学财务管理体制	ⓓ 学校财务管理评价体系

ⓐ 学校后勤管理含义及特点	ⓑ 走向社会的学校后勤管理
ⓒ 学校后勤社会化内容与运作	ⓓ 学校后勤社会化管理的模式

学习
目标

学完本章，你应该能够做到：

1. 了解教育经费的来源与教育财政管理体制。

2. 解释学校财务管理内涵及其评价体系的主要内容。

3. 掌握学校后勤社会化模式，并进行评价分析。

读前
反思

1. 学校财务管理与企业财务管理有什么联系和区别？

2. 学校财务管理的特点是什么？如何有效地进行学校财务管理？

3. 为什么提出学校后勤社会化？学校后勤社会化有哪些内容？

4. 学校可以采取何种方式或模式实现后勤社会化？

学校财务管理不同于一般的经济实体，作为公益性组织的学校与追求利润的企业在资金的来源和使用方面都有较大差异。尤其在市场经济条件下，学校财务管理活动与财务关系日趋复杂。学校后勤社会化就是使学校后勤工作通过改革逐步向社会主义市场经济转轨，使其实现服务的基本理念和功能，融入社会，融入市场，从而遵循市场运作规律，获取服务改进的能量，提高服务品质，更好地为科研开发和科研人员服务。

第一节
教育财政管理体制

🎯 **学习目标**

了解教育经费的来源和教育财政管理体制。

现代社会教育事业的发展和各种教育活动的进行，都需要投入一定的人力、物力与财力。在进行学校财务管理之前，必然需要对整个教育财政管理体制进行了解。

🔊 **名家语录**

学校经费如同教育活动的脊椎。

——罗森庭格

一、教育经费来源构成

教育经费是指一国为其国民教育体系内的各级各类学校及其他教育机构活动提供的费用支出。一般而言，教育经费的来源从现实情况和经费统计的角度看，可以划分为：财政预算内教育经费拨款；各级政府征收用于教育的税费；企业办学教育经费；校办产业、勤工俭学和社会服务收入用于教育的经费；社会团体和公民个人办学经费；社会捐资办学经费；事业收入；其他。[①] 下面从两大部分，国家财政性教育经费投入和非财政性教育经费投入两个方面逐一说明教育经费的构成。

---

① 范先佐. 教育经济学 [M]. 北京：人民教育出版社，1999：203.

（一）国家财政性教育投入

国家财政性教育投入包括国家财政预算内教育拨款投入，各级政府征用于教育的税费，企业办学校教育经费，校办产业、勤工俭学和社会服务收入用于教育的经费等财政预算外的教育经费投入。预算内经费和预算外经费共同构成公共教育经费投入。

1. 财政预算内教育拨款投入

财政预算内教育拨款投入是中央、地方各级财政或上级主管部门在本年度内安排，并划拨到教育部门和其他部门主办的学校、教育事业单位，列入国家预算支出科目的教育经费投入。财政预算内教育拨款包含教育事业费拨款、科研经费拨款、基建拨款和其他经费拨款。

2. 财政预算外教育经费投入

财政预算外教育经费投入指不纳入财政预算编制、不在预算中列收列支的那部分财政教育经费投入，主要包括以下几个部分。

各级政府征收用于教育的税费收入，即中央和地方各级政府为发展教育事业而指定机关专门征收，并划拨给教育部门使用的实际数额，如城市教育费附加、农村教育事业费附加以及地方教育费附加。其中，城市教育费附加是指按照国家规定向凡缴纳增值税、营业税、消费税的单位和个人，按三税的规定比例征收的教育费附加。而自 2000 年实行农村税费体制改革以来，已全面停止向农民个人征收农村教育费附加。地方教育费附加则是指地方政府开征的用于教育的税费。

企业办学校教育经费指中央和地方所属企业在企业营业外资金列支或企业自有资金列支，而拨给所属学校的经费收入。

校办产业、勤工俭学和社会服务收入用于教育的经费收入，包括校办产业、勤工俭学、社会服务收入中用于补充教育经费的部分以及在教学、科研及其辅助活动之外，开展非独立核算经营活动取得的收益用于补充教育经费的部分。这部分的经费收入主要用于教职工个人的福利、奖励和改善办学条件、集体福利、教学设施等方面的经费投入。

（二）非财政性教育投入

1. 社会团体和公民个人办学投入

社会团体和公民个人办学投入是指办学的单位或公民个人举办的各级各类学历教育和非学历教育机构的教育投入和实际支出，主要指民办教育投入。

2. 社会捐（集）资办学收入

社会捐（集）资办学收入是城镇、农村、厂矿、企事业单位和个人根据自愿、量力原则捐（集）资助学以及海外侨胞、港澳台胞、外籍团体、友好人士等对教育的资助和捐赠。

3. 事业收入

事业收入是指学校和教育事业单位开展教学、科研及其辅助活动依法取得的，经财政部门核准不需上缴财政专户管理的预算外资金以及财政专户核拨回的预算外资金，包括教学收入和科研收入、借读学生缴纳的借读费、住宿学生缴纳的住宿费以及按照有关规定向学生收取的其他费用等。

4. 其他收入经费投入

其他收入经费投入是除上述各项收入以外的其他各项收入，即附属单位缴款和其他收入中扣除对校办产业投资收益之和。

二、教育财政管理体制

20 世纪 80 年代教育体制改革前，我国的教育经费来源几乎全部来自政府财政预算内拨款。80 年代中期以后，尤其是确立社会主义市场经济体制的改革取向以来，随着教育体制的逐步改革，教育经费的来源日益呈多元化。地方在教育方面的支出份额逐渐加大。以基础教育为例，实行"在国务院领导下，由地方政府负责、分级管理、以县为主的农村教育管理体制"，教育财政的"分级管理"给整个教育体制带来了生机和活力，但也存在一些问题。20 世纪末，中国实行税费改革以来，基础教育发展不均衡的现象更为突出。进入 21 世纪后，随着公共教育财政体制的逐步完善，中小学教育经费有了新的保障，2008 年，我国在城乡全面实施了义务教育免费政策。

（一）"以县为主"分级管理

从中华人民共和国成立到 20 世纪 80 年代初期，在计划经济体制下，义务教育经费投入以政府包办为主。1985 年《中共中央关于教育体制改革的决定》明确了分级办学、分级管理的教育管理体制：乡村义务教育实行三级办学、两级管理的体制，即县、乡、村三级办学，县、乡两级政府管理。而事实上，我国农村中小学主要由乡（镇）级政府负责。由于乡（镇）级财力有限，集资、借贷建校便成为农村义务教育发展的重要途径。2000 年国务院《关于基础教育改革与发展的决定》规定，义务教育实行"在国务院领导下，由地方政府负责、分级管理、以县为主"的体制。但税费改革在教育财政方面取消农民的农村教育事业费附加，取消农村教育集资等收费，"以县为主"财政投入体制仍然无法满足农村义务教育发展的实际需要，农村小学办学经费短缺的情况依然存在。

（二）义务教育投入新机制

2005 年 12 月 24 日，国务院印发了《关于深化农村义务教育经费保障机制改革的通知》，逐步将农村义务教育全面纳入公共财政保障范围，建立中央与地方政府分项目、按比例分担的农村义务教育经费保障新机制。农村义务教育投入在改革中逐渐纳入公共财政体系，从此，我国义务教育真正从"人民办"走向了"政府办"。

2006 年，全国人大常委会对《中华人民共和国义务教育法》做了新的修订。义务教育经费保障机制改革和新修订的义务教育法，均规定了义务教育实行"经费省级统筹，管理以县为主"的义务教育财政体制。新机制的主要保障措施是：全部免除农村义务教育阶段学生学杂费；对贫困家庭学生免费提供教科书并补助寄宿生生活费；提高农村义务教育阶段中小学公用经费保障水平；建立农村义务教育阶段中小学校舍维修改造长效机制；巩固和完善农村中小学教师工作保障机制。①

新机制改革的实施步骤是：2006 年，西部地区农村义务教育阶段中小学学生全部免除学杂费；中央财政同时对西部地区农村义务教育阶段中小学学校安排公用经费补助资金，提高公用经费保障水平；启动全国农村义务教育阶段中小学学校校舍维修改造资金保障新机制。

2007 年，中部地区和东部地区农村义务教育阶段中小学学生全部免除学杂费；中央财政同时对中部地区和东部部分地区农村义务教育阶段中小学学校安排公用经费补助资金，提高公用经费保障水平。

2008 年，各地农村义务教育阶段中小学学生均公用经费全部达到各省（自治区、直辖市）制定的基本标准；中央财政安排资金扩大免费教科书覆盖范围。

2009 年，中央出台农村义务教育阶段中小学公用经费基准定额。

2010 年，农村义务教育阶段中小学公用经费基准定额全部落实到位。

（三）学校教育经费拨款方式

中小学教育经费拨款主要是以学生人数为依据，因此各学校经费拨款的差异也主要是由学校规模所导致的。我国中小学教育事业费拨款基本上采用的是"定员定额"方法。所谓定员定额，就是指按事业机构规模的大小或事业的需要，合理地确定其各种编制、房屋和设备标准，行政和业务费用开支额度、器材的储备量。

定额标准的制定按人员经费和公用经费分类核算。人员经费包括教职工经费和学生经费，分别用教职工经费标准定额乘教职工人数，学生经费标准定额乘学生数再加总求得总额。公用经费则用公用经费各项开支标准定额乘在校生数总数再加总。

中小学基建经费拨款采取的是基建预算加基建补助的方式。基建预算的方法是按照学生人数和每生应占有的校舍面积定额，计算应有的校舍规模；然后从应有校舍规模减去现有校舍面积，计算出校舍面积缺口，即需新建的校舍面积。最后计算新建校舍所需各种建筑材料和设备费以及购置配套教学仪器、设备的费用，构成新建校舍预算，再加上危房翻建费和

---

① 张学敏，叶忠. 教育经济学 [M]. 北京：高等教育出版社，2009：224.

设备费，三项合计就构成了地方中小学基建预算。基建预算额再加上国家每年安排的一定数量的基建补助拨款，就是该校所得基建基金。

🔍 案例

2021 年全国教育经费执行情况统计公告

一、全国教育经费情况

2021 年，全国教育经费总投入为 57 873.67 亿元，比上年增长 9.13%。其中，国家财政性教育经费（主要包括一般公共预算安排的教育经费，政府性基金预算安排的教育经费，国有及国有控股企业办学中的企业拨款，校办产业和社会服务收入用于教育的经费等）为 45 835.31 亿元，比上年增长 6.82%。

二、一般公共预算教育经费情况

（一）全国一般公共预算教育经费增长情况

2021 年全国一般公共预算教育经费（包括教育事业费、基建经费和教育费附加）为 37 463.36 亿元，同口径比上年增长 5.17%。其中，中央财政教育经费 5 612.00 亿元，比上年增长 3.66%。

（二）各级教育生均一般公共预算教育经费增长情况

（三）各级教育生均一般公共预算教育事业费支出增长情况

（四）各级教育生均一般公共预算公用经费支出增长情况

（五）一般公共预算教育经费占一般公共预算支出比例情况

2021 年全国一般公共预算教育经费占一般公共预算支出 245 673 亿元的比例为 15.25%，比上年提高了 0.47 个百分点。

三、国家财政性教育经费占国内生产总值比例情况

2021 年全国国内生产总值初步核算数为 1 143 670 亿元，国家财政性教育经费占国内生产总值比例为 4.01%。

2021 年一般公共预算教育经费增长情况

地区	一般公共预算教育经费（亿元）	一般公共预算教育经费占一般公共预算支出比例（％）	一般公共预算教育经费本年比上年同口径增长（％）	财政经常性收入本年比上年增长（％）	一般公共预算教育经费与财政经常性收入增长幅度比较（百分点）
北京市	1 135.16	15.75	0.64	7.41	−6.77
天津市	472.98	15.00	7.37	6.44	0.93
河北省	1 621.01	18.32	4.42	9.68	−5.26
山西省	775.74	15.37	7.94	23.91	−15.97
内蒙古自治区	633.69	12.09	5.20	12.08	−6.88
辽宁省	707.79	12.04	2.12	3.44	−1.32
吉林省	483.95	13.09	0.07	6.24	−6.17
黑龙江省	607.31	11.90	2.80	12.84	−10.04
上海市	1 013.35	12.02	4.15	10.30	−6.15
江苏省	2 505.13	17.18	3.58	9.21	−5.63
浙江省	2 029.90	18.43	7.99	7.88	0.11
安徽省	1 315.42	17.33	4.96	5.69	−0.73
福建省	1 062.08	20.41	7.81	6.12	1.69
江西省	1 250.83	18.45	5.66	10.54	−4.88
山东省	2 387.01	20.38	7.08	8.40	−1.32
河南省	1 743.09	17.82	2.69	4.11	−1.42
湖北省	1 224.98	15.44	3.52	1.08	2.44
湖南省	1 424.78	17.11	6.54	3.00	3.54
广东省	3 793.37	20.79	7.33	7.49	−0.16
广西壮族自治区	1 105.04	19.03	10.72	3.00	7.72
海南省	302.69	15.35	4.52	23.93	−19.41
重庆市	805.02	16.65	6.51	2.97	3.54
四川省	1 741.24	15.53	4.42	2.55	1.87
贵州省	1 125.68	20.14	4.81	5.22	−0.41
云南省	1 147.01	17.29	0.85	5.46	−4.61
西藏自治区	290.36	14.32	0.24	−0.50	0.74
陕西省	1 033.68	17.03	5.49	20.38	−14.89
甘肃省	661.92	16.41	3.01	12.49	−9.48
青海省	230.36	12.42	7.67	9.04	−1.37
宁夏回族自治区	199.04	13.94	3.23	2.93	0.30
新疆维吾尔自治区	942.93	17.54	6.45	7.66	−1.21

从上述材料中，你看到了我国教育财政性投入情况的哪些特点？

第二节
学校财务管理体制

🎯 **学习目标**

解释学校财务管理内涵及其评价体系的主要内容。

学校财务工作是整个学校工作的重要组成部分，学校各项资金的安排和使用，都直接关系到贯彻国家的有关法规、政策，关系到各项工作的有效开展。充分发挥学校财务工作的作用，是积极推行素质教育，培养高素质人才的重要条件之一。

一、学校财务管理含义及特点

学校财务管理是指对学校资金运作过程的计划、组织和控制，包括组织学校财务活动、处理学校财务关系、进行财务监督三方面的内容。从本质上讲，学校财务管理是指发生在学校内部的经济管理活动，它具有以下两个特点。

一是政策性强。学校的一切经济活动，从表面看，似乎只是收支活动。可是，该收什么、收多少、什么时间收，哪些该用、用多少、哪些不能用，这些收支活动，关系到实施学校素质教育，关系到教育质量的提高，涉及师生员工的切身利益，国家和教育行政部门都有明确的规定。学校财务管理必须根据有关政策、制度，正确处理收支活动。

二是涉及面广。学校财务管理不仅为教育教学服务，还要承担育人重任；既要财尽其力，又要使物尽其用；不仅要千方百计地节约行政开支，还要利用优势开辟财源；在校内为广大师生服务，在校外正确处理与有关部门发生的经济联系等，涉及面较为广泛。[①]

二、学校财务管理的任务

学校财务管理的根本任务是：遵循国家教育方针和艰苦奋斗、勤俭办学方针，按照教育规律和经济规律，科学管理和使用各项经费，保证学校教育教学任务的完成，努力为教育事业发展和提高教育质量服务。学校财务管理的具体任务如下。

（一）加强财务领导工作

校长对财务工作负全面管理责任，除审查批准学校的年度、季度预算，处理有关财务方面的重大问题外，还要经常了解和掌握经费预算执行情况，进行检查监督。后勤主任是校长

---

① 范先佐. 教育财务与成本管理［M］. 上海：华东师范大学出版社，2004：122.

管理财务工作的得力助手，统一管理学校的预算资金，检查、监督和审查学校的一切经费开支，具体组织预算的执行。学校管理者要加强学校财会部门的建设和领导，切实赋予财会部门应有的责任和权利，要高度重视财务管理工作，特别要关心财会部门同志的业务学习，提高他们的业务水平，以适应新形势下学校财务改革工作的需要。

改革开放以来，学校教育事业有了很大的发展，财务管理工作在观念上、指导思想上和工作重点上都发生了深刻的变化，特别是学校财务工作的内涵扩大了很多，资金的层次、渠道与数量都有了显著变化。因此，学校财务管理人员必须在观念上做到三个转变：其一，由过去只是单纯记账、算账、报账等转变到还要重视生财、聚财、用财之道上来，把管理作为财务工作的重心。其二，把过去只注意要钱、花钱，转变到提高资金使用效益上来，以效益为中心，这样才能做好财务管理工作。其三，把只是习惯于事后总结分析转变为同时重视事前控制管理上面来。

（二）统筹编制学校预算

根据上级教育行政部门和财政部门的有关规定和学校的实际情况，合理编制学校财务年度计划。在编制经费预算前，要做充分的调查研究，要了解学校在新的年度中工作重点是什么，在教学上、生活设施上要解决哪些突出问题，以便做到心中有数。在编制财务预算收支计划时，必须将一切预算内、预算外资金纳入学校财务部门计划的管理范围，并根据经费来源进行编制。在安排经费支出时，要根据"一保吃饭，二保教学"的原则，量入为出，量力而行。要加强定额管理，努力节约公务费开支，增加业务性经费，统筹安排好经费的支出。要注意集中财力，加强对教学仪器、图书资料的建设和重要的生活设施的投资。统筹规划，全面安排，重点使用。

🔊 名家语录

评判教育系统的三个标准是：教育服务的供给是否充足；教育资源分配的效益如何；教育资源的分配是否公平。

——C.本森

（三）合理使用学校资金

管好和用好学校的各项资金，是加强学校财务管理、提高资金使用效益的关键，它包含三方面的内容：合理筹集资金，正确调度资金，有计划地使用资金。

第一，合理筹集资金。可以通过以下几个方面筹集资金：国家下拨的教育经费和各级政府给予的政策性补贴；办好校办产业；利用学校设施，对外实行有偿服务；国外和我国港澳台地区团体、个人、校友、家长和企业的赞助。总之，要积极拓宽筹资渠道，依法筹集尽可能多的办学经费，进一步完善以国家拨款为主，多渠道筹措经费的投入机制。

第二，正确调度资金。财务人员在日常工作中，要积极地为教学服务，从资金上保证教学所需。对各项财务开支，只要有利于教学的，就要千方百计地支持。但这并不意味着要多少就给多少，必须讲究花钱的技巧，把钱用在急需之处，尽量做到少花钱，多办事，办好事，务必讲究投资效果。着眼于办学的成本与效益，逐步减少办学中不经济、低效率的现象，是世界各国财务管理的新要求。①

第三，有计划地使用资金。国家所拨教育经费和学校筹集的预算外资金，都是学校实现事业计划、开展各项教学活动的财力保证，有计划地使用资金是财务管理的首要任务。

学校分配制度改革不仅要注重教师的工作量，更要注重工作绩效，对教学工作量大、教学效果好的教师在收入分配中应体现其贡献。教师收入分配，应与评定职称级别逐步脱钩，强化岗位，淡化身份，突出重点，鼓励冒尖，严格考核，注重实绩，拉开差距。在同一职级岗位上，教师收入可设一定弹性制度，根据岗位要求的完成情况予以分配，不同职级工资可有一定交错，低职级教师如果工作出色，其收入可以超过表现平平的高职级教师，以激励各级岗位教师的工作进取心。

（四）加强财务控制监督

学校财务监督是按经济管理要求，根据国家方针政策、计划、制度和法律对学校预算收支计划的完成情况，资金的组织、分配和使用进行指导、督促和检查。具体包括监督学校经济业务是否真实、合法；财务收支是否符合财政制度和财经纪律；考核资金的使用效果，检查财产的安全和完整。② 加强学校财务监督的作用是：①通过财务监督使学校领导及时了解学校执行国家和主管部门制定的有关方针政策、事业指标的情况，掌握第一手资料，及时发现问题，保证国家的计划、制度和法律顺利实施；②通过财务监督和日常检查，能及时纠正违反财务制度的行为和不正之风，防微杜渐；③保证公共财政的安全和完整；④促进财务管理，提高经济效益，推动教育事业的发展。

三、中小学财务管理体制

国家财政部、教育部于 2022 年修订了《中小学校财务制度》（以下简称《制度》），对中小学财务管理的原则、任务、体制、内容和方法都做出了规定。

---

① 林文达. 教育财政学 [M]. 台北：三民书局，1986：211.
② 常思亮. 教育管理学 [M]. 长沙：湖南大学出版社，2006：261.

（一）学校财务管理制度

《制度》规定：单独设置财务机构的学校实行"统一领导，统一管理"的体制；不具备单独设置的财务机构的学校实行"集中管理、分校核算"的体制，即在一定区域内设置中心财务机构，集中统一管理财务活动，学校设报账员，在校长领导下管理财务活动，统一向中心财务机构报账；学校财会人员的职责、权限、技术职称、任免奖罚等按《会计法》执行；校办产业、勤工俭学等财务活动均由学校财务机构统一领导。

（二）学校财务管理内容

与原《制度》相比，新《制度》针对地方落实"双减"、学生营养改善计划、扩大普惠性学前教育资源等重大政策时面临的新情况、新要求，统筹兼顾学校财务管理薄弱环节，着重从六个方面进行了修订。

一是调整了《制度》的适用范围。《制度》第2条规定："本制度适用于各级人民政府举办的普通中小学校、中等职业学校（含技工学校）、特殊教育学校、专门学校、成人中学和成人初等学校"，不再要求接受国家经常性资助的社会力量举办的中小学校执行本制度。

二是加强党对学校财务工作的领导。《制度》第6条规定："中小学校财务管理实行党组织领导的校长负责制。校长在学校党组织领导下，依法依规管理财务工作，对财务资料的真实性、完整性负责"，强调党组织的领导，明确了校长管理财务工作及责任。

三是强化学校财务队伍建设。《制度》第8条规定，财务、会计人员应当熟悉国家财经法律、法规、规章和方针、政策，掌握财会和教育教学业务管理的有关知识。跟原来相比，《制度》新增学校财务主管人员和财务、会计人员的岗位设置、职责权限以及任职条件等规定。

四是以公益性和非营利为导向。《制度》第10条进一步明确了中小学校食堂应当坚持公益性和非营利性原则，针对学校采取自主经营食堂、委托方式经营食堂、配餐或托餐等不同方式为学生供餐的实际情况，分类提出财务管理要求。

五是严格执行收支两条线。《制度》第25～28条明确课后服务等服务性收费的管理要求，增加中小学校不得擅自扩大收费范围、增加收费项目、提高收费标准的禁止性规定，细化并明确了票据的分类使用办法，加强对地方落实"双减"政策财务行为的指导。

六是根据新的《事业单位财务规则》，对预算管理、对外投资和负债管理等方面内容做相应调整和细化。在预算管理方面，《制度》强调全面预算管理，严禁超预算、无预算安排支出将专用基金纳入预算管理，加强了对学校经济活动的财务控制和监督，要求预算安排及时向社会公开。在对外投资和负债管理方面，《制度》则新增财务风险预警，明确规定"中小学不得替地方政府及其部门举债融资"，强调了对风险的事前察觉以及对内控建设工作的重视。

（三）学校财务管理方法

1. 财务清算

经国家有关部门批准，中小学发生划转撤并时，应当进行财务清算。财务清算，是指宣告划转、撤销、合并的中小学学校，应按规定程序办理清算工作，并处置清算剩余的财产、债权、债务等进行全面清理。清算结束后，经主管部门审核报国有资产管理局和财政局批准，按照相应规定进行处理。

2. 财务报告和决算报告

财务报告主要以权责发生制为基础编制，综合反映学校特定日期财务状况和一定时期运行情况等信息。财务报告由财务报表和财务分析两部分组成。财务报表主要包括资产负债表、收入费用表等会计报表和报表附注。财务分析的内容主要包括财务状况分析、运行情况分析和财务管理情况等。决算报告主要以收付实现制为基础编制，综合反映学校年度预算收支执行结果等信息。决算报告由决算报表和决算分析两部分组成。决算报表主要包括收入支出表、财政拨款收入支出表等。决算分析的内容主要包括收支预算执行分析、资金使用效益分析和机构人员情况等。

现以资产负债率为例进行说明。资产负债率是学校负债总额与资产总额的比率，即资产总额中有多少是通过负债取得的。资产负债率是衡量学校利用债权人提供的资金开展业务活动的能力以及反映债权人提供资金的安全保障程度，用于评价学校资产负债的状况。计算公式为：

资产负债率＝负债总额÷资产总额×100%

此指标反映了负债偿还的物资保证程度，也叫作举债信誉比率。资产负债率越高，越表明学校是在较大程度上依靠债权人提供的资金维持学校的业务活动的，随时都有陷入财务状况恶化的境地。如果资产负债率大于100%，说明学校已资不抵债。显然，此指标值越低越好，此指标值越低，债务偿还的稳定性、安全性就越大。当今，学校为了满足扩招的需要，积极利用银行信贷资金，加大学校教学基本设施的建设，迅速壮大学校的办学实力，特别要注重对资产负债率指标的分析，重点从资产负债率的变动趋势来分析。

案例

某学校 2002 年的资产负债表分析

单位: 万元

项目	负债总额	资产总额	资产负债率
2012 年年初	3 000	10 000	30%
2012 年年底	8 000	17 800	44.94%
差异	5 000	7 800	14.94%

基于企业财务分析视角, 由上表可知, 该校还有较大的财务发展空间。但学校毕竟不是生产经营单位, 它的主要任务是人才培养, 它的经费来源主渠道是国家财政投入, 该校年底的举债额太高, 财务费用势必增大, 与学校的收入和资产规模相比, 存在较大的问题, 将严重影响学校的财务运转。从年初和年底的资产负债率的变化情况来看, 长期偿债能力存在下降趋势, 资产负债率从年初的 30% 上升到 44.94%, 该校资产的偿债压力增大。

从上述材料中, 你如何看待该校的负债情况?

3. 财务监督

财务监督是贯彻国家财经法规以及学校财务规章制度, 维护财经纪律的保障。中小学校财务监督的主要内容包括: 预、决算编制的科学性、真实性、完整性和预算执行的时效性、均衡性; 各项收入、支出的合法性、合规性; 结转和结余资金以及专用基金管理的合规性; 资产管理的安全性、完整性、合规性、有效性; 负债的合规性和风险性; 学生人数、教职工人数等基础数据的真实性、准确性和完整性。中小学校财务监督应当实行事前监督、事中监督、事后监督相结合, 日常监督与专项监督相结合。中小学校应当建立健全内部控制制度、经济责任制度、财务信息披露制度等监督制度, 按规定编制和报送内部控制报告, 规范学校各项经济活动, 依法公开财务信息。中小学校应当遵守财经纪律和财务制度, 依法接受主管部门和财政、审计等部门的监督。中小学校及其工作人员存在违反本制度规定的行为, 以及其他滥用职权、玩忽职守、徇私舞弊等违法违规行为的, 依法追究相应责任。

四、学校财务管理评价体系

(一) 学校财务管理评价体系含义

随着各项改革的不断推进, 学校在办学过程中的经济行为也趋于多元化。财务管理也面临着复杂的局面。学校财务管理的核心问题是效益问题。财务管理工作的效益, 综合反映了学校在教学、社会服务和校办产业等各方面的绩效。学校财务管理评价体系是通过对依法筹集资金、财务预算的控制与管理、合理有效的资源优化与配置、健全的财务制度与真实的财务信息、经济责任制与财务监督等多个方面所进行的系统化评价，构成一个关于学校财务管理评价的有机整体。

（二）学校财务管理评价体系框架

评价体系是按照层次分析法的思想，以财务综合实力为辅助，将目标层定为财务运行绩效和财务发展潜力，以建立绩效和风险评价为核心，全面揭示学校财务运行状况的体系。其主要框架由财务综合实力、财务运行绩效和财务发展的潜力评价组成。[①]

1. 财务综合实力

所谓财务综合实力，是指学校从政府拨款和自筹经费等渠道获取经费的能力。它一方面反映了学校提高人才培养质量，扩大学校知名度，全面提高自身素质的能力；另一方面也反映了学校面向经济建设的主战场，通过横向科研和技术开发、技术咨询等技术服务，兴办校办产业等多种手段获取经费的能力。上述两方面的工作实绩，最终反映在财务总经费的数额大小以及财务收入的来源构成上。主要包括学校总经费收入、国家及地方拨款、学校自筹经费、年末资产总额等评价指标。

2. 财务运行绩效

所谓财务运行绩效，就是按照投入与产出相比的社会经济效益的评价原理，对学校财务运行的效能、效率、效益、成绩等多种产出形式进行综合评价。学校的经济效益考核有其特殊性。它除了一般的减少投入、增加产出的效益考核要求外，还有产出考核的模糊性以及人才质量的难以计量性的困难。成绩是指学校在人才培养、科研成果等方面产出的数量和质量；效率是指学校在有关指标上投入与产出的比率；效益是指财务资金投入后对工作目标的实现程度。在多项绩效指标中，抓住重点，突出有限指标，有助于对学校的财务运行状况有所了解，从而有助于全面评价学校财务运行的绩效。具体地说，学校财务绩效包括事业发展的效率、自筹经费的能力、资产运营的效益、科研效率与成果率、产业的经济效益、后勤的社会效益与经济效益等。

3. 财务发展潜力评价

所谓财务发展潜力评价，就是反映学校负债状况和对财务风险的承受能力。市场经济体制构建了一个全社会同在的高风险、高收益的经济机制，学校也不例外。随着学校各项改革的不断推进，学校财务工作变得越来越复杂，对其要求也越来越高。但是学校是非营利的事业单位，不能将"负债经营"和"赤字预算"的思想引入学校预算的编制与执行之中。因

---

① 财政部预算司. 中央部门预算编制指南［M］. 北京：中国财政经济出版社，2005：112.

此，全面考核和评价学校的财务发展潜力，衡量学校在负债和风险方面的承受能力，就成了学校财务绩效考核的重要内容之一。具体考核内容包括各校累计对外负债状况及负债比率、学校年度总支出和总收入之比、年末存款净余额、借出款、暂付款数额大小及其比重以及校办产业的资产负债率和经营风险的考核。

（三）学校财务管理评价的方法

财务管理评价的最终目的，在于全面、准确、客观地揭示与披露学校财务状况和经营情况，并借以对学校的经济效益做出合理的排序与评价，最终形成一个科学的、客观的财务评价结果。

在实际评价方法过程中，可将指标设置为基础指标和评价指标两个层次。基础指标是评价指标的构成要素，数据来源于各学校年终决算报表和各类补充报表。评价指标由基础指标计算得出，具体分为反映综合实力、运行绩效、发展潜力三类，通过运用各评价指标在评价体系中所占的权重进行分类比较、综合分析，最后得出得分、排序。评价方法主要有综合评分法、层次分析法、模糊综合评价法、相对接近度分析法、指标评价法和功效系数评价法等。

现以某年度的资料，选用学校年末净存款占学校总支出的比重、学校资产负债率、学校年末存款净余额三个指标，运用功效系数评价法，对 A 学校、B 学校、C 学校和 D 学校四校的学校财务发展潜力评价指标体系进行分析，详见表 7.1。

表 7.1　学校财务发展潜力计算表

评价指标	单位	A 学校		B 学校		C 学校		D 学校	
		指标值	评价值	指标值	评价值	指标值	评价值	指标值	评价值
学校年末净存款占学校总支出的比重	%	48	48	59	59	77	77	85	85
学校资产负债率	%	15	12	10	50	8	62	32	100
学校年末存款净余额	亿元	14	11	2	37	18	269	32	100

功效系数评价法就是运用功效系数值对指标进行转换，使评价指标归一化，然后采用算术平均数或几何平均数的方法，求得总体综合评价价值。① 财务发展潜力指数计算表通过对各校财务发展潜力指数进行综合评价，概括地反映了各校财务发展潜力的趋势性事实。结果表明，在一定的分数段内，可将综合评价值分为三个层次：财务发展潜力综合评价值在 60 分以下为发展潜力低的学校；60~80 分为发展潜力中等的学校；80 分以上为发展潜力高的学校。

---

① 中国教育会计学会．教育财会改革论文集 [C]．北京：北京交通大学出版社，2005：86.

（四）学校财务评价体系的作用

在学校财务管理活动中增强绩效意识，督促学校财务绩效的评价工作，对于优化学校资源的配置，提高资金利用效率具有举足轻重的作用。财务评价是一种较为先进、科学的财务活动评估方法，对学校财务实际情况的反映准确及时，对学校财务绩效的描述全面综合。财务绩效评价不仅可以为单位财务决策提供依据，而且可以通过对绩效结果反馈，找到本单位财务管理中的优点和缺陷，为制订资金管理计划和改进财务管理活动提供决策依据，也为学校财务活动提供正确的政策性导向。

1. 财务绩效评价研究有利于实现教育资源的合理配置

近年来，国家对教育越来越重视，投入大笔的教育经费来改善学校的办学条件。但是很多学校存在着经费使用上效益严重低下的现象：购置资产，缺乏统一计划，重复购置；盲目购置一些价值昂贵的实验设备和教学设备而不能坚持保养，导致很多损坏，也有的设备闲置无用最后损毁报废；不能规范使用财政投入经费；贷款的盲目性，致使利息支出数额巨大。通过开展财务绩效评价，可以使各学校及时吸取教训，建立健全并坚持认真落实财务管理制度，解决财政资源的使用不当和浪费的问题，促进学校资金使用效率的提高，努力实现学校财务资源的合理配置，确保学校财务的可持续发展。

2. 财务绩效评价研究有利于建立行之有效的财务管理机制

随着国家经济体制与教育体制改革的深化，资金来源中政府财政资金所占比例呈现逐年缩小的趋势，学校财务管理的内容也不再是单纯的收支流量核算，而是全方位、全过程地对学校资金资产的流量状况和存量情况进行核算和监控，以提高资金使用效益，同时进行相应的财务预测与决策、计划控制和绩效考评分析。这体现了财务管理功能的多样化，已非传统意义上的学校财务管理活动，成为融事业、企业和基建业等为一体的综合财务。因此，通过财务绩效评价可以加强学校财务管理，为学校规避风险、提高管理效益提供量化依据，促使学校在财务管理中建立激励机制和约束机制。

3. 财务绩效评价有利于加强对财务活动的宏观管理和监控

促进学校财务工作的自我评价和自我约束，通过对某一学校的几年财务数据的评价进行纵向比较并考核，或通过对某几个学校某一年的财务数据进行评价并横向对比分析，采用定量为主、定性为辅的方法，理论与实例相结合，对学校财务的发展状况进行客观的评价。深刻挖掘学校的财务发展潜力，使学校财务管理者对学校的资金使用状况有正确的认识，从评价中发现财务管理问题和原因，探究改进措施，从而使资金循环逐渐步入良性的轨道，不断提高学校资金筹集能力、使用效益和财务管理水平。

第三节
学校后勤社会化管理

学习目标

掌握学校后勤社会化模式，并进行评价分析。

众所周知，军队如果没有后勤就无法完成备战、作战任务。正所谓"兵马未动，粮草先行"，这里的粮草指的就是为作战所做的后勤准备。学校的后勤工作同军队一样，也占有重要的地位。它是为了最大限度地满足学校教师和学生教学、科研和学习生活的需要，为培养人才创造最佳条件，保障学校各项工作的顺利进行。

名家语录

如果双方势均力敌，双方军队多年来只能在同一地区进进退退，那么，后勤往往就成为主要的问题了，统帅变成军需官，指挥作战就变成了管理辎重队。

——克劳塞维茨

一、学校后勤管理含义及特点

（一）学校后勤的含义

"后勤"一词，《现代汉语词典（第 7 版）》的解释是："指后方对前方的一切供应工作。也指机关、团体等的行政事务性工作。"

学校的后勤工作的对象有广义和狭义之分。广义的学校后勤工作对象应该包括教师和学生。在学校整个环境中，教学和科研工作的开展主要包括教师和学生，教师的教学要能够好好开展，就需要有合理的时间安排、适度的教学任务、良好的教学场地和教学环境等。要使学生在学校里安心学习，就必须为其创造合适的学习环境，提供舒适便捷的生活环境。学校后勤就是在保证教师安心教学的同时能够使学生安心学习。狭义的学校后勤对象只包括学生。学校的主体是学生，学校所有的工作都是为学生成才服务。从这个意义上讲，教师也是学校后勤工作的一部分。学校的教学行政人员一方面应为教师的教学生活提供后勤服务，另一方面应为学生的学习生活提供后勤服务。

学校后勤管理则是运用一定的管理方法和手段，采取一系列特定的管理行为和措施，最大程度地发挥人、财、物的功能，以实现后勤工作目标的过程。

（二）学校后勤的特点

第一，教育性。这是由学校的性质和根本任务决定的。学校教育的目的是培养完整的人。学校所有部门、全体人员都应该围绕这一目标工作，而后勤管理的管理育人、服务育人，也是从这一总目标而得来的。后勤职工和学生接触频繁，与学生日常生活关系密切，所以后勤职工必须充分认识这一特点，后勤部门的一切工作必须充分了解这一点，考虑对学生的影响教育。特别是在全面实施素质教育的时候，一言一行、一举一动，都应被视为学校教育教学的有机组成部分。

第二，服务性。为教育教学、科研及师生生活服务，是学校后勤的根本任务，这就决定了学校后勤的服务性特点。学校后勤服务与社会上第三产业的服务有着根本的不同。一是目的不同。第三产业的根本目的是营利，而学校后勤服务的根本目的是为师生服务，不是以盈利为目的的。二是服务对象不同。社会上第三产业的服务对象广泛，包括各阶层的人。而学校的服务对象是师生，对象是确定的。因此，学校的后勤工作必须围绕学校的根本任务和中心工作来开展。

第三，先行性。所谓"兵马未动，粮草先行"，作为后勤工作，必须先行。学校后勤的先行性主要表现在以下四个方面。

一是在筹建学校过程中要抓好基建、设备安装以及准备好师生必要的生活条件。

二是在扩大学校规模上，也必须提前做好教育、教学的各种物资准备。

三是每学期开学前，必须做好校舍、桌椅、照明等的维修准备工作以及必需的各种教学设施的准备。

四是在学期中，只要什么东西坏了，或缺什么东西，必须抓紧抢修、采购，不能影响教育教学。

后勤人员必须根据先行性的特点来制订计划，安排工作，把教育、教学所需的一切物资提前准备好，以保证学校工作的顺利进行。

第四，社会性。学校后勤工作就像一个"小社会"，"麻雀虽小，五脏俱全"，宿舍、食堂、商店，甚至是托儿所、理发室、浴室、配电房等无所不有。从后勤工作管理的范围看，后勤工作与社会联系广泛，学校作为社会这个大系统中的子系统，与社会的各方面联系紧密，与社会的政治、经济、文化和科技部门都存在密切联系，学校基建、维修，需要社会各方支持，学校所需物资需要社会提供。

二、走向社会的学校后勤管理

（一）学校后勤社会化的内涵

1. "社会化"的含义

"社会化也可称为社会性，'化'是指程度和过程，是指生产、交换、消费以及人和社会发展随着生产力的发展而变化的一个永远不会完结的过程。"① 在人类社会发展的过程中，人与自然之间、人与人之间产生了各种关系，正是这种关系，不断促进人类的发展，逐渐产生了人类社会。因此，人类社会是一个人与人之间各种关系的总和。社会化这一概念是针对人类而言的，可以针对一个组织，也可以针对一个系统。无论是个人、组织还是系统，社会化的目的就是将其融入整个社会之中，也就是通过系统内部的变革，从原先的封闭系统或是孤立系统转换为开放系统。社会化可以理解为一个慢慢转化的过程，也可以理解为被同化了的最终结果，也就是最后达到的一种状态。

2. 学校后勤社会化的内涵

关于学校后勤社会化的概念，目前还没有一个权威的定义，将各校的做法归纳起来，有以下几种见解。

学校后勤社会化是在社会化市场经济体制下，学校从办"小社会"中解脱出来，由社会办后勤，并由社会为学校提供有偿的、专门化的后勤保障服务。

学校后勤社会化是由政府宏观调控，以社会办后勤为主体，以学校事企分开、两权分离而形成的企业为分支，实行内外联合，共同为学校提供专门化服务。

学校后勤社会化就是以市场为导向，以政府为核心，以社会为主力，以学校为辅助，为学校提供多样化的服务。

学校后勤社会化就是政府、社会、学校政企分开、事企分开、两权分离，多元化为学校提供有偿服务，它是社会化大生产的历史进程。

综上所述，学校后勤社会化，是指让学校中可以由社会来保障和进行的部分与学校脱钩，由社会相应的专门机构来提供服务。

学校后勤社会化就是使学校后勤工作通过改革逐步向社会主义市场经济转轨，使其实现服务的基本理念和功能，融入社会，融入市场，从而遵循市场运作规律，获得服务改进的能量，提高服务品质，更好地为科研开发和科研人员服务。尝试后勤改革，营利不是目的，目的是服务师生，解放校长，激活学校。

（二）学校后勤社会化的特点

教育作为 21 世纪最具潜力的朝阳产业，必须适应市场，进行市场化运作，企业化经营，把管理学校变为经营学校。学校后勤改革的最终目标是走向市场，参与社会服务行业竞争。这就决定了学校后勤社会化具有如下特点。

第一，教育性。学校教育的根本目的是塑造人，不仅要培养学生做事的能力，更要教育他们学会做人，使其成为既有人性又有灵性的人。后勤是学校教育的重要组成部分，同样具

---

① 赵敏，江月孙. 学校管理学新编 [M]. 广州：广东高等教育出版社，2008：222.

有明显的育人功效。后勤服务的对象是师生，它的教育作用主要是通过潜移默化的方式进行。这就要求后勤人充分认识自身工作的特点、性质，采用适当的工作方式，充分挖掘后勤的德育功能，对服务对象施以教育。环境卫生、财产使用与保管、用水用电、饮食服务都蕴含着极其丰富的教育功能，后勤人要予以重视和利用。可以这样说，后勤教育主要是对学生进行人文教育。人文教育是提高学生道德感和责任感的基础，它不仅可以使学生的情感得到陶冶，心灵得到升华，也可以给他们很多直接和间接的人生体验、人生哲理，帮助他们了解世界，认识自身对社会的责任。

第二，服务性。学校后勤不管怎样改革，但都离不开服务教学、服务师生的根本宗旨。服务性是后勤工作的出发点和落脚点。只有后勤工作跟上教学的节拍，适应生活的节奏，做得让师生满意，这样的后勤工作才称得上保障有力。后勤服务社会化，更要求后勤工作从管理上、经营上体现服务特点，职工要变"要我做"为"我要做"，服务学校，面向社会。

第三，集团化。后勤集团化是后勤社会化的重要特点，是后勤市场化的前提。由于学校后勤社会化，行政职能弱化，服务职能增强。后勤集团由不同的、相对独立的服务中心组成。例如，水电服务中心负责学校正常的水电维修及管理；物业管理中心负责师生宿舍、出租店面的物业管理；饮食服务中心做好师生的就餐工作；物资采购中心负责学校物资的购买、入库、验收和管理；基建维修中心参与学校基建维修工作；保安服务中心负责学校的治安服务工作。各个服务中心和学校只是合同式关系，它们和社会服务行业共同参与学校后勤服务竞争，在同等条件下，它们优先服务。

第四，市场化。也称社会化，它是学校后勤社会化的主要特点，是区别于传统后勤的标志。学校后勤社会化的本质就是让学校后勤走向社会，走向市场，实行市场化运作。市场由五个要素构成：市场主体、市场客体、价格、市场供给与需求、市场竞争。怎样处理和利用这五个要素，决定了学校后勤的服务水平、服务质量及服务效益。后勤集团的各个经济实体拥有独立的经营自主权，它的一切经营、服务活动依赖市场，离不开市场。由于市场瞬息万变，后勤人要及时准确把握市场行情，找准师生的服务需求，利用后勤资源，满足师生需要。

第五，规范化。质量是企业的生命线。如果没有一套完善规范的管理制度，没有一套高质量的服务标准，后勤集团就无法在竞争中立于不败之地。规范化是后勤社会化的生命。从各服务中心的可持续发展考虑，必须引进先进的服务理念和管理模式，如 ISO 9000 质量管理体系。让每一名员工能知晓自己的工作职权范围和责任，实现管理规范化和服务标准化。通过规范化的管理，让每个后勤人清楚服务范围和实现服务的全过程，按服务标准开展服务。这样不仅提高了后勤服务质量，而且也提高了员工自身素质。

三、学校后勤社会化内容与运作

（一）学生餐饮社会化

🔍 **案例**

北京九十六中学食堂的社会化实践

九十六中学食堂，曾经和许多中学食堂一样，面临许多无法克服的问题——食堂的饭菜品种单一，师生众口难调；炊事员没有受过专业训练，也没有改善伙食水平的动力；总务部门整日忙于食堂方方面面的管理，却往往无法通过各种检查；平时食堂的食品安全总是让领导牵肠挂肚、小心翼翼……

为了彻底解决这些问题，九十六中学领导们最终决定，在一个更高的层面，跳出小圈子解决问题。于是，总务社会化的改革，在食堂托管上迈出了第一步。选择了专业的餐饮公司，餐饮公司承担起了以上全部的"包袱"。精心设计的菜肴美味可口，做到定期更改菜谱；所有餐饮人员不由学校管理，避免了复杂的劳资关系，仅仅面对餐饮公司项目经理一人，即可轻松掌控；专业的卫生管理经验，内部严格的内控制度，确保在各种检查中万无一失；多年的餐饮采购渠道，经验丰富的质检员，原材料安全不再成问题……①

从上述材料出发，你认为该中学食堂的社会化实践说明了什么？

饮食进入市场是学校后勤社会化的关键一环，也是学校后勤社会化的直接体现。食堂工作是后勤系统的重要方面。学校这块饮食市场有固定的顾客，有较准确的就餐人数，有现金交易。对任何一个经营者来说，都是极其有利的因素。学校应该意识到这些有利因素就是资产，是无形资本。将这个资本推向市场，就是最大限度地开发学校自身潜力，利用自身优势，租赁食堂，给自己"松绑"。这不仅减轻了学校的管理负担，而且还增加了学校的预算外收入。为有利于学校管理，学校可通过招标的形式租赁给多个经营户，将食堂分为若干独立的自负盈亏的小食堂，由独家包揽变为多家良性竞争。良性竞争受益的是学生。通过学生向物美价廉、服务周到的食堂流动，既可控制价格，又可调节服务。

---

① 王绪池，范志兴，侯永川. 学校总务管理案例［M］. 重庆：重庆大学出版社，2012：8.

（二）学生公寓社会化

🔍 案例

泾川县中学后勤社会化改革的实践与探索

进入 21 世纪后，泾川县中小学在校学生人数剧增，多数学校特别是中学校舍严重短缺。在这种情况下，他们通过认真地调查研究、探索，顺应市场要求，吸纳社会力量投资学校后勤服务的学生公寓应运而生。截至 2006 年，全县 5 所公办普通中学均有社会力量投资修建并交付使用的学生公寓和食堂，总建筑面积 21 626 平方米，解决了 5 400 名学生的住宿和就餐问题，运行情况良好。

吸纳民间资金参与中学后勤保障建设，是政府投资困难、无力为学生提供食宿条件下不得已的行为，完全按照市场规则运行。由学校和投资方签订合同，学校提供建设用地，投资方出资修建。公寓建成以后，所有权归学校，投资方根据投资规模的大小，拥有 20~30 年的经营权。经营期满后，公寓及室内设施的所有权全部收归学校。

泾川一中是该县重点中学，也是省级示范性高中。该校的后勤社会化改革比较规范。由教职工集资 700 万元新建学生公寓一幢（9 300 平方米），可供 2 000 名学生住宿，另建有学生餐饮中心。集资款的本息全部还清后，公寓的一切财产归学校所有。学校派专职人员负责餐饮中心食品安全、就餐秩序和日常管理。

泾川县玉都中学是一所乡镇中学，现有在校生 2 800 多人，其中住校生 1 500 人。2004年，学校吸引民间资金建起了学生公寓 3 700 平方米，解决了学生的食宿问题。社会力量参与中小学后勤服务，犹如雪中送炭，既减轻了地方财政对教育的投资压力，又为师生提供了比较优质的食宿条件，让学生吃到了放心饭，使学生的生活得到了改善，受到了师生和家长的欢迎。①

从上述材料出发，你认为该中学的做法说明了什么？

由于学生公寓的建设需要大量资金，加上学生就寝管理的复杂性，学生公寓社会化自然就成了学校后勤社会化的重点。目前，我国一部分学校面临着教育规模继续扩大的趋势，更需新增大量的学生宿舍。而仅仅依赖政府投资是不能解决这一现实问题的。为此学校可以采取市场竞标等手段，公开竞标。允许房地产开发商在学校附近连片开发建设不同规格的学生

---

① 侯永杰. 中学后勤社会化改革的实践与探索 [J]. 甘肃教育，2006（1）：8.

公寓。学校与开发商签订合同，明确双方权利和义务后，安排学生到指定公寓居住。或者由学校与房地产开发商签订公寓建设合同，由开发商独立投资在校内建设学生公寓，由学校统一安排学生入住，在扣除相应的水电和管理费用后，所得收益全归开发商。这样不仅可以满足教育事业发展的需要，而且解决了资金不足的"瓶颈"。以社会化形式筹款建设学生公寓，是现代学校后勤社会化改革的一项重要举措。

（三）学校商店社会化

商店走进校园是市场经济的产物，规模大的学校会有几个商店，商店里的商品也非常丰富。商店社会化也是学校后勤社会化的一个难题。学校商店后勤社会化可以采取以下两种方式：一是在学校改革中引进竞争机制，增加学校的选择范围和层次，积极促使学校商店参与竞争，达到提高其服务质量的目的；二是学校通过招标录用两家以上经营者的途径，监控商店经营者的价格和质量，实现有序竞争；同时，可以通过建立师生督察网，组织老师、领导定期对学校商店的营销过程定期进行审查，做到经常督察，及时公示，取信于师生。

四、学校后勤社会化管理的模式

（一）我国高校后勤社会化模式

我国高校后勤社会化改革从1985年提出至今，各级各类高校也产生了多种多样的后勤社会化改革模式，如"政府主导，教育部门主管，高校联办"的上海模式，"政府主导，统筹规划，突出重点，省市联手"的湖北模式，"政府主导，区域联合，行业联办，因校制宜"的北京模式等。当然，尽管形式多样，其突出的一点在于没有从根本上实现学校后勤社会化。相对来说，北京的后勤社会化接近于真正意义上的后勤社会化。

（二）中等学校后勤社会化模式

1. "学校主管，校企联合"模式

🔍 案例

舟山中学的基础设施建设后勤社会化①

（1）确定项目内在需求

根据项目建设总体目标和需要，学校首先通过师生座谈、民意测验等方式广泛征求教师

---

① 缪和平，杨天平.学校管理实践哲学［M］.北京：人民出版社，2006：315.

和学生对某项工程的各种建议。例如，建设学生公寓楼，就以班级、寝室为单位向学生征求有关床位规格、寝室标准、冷热水系统、电话网络系统和其他服务项目设置等意见。对综合楼的建设，就以学科教学组为单位向教师征求有关师生活动、人文与科学展览及教师休闲场所等意见。在广泛听取意见的基础上，根据实际情况，学校最终确定项目建筑设计要求。

（2）招标设计单位

确定需求之后，学校实行设计招标。将建筑设计要求公布在媒体上，实行竞标。舟山中学的招标工作由校招标工作领导小组负责，并委托本地招标代理公司具体实施，最终由招标工作领导小组统一评审，最终以"质量好，价格廉"的竞标单位中标。

（3）招标施工和监理单位

在设计方案选定后，学校委托代建单位即舟山市教育建设公司对施工单位和监理单位进行招标。招标工作领导小组负责具体实施招标工作，招标过程和第二步相同，以"质量好，价格廉"的中标。对工程施工单位和监理单位，严格按照国家的相关要求进行选择。

（4）工程实施与验收

工程过程管理主要由代建单位和监理单位负责，校方在工程验收阶段协同监理单位一同对工程进行验收。不同的建设工程，舟山中学采取了不同的管理措施和做法。投资主体为学校服务公司的，由公司根据规范化、标准化要求，进行社会化招标，学校不直接参与；投资主体为学校的，且金额在50万元以下的，由学校招标领导小组负责，其具体成员由党总支、工会、学校纪检领导小组成员、民主党派和教职工代表等组成，全面负责发布信息，公正评标，公平竞标等工作，学校行政实行回避制度；投资主体为学校且投资金额在50万元以上的，全权委托市教育局教育开发公司代建，学校只负责资金配套、建筑设计、效能监督和重大事项协调。

从上述材料出发，你对"学校主管，校企联合"的后勤社会化模式还有哪些建议？

"学校主管，校企联合"模式是指学校难以依靠自身力量完成，通过公开招标的方式吸纳社会力量参与学校后勤管理的一种模式。招标等手段的实施过程学校必须直接参与，以实现公开、公平、公正。吸纳社会力量参与的管理项目主要是校园基础设施建设、教学设施装备、食堂管理、校内商业服务等。学校可以成立专门的校办公司完成对社会力量的引进与管理。在引入社会力量参与学校后勤管理的同时，校办公司也努力发掘自身潜能，转变思想，主动走出校门，服务于社会，创造产值，为学校的教育教学提供资金和服务保障。

2. "政府统筹，校际联合"模式

"政府统筹，校际联合"模式是指由当地教育行政机关出面组成专门的后勤统筹管理委员会，制定适合本地区的后勤管理政策，成立由主管部门领导、学校入股的教育后勤服务公司，对于基础设施建设、教学设备购置、校园安全保卫、住宿餐饮等较大规模的后勤事务进行统筹规划、协同管理。采取这种管理模式，学校只须由一人负责本校后勤事务的联络与协调，即可处理好后勤事务，从而解放大量人力、物力，将全部精力放到教育教学上。

3. "物业托管，校企联合"模式

🔍 **案例**

广东推进城市中小学后勤社会化

从广东省教育厅获悉：学校食堂、学生公寓、教师宿舍的管理和校园绿化、水电供应维修、校舍设备维护等"杂事"，一律交给有实力的物业公司统一管理；学校办公用品的采购供应、小额工程修缮统一由有关部门进行招标——在珠三角的珠海、深圳、广州等许多城市，以前让中小学校长们烦心的后勤工作，现在均由专业化公司操作，校长们多年盼望的集中精力抓教学的愿望终于实现了。

这一切都源于广东省正在进行的城市中小学后勤社会化改革。广东省教育厅副厅长罗伟其介绍说，后勤实行改革，不是说学校不管后勤，而是管的方式要改变。要用社会化的思路，建立起一个新型的、具有活力和竞争力的中小学后勤保障体系。

按照这一思路，广东省后勤社会化改革的具体做法是：由市或区统一组建公共的教育后勤服务中心，统管学校后勤服务，进而由教育后勤服务中心通过招标，引进资质良好的社会企业参与学校后勤服务。各地教育局的后勤管理部门则更多地进行指导、协调、评估的职能，从直管转为监管。

后勤社会化改革的内容之一是校园物业管理，成效也最为显著。珠海第三职业学校对管理该校的物业公司的评价是：保安值班比以前更规范了，学校绿化和保洁也比原先更认真和精心了，后勤工作质量得到提高。问卷调查显示，师生们对物业公司的满意率超过95%。[1]

从上述材料出发，你对"物业托管，校企联合"的后勤社会化模式还有哪些建议？

"物业托管，校企联合"模式是指学校把日常事务性后勤管理与服务纳入社会化轨道，吸引物业管理机构参与到学校的后勤管理中来，实行物业托管，将学校从后勤管理中脱离出来的一种模式。这种管理模式大大降低了成本，提高了服务质量。对于基建等较大规模的事务，则采用"校企联合"和"主管部门统筹"的办法，或者是直接采取公开招标和工程监理的办法降低成本，减少相应的工作负担。

---

[1] 韩建清. 不再办学校，学校一身轻 [N]. 人民日报，2001-07-05 (11).

本章小结

本章主要介绍了教育经费的来源构成，论述了学校财务管理和学校后勤社会化的含义与特点，并提出了有关学校财务管理和后勤社会化管理的若干问题与基本模式。

首先阐述了教育经费的来源与教育财政管理体制。教育经费的构成可分为国家财政性教育经费投入和非财政性教育经费投入两个方面。中小学教育经费拨款主要是以学生人数为依据，因此各学校经费拨款的差异也主要是由学校规模所导致的。我国中小学教育事业费拨款基本上采用的是"定员定额"方法。

其次分析了学校财务管理的含义、任务和特点，着重讲解了学校财务管理的内容以及学校财务管理的评价体系。学校财务管理是指对学校资金运作过程的计划、组织和控制。学校财务管理评价是通过对依法筹集资金财务预算的控制与管理、合理有效的资源优化与配置、健全的财务制度与真实的财务信息、经济责任制与财务监督等多个方面所进行的评价。

最后介绍了学校后勤社会化管理的含义、内容与运作和国内外社会化的模式。学校后勤社会化就是让学校中可以由社会来保障和进行的部分与学校脱钩，由社会相应的专门机构来提供的服务。目前中等学校后勤社会化主要有"学校主管，校企联合""教育行政部门统筹，校际联合""物业托管，校企联合"三种模式。

总结 >

Aa 关键术语 ....

教育经费 Education Funding	财政性教育经费 State Financial Educational Expenditure
学校财务管理 School Financial Management	学校后勤管理 Logistics Management School
学校后勤社会化 School Logistics Socialization	财务管理评价体系 Financial Management Evaluation System
财务综合实力 Financial Comprehensive Strength	财务运行绩效 Financial Performance

章节链接 ....

本章主要讲述了教育经费的来源、教育财政管理体制、学校财务管理以及学校后勤社会化管理。经费来源与经费结构的变动将深刻地影响到学校教研科研的开展及品牌特色的创建。本章与第六章第二、第三节，第九章第三节关联紧密。

应用 >

批判性思考 ....

长期以来，人们习惯了计划经济的管理模式，认为学校后勤是一种消费性、依附性和福利性事业，学校师生的生活应该由学校统一包下来。然而随着社会的发展，有人认为这样一种"学校办社会"的观念和体制，对学校是一个很沉重的负担，也直接制约着学校的发展，导致了许多问题的发生。

对此，你怎么看？请说说理由。

体验练习 ....

一、思考题

1. 学校后勤社会化是如何提出的？

2. 学校后勤社会化有哪些内容，学校要采取何种方式实现社会化？

二、实地调查

以某所具体学校为例，选定调查对象，拟定访谈提纲，记录调查结果。了解该校财务管理以及评价该校后勤社会化所采用的模式。

案例研究 ....

学校食堂如何进行改革？①

某校食堂就餐人员 600 人左右，食堂工作人员 10 人左右，外请一级厨师 5 人，保洁员 1 人。一年水电费在 6 万元左右，开支总费用在 10 万元左右，主要由学校负担。学校做了关于食堂满意度和改进措施的问卷调查，发现教师和学生对食堂满意程度不高。发放问卷 500 份，收回有效问卷 416 份。关于食堂满意度

---

① 李波．教育管理与案例分析［M］．上海：复旦大学出版社，2011：42.

的调查结果为：对食堂饭菜质量不满意的有316人，认为食堂饭菜价格偏高的有282人，对食堂服务态度不满意的有146人。关于食堂改进途径的调查结果为：主张对食堂进行社会承包的263人，进行内部改造的142人。对食堂感到不满的方面有饭菜品种少、食堂就餐环境差、服务态度不好等。根据调查结果，并结合上级精神，学校领导初步决定对食堂进行社会承包，通过市场形式来运作经营权，吸收社会民间资本搞活食堂。

经过校教职工代表大会讨论决定，食堂面向社会公开招标采取租赁承包经营的企业化运作模式，既告别纯福利办伙食的经营模式，又不走以营利为目的的经营模式。不以承包费用多少作为确定承包商的依据，而注重审核投标方的资金能力、资质信誉、经营管理水平、技术水平、从业人员的素质及健康状况（必须具有卫生许可证、从业人员健康证、食品卫生知识培训证等）。学校领导进行了细致周密的部署：进行洽谈、实地考察、制定合同、利润合理分配。在食堂设施配备方面，如厨房设施、餐厅桌椅、餐具等均由承包商承担，学校统一要求，以便形成整体化。承包商还需交纳风险抵押保证金5万元。学校根据在校生就餐数测算承包费，给承包商以足够空间使其利润控制在20%以内，第一年水电费由学校承担，第二年学校承担水费，第三年承包商承担所有费用。承包商每月付给每位教师40元作为承包金，这样也解决了教师餐费补贴问题。

思考题：

1. 该校餐饮社会化采用的是什么模式？
2. 论述以上述模式开展学校后勤管理有何优缺点。

📔 管理一线纪事 ....

在某县某镇第一中学和第二中学近600名七年级新生中，报到时除了要带通知书，还要带桌椅，不然"就要站着上课"。据了解，该地中小学生自带桌椅上学已有十几年的历史。每年秋季开学，在当地的乡村公路两侧，家长都要拿着桌椅板凳，或步行，或骑摩托车，或开车送孩子上学，这已成为当地一道独特景观。

一个县多所学校为何连最基本的桌椅都没有配齐？是否因为财政紧张，相关教育经费投入不足？数据显示，此县并非一个"穷县"。2009年，该县生产总值、全社会固定资产投资双双突破百亿元大关。该镇仅今年在建的千万元以上项目就达到38个，总投资16.7亿元，财政收入也十分可观。按照义务教育法及其实施细则规定，义务教育经费应由国务院和地方各级人民政府根据职责共同负担。但早在2008年，省政府就安排6亿元资金专门解决课桌问题，并要求各地据实申报，以每套 160 元的标准，对全省农村中小学短缺课桌椅集中更新和维修，全面解决了全省农村中小学课桌椅残破问题。

这一事件被举报出来，一时间引来各方讨论：学校财政事务不公开，国家以及省政府拨款未落到实处。学校的这一举动遭到家长、学生和社会人士的质疑。

请问：

1. 你认为学校该如何处理和对待这件事情？

2. 你认为学校在今后的财务管理中应注意哪些事项？

拓展 >

补充读物

1 萧宗六 . 学校管理学（第四版）[M]. 北京：人民教育出版社，2008.

本书从中国的国情和学校管理实际出发，分析了学校管理的各个方面和全过程，对科学管理中小学具有重要指导价值。本书第十四、第十六、第十七、第二十章内容与本章密切相关。

2 廖楚晖 . 教育财政学 [M]. 北京：北京大学出版社，2006.

本书在介绍了教育财政的基本概念和指标分类后，从教育财政的相关理论、教育财政与经济增长、教育财政的成本与效率、教育财政管理体制以及教育财政与非政府教育投入等方面入手，对教育资源配置行为及效率进行了全面的介绍。

本章概述

　　本章重点介绍学校公共关系的发展与管理。第一节从公共关系的历史演变入手，对公共关系以及学校公共关系发展脉络进行了梳理。第二节主要阐述了学校公共关系的概念、构成要素以及开展学校公共关系活动的意义所在。第三节聚焦于学校公共关系的基本职能以及工作流程，对学校公共关系的发展提出建议。第四节关注学校危机管理以及危机事件，设置专题进行深入探讨，拟为学校危机管理提出若干策略。

结构图

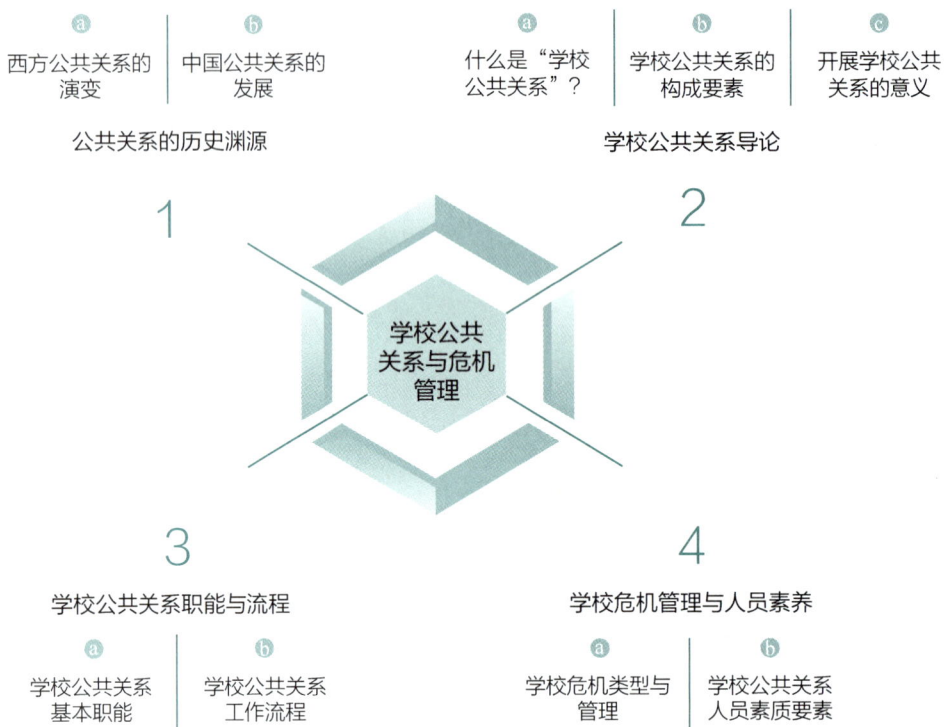

ⓐ 西方公共关系的演变　　ⓑ 中国公共关系的发展

公共关系的历史渊源

ⓐ 什么是"学校公共关系"?　　ⓑ 学校公共关系的构成要素　　ⓒ 开展学校公共关系的意义

学校公共关系导论

1　　2

学校公共关系与危机管理

3　　4

学校公共关系职能与流程

学校危机管理与人员素养

ⓐ 学校公共关系基本职能　　ⓑ 学校公共关系工作流程

ⓐ 学校危机类型与管理　　ⓑ 学校公共关系人员素质要素

学完本章,你应该能够做到:

学习目标

1. 了解公共关系理论的历史演变及其本质。

2. 理解学校公共关系的内涵、要素以及基本职能。

3. 认识学校公共关系的工作流程以及人员素质要求。

4. 掌握学校危机事件的类别和应对策略。

读前反思

1. 如何有效应对校园暴力事件、学校大规模的食物中毒事件?

2. 如何理解学校公共关系? 学校公共关系的构成要素是什么?

3. 如何进行有效的学校公共关系管理?

4. 如何理解"学校没有公共关系"这一观点?

随着教育体制改革不断深化、学校与社会联系日益紧密、民主政治逐步完善、信息传播技术飞快进步以及社会发展的迫切需要，现代学校公共关系应运而生。学校公共关系是介于公共关系学与学校管理学之间的一门综合性学科，是为了协调好学校与社会的关系，为学校自身发展创造有利条件而产生的。并且，学校公共关系这一观念一经问世，就显示出强大的生命力。但是，学校公共关系是如何产生的？学校公共关系的内涵和基本要素是什么？它的工作过程如何？学校公共关系管理应从哪几方面入手？这些都是我们需要研究和解决的问题。

第一节
公共关系的历史渊源

学习目标

了解公共关系理论的历史演变及其本质。

公共关系是人类社会发展进步的产物，作为一门学科进入研究者的视野至今已有百年历史。其发源于西方，并在我国衍生出独特的发展历程。

一、西方公共关系的演变

随着商品经济的发展以及资产阶级民主政治高度发展，现代公共关系萌芽于美国独立战争时期。纵观公共关系的产生与发展历史，公共关系在美国兴起后，大致经历了起源阶段、职业化阶段、学科化阶段和全面发展阶段，分别对应了自我吹嘘式公共关系、单向传播式公共关系、双向沟通式公共关系和双向对称式公共关系四种公共关系理论。

（一）自我吹嘘式的公共关系

19 世纪 30 年代，自本杰明-戴伊创办了美国第一份成功地按商业原则创办的商业报纸——《纽约太阳报》以来，美国进入了"便士报"时期，出现了内容通俗易懂、发行量巨大且面向大众读者的"便士报"。一些大型公司为了节省广告开支，雇用了大批的专业宣传人，在报刊上制造一些煽动性新闻，为自己的公司或产品造势。而报纸为了迎合大众口味，吸引更多的读者，也乐于发表此类新闻，你来我往，便出现了"报纸宣传活动"。费尼斯·巴纳姆正是这一时期最具代表性的报刊宣传者。

巴纳姆的信条是"凡宣传皆是好事"，他运用自己的才能与创作能力，编造了许多离奇的故事以引起公众的好奇心，并成功在社会引起了轰动，黑人妇女海斯的故事便是其代表作之一。但是，他却在新闻传播中走向了极端。他在宣传过程中全然不顾公众的利益，以免费获得报刊版面为目的，不断编造神话，不择手段地为自己或公司进行吹嘘，欺骗公众。这种行为完全违背了公共关系学的宗旨，与公共关系职业的基本要求与职业道德准则背道而驰，这一时期也被称为"公众受愚弄时期""公共关系的黑暗时期"。不可否认的是在这一时期，巴纳姆等新闻宣传人都开始运用报纸等大众传播媒介作为宣传手段，已具有现代公共关系活动的雏形，被称为公共关系的起源。

（二）单向传播式的公共关系

19世纪中叶至20世纪初期，美国资本主义进入了垄断阶段，美国少数经济巨头掌握了美国的经济命脉。这些垄断财团盛极一时，为了最大限度地获取利益，无视内部员工的利益，更不重视对外社会关系，致使劳资关系与社会矛盾的进一步激化。这些现象引起了公众及新闻界的极度不满，新闻界率先掀起了"清垃圾活动"，通过新闻媒体宣传，将一些不法巨头的丑恶行径暴露于公众。在"清垃圾运动"的巨大冲击之下，一些大财阀企图凭借高压手段来摆脱不利地位，对新闻界进行施压；威胁失败后又试图创办报刊，雇用专业的新闻代理人来挽救企业形象，企图杜撰虚假新闻来蒙骗公众，最终以失败告终。这使得这些垄断企业开始正视新闻界与社会公众的影响，纷纷转变策略，不断加强与社会的传播沟通，增进与新闻界、社会公众之间的关系。

🔍 **案例**

艾维·李与公共关系实践

1913年，洛克菲勒家族镇压了科罗拉多州燃料钢铁公司工人的罢工，制造了"勒德洛大惨案"。小约翰·洛克菲勒聘请艾维·李来处理这起事件。艾维·李来到科罗拉多州，同当事者双方进行了会谈，并劝说老约翰·洛克菲勒同矿工及其家属进行会谈。同时，艾维·李还散发了一份报道"事实"的宣传单，以向人们提供管理部门对这次罢工的看法。他甚至说服科罗拉多州的州长写文章支持他们。通过老约翰·洛克菲勒与工人的接触，公司的管理政策和工人福利有了改善。艾维·李最终把一场劳资冲突变成了有益于双方的局面。

鉴于艾维·李的成就，洛克菲勒家族聘请他全面修复家族的名声。在"揭丑运动"中，洛克菲勒的名字已经受到了"揭丑者"的严厉抨击和损害。艾维·李建议洛克菲勒家族向社会公布他们给慈善机构数以百万计美元的捐款数目。他还说服老约翰·洛克菲勒同意记者和摄影师拍下他打高尔夫球以及和家人及朋友在一起的场面。1937年当老约翰·洛克菲勒去世的时候，他在公众心目中的形象已从一位冷酷、贪婪的大亨变成了一位乐善好施的慈善家，人们是把他当作一位善良的老人、伟大的人道主义者来哀悼的。

从上述材料出发，针对公共关系处理，我们得到了什么启示？

正是在这一背景下，公共关系得到了极大的发展，一种代表政府和企业利益，帮助社会组织与社会公众之间搭建沟通的桥梁，并从中收取一定费用的职业由此而生。而艾维·李正是这一行业的先驱者。艾维·李的公共关系信条是"公众必须被告知"，也就是要对公众说真话。其发表的《公共原则宣言》中明确指出："我们的宗旨是代表企业和公共事务机构，坦率地向新闻界和公众提供紧系公众利益和价值的准确消息。"他及时纠正了巴纳姆时期新闻宣传的欺骗性和非道德性，使公共关系发展找到了正确的方向，为公共关系日后的发展奠定了良好的基础。

（三）双向沟通式的公共关系

随着公共关系职业化的发展，对公共关系的研究也从原本简单的活动上升为规范性、系统性的探索，公共关系逐渐走向成熟和科学化的发展道路，为公共关系成为独立学科奠定了基础。爱德华·伯纳斯是公共关系科学化进程的代表人物。

伯纳斯十分注重公共关系理论的研究，并于1923年出版了《公众舆论的形成》一书，该书是第一本专门论述公共关系理论的专著，被认为是公共关系理论发展史上的具有第一里程碑意义的专著。在这本书中，伯纳斯详细地阐述了"公共关系咨询"这一概念，并系统地论述了公共关系咨询的作用，即为工商业组织提供有益的政策意见，并将这种有益的社会行为广而宣之，以赢得公众的好感和信任。伯纳斯的公共关系理论已经完全超越了艾维·李时期的单向传播，强调双向沟通式的公共关系。1952年，伯纳斯编撰的第一本教材《公共关系学》正式出版，该书探讨了公共关系的内涵，公共关系活动的原则、方法，并将之系统化，使公共关系学成为一门独立的科学。在这些原则中，伯纳斯的思想核心是"投公众所好"，认为以公众为中心，了解公众的爱好，掌握公众对企业或组织的期待与愿望，确定公众的价值取向与态度，是公共关系应解决的首要问题；然后有针对性地开展宣传活动，迎合公众的要求，才能做好公共关系工作。公共关系学正是在伯纳斯理论和实践的基础上，走向系统化和科学化，最终建立了一整套具有完整体系的公共关系理论。

（四）双向对称式的公共关系

1952年，卡特利普和森特等人合著了《有效公共关系》一书，提出了"双向对称"的公共关系模式，认为公共关系的最终目的是实现组织与公众之间的友好、和谐关系。在方法上坚持组织与公众之间的双向沟通，即把组织的信息传播给公众的同时，也要把公众的信息反馈给组织。双向对称模式把公共关系看作组织与公众之间一个互动的过程，重视组织与公众之间你来我往。"双向对称"模式的提出，成为现代公共关系的重要标志。自此之后，公共关系正式进入了学科化阶段，成为一门新兴学科，并以崭新的、具有强大实用性的特点，立于学科之林。

二、中国公共关系的发展

在公共关系发祥地的西方，早已形成学校公共关系完整的理论体系，并有相应的实践系统和措施予以支持。现代公共关系理论及思想在 20 世纪 60 年代走进中国，首先在香港地区和台湾地区得到了引进，直到 20 世纪 80 年代，内地（大陆地区）才正式引进公共关系。纵观 30 年的我国公共关系的发展，大致可以分为四个阶段，包括初步发展阶段、普及阶段、曲折发展阶段和成熟阶段。

（一）初步发展阶段

20 世纪 80 年代初期，随着我国改革开放步伐的不断深入，一大批外资企业进入我国，他们携带了巨额的资金、先进的技术，还有先进的管理经验和管理方法，其中就包括公共关系。在我国东南沿海地区，尤其是深圳和广州的一些中外合资企业，开始按照国外企业管理模式进行运营，在企业内部设立公共关系部，并雇用了国外专业的公共关系从业人员进行管理。至此，公共关系作为一种新的理论，开始进入到国人的视线当中，引起了我国企业的重视。1984 年，广州白云山制药厂，作为我国大型国有生产型企业，成立了第一家公共关系部，初步完成了公共关系的引入。① 此后，众多新闻媒体纷纷报道，呼吁社会重视公共关系，推动了公共关系在我国的广泛传播，使公共关系在我国进入了全面引进的发展时期，大量的公共关系协会、公共关系专业培训公司争先恐后地建立起来，公共关系理论以及公共关系教育也得到了快速的发展。除了专业性的公共关系公司的建立，我国众多大学也开始开办公共关系专业。1985 年，深圳大学率先设立了公共关系专业，其后北京大学、兰州大学、复旦大学以及中山大学等各大院校都相继开设了公共关系课或公共关系专业。

（二）普及阶段

20 世纪 90 年代初期，公共关系在中国的发展进入到了一个相对稳定的时期，我国公共

---

① 李秀忠，刘桂莉. 公共关系学 [M]. 武汉：武汉大学出版社，2009：52.

关系的研究也得到了进一步的深化。一方面，公共关系理论体系的研究硕果累累，涌现出大量的公共关系专著、公共关系实务教材，如《中国公共关系大辞典》《中国公共关系教程》等。公共关系理论的分支学科和理论研究也出版了一大批著作，如《学校公共关系研究》《公关传播学》《公司公共关系学》等。这些著作从不同的视角、不同的层面对公共关系进行了阐述和探讨，有益于我国公共关系学的系统化和学科化。另一方面，公共关系协会争相成立，各大院校基本开设了公共关系学课程。1987 年，中国公共关系协会在北京成立。1991 年，中国国际公共关系协会成立。随后，中山大学于 1994 年开办了部属院校的第一个公共关系本科专业。时至今日，绝大多数大中专院校开办了公共关系专业，公共关系理论得到了普及和传播。

（三）曲折发展阶段

20 世纪 90 年代中后期，公共关系在中国的发展落入了低谷。在这一时期，许多专业的公共关系公司消失，针对公共关系从业人员的培训机构也不见踪影，专业的公共关系从业人员逐渐递减。同时，企业和公司内部的公共关系部形同虚设，公共关系的发展受到了极大的阻滞。而这些现象的出现有其必然性，归结下来，原因主要在于以下三点：第一，20 世纪80 年代初期，公共关系引入到中国大陆。当时，人们对于公共关系的运用仅仅是机械的模仿，对引进的理论没有深刻理解和认识，缺乏创新性的应用，不适合中国特色发展的需要，最终致使公共关系理论在中国的发展受到了阻碍和质疑。第二，许多企业将大部分精力投入到了企业内部改革，以适应我国市场经济体制的转变，因此，忽视了公共关系的发展，致使公共关系的发展处于停滞状态。第三，当时国家对大学本科专业进行调整和设置的过程中，取消了公共关系这一专业，直接浇灭了许多研究公共关系的学者以及专家的热情。正是因为这些原因，公共关系在中国受到了极大的阻滞，公共关系进入了曲折发展的阶段。

（四）成熟阶段

进入 21 世纪以来，随着经济全球化的发展以及我国改革开放的不断深化，人们开始重新审视公共关系，尤其在中国加入到世界贸易组织之后，给中国公共关系的发展带来了一个新的契机。中国加入到世界贸易组织中，成为 WTO 的成员之一，被要求按照 WTO 的体制以及规则办事，这对于我国政府的公共关系活动提出了极大的挑战。我国政府要想处理好友好外交关系，公共关系活动的开展尤为重要。其次，在世界贸易组织当中，中国企业被要求参与国际间的公平竞争，给企业的生存和发展带来了巨大的压力。加入到 WTO 以后，越来越多的国内企业走出国门，参与国际竞争，而公共关系作为信息传播和沟通的重要手段，对于竞争力的提升、信息的快速传播和沟通发挥着重要作用。中国企业要想求得更好的发展，占领更多的市场份额，就必须提高对企业内部公共关系的要求，重视企业公共关系的发展。在这一背景下，我国公共关系的发展越来越受到政府和企业的重视，也要求我国的公共关系学者和专家在不断深入研究的基础上，提出符合中国国情需要的公共关系理论，开创我国公共关系事业的新局面。

🔊 名家语录

交际是人生的幸福。

——莎士比亚

第二节
学校公共关系导论

🎯 学习目标

理解学校公共关系内涵、要素以及开展意义。

学校公共关系作为一门新兴的理论，是以公共关系理论和实践为基础发展起来的。在厘清公共关系的历史渊源后，本节具体介绍学校公共关系的相关知识。

一、什么是"学校公共关系"

基于学校公共关系本质上隶属于公共关系范畴这一事实，要厘清学校公共关系的概念，首先必须界定清楚公共关系这一概念。

（一）公共关系的定义

在汉语中，"公共关系"一词是舶来品，英文为"Public Relations"，指的是组织机构与公众环境之间的沟通与传播关系。学者们大多认为，"公共关系"从不同的角度有不同的界定，解读的视角存在多维性，也可以说有多少公共关系学家就会有多少种公共关系的定义。在《公关策划实务》一书中，熊超群是这样描述公关的："公共关系，是一种状态，有时候侧重于一种技术；公共关系，是一种活动，有时候侧重于信息的传播和沟通活动；公共关系是一种管理职能，是一种社会组织维护公众利益，以获取公共认同的职能和行为。"[1] 本书

---

[1] 熊超群，潘其俊.公关策划实务 [M].广州：广东经济出版社，2003：2.

选取了三种有代表性的说法，对公共关系的定义进行了一一解读。

1. 传播沟通论

传播说侧重于公共关系的传播属性，多从公共关系的运作过程来界定公共关系的内涵。持这类观点的学者强调公共关系是一种传播和沟通的手段，认为公共关系离不开传播沟通。

英国人弗兰克·杰夫金斯在《公共关系》一书中提到：公共关系是一个组织为了达到与公众相互理解有关特定目标而进行的各种有计划的沟通联络方式，这种沟通联络既是内向的，也是外向的。

国外一些大型的百科全书或综合词典，如《不列颠百科全书》《美利坚百科全书》也从传播或沟通的角度来定义公共关系。《美利坚百科全书》关于"公共关系"的定义是这样的：公共关系就是建立一个组织与其既定公众之间进行相互了解的活动。《大英百科全书》中的定义是：公共关系旨在传递个人、公司、政府机构或其他组织的相关信息，并改善公众对其态度的种种政策或行动。

2. 社会关系论

社会关系论强调公共关系是一种公众性、社会性的关系或活动。持这种观点的学者认为，公共关系指的是社会组织与社会之间的关系，属于一种特殊的社会关系。

美国普林斯顿大学的资深公共关系教授希尔兹提出：公共关系就是我们所从事的各种活动以及所发生的各种关系的通称和总和，这些活动与关系是公众性的，并且具有社会意义。

在《韦伯斯特新国际词典》中，公共关系被解释为通过传播大量有说服力的材料，发展邻里的相互交往和估价公众的反应，从而促进个人、组织同他人、公众以及社区之间的友好关系。

英国公共关系学会所用的定义是：公共关系是一种社会关系，目的是建立和维持组织和它的公众之间的相互了解，公共关系的实施是一个有目的、有计划的持续过程。

3. 管理职能论

管理职能论突出了公共关系管理的属性。这种观点强调公共关系是一种管理职能，突出了公共关系的基本功能和核心作用。其中以美国公共关系研究和教育基金会莱克斯·哈洛博士的定义最具代表性。他认为：公共关系是一种特殊的管理职能，它帮助一个组织建立并维持与公众之间的沟通、理解、认可与合作；它参与处理各种组织与社会之间的问题与事件；它帮助组织内部管理部门，充分了解民意，并对其做出反应；它确定并强调企业为公众利益服务的责任；它作为社会趋势的监视者，帮助企业保持与社会同步；它使用有效的传播技能和研究方法作为基本工具。

国际公共关系协会曾经给出的定义也同样认为公共关系是一种管理功能，而且具有连续性和计划性。通过公共关系，公立的和私人的组织机构试图赢得与它们有关的人们的理解、同情和支持——借助对舆论的估价，尽可能协调它们自己的政策和做法，依靠有计划的、广泛的信息传播，赢得更有效的合作，更好地实现它们的共同利益。

4. 本书的观点

管理说、关系说以及传播说等不同角度的解读，反映了人们对公共关系研究不断深入的历程。但试图用一句话完全概括公共关系这样一个极具丰富内涵的概念实属不易。综合来说，笔者认为，公共关系是指组织为了实现既定目标，树立良好形象，综合运用现代沟通、传播等技术手段，与目标公众协调和平衡各种关系的管理职能活动。

（二）学校公共关系的定义

1. 前人对"学校公共关系"的理解

在《教育管理学》一书中，陈孝彬是这样定义的："学校公共关系是在以公共关系理论和实践经验为土壤发展起来的，是学校与其内部和外部公众之间进行有计划、有系统的双向沟通过程。"[①]

张东娇在《学校公共关系管理》中这样界定学校公共关系："学校公共关系是指学校组织与其目标公众结成的社会关系，包括学校与教职员工的关系、与学生的关系、与家长的关系、与社区的关系、与特殊公众的关系、与媒体的关系、与政府的关系、与国际的关系等。"[②]

在《学校公共关系理论与实践》中，宋维红是这样界定的："学校公共关系就是学校科学地运用双向信息传播沟通的手段，在自己与相关公众之间建立起相互理解、相互信任、相互支持、相互依存的关系，为学校发展创造人和环境的艺术。"[③]

2. 本书对"学校公共关系"的定义

学校公共关系是学校与其目标公众之间形成的社会关系，是指学校为了在竞争中求得生存与发展，为了实现树立良好学校形象的目标，综合运用沟通、组织、信息传播等技术手段与学校目标公众之间进行协调、平衡，从而形成一种相互了解、信任、支持与合作的社会关系。

二、学校公共关系的构成要素

从学校公共关系概念的界定中，我们可以发现学校公共关系是由学校、公众以及传播三个要素构成的。学校作为学校公共关系的主体要素，是公共关系工作的承担者和发起者；客

---

① 陈孝彬，高洪源. 教育管理学 [M]. 北京：北京师范大学出版社，2008：411.
② 张东娇. 学校公共关系管理 [M]. 北京：北京师范大学出版社，2012：46.
③ 宋维红. 学校公共关系理论与实践 [M]. 北京：中央编译出版社，2007：16.

体要素是公众，是公共关系工作和实施的对象；而传播作为连接主体与客体的手段和方法，也是公共关系工作的构成要素之一。这三个要素共同构成了公共关系的基本范畴。

（一）学校公共关系的主体——学校

与营利性组织不同，学校属于非营利性社会组织，是不以营利为目的，而以服务对象的利益为目标的服务性组织。它的首要公众是学生，其目的则是教书育人。学校作为学校公共关系的主体，对学校公共关系状态、公共关系活动以及工作的开展、效果起着决定性作用。学校的每一个构成要素，都直接影响到学校整个公共关系活动的效果和公共关系状态的优劣。

（二）学校公共关系的媒介——传播

传播，是人类信息交流的过程，主要指的是信息的传播。信息的传播，是学校利用各种媒介与社会公众进行双向的信息沟通和交流的过程。学校公共关系就是通过信息传播和沟通等手段，在学校和公众之间建立有效的双向联系与交流，实现学校与社会公众之间的相互认识、理解和合作。信息传播是学校公共关系的基本要素，是开展公共关系活动的重要方法和手段。学校公共关系的信息传播就是运用各种语言沟通、文字沟通、非文字沟通的方法，使用各种人际传播媒介、组织自控传播媒介以及大众传播媒介等形式，通过各种印刷媒介、电子媒介、实物媒介等途径，去建立、维护和完善学校与社会公众间的关系。

传播作为学校公共关系的重要方式，是联接学校和社会公众的纽带。学校公共关系作为一种管理艺术，其特点就是运用信息传播手段去适应环境、影响公众、树立形象。由此可见，对各种传播媒介和沟通方法的特点及作用的具体研究，对学校和公众间的信息传播过程与模式的研究，构成了学校公共关系管理的核心内容。可以说，没有信息传播也就没有公共关系。

🔍 案例

海淀区教育系统的传播新尝试①

2008年12月17日，为进一步加强和规范北京市海淀区学校教育系统对外宣传办法，中共海淀区教工委颁布了《海淀区教育系统新闻发布工作管理决定（试行）》。此举在北京市乃至全国实属首例，旨在规范所在辖区的各中小学、幼儿园、职业学校和直属单位，通过新闻媒体进行宣传报道的活动。

---

① 张秀才. 学校公共关系管理策略研究 [D]. 济南：山东师范大学，2012：57-60.

随着教育事业的不断发展，学校、教育部门的宣传手段也在不断变化，宣传系统的建设也在不断改进和完善，将新闻发言人制度引入学校宣传系统是海淀区教育系统做出的一项大胆尝试。海淀区教育系统新闻发言人制度的建立旨在进一步加强和规范该区教育系统新闻发布工作，使其能够准确、及时、全面地宣传本区教育事业改革和发展所取得的成就，从而树立海淀教育系统各单位的良好形象，为教育事业的改革、发展和稳定创造良好的舆论环境，使广大人民群众更加理解教育、关心教育、支持教育。

从上述材料出发，你怎么看待海淀区教育系统的新闻传播策略？

（三）学校公共关系的客体——公众

学校公共关系公众，是指与学校相互联系、相互作用的个人、群体或组织的总和，是学校公共关系进行信息传播与沟通对象的总称。

学校公共关系公众的类别有多种划分标准，按组织的环境标准分类是最为广泛的，其将学校公共关系公众分为内部公众和外部公众。学校内部公众即学校组织内部的成员群体，主要包括教师、学生、科研人员、后期服务人员及学校管理层等。内部公众是学校的重要公众，它是学校树立良好形象的决定性因素，是实现学校既定目标以及利益的重要支撑，是处在对外公关前沿的哨兵。学校外部公众是指学校组织外部环境中所面临的公众，即除了内部公众之外的其他公众。重要的外部公众包括学生家长、校友、社区公众、大众传播媒介、教育行政部门等。处理好外部公众的关系问题，实质上是理顺左邻右舍和上级与下级之间的公众关系，以争取外部公众对学校的理解，建立良好的、利于学校发展的外部条件。

三、开展学校公共关系的意义

今天，在教育体制不断改革、素质教育不断推进的大背景下，学校公共关系越来越受到人们的关注，学校公共关系就学校如何在新的形势下做出科学、合理的回应，具有重要的意义。学校积极开展公共关系管理，是学校进行现代化管理的根本要求，是我国素质教育不断推进的趋势所需，是办学体制不断深化的需要。同时，对推动我国各级各类学校内部改革和外部优化，拓展学校生存和发展的空间，具有十分重要的理论和现实意义。

（一）推动了科教兴国战略的实施

教育是具有先导性、全局性、基础性的知识产业和基础设施，教育的发展影响到未来经济社会发展的方向，能够孕育出新兴产业和新的经济增长点，开辟一个国家和民族广阔的前景，并且关系到我国社会主义现代化建设全局的重大问题。改革开放以来，我国历届领导人十分重视教育对我国现代化进程的影响，对教育事业的发展以及教育改革做出了一系列的推动性决策。虽然教育事业迎来了大好的发展时机，但是我们必须深刻认识到挑战与机遇是并存的。教育工作在改革的过程中，仍然面临着重重阻难，如教育经费投入的不足、对素质教育缺乏理性认识等问题。从教育经费投入来说，不论是国家，还是各级地方政府，在教育上的投入都没有达到应有的力度，根本原因在于思想观念上的落后，没有认识到教育事业发展的重要性。从素质教育的推进来说，素质教育原是针对应试教育的僵化而提出的，但是现实生活中，不论是社会、家长还是教师都对素质教育的理解存在着一定的偏差，而这些与学校公共关系管理是极为相关的。政府是教育经费投入以及素质教育发展的主要负责人，但是，学校也应付出一些努力。学校的公共关系工作可以通过各种宣传方式让社会、公众了解到我国教育事业发展存在的一些问题，引起公众对教育的关注，继而加大对科教兴国战略的宣传，使公众意识到教育的重要性。只有引起了足够的注意，教育才会得到切实的重视，才能推动政府解决教育事业发展的问题，实现真正的科教兴国。

（二）办学体制改革需要发展学校公共关系

我国经济体制改革的不断深入，推动了教育体制的变革。改革开放之前，在我国高度集中的计划经济体制之下，政府包揽了各级各类学校的开办，政府掌握着开办学校所需的财政、政策及制度上的所有稀缺资源，办学规模、专业设置、招生规模及教学内容等全都由政府统一规定。但是，随着改革开放的不断推进以及市场经济体制的转型，教育体制也发生了变化，办学体制的改革打破了以往政府一手包揽办学的局面，逐渐形成了以政府办学为主导，社会各界共同参与办学的体制。同时，国家还大力支持和鼓励社会组织以及公民个人依法办学，欢迎港澳台同胞、海外侨胞以及外国友好人士捐资助学。在这个大的背景下，学校开始走向市场，学校之间的竞争也日益激烈。学校公共关系，对建立、维护和完善学校与社会公众之间的友好关系，实现学校与社会各界多方合作的作用显得越来越重要，受到了学校、政府以及社会的重视。多元化的办学体制，强调社会各界、各阶层对于办学的参与，对学校公共关系工作和活动的开展提出了要求，客观上推动了学校公共关系事业的发展，要求学校走向市场，建立并拓展与社会各界的关系，加强与社会的互动，广泛的发布和收集信息，及时调整学校管理活动以及办学思想，不断培养人才，为社会输送所需人才，以获得更多的办学资源和支持。学校公共关系可以通过了解社会公众的需求，把握住社会关注的焦点，做出符合公众需求以及愿望的决策，以获得社会公众对学校的好感。同时，学校可以通过分析教育投资方面收益方式的异同，向公众展示教育投资的益处，教育投资不仅产生了巨大的非经济收益，使受教育者、社会获益，还能带来经济上的收益，从而引起社会各界人士对办学的兴趣，促进多元化办学体制的实现。

📢 **名家语录**

学校者，造就人才之地也，治天下之大事也。

——郑观应

第三节
学校公共关系职能与流程

🎯 **学习目标**

认识学校公共关系工作流程及基本职能。

公共关系是有计划、有系统的、有着自身所固有的规律性的活动。公共关系既是理论知识，也是一种实践技能，其实现主要是通过公共关系实务和操作这一环节。

一、学校公共关系基本职能

学校公共关系的职能是指公共关系在学校中所应发挥的作用和应承担的职责。在学校运行过程中，学校公共关系职能主要包括信息采集、咨询建议、沟通协调和形象树立四个方面。

（一）信息采集职能

任何一个组织的生存和发展都离不开一定的环境作为依托，而且环境的变化对组织的发展产生了一定的影响。对于学校而言，学校的生存与发展也受到了社会公众以及其他政治、文化等因素的影响。因此，采集信息是学校公共关系工作的必要前提。无论是内部公关还是外部公关，任何策划都应从采集信息开始，这样才能做到"知己知彼、百战不殆"。

🔍 **案例**

一家保险公司"名字"的遭遇

在美国，有公关人员发现"超级癌症"——艾滋病的英文缩写 AIDS，正好与一家人寿保险公司的公司名字缩写一样。如果在以艾滋病命名的公司里购买保险，人们不是很恐惧和危险吗？于是公关人员及时走访了这家公司，并将其情报告知，建议该公司尽快地更改名称，否则容易引起人寿保险人员的恐惧。这家公司未予采纳。结果，半年后，参加人寿保险的人越来越少，而且原来已保险的人员也纷纷要求退保。为什么会出现这种情况？公司进行信息采集和情况分析之后，才发现原来是名字惹的祸，而且半年前已经有人来劝告过，只是自己未理会，于是赶快更名，但损失已很惨重。

从上述材料出发，你认为组织应如何妥善发挥信息采集的职能？

学校公共关系的首要职能在于采集信息，监测学校的发展环境。信息采集职能，作为学校的预警系统，通过严格的调查和监测学校所处的环境，为学校提供有关社会公众和环境变化的信息，以帮助学校对复杂、多变的公众环境保持高度的敏感性，从而合理地制定和调整学校的发展方向，维持学校与整个社会环境之间的动态平衡。

（二）咨询建议职能

学校公共关系的咨询建议职能与信息采集职能两者之间是密切相关的。获取基本信息是咨询建议的前提条件，而采集到的信息只有通过向学校提供咨询和建议，才能实现其价值。学校公共关系咨询建议职能，是指学校公共关系人员向学校领导者提供有关内部和外部公众的情况说明和建议。

学校公共关系咨询建议职能的主要内容包括：咨询建议，决策参谋；发现问题，加强管理；防患未然，危机处理；创造效益，寻求发展。它主要帮助学校领导者平衡复杂的社会关系，为决策的做出提供参谋，使决策目标符合教育发展水平和公众的利益，提高决策方案的社会应变力以及决策实施的效度，有利于学校树立良好的形象。

（三）沟通协调职能

🔍 **案例**

学校年终奖如何发放？

伴随着学生考试的结束，教师又要面临期末的考核。P 学校的校长就为发年终奖的事情犯愁了。如果做多做少一个样子，大家平均分配的话，就会让懒人更懒，勤人不勤。这种"吃大锅饭"的做法，显然不利于学校的发展。为了体现公正公平和多劳多得的原则，校长和中层领导商议决定根据每个教师平时德能勤绩四个方面的内容对老师进行全面的考核，以此作为年终奖发放的依据，这样可以极大地提高教师工作的责任心和积极性，这年终奖就真正用在刀刃上了。于是学校领导班子坐下来讨论了半天，终于想出了一个大家都认为比较满意的考核方案：将年终奖设定成100分，1分价值40元。在上限100分的基础上，根据考核细则（政治业务学习、职业道德、劳动纪律、教学常规、教科研活动、教学质量、班主任工作、安全工作）逐条对教师进行考评，如果其中哪条没做到，就扣除相应的分值。

方案制订后，学习领导班子又花了一天的时间，对照考核细则，根据平时个人所见所闻，认认真真完成了考核任务，并给每位教师书面反馈了扣分的原因。可是，情况并没有想象中的那么美好。除了几个没有扣分的老师，其他老师在领取年终奖的时候意见很大，有几个胆大的还跑到校长室诉苦申冤。不满的声音主要有两种：一是为什么期末扣分会那么多？平时自己的月考核基本上都是全额拿的。二是有些扣分理由不充分，令人无法接受。说归说，做归做，这年终奖的事情最后还是草草收场，不了了之。

从上述材料出发，你认为该校年终奖发放的遭遇说明什么？

传播沟通是学校公共关系活动的重要手段，是加强公众对学校的认识、理解和支持的重要方式。现代社会中，学校的社会关系日趋复杂，学校公共关系不仅具备信息传播和沟通的职能，还应发挥协调关系的职能。

学校公共关系应在实现各方有效沟通的基础上，协调好学校内部领导与教职工之间、学校内各部门、各环节之间以及学校与外部公众之间的利益与关系，以发挥出平衡、协调关系的作用，进而实现学校与公众间互惠互利的友好发展。

（四）形象树立职能

树立学校良好的形象，是学校公共关系工作的目标，也是提高学校社会效益的必要条件。学校公共关系工作可以利用大众传播媒介、组织各种有益活动等方式来宣传学校形象，求得公众对学校的了解，树立学校领导集体、教职员工和学生的良好形象，提高学校的知名度和美誉度，从而提高学校的社会效益。

二、学校公共关系工作流程

现代学校公共关系作为由一系列的职能活动组成的动态职能系统，这个工作程序的步骤与它的职能活动的序列基本上是相适应的。因此，在考察了学校公共关系的职能活动序列后，还需要进一步考察它的工作程序，以便了解它的操作规律，为实践中制定学校公共关系原则和规范提供科学支持。具体分析，学校公共关系活动的基本程序，包括调查研究（Research）、设定目标（Objectives）、实施传播（Programming）和结果评估（Evaluation）四个环节，简称 ROPFE 模型。

（一）学校公共关系调查

学校公共关系调查是社会调查的一种。对于学校而言，公共关系调查研究主要是指学校运用科学的方法，收集必要的资料，有计划、有步骤地考察公众对学校的评价，分析学校的公共关系状态。它是学校公共关系工作的一项重要内容，是开展学校公共关系工作的基础和起点。

通过调查研究，能了解和掌握社会公众对学校决策与行为的意见，掌握实际情况，以解决学校面临的实际问题。公共关系调查研究是为制订学校公共关系战略，了解公共关系环境，调整计划，协调内外关系等方面的公共关系工作服务的。

1. 学校公共关系调查的内容

学校公共关系调查是学校公共关系工作过程的起始环节。进行学校公共关系调查的主要目的在于弄清学校与公众之间的关系状况，了解舆论民情，调整学校发展，以便为学校公共关系指明方向。对学校公共关系调查研究的内容主要包括以下几点。

（1）对学校基本情况的调查

对学校基本情况进行调查，主要包括对教职工队伍和学校运行情况的调查。对于学校运行情况的调查，应调查学校的历史、办学背景、发生过的重大事件以及历史性的人物，还包括对学校办学性质、办学使命、学校发展目标、学校管理体制等方面的调查。对于学校教职工队伍的调查应包括对教职工的年龄层次、性别、学历、教职工数量以及特点等方面的调查。

（2）对学校人际关系网络的调查

对学校人际关系网络的调查，主要是对学校内部和外部人际资源的调查。学校内部人际关系网络调查包括对学校管理者与教师的关系、学校管理者与其他非教职工人员的关系、教师与学生的关系、教师的满意度等方面的调查。外部人际关系的调查则是对学校与家长、学校与社区、学校与政府、学校与媒体、学校与国际社会以及学校与特殊群体之间关系的调查。

（3）对学校形象状态的调查

学校形象是公众对学校的整体认识和评价。对学校形象状态进行调查，主要是对内部和外部公众的态度的调查，包括公众对学校的看法、态度，对学校提出的要求、建议等方面。

（4）对校长及学校社会资本的调查

对校长或学校社会资本的调查着重于对学校声誉与口碑、学校与外部公众关系资源、学校与外部公共关系经营情况的调查。

2. 学校公共关系调查的程序

公共关系调查是一个程序性及技巧性很强的工作，掌握公共关系调查的基本操作程序，对于提高公共关系调查水平、确保调查结果准确可靠具有重要作用。

学校公共关系调查的程序，是调查工作的实施阶段，指的是对学校客观存在的公共关系状态以及现象进行科学调查的基本过程。学校公共关系调查的一般程序可以分为调查任务的确定、调查方案的制订、调查方案的实施和调查结果的处理四个基本阶段，如图 8-1 所示。

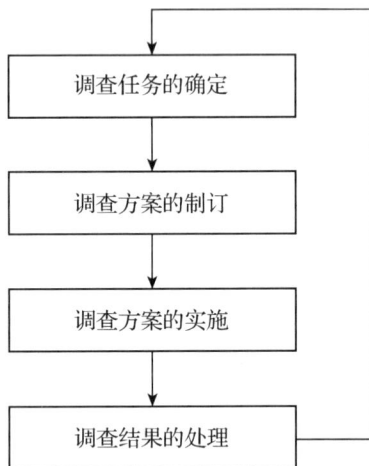

图 8-1　学校公共关系调查的程序

（1）调查任务的确定

确定调查任务主要是确定调查的主题、调查的范围以及调查研究的成果等。调查的主题包括调查的目的和内容，而调查的范围则包括调查对象的确定以及调查对象范围的选定。

（2）调查方案的制订

制订调查的方案包括确定研究框架，选定调查方法，确定调查负责人、时间、地点、预算等。

（3）调查方案的实施

这一阶段的工作内容主要是分发和回收问卷，进行访谈或观察调查对象，对调查资料进行搜集和整理。

（4）调查结果的处理

实际的调查结束之后，就开始对调查结果进行加工处理，这是公共关系调查的最后一个环节。包括对调查资料的整理、统计和分析，得出调查的结果，撰写调查报告，以书面的形式将调查所取得的成果呈现出来。

3. 学校公共关系调查的方法

学校公共关系调查的方法，是指用来保证公共关系调查顺利实施的手段、途径。选取有效的公共关系调查方法对于公共关系调查任务的顺利完成具有十分重要的作用。公共关系调查的方法具有多样性，我们最常使用的主要有访谈调查法、观察法、问卷调查法三种。

（1）访谈调查法

访谈调查法，简称访谈法，是指公关人员按照预先设计好的题目，有目的、有计划地向调查对象提问，直接收集信息的方法。访谈法按照有无严格设计的问题可以分为结构性访谈和非结构性访谈，按照访谈对象的多少可以分成个别访谈和集体访谈，按照访谈的形式可以分成当面访谈和电话访谈。

（2）观察法

观察法是调查人员进入调查现场，利用感官或借助科学工具，从旁观察调查对象的行为及现场事实，来收集所需信息的方法。观察法最大的特点就在于直观性，可以排除其他调查方法的间接性所造成的误会和干扰，并且，获得的是客观的第一手资料。

（3）问卷调查法

问卷调查法是通过向调查对象发放统一设计的问卷，以书面形式搜集资料、获得信息的一种方法。问卷设计有很强的专业性、科学性和艺术性。问卷要以调查的主题为问题设计的主线，以测定公众的情况、认识和态度。

（二）学校公共关系策划

公共关系策划既是一门科学，也是一门艺术，指的是公共关系人员为了实现公共关系目标，对公共关系活动的目的、内容、性质、方式和方案进行制定和设计的过程。公共关系策划是以专业的公共关系人员为主体的脑力劳动，是一项复杂且富有挑战的创造性思维活动，这也是公共关系工作的核心内容。公共关系策划水平的高低以及策划方案的好坏直接影响到公共关系活动开展的效果，也间接反映了公共关系人员的素质。

学校公共关系人员首先依据公共关系调查研究中确定的学校形象塑造愿景，制定学校公共关系的目标，并在此基础上设计公共关系活动的主题。同时，通过对学校主客观方面的人员、经费、时间等具体条件的分析，提出几个可供选择的方案，继而进行比较、筛选，确定出最满意的行动方案。

1. 确定目标

学校公共关系策划工作的第一步就是确定目标。学校公共关系工作是围绕既定的目标来展开的，若没有明确的目标，学校公共关系工作也就失去了方向。我们必须在对学校组织环境、公共关系发展状态进行充分了解和调研的基础上来确定学校公共关系活动的最终目标。

常见的学校公共关系目标的具体定位在于维持或提升学校形象，获取公众的理解和信任；加强与公众的交流，联络感情，提高学校知名度；参与社会公益活动，寻求社会各界的合作与支持等。

2. 拟定主题

主题的确定是影响学校公共关系项目开展的首要因素，指的是学校想通过活动给公众留下怎样的印象，取得怎样的效果，达到怎样的目的。公共关系活动的主题是对公共关系活动内容的浓缩和概括，它对整个公共关系活动起着引导的作用。因此，在设计公共关系活动主题时，应考虑到公共关系目标以及公众的心理，做到简明扼要，给人以鲜明、醒目的感受。

3. 界定公众

所有组织都有其特定的公众群体。公共关系工作是以不同的方式方法针对不同的公众展开的。

界定学校公众主要按照两个步骤进行：第一，学校必须准确地定义自己的公共关系对象和沟通的目标公众，对学校的内部公众和外部公众进行细致的分类。第二，学校必须界定清楚公众的权利要求，找出公众的普遍要求与特殊要求，找出与学校理念和发展目标相符或相悖的要求，分出轻重缓急，区别加以对待。

4. 选择传播方式

传播方式的选择是实现学校公共关系活动目标的手段，是影响学校公共关系信息传播以及公共关系活动成果的关键因素。因此，公共关系活动方式和传播方式的选择对学校公共关系活动效果的好坏起到了决定性作用。

公共关系信息传播要借助一定的传播媒介和工具，报纸、杂志、广播、电视以及互联网是大众传媒中的重点选择对象。按照信息载体的物质形式可将传播媒介划分为人体媒介、实物媒介和符号媒介。学校公共关系人员应依据学校公共关系工作的性质、目标、特点、要求、对象和传播内容以及经济条件等条件来选择并确定最适合、最有效的活动方式。

5. 编制预算

开展公共关系活动就必须考虑成本与效益的问题。学校公共关系活动的开展必须是建立在一定的物质基础之上才有可能实现的。学校公共关系预算是指学校的公共关系部门或人员，对实现公共关系计划各项费用的估算。它将公共关系活动所需的时间、人员、资金等因素按一定的方式进行合理配置，以保证学校公共关系活动的顺利开展。

预算学校公共关系的经费是公共关系策划的重要步骤，主要采用固定比率法、投资报酬法、量入为出法以及目标先导法等方法进行预算。

6. 拟订方案

拟订学校公共关系计划方案，是整个公共关系策划阶段的核心所在。公共关系活动方案，是对整个公共关系的任务和过程做出的一种主动设计和系统安排，是为了实现学校公共关系目标而拟定的各项办法、途径、策略以及技巧的书面汇集。在公共关系拟订方案中，明确规定了学校公共关系目前的任务，确定了公共关系的目标，对公共关系的工作程序、人员的安排、活动经费、传播媒体等方面进行了有效的、合理的安排，是公共关系活动开展的主要依据。一般而言，学校公共关系策划文案包括以下几项基本内容。

（1）封面

封面一般包括策划项目的名称、策划者学校或项目负责人名称、策划文案完成的日期、策划书的分类以及编号。在有必要的情况下，还应考虑在封面上简洁地加以说明文字，如策划方案尚属草稿或初稿，应在标题下括号注明"草案""意见征求稿""修订稿"等字样，如策划方案已确定，可注明"实施稿""执行稿"等字样。

（2）提要

提要中应简洁地说明该项公共关系策划的主要内容。

（3）目录

目录应列出该策划书中篇、章、节的名称。

（4）前言

前言也就是序言，是对该策划的背景、意义、基本方法等的交代。

（5）正文

正文是对前述几个要素的具体阐述和演绎，主要包括标题、活动主题、活动目标、活动程序和环节、传播方式、经费概算、效果预测等。

（6）附录或说明

附录或说明是该方案重要的附件。附件包括活动筹备工作日程推进表、公关人员职责分配表、经费开支明细预算表、活动所需物品一览表、场地使用安排表、注意事项等。

（三）学校公共关系实施

公关计划的实施是整个公关活动的"高潮"。学校公共关系实施为了实现学校的公共关系的既定目标，将公共关系策划进行实际操作和管理，付诸实践，变为现实的过程。学校公共关系的实施，就是经由选定的传播方式和途径，将信息传递给公众，加强学校与公众之间的相互理解、信任和沟通，改变公众对学校的看法和态度，从而树立学校的良好形象，为学校创造更好的舆论环境。公共关系方案的实施就是解决学校公共关系问题的关键点，它决定了公共关系策划方案能否实现以及实现的程度，它的实施结果也为之后的公共关系策划提供了重要依据和参考。

1. 学校公共关系实施的方法

在公共关系实施过程中，为了使目标导向的原则得到正确的运用，人们常常采用线性排列法和多线性排列法，将所有公共关系行动和措施按先后顺序有机排列组合起来，然后再加以实施。运用这两种方法，辅以图表方式解释和说明，便于内部员工清晰明了地了解实施过程，可以使他们认清本组织的利益和实现的方法，自觉将实现本组织的战略目标与自己的本职工作紧密地联系在一起。

（1）线性排列法

线性排列法是指按公共关系活动、措施的内在联系为先后顺序逐一排列出来，一步一步向目标迈进的学校公共关系实施方法。具体实施路径如图8-2所示。

图 **8-2**　线性排列法

（2）多线性排列法

多线性排列法是将几个行动同时展开，共同向成功迈进的学校公共关系实施方法。这种排列方法可以缩短实施的总时间，但花费的人力、物力、资金相对第一种排列的方法要多，而且前面一步的工作不能获得成功，对下一步工作将造成浪费。具体实施路径如图8-3所示。

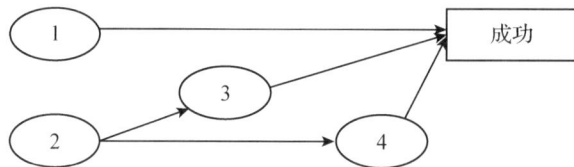

图 **8-3**　多线性排列法

2. 学校公共关系实施的障碍分析

公共关系活动的实施过程不可能是一帆风顺的。在公共关系活动实施过程中，肯定会遇到种种问题和困难，妨碍到公共关系活动的正常进行。这就需要公关人员必须了解产生偏差的原因，不断排除实施过程中的障碍，顺利实现预期目标。一般来说，学校公共关系实施可能出现以下两方面的障碍。

（1）公共关系方案中的目标障碍

目标障碍指的是在公共关系活动方案的设计和制订过程中，由于目标定位或理解的偏差、缺乏可操作性等为方案的实施带来的困难。公共关系活动实施的步骤和过程主要是按照活动方案所规定的目标和内容进行，因此，公共关系方案设计中目标的定位对公共关系活动实施产生了多方面的影响。

排除目标障碍的根本途径是要求方案的制订者尽量使方案目标具有正确性、明确性和具体性。正确的、明确的、具体的方案目标是实施人员行动的依据和树立信心、赢得公众支持的重要源泉，也是对方案实施进行有效控制、监督和评估的基础。

（2）公共关系方案中的沟通障碍

公共关系方案实施的过程实际上是信息传播以及沟通的过程。公共关系实施过程可以简化为发送者、媒介与接收者三个要素相互作用的过程，信息的发送者、接收者以及所传递的信息内容构成了一个完整的沟通系统。在这个信息沟通与交流的过程中，不可避免地会出现一些传播沟通的障碍，包括语言障碍、文化习俗障碍、心理障碍等。

第一，语言障碍。语言是公共关系传播中用以表达情感、交流思想和协调关系的主要工具。语音不清、语意不明或误解、用词不当等都是常见的语言沟通障碍。

第二，文化习俗障碍。习俗指在特定社会文化区域以及社会群体中约定俗成、世代相传的风尚、行为和礼仪习惯等。常见的习俗障碍主要表现为传统道德规范、礼仪以及风俗习惯的违背。

第三，心理障碍。心理障碍指的是因人的认识、情感、态度、动机等心理因素对沟通过程产生的障碍。公共关系实施过程中的心理障碍包括交际心理、文化心理、情感心理、偏见心理等。

排除沟通障碍的主要途径有两点：一是切实了解和掌握公众的"优势需要"，即尽量满足公众的需求，以引起公众的共鸣，实现学校与公众的双向沟通。二是准确选择和有效运用传播媒介和沟通手段，要与公共关系的具体目标和内容相联系，根据公共关系对象的特征以及传播的内容来选择传播媒介，以实现公关活动实施中的零沟通障碍。

（四）学校公共关系评估

学校公共关系方案实施效果的评估，是学校采用各种方法，在对现阶段公共关系活动进行调查研究、分析评价的基础上，评估已获得的成果，并找出工作中的不足，以便于后续的调整和发展。公共关系评估构成了公共关系工作程序的重要部分，是开展后续公共关系工作的必要前提。学校公共关系评估是学校公关工作过程的最后环节，在整个学校公共关系工作过程中起着承前启后的作用。

1. 学校公共关系评估的程序

公共关系评估是对公共关系活动的全过程进行评估。评估的意义在于总结经验，利于后续改进和发展，并起到了鼓舞人员士气，激励斗志的作用。评估的目的在于肯定已有成果的同时发现新的问题，以便不断调整学校的公关目标、公关政策和公关行为。评估过程的一般程序如下。

（1）明确评估目标

明确评估的目标，才能做好公共关系评估工作。评估目标的确定，为学校公关评估工作指明了具体操作方向。评估目标必须具体、合理而且明确，这样才有助于评估资料的收集和整理工作，保证评估方向的正确性。

（2）组建评估机构

学校公关评估工作是一项复杂的工作，需要组建一个评估机构，或是临时的评估班子对其进行有效的评估。评估人员的涉及面要广，不仅要有专业的公关从业人员，还应该聘请一些专家教授、家长、社区人员等外部公关代表以及学校内部公关代表，如教师、行政人员等共同参与。

（3）选择评估标准

评估标准是对公关计划实施过程与结果的客观衡量尺度，是检验公关工作的参照系。评估标准是评估公关工作实施结果的依据，明确、适当的评估标准才能保证学校公关活动效果评估的公正性。

（4）衡量工作绩效

衡量公关工作绩效就是依据明确的评估标准对公共关系项目的实施过程、实施效果、存在的问题以及其带来的社会效益与经济效益进行判断和评价。

（5）撰写评估报告

评估报告的撰写是对公关关系评估工作的总结，不仅是对现有的公关关系活动实施的经验的总结，还应为后续工作的开展奠定基础。

2. 学校公共关系评估的方法

（1）三阶段层次分析法

美国著名的公共关系学者卡特李普和森特在所著的《有效公共关系》一书提出了经典的项目评估的层次分析法，将评估分为 3 个阶段 13 个层次（见图 8-4），对不同的阶段，提出相应的评估标准和方法。

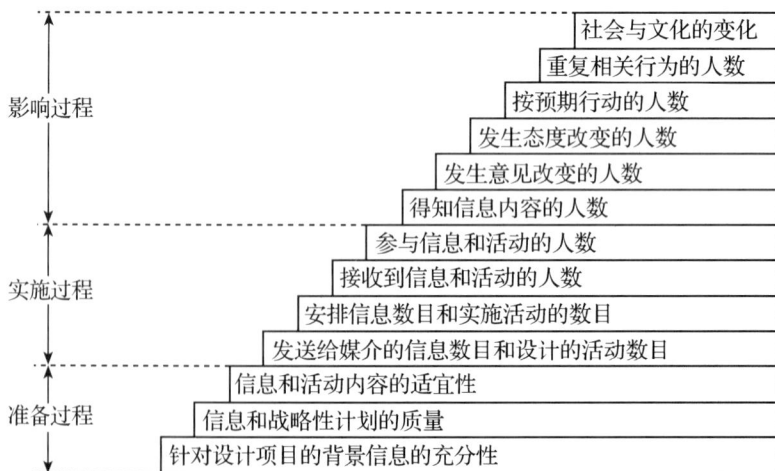

图 8-4 评估阶段和层次图

公共关系评估的每一阶段都有助于提高对评估效果的理解程度，同时为其评估效果增加信息量。准备过程的评估测评了信息和战略性计划的质量和完备性，实施过程的评估要用实践证明策略和努力是否充分适当，影响过程的评估则提供了对项目结果的反馈。每一层次都有不同的评估标准，这 13 项评估标准组成了完整的公关计划实施效果的评估。

（2）专家评估法

所谓专家评估法就是汇总具有丰富公关经验以及公关理论水平的专家，组成专门的评估小组，对公关活动进行评估。聘请的专家不仅具有丰富的公关经验，能保证公关评估工作的客观性和专业性，而且，每个专家有各自擅长的领域，有利于资源组合，利用结合各家之长来更好地发现问题和解决问题。

（3）公众测评法

从某种程度上说，公众评价是最现实的，也是最重要的。公众评价往往代表了大多数人的意愿，反映了公众对公关活动实施效果的看法和认可度。公众测评法一般通过意见征询法和民意调查法等方式进行。

意见征询法一般包括公众代表座谈会和公众询问法，主要是指通过与公众代表进行对话，征询广大公众的看法和意见。

民意调查法主要是指采用问卷调查的形式，通过系统抽样或普查的方法，对样本量公众进行调查，征求意见。

（4）目标管理法

美国管理专家德鲁克于 1954 年首先提出了"目标管理和自我控制"的主张。概括来说，目标管理乃是一种程序或过程，它使组织中的上级和下级一起协商，根据组织的使命确定一定时期内组织的总目标，由此决定上下级的责任和分目标，并把这些目标作为组织运营、评估和奖励每个单位和个人贡献的标准。目标管理法属于结果导向型的考评方法之一，以实际产出为基础，考评的重点是员工工作或方案实施的成效和结果。

🔊 名家语录

古之立大事者，不惟有超世之才，亦必有坚忍不拔之志。

——苏轼

第四节
学校危机管理与人员素养

🎯 学习目标

掌握学校危机事件的类别和应对策略。

学校公共关系管理是一项复杂的、高级的脑力劳动，因此，想要有效地进行学校公共关系管理，首先需要一批高素质的学校公共关系人员。另外，学校内隐藏着大大小小的危机，这些危机会对学校的发展造成直接威胁，学校应该提升对校园危机事件妥善处理的能力和水平。

一、学校危机类型与管理

危机是不可避免的，任何一所学校都隐藏着大大小小的危机。学校危机事件是指发生在学校内或教育教学过程中，对学校师生员工的生命、财产安全带有重大负面影响和威胁的突发事件，这些事件是已经爆发或潜伏尚未发作的，对学校声誉、形象、利益以及运作造成严重负面影响的、必须采取紧急措施予以处理的事件。近年来，学校危机事件频频发生，如食物中毒事故、学生跳楼死亡、学校手足口病等传染病的大规模暴发、校园暴力事件等，这些负面事件给学校管理者敲响了警钟，迫使学校不得不开始重视危机管理。

（一）学校危机事件的类型

对发生在学校的危机事件进行合理的界定和分类，是树立危机管理理念、增强管理危机意识的基础环节。根据张东娇的划分①，学校危机事件从源头来看，可以分为三类。

1. 由人力不可抗拒的力量引起的灾难事件

主要是指自然灾害造成的学校危机，如地震、台风、飓风等极端恶劣的自然条件造成的人员伤亡、校舍倒塌事件、火灾、传染性疾病等事件。这类危机事件对学校内人员的生命安全造成了极大的威胁，扰乱了学校的正常秩序。但是，这类危机是学校无法进行有效控制的，因此不会对学校的形象产生负面影响。

2. 由学校外部人员造成的危机事件

学校外部人员造成的危机事件主要分为两种：一是学校不可控的事件，即不法分子对学校组织及其成员施加的违法行为，如绑架、抢劫或对教师和学生进行人身伤害等；二是学校可控事件，是竞争对象故意造谣、编造谎言给学校造成的舆论危机。这类危机对学校的形象有较大的影响，学校方面须出面澄清事实，以维护学校的形象和信誉。

3. 由学校内部引起的危机事件

学校内部引起的危机事件也有两类：一是学校管理失误造成的危机事件，包括学校管理者决策失误或管理不当引发的危机、教师因体罚学生致使学生身心遭受伤害产生的形象危机、学校乱收费行为致使家长投诉事件等；二是故意欺骗事件，如学校投资者携款潜逃、故意隐瞒内部情况等事件。这类危机事件产生的根源在于学校方面的不正当行为，不仅会丧失家长对学校的信任，而且会让社会舆论、公众对学校产生质疑，严重损害学校的信誉和形象。

（二）学校危机管理的现状

近年来，学校危机事件频频发生，如食物中毒事故、学生跳楼死亡、学校手足口病等传

---

① 张东娇. 学校公共关系管理 [M]. 北京：北京师范大学出版社，2012：234.

染病的大规模暴发、校园暴力事件等，这些事件都属于学校危机管理的范畴，学校都应当制订应对机制和预案措施来很好地预防和解决。然而现实是，我国学校在危机管理中存在许多理念和制度上的真空地带。

1. 学校危机管理的制度不健全

危机管理的研究以及应对措施的制订已经成为全球各国政府关注的重点，耗费了极大的人力、物力和精力。经过多年的研究和实践，美国、日本等国家已经逐步建立了较为成熟的危机管理体系。然而，美国等西方国家所提倡的"危机管理"，在我国却被异化成了"应急管理"。经过多年的实践和研究，我国危机管理体系也初步建成，各省市针对当地的特点和情况建立了相应的应急预案，并且就近年来社会上频繁出现的类似危机事件建立了有针对性的专项预案。但是，这些应急措施和预案多是针对社会上发生的危机事件，却没有提到如何预防和管理学校的危机事件。学校是社会的一个特殊的有机组成部分，学校的安全关系到千千万万的学生和家庭，学校的特殊性决定了它并不能简单套用其他应急预案来解决问题。然而，现今学校危机事件频出，学校危机管理制度上的真空必须引起我们的高度重视。

2. 学校危机管理的法制不健全

完善的法律体系才能保障危机处理的措施和手段得以迅速和有效实施，才能最大限度地降低国家风险，减少财产、人身等各种损失，才能尽快恢复社会的正常秩序。危机事件的管理和应对已经引起了全球各国的热切关注。在国外，尤其是一些西方发达国家，非常重视建立和完善危机管理的法律法规体系，纷纷进行危机管理方面的立法工作。美国有《全国紧急状态法》《反恐怖主义法》等；日本有《武力攻击事态对应法案》《安全保障会议设置法修正案》等。这些法律的建立都是为了很好地解决危机事件，将危机所带来的各种损失降到最低程度。然而在我国，危机管理并未被纳入法律体系当中，国家也未对危机管理措施的制订进行强硬地规定和干涉。在这个大的背景下，许多学校为了不影响重要的教育教学工作，大多选择忽视学校危机管理，或者投入极少的人力和物力进行管理。长此下去，不仅阻碍了学校危机管理计划的制订和实施，也使得学校危机意识愈加淡薄，使社会及学校在各方面忽视学校危机管理的重要性。

3. 学校管理的危机意识淡漠

🔍 案例

×中学的"水银事件"

事件发生在×中学，班主任在星期一的课间突然发现班里学生在玩水银，班主任马上予以制止并没收了学生的水银。经过班主任的询问和调查发现，原来学校化学实验室内的药品储存柜长期没有上锁，学生很容易取得水银，究竟丢失了多少至今也调查不清楚。水银是含有剧毒的，意识到事件的严重性，班主任想将这个情况马上报告给校长，但校长恰巧外出有事，于是班主任直接报告了公安部门。刚刚返回学校的校长对此情况一无所知，在被询问情况时一头雾水，完全摸不着头脑，因此，校长因为失职而被撤职。这件事情没有对学生造成伤害，但却给学校正常的教育教学和管理工作带来了极大的负面影响，属于学校危机事件。从班主任在这件事情的应对方式来看，很明显属于缺乏应对突发事件的预案，而且缺乏明确的突发事件报告程序，因此，给学校的管理工作带来了不利影响。同时，我们还要注意到，也正是因为学校领导危机意识淡薄，未对学校危机管理给予足够的重视，也致使校长最后被撤职。

第二天早晨，校长通过校园广播，向全校师生正式发布了事先起草好的《校园突发事件通告书》。通告书的内容包括四个方面：（1）正式通告学生跳楼事件始末及生命救助情况，因抢救及时，轻生者已脱离生命危险；（2）告知全体师生，人们受危机事件冲击后可能在情绪、认知、行为及躯体等方面出现一些应激反应，这些反应在一定时间内存在是正常的，但若反应强度过大、超出了自身的应对能力，需及时求得专业心理帮助或其他的社会支持；（3）学校心理老师将通过个体咨询、团体辅导、热线电话及网络邮件等多种形式为全校师生提供专业心理援助；（4）向全校师生提出应对危机事件的"三不"原则——不渲染、不议论、不评判。尊重他人的选择，但绝不赞同以轻生方式解决问题的做法！希望广大师生珍爱生命，守护健康，在科学的引领下师生携手共度难关。

从上述材料出发，我们可以得到什么样的启示？

近年来，我国学校危机事件的出现率远远高于以前，高校学生跳楼事件，校车事件，地震、台风等自然灾害带来的危机，都应当引起我们的高度重视。然而，现实状况是截然相反的，我国的学校管理理论中很少涉及学校危机管理问题，不论是对校长培训，还是对教师的培养基本没有涉及学校危机管理的内容。各校的校长只能从自己多年的学校管理事件和实践中获得一些零散的、科学性不强的管理经验。学校管理中缺乏危机意识已然成为一种非常普遍的现象，致使我们面对突发事件时，常常由于没有有效的应对预案或者应对程序而出现惊慌失措的恐慌局面。单从每次危机事件的结果来看，我们是能够应对任何危机事件的，只是要付出巨大的物质甚至生命的代价。

（三）学校危机管理的基本原则

我国学校危机管理在理念、法律和制度上存在诸多空缺，制订规范的学校危机管理方案已是迫在眉睫。在学校危机管理以及管理预案的制订过程中，应当以以下几个基本原则作为主要依据。

第一，树立生命安全高于一切的原则。学校危机管理的核心理念在于保护和保障学生生命安全，这是"以人为本"的教育观念在防灾事务中的体现，也是世界各国处理学校突发事件的基本理念。① 把师生的生命安全放在学校危机管理的首位，实际上也表明了学校危机管理的基本目标——保护师生生命安全。

第二，重在预防的工作原则。应对学校危机事件最好的方式是预防，而不是事后处理。学校应当在有效总结过去的经验以及吸收学术界先进研究成果的基础上，对可能发生的危机事件进行总结、归纳，并针对这些可能发生的危机事件制订应对措施。

第三，快速反应、有效协调原则。在以往学校处理危机事件的过程中，由于害怕事件会对学校产生负面影响，引起师生的恐慌，学校大多先隐瞒事件的真相，这种做法是不可取的。当学校危机事件发生后，学校必须在第一时间内给予回应。对危机事件的处理做出迅速的反应，并且与上下级进行及时沟通，采取积极有效的回应措施，切不可隐瞒、延误时机。

第四，师生危机心理的引导原则。学校危机事件的发生，不仅会严重影响到正常的教育教学工作，破坏学校的秩序，更严重的是，危机事件带来的负面情绪往往影响学生和教师的心理和行为。因此，处理好学校危机事件不仅是恢复学校正常的教学秩序，安抚好社会大众、家长以及师生的情绪，更重要的是要做好师生心理危机的干预工作，尤其针对重点的心理受创师生，帮助其缓解情绪，引导其逐步走出心理阴影。

🔍 案例

某中学危机干预机制何以建立？②

2009 年初春的一天，傍晚放学时分，某重点高中一名"品学兼优"的高二女生莉莉（化名）割腕后从教学楼顶坠落，希望以此了结自己的"悲苦"人生，身后留下两封写给父母和同学们的厚厚的遗书。那一天，正是莉莉 17 岁的生日。白天收到同学好友生日礼物和美好祝福时，莉莉还显得非常幸福，放学后，老师同学刚刚离开校园，她却决然地走上了"不归路"。对面教学楼部分高三师生，目击了跳楼事件的全过程。

因抢救及时，莉莉得救。但莉莉的轻生行为在校园内产生极大影响，尤其是事件目击者及女孩的老师、同学、好友等反应更为强烈，大家很难接受通常在媒体中看到的学生自杀现象居然会出现在自己的校园，更难以相信白天还"一切正常"、品学兼优又身为班长的莉莉会是自杀的主角……莉莉跳楼事件发生后，受冲击的不只是学生。许多班主任老师对学生工作及班级管理充满了疑虑和恐慌，不知道该如何面对学生。更有个别年轻教师，甚至不敢进教室上课。学校日常管理及教育教学工作都受到了强烈冲击。一些家长也是人心惶惶，孩子的心理健康及生命安全话题备受关注，如何帮助孩子早日走出情绪阴霾和避免类似悲剧的

① 朱晓斌. 美国学校危机管理的模式与政策 [J]. 比较教育研究，2004 (12)：45-50.
② 白云阁. 面对花季生命的陨落——校园危机事件心理干预策略及生命教育反思 [J]. 人民教育，2010 (7)：25-27.

发生？

事发当晚，学校领导果断决策，在全力配合医护、公安及家属对自杀未遂者进行生命救助的同时，立即启动学校危机干预应急机制，通过多种渠道和方式，对广大师生尤其是重点受创人群实施及时、系统的心理危机干预。实践证明，校园轻生事件发生后，学校井然有序的心理危机干预工作，在整个危机事件的应急处理过程中，发挥了不可替代的作用。

从上述材料出发，你认为学校危机干预应急机制还存在哪些缺陷？

（四）学校危机的公关策略

为全面提高我国学校应对校园危机事件的能力和水平，可从以下几个方面着手进行系统的危机公关。

1. 做好危机应变心理准备

当前的生存环境复杂难测，会给学校和个人带来意想不到的灾难和危机，因而学校管理者应树立强烈的危机意识和危机应变的心理准备。管理者应当视危机的发生为必然，就像死亡与纳税一样不可避免，必须未雨绸缪。只有具备了这种心理，才能建立学校危机预警，预见学校管理过程中有可能产生的危机，并做好相应的预案，真正做到防患于未然。

2. 建立学校危机预警系统

学校危机大都在爆发前就会出现某些征兆，因此学校可通过建立预警系统来及时捕捉这些危机的预兆。建立预警系统的工作可由学校办公室协同各个职能部门进行。学校公共关系部门在平时的工作中，要注意收集、分析各种信息，信息收集、分析的重点就应该放在分析、预测学校发展过程中可能发生问题的环节以及这些环节中可能出现的各类突发事件。对于可能出现的突发事件，要想办法避免其发生，并拟订好应对措施。

3. 制订学校危机管理方案

建立重在预防的危机管理体系。学校对可能发生的不测事件，都应在总结经验和吸取相关预防研究成果的基础上，制订出应对措施和计划，并使之制度化。对于一些较容易定性的主要灾难事件，如地震、火灾、大面积食物中毒、爆炸、恐吓、室外活动中的意外伤害等，更应制订具体的应对预案。要尽快从"事后动员型"危机处理模式转变到"事先预防型"的危机管理理念和机制。

4. 开展危机教育及应急训练

学校公共关系部门应该将对可能出现的突发事件的应对方式及应急措施，通过各种有效的渠道进行危机教育和应急训练。可将有关知识印成小册子发放给教职员工和学生，还可有针对性地请有关方面人士做专门讲座和演习。学校危机管理的基础环节是提高师生自我防护、救护的知识和技能，不提倡学生"忘我"地投入危险场地的做法，以确保学生在危机中尽量处于安全境地。

🔍 **案例**

×中学校长的危机教育智慧

×市×中学 600 多名学生和教师正在学校大礼堂进行演出活动的时候，礼堂突然着火了。校长马上来到演出台上对学生说，对不起，因为一些突发状况，我们现在开始进行消防演习，请全体教师和同学按照平时训练的要求，马上有纪律地撤出礼堂，到操场集合。学生在老师的组织下顺利脱离了危险，火也很快被扑灭了，当场未造成任何的恐慌和不安，也无任何人员伤亡。这是一个非常成功的危机处理案例。如果着火时直接通知学生，很可能引起大混乱，以致造成伤亡，演变成一场可怕的危机事件。

从上述材料出发，你认为可从中学到哪些危机教育及应急训练的智慧?

二、学校公共关系人员素质要求

公共关系人员是指专门从事组织机构公众信息传播，关系协调与形象管理事务的调查、咨询、策划和实施的人员。公共关系是一项复杂的、高级的脑力劳动，不是任何人都可以轻松胜任的。公关人员应以自信、乐观、开放的职业心理为基础，再配之以公共关系专业知识结构和能力结构，这样才能成为一名合格的公关人员。①

（一）学校公共关系人员的心理素质

根据学校公关工作的实际需要，公关人员必须具备以下几个方面的心理素质。

1. 良好的气质

气质，是指一个人相对稳定的个性素质。古希腊哲学家希波克拉底将人的气质分为胆汁质、多血质、黏液质和抑郁质四种类型。从气质类型上看，多血质的人更适合于从事公共关系的工作。多血质的人具有活泼、大方、机智聪敏、善于人际交往以及爱好广泛等特点，这样的气质类型使得公关人员本身具有强大的凝聚力，既能够很好地与公众进行沟通、接触，了解公众的意见和期望，又能使学校的决策顺利实施。

---

① 何莉．论公共关系人员应具备的基本素质及其培养 [J]．技术与市场，2008（9）：60-61.

2. 良好的意志

公共关系工作是一项复杂的、极具挑战性的脑力劳动，这就要求公关人员具有良好的意志品质，包括独立性、自制力和坚韧性。独立性要求公关人员富有创造性思维，具有独立思考问题的能力，能提出自己独到的见解。自制力则要求公关人员善于控制自己的情感、语言和行动，理性地解决问题。坚韧性是指一个人坚持不懈完成任务的心理品质，公关人员必须具备坚韧不拔、坚持不懈的意志。

3. 良好的心态

积极良好的心态所产生的状态会使公关人员具有高度的工作热情，具有积极进取的精神。保持积极乐观的心态，能使公共关系从业人员充满想象力和创造力，保持广泛的兴趣，用真诚的热情和乐观的精神去与人打交道，去帮助和感染对方，这样才能结交众多的朋友，更好地完成公关工作。

（二）学校公共关系人员的专业素质

公共关系既是一门多学科的理论，也是一门实践性强的实务工作，作为公关从业人员，必须掌握多方面的知识，具体包括公关理论和知识、经营管理知识、传播沟通知识、社会交往知识。

1. 学校教育及管理的基本理论

学校公共关系属于学校管理的一部分，对于学校获得更广阔的发展空间和环境起到了重要作用。学校公关人员必须具备一定的教育理论水平以及学校管理理论知识，对学校管理工作有充分的了解。

2. 公共关系的理论及实务知识

学校公关人员不仅要学习公共关系基础理论，还应掌握学校公共关系的基本实务知识。

3. 与公共关系相关的学科知识

公共关系具有综合性、多学科交叉等特点，这就要求公共关系人员具有广阔的知识面，包括传播学、社会学、心理学、管理学、行为学、市场学、新闻学、广告学和决策学等知识；不同组织的公共关系人员，必须掌握和懂得本行业的基本专业知识，懂得行业的业务和管理特点，这是公共关系人员必备的看家本领。掌握了这些学科的基本原理和方法，在公共关系工作中，方能得心应手。

4. 与公共关系相关的方针政策

公共关系人员应熟悉国家、党和政府的有关政策、法律、法规，了解社会的政治、经济、文化诸方面的知识及未来的发展趋势。

（三）学校公共关系人员的能力结构

能力是人们运用知识和智力成功地进行实际活动的本领，是人的基本素质和智力因素在各种不同条件下的综合表现，能力的表现直接影响到活动的效率。学校公共关系人员应具备多方面的能力。

1. 观察能力

学校公共关系是一种社会关系，主要的工作对象是人。每个人之间存在着差异性，个性的不同、心理的差异都使得面向人的工作显得尤为困难。因此，作为学校公关人员，必须具备高度的、细致的观察能力，以便于有效地把握住公众的思想和行为。

2. 表达能力

表达能力是一项综合性的技巧，包括口头表达、文字表达以及肢体语言表达等多个方面。学校公共关系工作本身就是信息的双向传递和交流的过程，学校公关人员应具备良好的表达能力，能够很好地运用语言、文字等方式，将信息明确、有效地传播给公众。

3. 社会交往能力

学校公共关系人员应具备良好的社会交往能力，即与个人、社会关系协调、沟通的能力。社会交往能力是衡量一个现代人能否适应开放社会的标准之一。社会交往能力主要表现为自我推销能力，介绍他人的能力，与人相处的能力及倾听、理解、赞美他人的能力和吸引、影响、改变、支配别人行为的能力等。

4. 组织领导能力

公共关系人员要有很强的组织领导能力，即充分地做好计划、组织、指挥、协调和控制的能力。公共关系活动是群体智力活动，公共关系人员在开展活动中，其组织领导能力主要体现在工作的计划性、周密性和协调性等方面。

5. 创新能力

创新能力是指人具备开创新的思想、事物和环境，以满足自我需要的能力。公共关系人员应具备较强的应变创新能力。公共关系人员在开展公关活动时，常会遇到各种意想不到的突发事件和问题。因此，公共关系人员的工作是一种极具创造性、开拓性的工作，要求公共关系人员思维活跃，不断开创新局面。

🔊 名家语录

21 世纪，没有危机感是最大的危机。

——理查德·帕斯卡尔

本章小结

公共关系是指组织为了实现组织目标，树立良好形象，综合运用现代沟通、组织、传播等技术手段与组织公众协调和平衡各种关系的组织管理职能活动。公共关系理论经历了起源阶段、职业化阶段、学科化阶段和全面发展阶段，分别对应了自我吹嘘式公共关系、单向传播式公共关系、双向沟通式公共关系和双向对称式公共关系四种公共关系理论。

学校公共关系指学校在国家制定的教育方针的指导下，为了实现教书育人的目标，综合运用现代沟通、组织、传播等技术手段与学校公众协调和平衡各种关系的学校管理职能活动，主要是由学校、公众以及传播三个要素构成的。学校公共关系的基本职能包括信息采集、咨询建议、沟通协调和形象树立四个方面。学校公共关系活动的基本程序包括调查研究、设定目标、实施传播和结果评估四个环节，简称 ROPE 模型。

学校危机事件是指发生在学校内或教育教学过程中，对学校师生员工的生命、财产安全带有重大负面影响和威胁的突发事件。这些事件是已经爆发的或潜伏尚未发作的，对学校声誉、形象、利益以及运作造成严重负面影响的，必须采取紧急措施予以处理的事件。为全面提高我国学校应对校园危机事件的能力和水平，可从做好心理准备、建立学校危机预警系统、制订危机管理方案、开展危机教育及应急训练这四个方面着手进行系统的危机公关。

总结 >

关键术语

公共关系
Public Relations

学校公共关系
School Public Relations

公共关系策划
Public Relations Scheming

公共关系调查研究
Public Relations Research

公共关系人员
Public Relations Officer

学校危机事件
School Crisis

章节链接

本章从理论与实践相结合的角度介绍了学校公共关系的管理，尤为关注学校危机事件的处理。良好的学校公共关系有助于提升学校品牌和形象，与本书第九章第三节内容密切相关。同时，学校危机管理要求培养一批高素养的专业人员，这一知识点与第三章"学校人力资源开发与管理"紧密相关。

应用 >

批判性思考 ::

有些校长认为，学校属于非营利机构，学校的主要任务在于教书育人，学校公共关系部门以及人员的设置、学校公共关系管理都是不必要的，且浪费人力、物力。也有一些校长持有另一种观点，认为在多元化办学体制运行下，学校应该处理好与公众之间的关系，树立学校的良好形象，使学校获得社会各界的支持，促进学校的发展。

对此，你怎么看？说说理由。

体验练习 ::

深入某所学校进行为期至少一个月的观察、访谈和问卷调查，在对学校基本情况进行了解和把握的基础上，设计一份"学校公共关系实施具体方案"。

案例研究 ::

学校里中毒事件如何处理？①

×市某职业技术学校发生36名学生食物中毒事件，事发后学校竟将情况瞒而不报。×市卫生执法人员接到群众举报后立即前往调查。经调查发现，这所创办于2001年的学校，在校师生有800多人。因食物中毒而发病的学生的主要症状是腹泻、阵发性腹痛，并伴有恶心、头痛、头晕等状况，经初步诊断为细菌性食物中毒。

×市卫生局工作人员在现场检查中发现，这所学校第一、第二食堂均未办理卫生许可证，在岗从业人员均无健康证。场所卫生条件差，墙裙、窗户、天花板发霉发黑，积满油垢，有鼠迹和大量苍蝇。食堂无"三防"设施，无排气排烟、餐具消毒、保洁等卫生设施。厨房内粗加工、洗涤、售菜等场所混用，厨房内食品容器及蔬菜直接落地，且还存有个人生活用品。

思考题：

1. 学校瞒而不报的处理方式正确吗？

2. 如果你是学校的管理者，中毒事件发生以后会怎么处理？

---

① 承正义. 学校呼唤危机管理——由几个案例谈开去 [J]. 教育科学研究，2004（8）：23-25.

管理一线纪事

本学期刚开学，主任就接到了教育局的电话，说有家长打"12345"举报了学校。经过仔细了解才知道，原来是因为五年级 3 班班主任的问题。学校在新的学期将美术老师安排为 3 班新的班主任，学生家长对此产生了不满，一气之下将此事投诉至"12345"。主任就此事与 3 班的家长进行了面对面的沟通，家长始终坚持要求将美术老师撤下来，换回主科老师当班主任。就此事，学校与家长始终没有达成共识。

请问：

1. 你如何看待学校与家长之间的关系？

2. 你认为学校要如何处理这一事件呢？

拓展 >

补充读物

1 宋维红 . 学校公共关系理论与实践 [M]. 北京：中央编译出版社，2007.

　　本书集中介绍了学校公共关系的特点、学校公共关系的操作方法以及学校公共关系涉及的一些专题，如家校合作和社会赞助等。其中第一章、第四章、第五章和第十一章与本章内容联系紧密。

2 张东娇 . 学校公共关系管理 [M]. 北京：北京师范大学出版社，2012.

　　本书主要从管理的视角深入探讨学校内外部公共关系处理，第一章概述了学校公共关系的本质、特点、模式和学科基础，第二章和第五章分别研究了学校公共关系管理流程和学校危机管理。

本章概述

　　本章主要讲述学校品牌的创建与管理。第一节从符号、品质、关系、资产等视角界定了品牌是什么。第二节进一步论述了学校品牌的含义与特性，通过形象的"冰山之喻"，解析了学校品牌的三重因素。第三节提出了创建学校品牌的若干思路和操作策略。创建学校品牌应明确学校品牌战略定位，营建学校品牌形象识别系统，做好品牌传播、推广、维护工作。

结构图

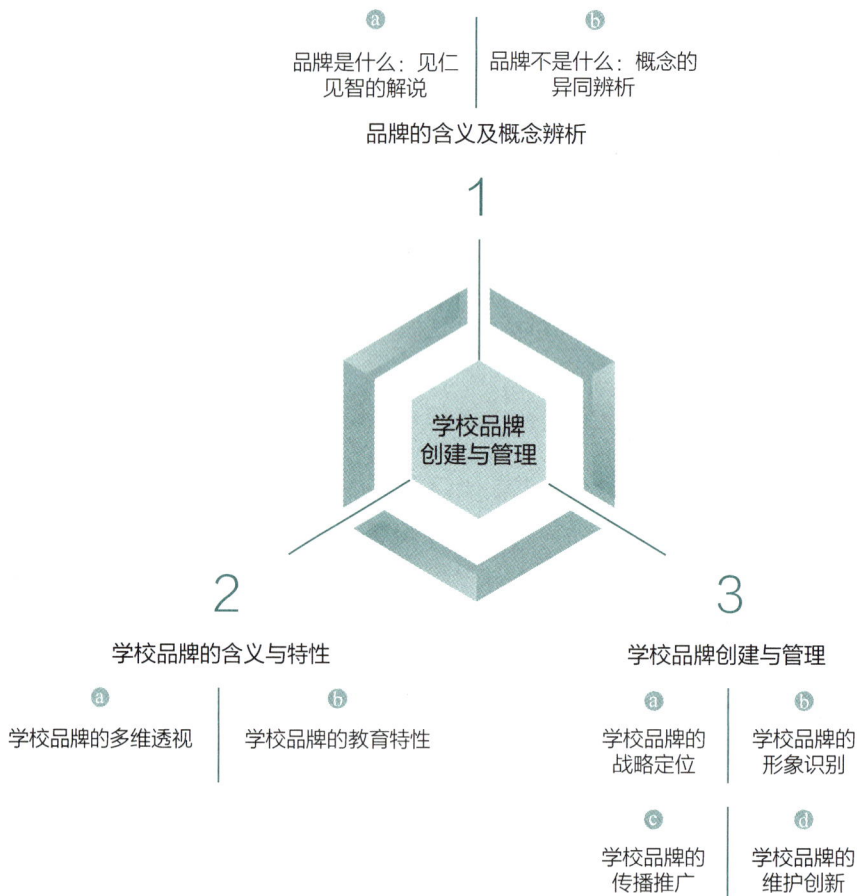

ⓐ 品牌是什么：见仁见智的解说　**ⓑ** 品牌不是什么：概念的异同辨析

品牌的含义及概念辨析

1

学校品牌创建与管理

2 学校品牌的含义与特性

ⓐ 学校品牌的多维透视　**ⓑ** 学校品牌的教育特性

3 学校品牌创建与管理

ⓐ 学校品牌的战略定位　**ⓑ** 学校品牌的形象识别

ⓒ 学校品牌的传播推广　**ⓓ** 学校品牌的维护创新

学完本章，你应该能够做到：

1．了解品牌的现象与本质。

2．理解学校品牌的存在形态与教育特性。

3．掌握创建学校品牌的思路和策略。

学习目标

读前反思

1．为什么择校现象屡禁不止且愈演愈烈？

2．学校之间的竞争逐步演变成了一种什么样的竞争？

3．如何理解品牌？学校品牌的特性是什么？如何创建学校品牌？

学校品牌是一种教育现象，是学校教育发展到一定阶段的产物。在封建专制时代，教育资源被高度垄断，官办学校没有生存压力，也就不会产生品牌意识。私立学校产生了，彼此之间的办学条件和质量水平有了差别，学校之间的竞争产生了，学校品牌的萌芽也就随之出现了。时代发展到今天，教育越来越显示出它在国民经济和人的发展过程中的重要地位和作用。人们对优质教育的需求越来越强，而且也具有了选择"好学校"的机会、权利和能力。我们可以看到，学校硬件的影响力是有限的，而品牌形象越来越吸引着学生、家长和社会公众的目光。学校之间的竞争逐步演变为一种品牌形象的竞争。在学校的经营管理过程中，独特鲜明的品牌形象就是办学质量的符号，就是学校传递给教育消费者的"感觉"。创建学校品牌，不是某个人的一厢情愿和异想天开，而是已经成为一种共识和一种趋势，不是要不要和行不行的问题，而是如何认识和如何操作的问题。

第一节
品牌的含义及概念辨析

🎯 **学习目标**

了解品牌的现象与本质。

对于"品牌"，在东西方的经济发展历史中都能找到源头。英语"brand"品牌一词源于古挪威语"brandr"，意思为"打上烙印"，用以区分不同生产者的产品或劳务。早期意大利威尼斯的金银匠在器皿上铭刻自己的姓氏，以证明产品的真实性和可靠性，后来逐步演化成商品贸易时打在外包装上的印记。这些其实就是一种原始的品牌意识。然而，对品牌和学校品牌的理论研究却是 20 世纪中后期才开始的。

一、品牌是什么：见仁见智的解说

20 世纪 50 年代，美国的大卫·奥格威第一次提出品牌的概念；而在中国，直到 90 年代才有学者开始系统地研究品牌并界定这个概念。翻开关于"营销""广告""品牌"等方面的辞典、著作以及论文，有关"品牌"的定义可谓众说纷纭，仁者见仁，智者见智。

名家语录

品牌是一种错综复杂的象征——它是产品属性、名称、包装、价格、历史声誉、广告方式的无形总和，品牌同时也因消费者对其使用的印象以及自身的经验而有所界定。

——大卫·奥格威

（一）符号说：从品牌外在的名称和标识的角度界定品牌

品牌之所以能够被识别，首先是因为它具有其特定的名称与标识，这是品牌存在的前提条件。有些学者强调品牌的识别功能，从最直观、最外在的表现出发，将品牌看作一种标榜个性，区别其他的特殊符号。他们往往从这个角度界定品牌。

菲利普·科特勒认为："品牌是一个名称、名词、标记、符号、设计或是它们的组合运用，其目的是借以辨认某个销售者或某群销售者的产品或劳务，并使之同竞争对手的产品或服务区分开来。"[1]

屈云波认为："品牌包括品牌名称和品牌标志两个部分。品牌名称是指品牌中可用语言称谓表达的部分，包含文字、字母和数字；品牌标志是品牌中可以识别但不能用口语发音表达的部分，包括符号、设计样式、特殊颜色或字体。"[2]

林俊明认为："品牌是一个名称、名词、符号、象征、设计或其组合，其作用在于区别产品或服务。对一个消费者而言，品牌标志表明产品的来源，并且它同时保护了厂商和消费者的利益，可以防止竞争对手模仿。"[3]

韩光军认为："品牌是指能够体现产品个性，将不同区别开来的特定名称、标志物、标志色、标志字以及标志性包装等的综合体……它是消费者记忆商品的工具，是有利于消费者回忆的媒介。"[4]

薛可认为，用"设计、注册、个性、信心、识别"五大要素构建一个一体化模型，方为完整的品牌定义。因此，品牌可表述为："是经过设计和注册，显示产品个性和受众信心的识别系统。"[5]

在信息充分涌流的"注意力经济"时代，能否吸引顾客的"眼球"关乎企业的生死存亡。从"卖方市场"到"买方市场"，企业的命运决定于顾客的选择。消费者对一个品牌的

① 菲利普·科特勒. 营销管理——分析、计划与管理［M］. 梅汝和，梅清豪，张桁，译. 上海：上海人民出版社，1996：164-313.
② 屈云波. 品牌营销［M］. 北京：企业管理出版社，1996：67.
③ 转引自何佳讯. 品牌形象策划［M］. 上海：复旦大学出版社，2000：69.
④ 转引自陈云岗. 品牌批判［M］. 广州：广州出版社，1999：30.
⑤ 薛可. 品牌扩张：延伸与创新［M］. 北京：北京大学出版社，2004：8.

认识往往是从视觉或听觉开始的。一个成功的符号，能够整合和强化对一个品牌的认同，成为消费者记忆商品的工具。品牌的名称和标识如果能够引起消费者长久而密切的关注，那将产生巨大的威力，如麦当劳那金黄色的拱门、微软那充满动感的视窗，长期以来带给消费者的强烈视觉冲击，已经潜移默化成为其品牌密不可分的一部分。

（二）品质说：从品牌内在的功能和价值的角度界定品牌

品牌的"品"字意味深长，内涵非常丰富，它包含"品质、品行、品性、品格、品德"等多种含义，体现了产品的质量水准、风格特色和服务意识，体现了经营者的社会责任、价值取向、精神追求等方面的内容。有些学者正是从这个角度界定品牌的。

约翰·菲利普·琼斯认为：品牌是能为顾客提供值得购买的功能利益或附加值的产品。在她的调查中，90%的人都认为附加值在购买决策因素中起着重要的作用。[①]

斯科特·贝德伯里曾担任过星巴克高级营销副总裁和耐克广告主管，在他看来，星巴克所做的已经超越了单纯的咖啡杯，超越了咖啡的物理领域。星巴克品牌的核心识别与其说是生产一杯伟大的咖啡，不如说是提供一次伟大的咖啡体验，一种"咖啡格式塔"，一种"介于家与办公室之间的第三空间"。耐克的广告语"Just Do It"，不是关于运动鞋的，而是有关价值的；不是关于产品的，而是有关品牌个性的。[②]

莱斯利·德·彻纳东尼认为："一个成功的品牌是一个可辨认的产品、服务、个人或场所，以某种方式增加自身的意义，使得买方或用户觉察到相关的、独特的、可持续的附加价值，这些附加值最可能满足他们的需要。"[③]

张锐等人认为：品牌是消费者如何感受一个产品，它代表消费者在其生活中对产品与服务的感受而滋生的信任与意义的总和。品牌的发展是因为品牌具有一组能满足顾客理性和情感需要的价值。品牌的创建要超越功能主义，注重开发一种个性价值。

品牌文化中的社会责任、精神追求和价值取向使得它成为沟通内部员工和外部消费者的纽带。当一种品牌文化被特定的群体认同之后，它就会以一种"润物细无声"的方式来沟通人们的思想，使之产生对品牌的认同感，从而形成强大的凝聚力量，使"品牌张力"不断放大。诺基亚的"科技以人为本"，飞利浦的"Let's make things better!"，海尔的"真诚到永远"，联想的"致力于客户的满意与成功"，这种强烈的心理暗示使人们不知不觉地选择它、靠拢它，形成恒久的品牌忠诚度。

---

① 约翰·菲利普·琼斯. 广告与品牌策划 [M]. 孙连勇，李树荣，等译. 北京：机械工业出版社，1999：38.

② 斯科特·贝德伯里，斯蒂芬·芬尼契尔. 品牌新世界 [M]. 苑爱玲，译. 北京：中信出版社，沈阳：辽宁教育出版社，2004：49-50，39-40.

③ 莱斯利·德·彻纳东尼. 品牌致胜：从品牌展望到品牌评估 [M]. 蔡晓煦，段瑶，徐蓉蓉，译. 北京：中信出版社，2002：11.

（三）关系说：从消费者认知的角度界定品牌

品牌是一种基于被消费者认可而形成的资产。没有消费者就没有品牌。这种资产必须置于市场之中，获得市场的认可，才能发挥作用。品牌的"品"由三个"口"组成，既可能形成"有口皆碑"的局面，也可能造成"众口铄金"的下场。一项产品能否称得上知名品牌，是大家说了算的。品牌价值是抵押在消费信任基础之上的，其实际价值应当是品牌评估价值与消费者信任之乘积，若后者为零，前者数额再大也无济于事。有些学者正是从这个角度界定品牌的。

余明阳等人认为："品牌是在营销或传播过程中形成的，用以将产品与消费者等关系利益团体联系起来，并带来新价值的一种媒体。"①

大卫·艾克认为："品牌就是产品、符号、人、企业与消费者之间的联结和沟通。也就是说，品牌是一个全方位的架构，牵涉到消费者与品牌沟通的方方面面，并且品牌更多地被视为一种'体验'，一种消费者能亲身参与的更深层次的关系，一种与消费者进行理性和感性互动的总和，若不能与消费者结成亲密关系，产品就会从根本上丧失被称为品牌的资格。"②

梁中国认为："品牌是凝聚企业所有要素的载体，是受众在各种相关信息综合性的影响作用下，对事或物形成的概念与印象，它包括产品质量、附加值、历史以及消费者的判断。在品牌消费时代，赢得消费者的心远比生产本身重要，品牌形象远比产品和服务重要。"③

苏晓东、郭肖华、洪瑞昇等人认为："品牌是一种复杂的关系符号。它包含产品、消费者与企业三者关系之间的总和。品牌是这三种关系属性在一定时期的商业整合与互动过程中所形成的相对统一的符号化的关系模式，并为三者创造和带来价值的一种商业行为。品牌最根本要素是人。"④

品牌是在市场中成长起来的，是消费者认可的结果，没有消费者就没有品牌。这种鱼与水的互动关系，使得品牌要以顾客为上帝，以市场为先导。也正因为如此，要创建一个品牌，就要针对特定的消费群体，表达一种生活态度，引导一种消费观念，积极培育市场。品牌是在引导消费和培育市场的过程中建立起来的。未来企业应该是品牌驱动性企业。

（四）资产说：从经营者运作的角度界定品牌

"品牌资产"是 20 世纪 80 年代在营销研究和实践领域出现的一个重要概念。20 世纪 90

---

① 余明阳，等．品牌学［M］．合肥：安徽人民出版社，2002：7．
② D Aaker. Building Strong Brands［M］. New York：Free Press, 1996：25.
③ 刘凤军．品牌运营论［M］．北京：经济科学出版社，2000：1．
④ 苏晓东，郭肖华，洪瑞昇．720°品牌管理：概念与运用［M］．北京：中信出版社，2002：1．

年代以后，特别是 Aaker 的著作 *Managing Brand Equity：Capitalizing on the Value of a Brand Name* 于 1991 年出版之后，品牌资产就成为营销研究的热点问题。有些学者正是从这个角度界定品牌的。

有人认为：通常按经济学术语的定义来说，品牌资产是一种超越生产、商品及所有有形资产以外的价值。品牌资产可视为将商品或服务冠上品牌后，所产生的额外进账。品牌带来的好处，是可以预期未来的进账远远超过推出具有竞争力的其他品牌所需要扩充的资本。从或许不尽周全，但实用的角度来看，品牌资产是同样的商品或服务，因为挂上了品牌，而让消费者愿意付出更高一些的价钱。

也有人认为：品牌就是个名字，而"品牌资产"则是这个名字的价值。有时，一些企业为了建立品牌影响力，不惜出资几十亿甚至几百亿美元收购某一公司，其目的就是要得到这家公司或产品的"名字"（牌子），进而为自己增值。

黄合水和彭聃龄在分析了众多品牌资产定义的基础上，指出：品牌资产有三个主要特点：第一，品牌资产是一种无形的东西。品牌资产不是物体，而是一个条件，像温度和湿度一样；第二，品牌资产是由品牌名字带来的，品牌名字是一个公司拥有的最重要的资产；第三，品牌对公司的价值是通过品牌对消费者的影响产生的。鉴于品牌资产定义的这些共同点，他们认为，品牌资产就是消费者关于品牌的知识。[①]

品牌是企业内在属性在外部环境中创造出来的一种资源。它会渗透人心，因而形成不可泯灭的无形资产，可以给企业带来无穷的财富。在市场营销过程中，一种产品或服务因其品牌名称不同而产生不同的结果。有资料显示：一件同类的具有知名品牌的产品往往要比没有品牌的产品贵 15%~30%，其销量前者是后者的 2~3 倍。[②] 可口可乐公司的一位经理曾经骄傲地说：我们卖的是水，但顾客买的是品牌。即使可口可乐在全世界的厂房一夜之间化为灰烬，我们也不用担忧，无数的银行会争相贷款给我们，因为他们相信投资可口可乐一定会有丰厚的回报。"〽"，这个简洁明快、充满动感的符号，连学生都会用。耐克公司从 1972 年起把它注册为品牌标识，并不断注入主动进取、生气勃勃的体育精神和时代内涵，使它产生了巨大的品牌资产价值。从 20 世纪 80 年代初开始，耐克产品的销售量就以每年递增 2~3 倍的速度增长，1976 年 1 400 万美元，1998 年 96 亿美元。2023 年全球最具价值运动服饰品牌 10 强榜单，耐克蝉联"全球最具价值运动品牌"，其品牌价值为 467.58 亿美元。[③]

---

① 黄合水，彭聃龄. 论品牌资产——一种认知的观点 [J]. 心理科学进展，2002（3）：350-359.

② 叶明海. 品牌创新与品牌营销 [M]. 石家庄：河北人民出版社，2001：21.

③ 2023 全球最具价值运动服饰品牌排行榜前十 [EB/OL]. （2023-06-21）[2024-03-15] https://www.10guoying.com/bangdan/10293.html.

二、品牌不是什么：概念的异同辨析

前面分析了"品牌是什么"，这里再分析"品牌不是什么"。通过比较"品牌与产品""品牌与名牌""品牌与商标"的异同，我们可以进一步认识品牌。

（一）品牌不等于产品

品牌包含产品，产品表现品牌。产品是品牌的载体，但不是品牌本身。一个品牌的名下至少有一个产品甚至多个产品，但一个产品却未必能够成为一个品牌。产品是工厂生产出来的东西，品牌是消费者带来的东西；产品可以被竞争者模仿，品牌是独一无二的；产品极易过时落伍，而成功的品牌却能够常盛不衰。产品是具体的，而品牌是抽象的，它存在于消费者的意识中。产品是通过某种特定功能来满足消费者的需求，而品牌则是消费者在使用了产品后所产生的一种认知。品牌作为一种无形资产，即使其物质载体消失了，还可以凭借其在市场中的影响力，一样可以重振旗鼓。

（二）品牌不等于名牌

名牌并无准确的概念，但名牌一定是有一定知名度和美誉度的品牌，名牌代表着优良品质，但名牌并不代表高价位，它可以是高质高价，高质中价，甚至高质低价。名牌是有时效性的，昨日的名牌未必是今日的名牌。"秦池酒""爱多 VCD"曾经登上中央电视台黄金段位广告"标王"宝座，如今早已销声匿迹。所以，品牌可以转化为名牌，名牌若不注意宣传或经营不当就会失去名牌效应，甚至消失。

在品牌的知名度、美誉度与忠诚度三个向度之中，知名度只是其中之一。一个品牌的知名度可能很高，也可能不高，而且是变动和发展的。在理想状态下，名牌应该是得到社会公众充分认可的著名品牌，应该是具有极大市场影响力的强势品牌，应该是知名度、美誉度与忠诚度三个向度完美统一的品牌。知名度不是品牌的全部，拥有高知名度的品牌并不等于强势品牌。知名度并不能完全支撑起品牌的价值和营销力。知名度越高，品牌就越"脆弱"。"众目睽睽"之下，稍有闪失，就会影响巨大，可能导致"臭名远扬"，从此一蹶不振。因此，品牌的知名度并不是越高越好，它要与美誉度和忠诚度相匹配才好。

（三）品牌不等于商标

商标是被卖方所采用且被法律保护的一个标示，从这个意义上讲，商标是一个法律术语，是国家权力机关授予生产经营单位从事某种活动的权力。而品牌更多的是一个管理（或营销活动）中的概念，它包含商标，商标只是品牌要素中的显性成分，而不是全部。

商标是产品文字名称、图案记号，或两者相结合的一种设计，经向有关部门注册登记后，经批准享有其专用权的标志。商标一经商标局核准即为注册商标，商标注册人享有商标专用权，受法律保护。假冒商标、仿冒商标、抢先注册都构成商标的侵权。商标与品牌都是无形资产，都有一定专有性，其目的都是为了区别于竞争者，有助于消费者识别。品牌不是通过注册而形成的，而是在市场打拼过程中与消费者互动而形成的。商标一般都要注册（我国也有未注册商标），它是受法律保护的。品牌是一种"购买偏好"，是消费者"给予"的，而商标是一种"产品标记"，是国家授权机关依法"登记"的。

🔍 案例

三年培育与认定 100 所品牌学校①

2018 年 10 月，为了满足人民群众对优质教育资源供给的需求，东莞市教育局决定，在三年内，通过合作共建机制，实现以强带弱，积极培育和认定 100 所办学理念先进、办学特色鲜明、办学成效突出和社会口碑良好的品牌学校。

在坚持科学性、独特性、稳定性和发展性原则的基础上，市教育局拟订了"工作推进方案"。方案要求建立市、镇（街道）两级"品牌学校培育"组织机构，包括领导小组和工作小组，确保该项工作领导主抓、专人负责。

方案要求，凡参加品牌学校培育的中小学校，都需认真编制《品牌学校培育实施方案》。"实施方案"的内容包括：1. 培育目标（应明确、具体、科学，具备可行性和可比性）。2. 培育措施（应包括设施配备、队伍发展、学生培养、课程建设、科研引领、品牌宣传等方面内容）。3. 组织保障（应包括学校品牌学校培育工作组织结构、管理机制等方面内容）。4. 经费预算及使用计划（应包括项目投入总额、资金的经费支出计划，要列出详细的子项和预计金额）。"实施方案"作为学校申报品牌学校培育对象重要材料，也是市教育局遴选品牌学校培育对象的重要参考依据。

同时，东莞市教育局也通过一系列措施，引导相关学校进一步明确品牌学校培育工作的重要性。对之前有理念也有做法的学校，引导其加强总结和提炼；对有理念但无落实的学校，鼓励其深化认识主动落实；对无理念也无做法的学校，帮助其明确办学理念，并指导其贯彻落实。

在自愿申报、资料审查和现场考察的基础上，坚持公开、公平、公正的原则，截至2021 年 11 月，东莞已分三批认定品牌学校共计 120 所。

近年来，一些地方教育行政部门采取有力措施，积极推动品牌学校的培育与评估。有人认为，这些措施极大地推动了学校内涵建设，促进了学校发展。也有人认为，学校品牌建设

---

① 资料来源：东莞市教育局（https：//edu.dg.gov.cn/）。

不是一蹴而就的，限定培育时间且由官方认定不合适。

对此，你有什么看法？

第二节
学校品牌的含义与特性

学习目标

理解学校品牌的存在形态与教育特性。

组织和产品是品牌的基本载体，一个品牌的背后必定有相对应的组织和产品。组织包括营利性组织（如企业）和非营利性组织（如学校），产品包括有形的（如汽车、衣服、饮料等）和无形的（如劳务、课程、信息等）。在信息高度发达的现代社会，很多内容和形式已经被"符号化"了，或者说被"品牌化"了。因此，"品牌"并非一个纯粹的商业概念。品牌作为一种"消费印象"和"购买偏好"，它涉及的领域非常广泛，比如选择到哪个城市投资；选择到哪一家医院就医；选择到哪一所学校上学；等等。这实际上也是在选择一种品牌：城市品牌、医院品牌、学校品牌。

学校，不管是公办学校还是民办学校，要想在激烈的竞争中求得生存和发展，就不能不关注品牌问题。然而，"品牌"，作为一个经济学的概念，它能否适用于教育领域？如何理解学校品牌？与商业品牌相比，学校品牌的独特性是什么？这是学校品牌研究的"出生证"，是学校品牌理论大厦的"奠基石"。

一、学校品牌的多维透视

查阅有关品牌方面的辞典、著作以及论文，有关商业品牌的定义很多，而有关学校品牌的定义很少。综合各类研究，可以从以下几个角度分析学校品牌。

（一）学校品牌的显性因素

学校品牌的显性因素是指人们可以通过耳闻目睹感受到的东西，如学校名称、学校标识、学校色彩及校园整体视觉环境等识别符号。任何一个品牌都具有其特定的识别符号，这是品牌必不可少的组成部分。品牌之所以成为品牌并能够被记忆和区分，首先是因为它具有独特的识别符号。一个富有个性的识别符号，能够整合和强化人们对一个品牌的认同，成为人们记忆品牌的工具。当人们感知到某种特定的符号时，就会产生相关的"品牌联想"，如当某个人看到或听到"北京大学"这四个字时，他可能会想起蔡元培先生，想起五四运动或者其他。人们对品牌的认知程度不同，所产生的"品牌联想"也就不同。从显性的层次看，品牌是一种名称、标志及其组合运用，一种显示产品个性并与其他产品区分开来的识别系统。

学校的名称和标志是学校品牌最重要的识别符号。有关研究表明，在人们头脑中的品牌认知是一个"网络结构"，其核心是品牌名称，围绕着它的是人们所形成的诸多"概念节点"。因此，经过长期的接触和品牌经验后，人们一看到特定的品牌名称和标志，就会激起这个以品牌名称为核心的"记忆结构"，唤起关于该品牌的各方面的联想。① 品牌名称是指品牌中可用语言称谓表达的部分，包含文字、字母和数字；品牌标志是品牌中可以识别但不能用口语发音表达的部分。② 一所学校的名称和标志的背后可能隐含着很多动人的品牌故事。名校之"名"是一代又一代师生员工用智慧和汗水写就的。精心设计学校名称和标志，并依法登记注册，重视校名校史教育，是创建学校品牌的基础工作之一。

（二）学校品牌的隐性因素

学校品牌的隐性因素是指学校的内在品质与文化底蕴。文化是品牌的灵魂，品牌是文化的载体。文化与品牌的结合是灵与肉的结合。学校文化丰富了学校品牌的内涵，学校品牌展现了学校文化的魅力。成功的品牌之所以成功，不仅仅是因为其功能效用和视觉感受，而更多的是因为所蕴含的价值取向契合了消费者的心理需求。当人们想起南开中学时，几乎都不会忘记张伯苓先生和他题写的著名校训"允公允能，日新月异"；当人们想起清华大学时，几乎都会想起梅贻琦先生，想起"厚德载物，自强不息"……所以，一所称得上知名品牌的学校，一定具有其特定文化内涵。这种文化特质，对内作为学校品牌的内核与灵魂，能够起到凝聚人心，构筑学校精神的作用；对外作为一种"品牌承诺""品牌主张"，能够起到传播推广，寻求价值认同的作用，它是人们认识、辨别学校品牌个性的"一面旗帜"。

学校从事的是一种"人培养人"的活动。这种"精神生产"不是按照设定的程序去生产相同规格的部件，而是在特定的文化氛围中熏陶逐渐"养成"的。人是文化的人，文化总是以一种"润物细无声"的方式影响着人的成长。一个缺乏文化底蕴和核心价值的学校品牌，是没有生命活力的，是难以感动心灵的。品牌文化中的社会责任、精神追求和价值取向则是沟通内部师生员工和外部公众的无形纽带。当一种学校品牌文化被认同之后，它就会以一种独特的方式来沟通人们的思想，产生对学校品牌的认同感，从而形成强大的凝聚力量，使"品牌张力"不断放大。所以，学校的"牌子"要想得到公众的认可，就必须有"文化品位"。

---

① 黄合水，彭聃龄. 论品牌资产——一种认知的观点 [J]. 心理科学进展，2002（3）：350-359.
② 屈云波. 品牌营销 [M]. 北京：企业管理出版社，1996：67.

（三）学校品牌的互动因素

学校品牌的互动因素是指学校品牌的"口碑"，即公众对学校的一种"印象与评价"。一所学校能否成为一个品牌，不是由学校自己说了算的，而是由公众决定的。学校公众是指与学校相互联系、相互影响的个人、群体或组织的总和。公众可以分为内部公众和外部公众。学校内部公众主要是指师生员工，而外部公众则主要是指与学校有关的社会各界人士，包括上级领导、学生家长、历届校友、社区人士、友邻单位、兄弟学校、专家学者、新闻媒介等，他们与学校有着千丝万缕的联系，学校品牌正是基于他们的认可（认同）才形成的一种无形资产。

"品牌资产是品牌与消费者的一种关系状态。"① 这种"关系状态"存在于学校与社会的人际网络之中，需要通过了解、沟通、对话、交往等形式来积累。有形资产因使用而损耗，而无形资产则恰恰相反：它会因不用而枯竭，因使用而增值。在今天这样一个时代里，学校不再是孤立的行动个体，而是整个社会网络中的一个"节点"和"知识源"。学校组织是一个保有自身边界的开放系统，它需要不断地与外界交换物质与能量，获得赖以生存和发展的资源。善于通过这些关联获取学校发展所需要的资源是一种"学校能力"。② 任何一所学校都有自己特定的目标公众和人际资源，挖掘、盘活和利用好这些资源，有利于优化和拓展学校生存和发展的空间，为学校赢得更多的发展机遇。要做到这一点，一方面，学校的教育教学质量要高，校风校纪要好；另一方面，要始终保持与公众的互动交流。学校的办学主张、发展规划、改革举措，需要得到公众的理解和支持，而公众对学校的感受、评价、建议，是学校品牌建设的重要决策依据。学校品牌就像是在公众的大海中航行的一叶小舟，"水能载舟，亦能覆舟"。缺少了与公众的互动和交流，得不到公众的理解和支持，创建学校品牌将无从谈起。

综上所述，笔者认为，学校品牌是一所学校在长期的教育实践过程中逐步形成并为公众认可、具有特定文化底蕴和识别符号的一种无形资产。如果把学校品牌喻为一座"冰山"，那么，显性的"识别符号"就像浮在水面的"冰山之尖"，隐性的"文化底蕴"就像藏于水底的"冰山之基"，而"公众认可"

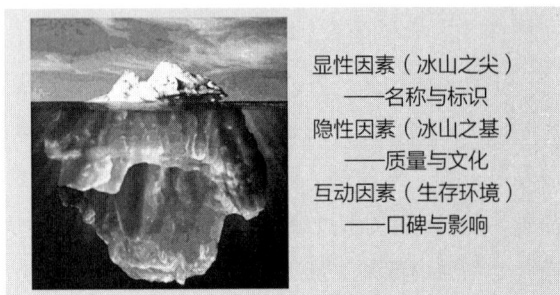

显性因素（冰山之尖）
——名称与标识
隐性因素（冰山之基）
——质量与文化
互动因素（生存环境）
——口碑与影响

图 9-1　学校品牌的冰山之喻

则是这座"冰山"的"生存环境"。三者彼此依存并有机结合，学校品牌这座"冰山"就

---

① 卢泰宏. 品牌资产评估的模型与方法 [J]. 中山大学学报（社会科学版），2002（3）：88-96.
② 庄西真. 学校社会资本论 [J]. 教育研究与实验，2004（3）：15-19.

形成了，"无形资产"也就累积起来了（见图9-1）。

二、学校品牌的教育特性

学校作为一个社会组织，不同于工厂、医院、商场、政府等其他任何一种社会组织，它从事的是一种"通过人培养人"的活动。因此，离开了人和人的培养，谈论学校品牌是没有意义的。这是学校品牌区别于其他品牌的本质所在，正是因为这一点铸就了学校品牌的"教育性格"。

（一）学校品牌是一种以人为目的的品牌

企业创建品牌的目的是卖产品，追求利润最大化，从而在竞争中立于不败之地。学校则不然，学校创建品牌的目的不是为了卖产品，不是为了增加利润，而是为了培养人。学校是一个"人-人"系统，而不是一个"人-物"系统，它的一切工作都是为了"培养人"而展开的。"育人"是学校的根本职能，因此，学校品牌必然是以育人为目的的品牌。倡导学校品牌不是倡导"教育产业化"，不是要去追逐学校的"名利双收"而使得教育"目中无人"，而是要关注每一位师生的"生存状态"，为儿童建构"可能生活"[①]，为"人的全面发展"[②]（完整的、和谐的、多维的、自由的）创造条件。"育人"是衡量学校品牌的首要尺度。只有以育人为目的的品牌，才是符合"教育本性"的品牌，才能称之为真正意义上的学校品牌。

（二）学校品牌是一种以人为载体的品牌

任何一个品牌都有相应的产品或服务作为载体，如海尔品牌的载体是各种家用电器，可口可乐品牌的载体是各种饮料产品。学校品牌的载体与商业品牌的载体很不一样。学校是通过培养学生为社会服务的，学生不仅是这种服务的直接"消费者"和"评判者"，更是这种服务质量高低的"承载者"和"体现者"，是在这种服务中"不断发展和成长"的人。从这个意义上说，学生（包括在校学生和历届校友）是学校品牌最重要的载体。因此，学生品牌形象是学校品牌形象最生动、最直接的体现，学校品牌形象的最终检验是对人才培养质量的检验。当然，学校中的"人"，不仅仅包括学生，还包括校长和教师。校长是学校品牌形象的代言人和设计师。有些时候，正是校长的教育理想和人格魅力成就了一所学校的品牌。蔡元培之于北京大学、竺可桢之于浙江大学、陶行知之于晓庄师范，不正是这样的吗？杰出的学生是由杰出的校长带领一批杰出的教师培养出来的。梅贻琦先生说得好，所谓大学

---

① 瞿天山.教育：为儿童建构"可能生活"[J].教育研究与实验，2001（2）：15-18.
② 扈中平."人的全面发展"内涵新析[J].教育研究，2005（5）：3-8.

者，非有大楼之谓也，有大师之谓也。名校培养名师，名师造就名校。谁拥有高质量的师资队伍谁就拥有高质量的教育。所以，德高望重的校长和学识渊博的教师，是学校品牌形象最显著的标识，也是创建学校品牌的根本保证。

（三）学校品牌是一种以课程为核心的品牌

学校是一个"人–人"系统，是一种"通过人培养人"的社会组织，而连接"人"（教育者）与"人"（受教育者）的"中介"就是课程，这是学校作为一个社会组织所特有的现象。工厂制造物品靠的是设施设备，医院救死扶伤靠的是药物或手术，而学校，也只有学校，要完成培养人的任务，则是通过实施课程来进行的。什么样的课程造就什么样的人才。所以，观察学校品牌，课程是一个非常重要的因素。例如，清华大学的土木工程、厦门大学的高等教育、北京新东方学校的英语培训，正是这些"品牌课程"，使得这些学校声名卓著，影响深远。当然，学校的课程不仅仅是指这些学科课程，也包括环境课程（如北京大学的"一塔湖图"、深圳市西乡中学的"大榕树文化场"、成都草堂学校的"诗意的方向，最好的自我"等），还包括活动课程（如剑桥大学和牛津大学每年一度的划船比赛及培正系列的中学每年校庆日举行的"加冕仪式"和"薪火相传"等）。学校品牌有一个核心竞争力，这个竞争力在哪里？其实关键就在于学校的课程。如果一所学校有了知名的品牌教师和品牌课程，学校的教学质量就会高，科研成果就会多，校风校纪就会好，人才培养的质量上去了，学校整体的品牌形象在公众的心目中就会得到充分的认可。

（四）学校品牌是一种以未来为指向的品牌

教育评价的"迟效性"决定了学校品牌的"未来指向"。育人是一项具有综合性、复杂性和长效性的工作，它不是短期内可以准确评量的。学校给予学生的不能仅仅是分数。学生在学校的应"试"能力很重要，但走上社会的应"世"能力将更重要。教育要为未来生活做准备，"面向未来"是教育与生俱来的一种"天然性格"。因而，教育必须是面向现在同时又面向未来。教育既要立足于今天，又要为学生"预备将来的生活，不是很远的生活，是一步步过去的生活，步步都是生活，步步都是预备"[①]。所以，评价学校品牌，升学指标可以作为指标之一，但不是核心指标，更不是唯一指标。一所能够称之为知名品牌的学校，应该是那些能够为学生一生的幸福奠定基础的学校，是那些能够不断激励人生和始终让人引以为豪的学校，是那些能够让人拥有美好回忆和充满精彩故事的学校。

教育的"文化性格"也决定了学校品牌的"未来指向"。商业品牌凭借过硬的技术、准确的定位和有效的传播，可以很快地发展起来，甚至一夜成名，学校品牌则不行。学校品牌是具有深厚文化底蕴的品牌，而文化是难以速成的。教育需要"沉淀"，学校品牌需要假以

---

① 杜威. 杜威五大演讲 [M]. 胡适，口译. 合肥：安徽教育出版社，1999：121.

时日才能得到证明。世界上任何一所名校的炼成，都经过了一段漫长的岁月。豪华的校舍可以在一夜之间拔地而起，优秀的师资可以在短期内高薪聘请，考试的成绩也有可能迅速提高。唯有学校的优良传统和校风校纪必须经过长时间的磨砺才能够形成，就像陈年佳酿，要够年头才能芬芳四溢。"十年树木，百年树人"，学校品牌是"树人"的品牌。所以，学校品牌的评价不能急功近利，只有坚持科学发展观，用心做教育，学校品牌的创建才有希望获得成功。

案例

学校品牌名称的权益与维护

历时十年，广东两所学校关于"培正"商标的纠纷终于尘埃落定。昨日，广州市培正中学召开新闻发布会声明，2009 年 3 月 20 日，北京市高级人民法院做出终审判决，认定广州市培正中学对"培正"商标拥有在先权利，撤销广东培正学院（原民办培正商学院）抢先注册的"培正"商标。广州市培正中学还表示，下一步不排除用法律手段，解决培正学院使用"培正"商标的事宜。据悉，这还是国内首起教育服务商标纠纷案。

广州市培正中学是广州的百年名校之一，创办于 1889 年，历史上享有"北有南开，南有培正"之美誉，至今已有 120 年历史。广州市培正中学原校长吴琦表示，1993 年，为了完成老校长黄启明的遗愿，将"培正"打造成小学、中学、大学一条龙的教育集团，学校大力支持兴建广东培正学院（原民办培正商学院），还曾提供广州市培正中学内的 6 号楼、图书馆，给原民办培正商学院做课堂。"后来原民办培正商学院的办学规模逐渐扩大，于是迁到了花都。"吴琦回忆说，让人意外的是，1999 年，广东培正学院在没有告知广州市培正中学的情况下，在北京抢先注册了"培正"的校名、校徽，并于 2000 年 11 月获批准。

"从 1999 年开始，我们曾多次与该学院沟通，但均遭对方拒绝。"于是，穗港澳三地的培正学校校长及三地的培正同学会会长决定通过法律手段夺回"培正"商标权。2002 年 6 月，广州市培正中学向国家工商行政管理总局商标评审委员会提出撤销注册申请。

经国家工商行政管理总局商标评审委员会审理查明：1889 年，美国南方浸信会在广州成立"培正书院"。1912 年，更名为培正学校。1928 年，更名为私立广州培正中学。解放后几次改名，直到 1981 年才复名为广州市培正中学。

国家商评委还查明：广东培正学院的董事会梁尚立董事长曾任广州市培正中学董事会董事长，成立私立培正商学院的动议最初也是在培正中学董事会内议定的。国家商评委认为，一所学校的历史是其自身开展教育活动和培养人才的历史，并不会因为校名的更改或者校址的变迁而导致学校历史的变化。本案中，虽然申请人名称发生一些变化，但其中原因是历史造成的。

2007 年 8 月，国家商评委根据查明事实，做出撤销涉案广东培正学院注册争议商标的裁定。对此，广东培正学院不服，并向北京市第一中级人民法院提起行政诉讼，要求法院撤销国家工商行政管理总局商标评审委员会做出的裁定书。广东培正学院在行政起诉状提出，广州市培正中学的前身是 1962 年创建的"侨光中学"，而非"1889 年成立的培正书院"，广州市培正中学从原来的"侨光中学""人民一中""五十七中"等校名变更为现有校名，没有得到国家的正式批准。因此，广东培正学院认为自己的申请注册行为是正当合法的申请注册行为。2008 年 3 月，北京一中院判广东培正学院败诉。之后，广东培正学院上诉至北京高院，终审维持原判。①

如何理解学校品牌？从广州培正中学校名官司这一案例中，你得到的启示是什么？

第三节
学校品牌创建与管理

学习目标

掌握创建学校品牌的思路策略。

创建学校品牌是一项复杂的系统工程，涉及方方面面的因素，不是一蹴而就的。借鉴企业创建品牌的理论成果和实践经验，根据学校教育的特性和规律，我们认为，创建学校品牌应注重以下几个方面的工作。

一、学校品牌的战略定位

战略定位是创建学校品牌的首要环节。定位决定地位，思路决定出路。无论是一项产品或服务，还是一个组织或个人，若定位不当，其发展就会受到阻碍。定位，从某种意义上讲，就是企业根据实际情况，以消费者为关注焦点，塑造产品的特殊形象，寻求在市场上拥有一个特定位置。这种位置不是指产品本身，而是指产品在消费者心目中的地位。定位，就是要为品牌找到一个合适的"字眼"或"概念"嵌入消费者的心中，其精髓就在于舍弃普通平常的东西而突出富有个性特色的东西，把拥有优势发挥得淋漓尽致，就是扬己所长，走一条适合自己发展的路。

---

① 尹来，邹丽华. 广州培正中学诉回百年校名 十年纠纷尘埃落定 [EB/OL]. （2009-04-03）［2024-03-15］https://news.sohu.com/20090403/n263177759.shtml.

名家语录

战略不是能够在会议桌旁随随便便拼凑起来的东西。

——特里·哈勒

一所学校之所以能够称得上是品牌学校，首先是因为其别具一格、个性鲜明。只有个性鲜明并得到公众认可的品牌才是"真品牌"。如果"千校一貌""万生一面"，则毫无品牌可言。每一所学校都是唯一的和具体的，都有不同的文化传统和内外环境。不同的学校所具有的优势与劣势不同，所面临的机遇和挑战有异，因而所选择的创建学校品牌的突破口和侧重点也就不一样：有的学校在传承历史中超越，有的学校在反思实践中建构，有的学校在借鉴经验中创新，有的学校在验证理想中生成，有的学校在放大亮点中彰显，有的学校在革除弊端中发展……所以，每个学校都可能从某种特色切入，并且把这种特色发展为一种办学优势而最终成就品牌。不同类型、不同级别的学校应该是千姿百态、丰富多彩的，一定不能把学校品牌的样式单一化，不能把品牌的形象凝固化。

二、学校品牌的形象识别

形象识别策略源于 20 世纪 50 年代初兴起的 CIS 理论。CIS 是 Corporate Identity System 的简称，可以译为"组织识别系统"或"组织形象战略"，它是指组织为了形成并彰显其个性形象，将其所秉承的理念与行为和视觉等要素整合起来，进行统筹策划和精心设计而形成的一种具有认识和辨别功能的综合体系。CIS 使学校品牌形象具有两个鲜明的特征：一是形象的个性化和专有化。CIS 是根据学校特有的个性和内涵来设计形象要素的，它使学校形象具有鲜明的个性，与其他学校显著地区别开来。因此，CIS 设计的一整套识别要素必须是一所学校所专有的，不能与其他学校雷同或相似。二是形象的统一化和序列化。CIS 要求根据既定的形象构思和学校潜在的精神意念，将所有的形象要素有机地结合起来，按照一定的标准和规范形成系列，使学校的形象能够做到内外一致、处处统一，从不同的角度和层次输出同一形象信息，给予公众连续的、潜移默化的信息刺激，使学校的形象具有更强烈的渗透力和感染力。

完整的 CIS 包括三个子系统：理念识别系统（MIS）、行为识别系统（BIS）和视觉识别系统（VIS）。理念识别系统是 CIS 的主导要素，是构建行为识别系统和视觉识别系统的基础和依据。行为识别系统是理念识别系统的动态表达，是践行办学理念的可靠保障。视觉识别系统是理念识别系统的静态传达，也是行为识别系统的必要补充。这三个子系统相互影响和相互作用构成了一个密不可分的有机整体，学校品牌的个性形象由此得以彰显而易于识别。所以，不管是商业品牌还是学校品牌，任何一个品牌都有自己独特的形象识别系统，这是学校品牌营建的基础性工作。

三、学校品牌的传播推广

传播是学校品牌形成的必要条件，甚至可以这样说，没有传播就没有学校品牌。因为，一方面，学校品牌是一种公众认可、一种复杂的关系符号，学校与公众的互动关系已经成为一个品牌最常见的形态。现代意义的品牌，是指产品和消费者之间的全部体验。学校品牌形成的过程实际上是"消费者"不断"体验学校"的过程。而另一方面，人们每天都面临着各种资讯的重重包围和挤压，资讯的供给（生产）远远超出了资讯的需求（消费）。当资讯过剩时，注意力就变成了稀有而珍贵的资源，酒香也怕巷子深。所以，如何让公众知晓学校品牌信息就成为一个值得关注的问题。学校品牌传播就是学校通过选择运用多种沟通媒介，与相关公众分享交流信息，建立良好的互动关系状态，吸引公众注意力，以促进公众认知、体验学校的过程。

与商业品牌传播有所不同，学校品牌传播在媒体选择、内容制作、时机把握和受众分析等方面，要充分考虑到教育的特性，频繁的促销、密集的广告、过度的宣传，是不适合学校的。教育作为一种准公共产品（或服务），公众具有知情权和参与管理权。学校要善于通过文字与声像（如常用公文、图片画册、橱窗陈列等）传播媒介及时发布信息，反馈公众建议；也要善于通过人际交往（如上级领导、学生家长、历届校友、专家学者等）与相关公众进行良好的沟通和交流，以增进相互之间的理解和支持；还要善于通过策划专题活动（如家长会、周年庆典、主题活动节、学校开放日等）邀请公众亲身体验学校，展示学校品牌形象，形成良好"口碑"，以缔结品牌忠诚。总之，学校品牌传播不是一种单向的告知，不是一时一事就能够完成的，而是一种运用多种媒介与公众进行良好互动的过程。

四、学校品牌的维护创新

品牌是有生命的。在世界知名品牌排行榜上，座次年年在变。十几年前红极一时的品牌，有些早已销声匿迹了。可见，品牌管理不是一劳永逸的事。对立志创建品牌的人来说，"品牌应该是个动词，而不是名词"，即动态地管理品牌，保持与时代发展的同步。创建学校品牌永远都是"现在进行时"，需要校长和全体师生员工悉心维护和不断创新。因此，学校要注意做好"品牌预警、品牌跟踪、品牌建档和品牌诊断"等工作。品牌预警可以视为学校品牌的"天气预报"，通过对品牌赖以生存的社会环境进行监控，预示和警觉学校品牌可能会出现的问题，加强危机管理。品牌跟踪的主要内容是对学校品牌的知名度、美誉度和忠诚度进行监测，了解学校品牌发展变化的趋势。品牌建档是将获得的数据与信息储存并进行统计分析，建立学校品牌知识库。品牌诊断是在品牌档案的基础上进行的，根据学校所具有的优势和劣势、面临的机遇和威胁，及时调整品牌战略和策略。

学校品牌要想在急剧变化的环境中求得生存和发展，就必须有很强的创新能力。任何品牌的产生与发展都有一个生命周期曲线：由孕育期、生长期、发展期直到高原期，高原期之后就逐步进入衰败期。信息时代到来以后，这种高原期（辉煌期、鼎盛期）也会缩短。为了摆脱衰败期的到来，我们必须在高原期的初期就要选择"第二曲线"（新的增长点）。第二曲线是另一场爬山运动，我们必须先从第一曲线上下来，然后爬上第二曲线，这是一场冒险的游戏，中间要经过死亡之谷。在两个时代交替的时候，人们往往迷恋前一个时代的辉煌，当他达到顶峰时，才发现下边是万丈深渊，而另一个高峰就在前面。你要攀登新的高峰就要付出很大的代价。新一代的学校领导人在接替老一代学校领导人时，就遇到了这类问题。工业文明塑造出来的优秀学校如何被网络时代学校所替代呢？现在这座新的高峰还在被云雾所笼罩着，人们还看不清楚。谁是第一个敢于攀登新的高峰者，谁就是赢家。谁最先提出新的"游戏规则"，以后就是谁领着大家玩。计划经济体制下依靠政府教育资源配置政策扶持起来的"重点学校"，如何自我超越，与时俱进，发展成为优质教育品牌呢？如何把握生命周期，选好第二曲线，就要看管理者的智慧和创造能力了。

🔍 **案例**

聚焦大情怀育人的 40 年行知教育实验①

行知教育实验是用陶行知教育思想解决乡村学校育人实际问题的探索性实践。从 1981 年起，江苏省南京市浦口区行知小学"学陶师陶" 40 余年，用陶行知教育思想改造乡村学校，取得了引人瞩目的成绩。

一、扎根乡村 40 年的行知教育实验发展历程

（一）村校一体，生活育人（1981—1993 年）

1981 年开办行知班，1985 年创办行知小学。开展小幼衔接、劳动教育、家长学习班、不留级、良师成长、村级大教育 6 项实验。推动村校协同，整合乡土课程资源，将乡村生活融入教育教学过程，普及了初等教育，成为孩子喜爱、农民满意的家门口好学校，解决了学校生存问题。1984 年作为联合国教科文组织"普及初等教育与扫盲规划研讨会"考察点，受到好评。获得中国陶行知研究会首届"陶行知教育理论研究和实践成果一等奖"。

（二）城乡联合，实践育人（1994—2006 年）

1994 年创立行知基地。开展三农体验课程开发、赏识教育、三小课堂、教师发展学校、

---

① 杨瑞清，朱德成，等. 聚焦大情怀育人的 40 年行知教育实验 [J]. 中国教育学刊. 2023 (9)：1-7.

小学小班化、中华文化浸濡活动课程开发 6 项新实验。推动城乡协同，率先开展综合实践活动，形成城市带动乡村、乡村反哺城市的良性互动局面，促进了教育公平。2000 年项目主持人参加全国师德报告团，在人民大会堂及各地宣讲育人经验，反响热烈。学校成为省实验小学、文明单位、全国青少年校外活动示范基地。

（三）国际交流，文化育人（2007—2014 年）

2007 年设立行知苑对外交流中心。开展世界学校共建行动、马来西亚行知教育携手行动、五好陶娃评价、中学小班化、青奥学校创建、美国孔子课堂 6 项新实验。推动国际协同，利用友好交流活动，开发文化融合课程，提高了育人质量，产生广泛影响。学校成为市现代化示范学校、国家汉语国际推广基地，被国际奥委会指定为南京青奥会文化教育活动场所。

（四）品牌共享，生态育人（2015—2021 年）

2015 年组建教育集团。开展教学做合一、以美育人、研学课程、云播课程 4 项新实验。梳理和总结大情怀育人体系，优化育人生态，推动品牌共享，深化了学校与家庭、中小学与幼儿园、校内与校外、乡村与城市、国内与国外教育文化的融合，带动国内外 200 多所学校开展行知教育实验。

二、构建"爱满天下"的大情怀育人体系

陶行知先生给后人留下了丰厚的精神遗产，最动人、最有力量的就是"爱满天下"的大情怀。在 40 年的育人探索中，学校构建了大情怀育人体系，形成了体现独特儿童观、教育观、学校观、课程教学观的本土教育话语方式。

（一）爱生命的育人理念

四大要义：关怀生命——达成被爱，让每个生命成为爱的聚焦；引导施爱，让每个生命成为爱的源泉；启发自爱，让每个生命成为爱的堡垒。关注生长——尊重生命生长的客观规律，既欣赏盛开的鲜花，又善待迟开的花苞，拒绝拔苗助长、急功近利，让每个学生享受成长的快乐。关切生机——尊重生命主体，相信生命潜能，理解生命差异，通过成长性评价，滋养生命、激发生机。关心生态——建设优美的校园环境，建立良好的教学关系，为生命提供丰富、健康、自然的文化生态。

四个特征：以大爱为育人的核心——大情怀是以德育人。以理想信念为育人的灵魂——大情怀育人是价值育人。以知行合一为育人的支柱——大情怀育人是实践育人。以审美品格为育人的境界——大情怀育人是以美育人。

三个机制：深情的引领机制——解决"方向"问题，坚守教育信念，勇于担当促进乡村进步的教育使命，高质量贯彻五育并举、全面发展的教育方针，始终以立德树人评价学校各项工作。真情的驱动机制——解决"动力"问题，倡导"学会赏识""花苞心态"，不放弃、不伤害、不小看，以生命唤醒生命，在爱的实践中实现爱的传递。融情的凝聚机制——解决"性能"问题，倡导"人人都是学习者、人人都是教育者、人人都是创造者"的大教育观，凝聚智慧，协力为儿童成长创造良好育人生态。

（二）有担当的育人目标

一是培养持续的学习者、自觉的教育者、积极的创造者。培育学习力，人人担当终身学习、不断成长、学以致用的责任；培育教育力，人人担当"自觉觉人"、终身自我教育、促进他人健康成长的责任；培育创造力，人人担当开拓创新，促进生活美好、社会进步的责任。

二是"三风一训"凸显担当品质。大情怀育人培养的是有担当的"精彩陶子"。校风"大志、大气、大爱"：大志激发理想信念，大气强调自立自强，大爱突出责任担当。教风"坚持、感激、成长"：坚持初心，感激所得，全心成长。学风"扎根、舒展、绽放"：植仁爱之根，身心舒展，在勇于担当中绽放。校训"还能更精彩"：肯定过去，担当未来。

三是"五好陶娃"评价指向全面发展。分学段拟定成长目标，发挥吉祥物"陶娃"的评价功能，制定《陶娃规》，实施"五好陶娃"评价方法，运用"优点卡"评价技术，培养"手脑并用、快乐舒展、淘气可爱、灵气十足、友爱互动"全面发展的乡村儿童。

（三）重实践的育人路径

一是以爱的实践为核心的生活德育：德育融入乡村生活，融入村校、城乡、中外文化交流活动，让学生在生活中感受被爱、自觉施爱、学会自爱。二是"教学做合一"的生长课程：整合教育资源，为学生全面发展提供场景丰富的综合实践课程。三是手脑并用的生机课堂：凸显"小朋友、小先生、小主人"主体意识，开展"小问题、小探究、小展示"，在做事中成长。

（四）可共享的育人生态

一是环境生态。提升学校硬件，营造优美环境。既有现代化的教学楼，也完整保留村小原貌。有茶艺馆、陶艺馆、军事模型馆、生命安全实训馆等众多特色场馆，有花圃、池塘、大草坪、小树林，还有8亩茶园、10亩菜园、15亩果园、200亩荷园，散发着浓浓的乡土气息。周边设有50个农户接待站、20个劳动实践协作基地，将校园延伸到社会。

二是文化生态。建造行知文化广场，敬立陶行知雕像，设计学校标识"陶花"、吉祥物"陶娃"；营造"用心用情、共建共享"课程文化，"含苞待放、生机盎然"教学文化，"有滋有味、有情有义"教师文化，"合情合理、通情达理"管理文化。制定《行知文化建设纲要》，文化主题是"并肩走在行知路上，携手创造精彩人生"；文化使命是"让乡村儿童享受精彩教育，让行知精神得到精彩弘扬"；办学愿景是"小学校、大教育，小学校、大文化，小学校、大事业"；学校精神是"立大志、做小事，立大志、做实事，立大志、做新事"；教育策略是"走进生命，发现潜能，唤起自信，善待差异，引导自选"。

三是教师生态。取"千教万教教人求真"之"真"，"捧着一颗心来"之"心"，做"真心良师"：努力读好"行知"这本大书，读好"实践"这本活书，读好"生命"这本天书，坚信生命价值在"做人"上建立。

行知小学 40 年的行知教育实验走出了一条有特色的乡村学校发展之路。2017 年成为全国青少年校园足球特色学校，2018 年成为全国中小学生研学实践教育营地，2021 年获江苏省教学成果特等奖，2022 年获国家级基础教育成果特等奖。

行知小学 40 年如一日，初心不改，砥砺前行，学校品牌的知名度和美誉度不断提高。请问，这个案例对你有何启示？

本章小结

品牌可以多种视角进行观察：从品牌外在的名称和标识的角度界定品牌（符号说），从品牌内在的功能和价值的角度界定品牌（品质说），从消费者认知的角度界定品牌（关系说），从经营者运作的角度界定品牌（资产说）。品牌与产品、名牌与商标既有联系又有区别：品牌包含产品，产品表现品牌；品牌可以转化为名牌，名牌若不注意宣传或经营不当就会失去名牌效应，甚至消失；商标是一个法律术语，是国家权力机关授予生产经营单位从事某种活动的权力，而品牌更多的是一个管理（或营销活动）中的概念，它包含商标，商标只是品牌要素中的显性成分，而不是全部。

学校品牌是一所学校在长期的教育实践过程中逐步形成并为公众认可、具有特定文化底蕴和识别符号的一种无形资产。如果把学校品牌喻为一座"冰山"，那么，显性的"识别符号"就像浮在水面的"冰山之尖"，隐性的"文化底蕴"就像藏于水底的"冰山之基"，而"公众认可"则是这座"冰山"的"生存环境"。三者彼此依存并有机结合，学校品牌这座"冰山"就形成了，"无形资产"也就累积起来了。

创建学校品牌是一项复杂的系统工程，涉及方方面面的因素，不是一蹴而就的。战略定位是创建学校品牌的首要环节。形象识别系统是学校品牌营建的基础性工作。传播是学校品牌形成的必要条件，甚至可以这样说，没有传播就没有学校品牌。创建学校品牌永远都是"现在进行时"，需要校长和全体师生员工悉心维护和不断创新。

总结 >

Aa 关键术语

学校品牌 School Brand	形象识别 Corporate Identity System
品牌传播 Brand Communication	品牌维护 Brand Protection

章节链接

本章主要介绍了学校品牌的含义、形态、教育特性以及特色品牌创建的基本思路。品牌的成功打造与学校在人力资源培育、课程教学管理等多方面进行的改革相关，故本章知识与第三章、第五章内容具有连贯一致性。

应用 >

批判性思考

有些校长认为，好酒不怕巷子深，办学育人应该扎扎实实把工作做好，不要去搞那种品牌轰动效应，那不符合教育规律；有些校长认为，信息时代的学校不能够闭关自守，要善于拓展和优化学校生存和发展的空间，不仅要做出成绩，而且要及时地宣传出去，赢得社会各界的支持和帮助。

对此，你怎么看？说说你的理由。

体验练习

以某所具体学校为例，拟订调查方案，设计调查问卷，选定调查对象，统计调查结果，提交一份"学校品牌形象调查报告"。

案例研究

可以用管理企业的方式管理学校吗？[①]

×中学在当地非常有名，已经连续四年升学率全市第一。为了更深入地推进

---

① 程凤春．学校管理的50个典型案例［M］．上海：华东师范大学出版社，2009：36.

学校改革和发展，经当地政府批准，学校开始进行办学体制改革。2003年甲公司向该校投资5 000万元入股，学校改制，成为国有民办学校，在全省范围内招生。随后，甲公司采用了一系列管理企业的做法运作学校。

首先，甲公司将自己的经营人才注入×中学，主要进行学校经营和成本核算，不干涉具体教育教学过程。学校积极推行ISO 9000质量管理体系，并通过ISO 9000质量体系认证。

第二件事是甲公司积极开展学校营销和学校品牌建设活动，并委托乙公司具体实施。甲公司认为教育竞争越来越激烈，谁先把品牌塑造好，在未来3~5年内就可以坐收其利，成为市场的主导，否则就会被无情地淘汰。甲公司还认为。从商业的角度来看，学校出售的是教育服务。这种服务也可以当作一种商品来营销，企业常规的营销体系完全适用于学校推广。

乙公司进入学校后，与学生和教师分别进行座谈，以了解学校的情况。而后，他们具体做了以下几件事：第一，编写学校故事。乙公司调查发现该校教师非常敬业，有许多感人的故事，他们就把这些写成故事汇编对外散发；学校建校40多年，有深厚的文化底蕴，许多该校出来的学生在中央任职，或成为大使级人物，该校还有个12岁的学生考进中科大的少年班，乙公司便把这些有突出成就的学生筛选出来，编辑个人事迹对外发行。第二，对学校的办学模式和教学模式重新包装，如教学模式采用联读，国内两年，国外两年；对于考上北大、清华的学生，学校返还三年择校费；考不上大学免费复读一年等。第三，在当地媒体投放广告，并进行多渠道宣传，包括开展学生家长见面会等活动。

特别有意思的是，该校还参加了全省春季房展会，在房展会上进行招生和品牌宣传，并取得了意想不到的效果，吸引了一大批外地的家长和学生。经过一系列的企业化运作，学校招生和经营都取得了很好的成绩。

思考题：

1. 这种用管理企业的方式来运作学校，有人拍手叫好，有人猛烈批评，你怎么评价？

2. 创建学校品牌的举措，你认为还有哪些方面需要改进？

管理一线纪事 ┈┈┈

男子欲捐百万元被小学保安拒之门外，反手捐给另一中学①

厦门市的一位小区业主谢先生，计划在教师节前夕，向附近的大同小学捐赠100万元。在某天上午，谢先生来到大同小学，前往保安室窗口寻求捐款事宜的处理。

他对学校的保安说："我想捐赠100万元给学校，而且没有任何附加条件，只是希望有助于学校的教育事业。"然而，保安听了谢先生的话后，表现得相当不耐烦，并毫不客气地回答："你要捐100万元？即使是1000万元，也与我无关。不许进来，快点离开！"

谢先生被保安的态度吓了一跳，他没有想到保安会如此冷漠。毕竟，他只是想伸出援手，却被无情拒绝。尽管谢先生留下了自己的联系方式，希望保安能将他的意愿传达给学校领导，但保安显然没有将此事放在心上。谢先生失望地返回家中，等待了整整一天。然而，第三天早上，他发现学校依然没有联系他，这时他明白保安根本没有传达他的信息给校方。谢先生决定将这100万元捐款转至离小区较远的厦门六中。

随着谢先生的捐款，当地教育部门颁发了一份感谢信，表达了对他的支持和认可。谢先生将这份认定书分享到了小区业主群，并在文字中表达了自己的失望："本来是出于公益之心，我想捐赠100万元给我们附近的大同小学，但是大同小学的保安直接不让我进，根本就没有把我要捐款的事情当回事。没想到这年头，即使是想要做善事也难以实现。

在这一事件中，大同小学的校长得知后，迅速与谢先生取得联系。校长通过短信向谢先生道歉，内容大致如下："我通过网络看到了您在业主群中发布的信息，才知道您曾经前来我校，有捐赠意愿。我为学校保安的失误深感抱歉，因为他们遗漏了您的信息，没有及时告知我，辜负了您的爱心。尽管来得晚了，但您的善意仍然是宝贵的！"

请问：

1. 保安是学校的临聘员工，他们对学校品牌建设负有责任吗？

2. 对这件事的前因后果，你有什么看法？

---

① 百万元欲捐小学被保安拒之门外 反手捐给另一中学 [EB/OL]. (2022-09-16) [2024-03-15] https://www.cqcb.com/feidian/2022-09-16/5024941_pc.html.

拓展 >

补充读物

1 闫德明.学校品牌概论 [M].桂林：广西师范大学出版社，2008.

    本书以全新的理论视角分析了学校品牌的基本含义、教育特性、个性特色、理念识别、行为识别、视觉识别以及传播推广等基本问题。

2 李希贵.学校如何运转 [M].北京：教育科学出版社，2019.

    本书用典型案例分析，如何通过组织结构变革和核心制度完善，推动学校持续健康发展。

3 卢泰宏.品牌思想简史 [M].北京：机械工业出版社，2020.

    本书以主题和时序为经纬，构建简明的品牌思想史整体性框架；以思想变迁和核心人物为中心，在诉诸充分史实的基础上抒发思想精髓和洞见。

第十章

学校组织变革与领导

本章概述

　　本章重点介绍学校组织变革与领导。第一节阐述了学校组织变革的内涵、动因、特征等，剖析了学校组织变革的运行机制、过程及策略，介绍了国内外学校组织变革的实践。第二节在辨析领导、管理、领导力等概念的基础上，介绍了领导特性理论、领导作风理论、领导行为理论、领导权变理论以及领导理论研究的新动向。第三节主要阐述了校长作为领导，其决策的艺术、用人的艺术、处事的艺术、统筹的艺术以及应用策略。

结构图

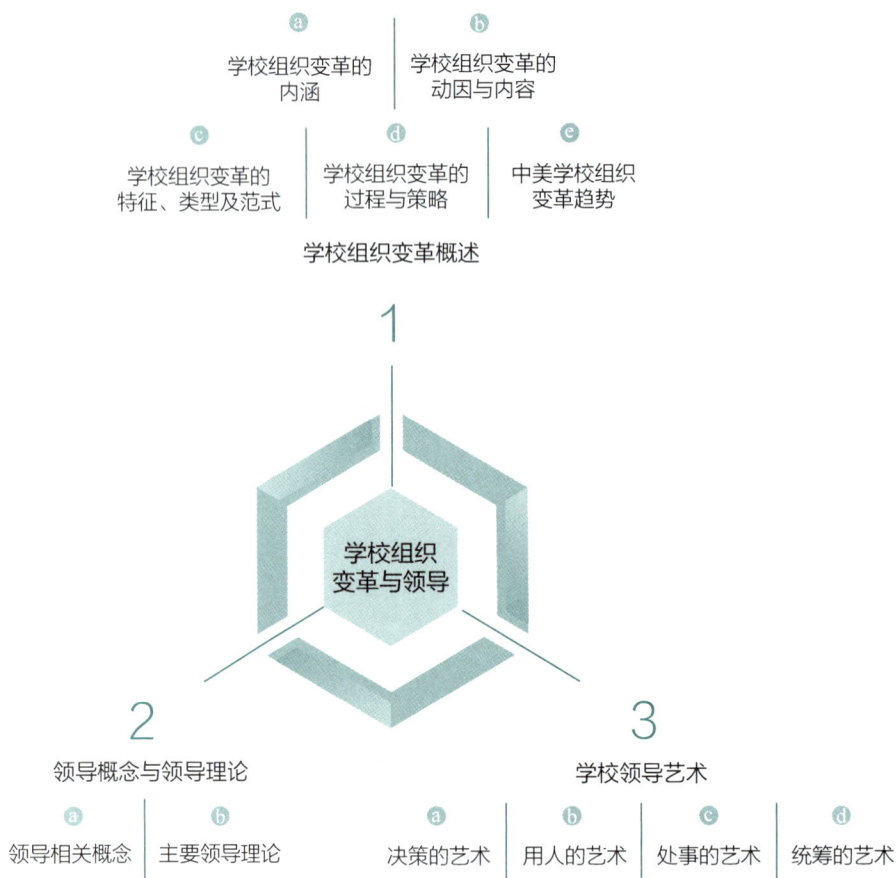

ⓐ 学校组织变革的内涵 　ⓑ 学校组织变革的动因与内容

ⓒ 学校组织变革的特征、类型及范式　ⓓ 学校组织变革的过程与策略　ⓔ 中美学校组织变革趋势

学校组织变革概述

1

学校组织变革与领导

2 领导概念与领导理论

ⓐ 领导相关概念　ⓑ 主要领导理论

3 学校领导艺术

ⓐ 决策的艺术　ⓑ 用人的艺术　ⓒ 处事的艺术　ⓓ 统筹的艺术

学习目标

学完本章，应该能够做到：

1．了解学校组织变革的相关论述及国内外实践。

2．掌握领导理论的主要研究成果。

3．领悟校长领导学校的艺术。

读前反思

1．学校组织变革的意义和难点是什么？

2．本章的领导理论对学校管理实践有何指导意义？

3．理想的学校领导艺术有哪些？

第一节
学校组织变革概述

🎯 **学习目标**

了解"学校组织变革"的相关论述及国内外实践。

根据系统理论的分析，组织可分为"封闭"与"开放"两种类型。那么学校组织是一个怎样的组织呢？美国社会学家帕森斯曾指出，开放系统的组织具备两个明显的特征：组织内部各个系统之间具有统一协调性和相互依赖性；组织必须具有高度的适应性以应对系统环境中许多无法预料和控制的突发事件和情况。[①] 学校不可能从社会中分离出来单独办学，因此，学校组织实质上是一个开放性的组织。随着社会经济的发展，作为一个开放系统的学校组织已开始进入以多元化、个性化、选择和竞争为主要特征的新时代。为了迎接新的挑战，适应时代的需求，在日益激烈的环境中获得生存，变革便成为学校组织的必然选择。

一、学校组织变革的内涵

"变革"一词在美国传统辞典中有两层含义：一是使引起不同，指一般的变化；二是以一种完全不同的形式或面貌出现，即发生彻底的变化。在我国，对变革最通俗的理解是改变或变化，强调从一种状态到另一种状态的转化。因此，我们可以这样认为，变革是由于受到内外压力的促动，从一个问题的状态变到预期的解决问题的状态，是一个不断尝试、不断调整、在探索中解决问题的过程。

"组织变革"最早出现在企业管理中，其原意是指组织结构在合理设计并实施之后，随着企业外部和内部环境的变化，对组织结构中不相适应的地方进行调整和修正，甚至是对整个组织进行重新架构，一般包括组织结构、人员、技术的变革。

根据对"学校组织""变革"以及"组织变革"概念的理解，我们把"学校组织变革"界定为：在特定任务的引导、激励和驱动下，学校组织根据外部环境和内部环境的变化，采用一定的策略和方法，有目的、有计划地改变学校组织结构、人员、教学行为等，从而不断适应学校发展的需要，实现学校组织发展的目标。

---

① 刘永林.学校管理创新的基本策略——构建开放的学校组织系统 [J].现代教育论丛，2002（1）：56-60.

二、学校组织变革的动因与内容

（一）学校组织变革的动因分析

对某一问题的深入分析，主要涉及"为什么""是什么""如何做"三个方面。首先明确"为什么"，即把握动因。把握组织变革"动因"的关键是如何看待组织内外部环境的变化，这里，我们从国家宏观政策、学校领导人（校长）、凝聚型共同体、办学体制、长效机制五个方面展开探讨。

1. 国家宏观政策的支持是学校组织变革的契机

学校的发展与国家政策密切相关，它不能违背国家政策的有关规定。只有把握好宏观政策，立足于国际教育发展背景、国内教育发展以及社会发展的趋势，才能将学校组织变革真正地落实到位。

为贯彻《中共中央、国务院关于深化教育改革全面推进素质教育的决定》（中发〔1999〕9号）和《国务院关于基础教育改革与发展的决定》（国发〔2001〕21号），2001年国家正式启动新一轮基础教育课程改革，颁布了《基础教育课程改革纲要（试行）》。学校不再是省、市统一的课程实施方案的单纯执行者，而是学校课程实施方案的制订者，这使得学校的课程实施方案能够更好地彰显学校特色，符合学校实际，融入学校的个性特点，以保障课程实施真正落到实处。文件的颁发与相关政策的出台为学校组织变革提供了宽松的政策环境与坚定的政治支持。

2. 教育家型校长的引领为学校组织变革指明方向

"一位好校长就是一所好学校"，在学校变革发展历程中，校长作为学校的领军人物，其作用不言而喻。"教育家办学"是我们一直倡导的教育发展战略，教育家型校长的培养和造就是实现中华民族伟大复兴和建立人力资源强国的必然要求。华东师范大学终身教授、博士生导师叶澜曾在一次接受记者访问中，指出我们的教育事业需要更多"懂教育的人"，具体而言有三条基本要求：尊重并敬畏教育的价值，具有一定的教育理论修养，并且深深扎根于教学第一线的实践。[①] 作为一所学校灵魂存在的校长，在教育组织改革过程中，要能够坚定地"以生为本""以学为先"，尊重教育内在的规定性和教育的责任担当，从教育本质及规律出发去考虑和统筹学校的各项工作，而不是迎合、随波逐流。校长的办学思想是学校的灵魂与核心，是学校的精神内核。俗话说"火车跑得快，全靠车头带"，校长事事时时走在教师前面，率先垂范，应该学在前，想在前，干在前。校长在学校是领头羊、引路人，是学校教师的教师，教师中的首席。校长要有与时俱进的教育理念，要站在时代前列，高瞻远

---

① "教育家办学"是常识还是奢望——我们需要更多"懂教育的人"[N]. 解放日报, 2010-03-02 (4).

瞩，放眼未来，为师生和学校未来搭建科学合理的平台。

3. 凝聚型共同体的形成是学校组织变革成功的关键

与学校发展紧密相关的凝聚型共同体包括专业学习共同体、研修协作体、家校区合作共同体。学校是一个天然的学习型专业组织，它的变革始于学习，而专业学习共同体强调的是集体的学习和应用，以支持性共享领导力为支撑，以共享的价值观和愿景为统整力量，以教师专业发展为根本目标，以为了每位学生的发展为宗旨，紧密围绕教学实践中存在的困难与问题，相互支持、集体学习、共享经验、协同学习。研修协作体是多方合作的非官方组织，由高校及科研院所等学术团体与基础教育学校合作研究，优势互补、协作交流、共同开展教育教学研究的活动。学校、家庭与社区是教育的共同体，三者是互相促进与补充的关系。构建学校、家庭、社会"三位一体"教育网络，形成教育合力，实现"5+2>7"的教育效果，从而有效开发和利用校内外教育资源，共同营造学生良好的成长环境。

学校组织变革过程中，专业学习共同体的形成是基础，研修协作体的形成是力量支撑，家校区合作共同体的形成是保障，它们不是数字的堆砌，也不是一个个个体的简单相加，而是集团体的智慧于一体，在学校共享愿景的感召下，发挥着各自的智慧与才干，实现每个个体的价值，达到最大限度的分享与共赢。

🔍 案例

高中办学理念存在趋同化倾向

湖南省政府教育督导室 2012 年对 21 所省示范性普通高中进行了督导评估，并公布了对 21 所高中的办学理念与办学行为的分析报告。这 21 所学校，既有省会城市的学校，也有地级市和县区中学。报告显示，21 所省示范性普通高中的办学理念趋同化倾向严重。

其中有 5 所高中的办学理念着重回答"高中教育的宗旨是什么"，办学理念均为"为学生发展奠基"。其中，长沙市二十一中的办学理念是"符合学生成长的教育就是最好的教育，符合学生个性发展的学校就是最好的学校"；长铁一中是"为学生的成长奠基"；隆回一中是"为学生的终生幸福奠基"；新宁一中是"为学生的一生幸福奠基，为学生的健康发展服务"；安化一中是"让每一位学生成才，为学生的发展奠基"。

12 所学校的办学理念着重表述"高中教育怎样培养人"，其中 7 所学校办学理念是"以人为本"或"以学生为本"。例如，岳阳中学是"以学生为本，以教师为本，以学校发展为本"；洞口一中是"以学生发展为本，从未来需要育人"；蓝山二中是"以人为本，以德为先，面向全体，全面发展"；汝城一中是"以人为本，全面发展"；隆回二中是"以人为本，质量第一，锐意创新，突出特色"；新邵一中是"以人为本，追求卓越"；永顺一中是"以人为本，以德治校"。

除了报告中提到的21所学校外，湖南省内著名的4所高中，其办学理念也存在趋同现象。例如，雅礼中学的办学理念是"为学生终身发展奠基"，湖南师大附中办学理念是"以人为本、兼容并蓄"，长郡中学的办学理念是"以人为本，追求卓越"。

有教育专家表示，这些学校的办学理念或办学口号，虽然总体上都符合现代教育理念和改革方向，但缺乏学校的个性和特色，与教育规划纲要提出的"推动普通高中多样化发展""鼓励普通高中办出特色"的要求还有一定的距离。

从上述材料出发，你认为高中办学理念趋同化的原因何在？

4. 独立自主的办学体制为学校组织变革创造条件

学校是最应具有创造活力的组织，但由于长期以来公立学校基本上是政府包办，包括人事任命、资源配置、考核评价等都是依靠政府、国家统一调配。学校缺乏自主发展的内在动力，压抑了自主办学的积极性。

《国家中长期教育改革和发展规划纲要（2010—2020年）》于第十三章明确提出要建设现代学校制度，特别强调要"落实和扩大学校办学自主权"。在管理学中，自主权包括人、财、物、时间、空间、信息等几方面的权利，学校拥有自主权不是为了脱离外部社会要求、支持与监督，而是为了形成校长领导下的教师、学生、家长的共同参与、共同决策，学校内部师生员工在内的一种"共治"局面。

办学体制的多元化和教育民营，已经成为一种国际教育发展趋势，进一步落实和扩大学校办学自主权，鼓励学校大胆探索和实验，能够有力改变学校办学活力不足的现状，明确改革和发展的突破口，加大改革力度，激发学校的创造活力，才能真正提升学校发展水平。

5. 长效机制的形成是学校组织变革持续进行的保障

机制是能保证与推动制度长期规范、稳定、正常运行并发挥预期功能的制度体系。机制的形成依赖于制度与体制，机制以制度为载体，制度是机制的外在表现形式，只有通过与之相应的制度的建立，机制在实践中才能得以充分体现，制度在机制的形成过程中发挥着至关重要、不可替代的作用。体制按照《现代汉语词典（第7版）》的解释，是指国家、国家机关、企业、事业单位等的组织制度。体制强调层级关系，规定有关组织形式的制度。机制需在一定的体制框架内运行，体制是机制运行的前提条件。机制是经过实践检验系统化、理论化的行之有效的制度体系，在任何一个组织系统的运行中都起着基础性和根本性的作用。长效机制的形成可以使组织接近于一个自适应系统，在外部条件发生变化时，能够主动及时做出相应的反应，提高管理的针对性和适用性，减少随意性和主观性，使组织从"人治"走向"法治"，保证组织目标的实现。

长效机制的建立是学校组织变革持续进行的保证，确保学校改革发展过程中诸多要素的有机联系，形成持久发展的动力，实现学校规模与内涵并重的可持续发展。长效机制的形成使得各项政策能够稳定、连续、有效，而不是一阵风、走过场、走形式，科学发展长效机制的建立，才能更好地彰显价值领导力，推进学校组织变革的持续进行。

（二）学校组织变革的内容分析

组织变革理论研究的重心，从 20 世纪 70 年代对组织结构的广泛关注，到 80 年代在彼得斯的 7S 框架（结构、战略、人员、管理作风、体制和程序、价值观、技能）的影响下组织文化变革成为关注点，再到 90 年代后在哈默和钱皮的《企业再造工程》影响下，流程变革成为变革的主流，他们提出将企业的活动、事件、业务流程作为组织设计的基本元素，使原来支离破碎的工作流程得到整合。总之，企业组织变革的主题是沿着结构变革—文化变革—流程变革的轨迹进行的。但今天越来越多的学者的实践研究发现，单一内容的变革并不能满足企业变革的需要。① 学校组织变革又何尝不是这样呢？学校组织变革是一个全面、系统、深度的变革，涉及学校的愿景目标、组织结构、学校文化等多个方面，它将改变学校现行的组织状态和运行方式，改变组织成员的思维定式与行为方式，是学校整体系统的变革。

1. 学校愿景目标的重塑

学校的愿景目标体现了一所学校的办学传统，代表着学校文化和办学理念，是人文精神的高度凝练，是学校历史和文化的积淀。学校愿景目标的塑造要融入各种各样的声音，传统的自上而下的改革，基层的声音往往被忽视，甚至被标记为抗拒，学校愿景目标的建立往往是跟随潮流，千校一面，毫无特色而言。学校愿景目标的塑造必须建立在学校成员共识的基础之上，集思广益、共同研讨，为全校师生员工所使用与认同，同时能够体现学校办学理念和文化传统，才不致流于形式。由此可见，在学校组织变革过程中，塑造共同愿景，承诺共享目标，才能保持改革的持续性和连贯性。

2. 学校组织结构的调整

所谓组织结构是指组织内部各个职位、部门之间正式规定的、比较稳定的相互关系形式。组织结构就是据以执行管理和经营任务的体制，组织中的人组成了各个层次，有的组织用扩大管理宽度和减少级数构成"平"的或"横式"结构；另一些组织则通过缩小宽度和增加级数而形成"高"的或"直式"结构。前者加重了相互交叉沟通联络的困难。横式结构强调平等，有助于培养组织成员的自信心和能力。我国学校组织结构变革的要求是：它必须是使学校能够运行的组织；学校组织结构要使学校管理工作的层次尽可能少，建立尽可能简单的指挥系统；组织结构必须能够培训和测验明天的最高管理人员。

---

① 李作战. 组织变革理论研究与评述 [J]. 现代管理科学，2007（4）：49-50.

从组织结构入手进行变革，就是从一个单位内部的部分或整个组织结构进行变革。组织结构变革包括的内容有：分权程度的变革、管理幅度的变革、协作方式的变革、工作方式的变革、工作进度的变革、报酬制度的变革、工作表现和鉴定评价制度的变革、控制指挥系统的变革。

3. 学校组织文化的新生

学校的组织文化可以说是各种文化要素相互整合的产物，是一所学校区别于其他学校的重要特征。既包括学校在长期的教育实践中以及与各种环境要素互动过程中创造和积淀下来并为其成员认同和共同遵守的信念、价值、态度等价值观念体系的精神文化，也包括制度、程序、纪律、教与学的行为方式等行为规范体系的制度文化以及学校布局、符号、标志物等物质风貌体系的物质文化。学校组织文化具有标识、导向、凝聚、激励、规范、教育等多种功能。因而，从一个传统的封闭式学校到一个开放式学校，学校组织文化的新生是改革成功的动力与源泉。实现学校组织文化的新生，才能形成学校成员对新的学校文化的广泛认同与接纳，进而才能内省自觉，才能在学校组织变革中保持学校文化的可持续性，进而寻求变革的突破口和有效途径。

三、学校组织变革的特征、类型及范式

（一）学校组织变革的特征

1. 复杂性

组成成分的多样性和差异性造成组成成分之间相互关系的多样性和差异性，是系统复杂性的根本源泉。[①] 学校组织结构无论是从主体、层级还是权力、任务方面来看，都是复杂的集合体，既有内部结构的统一又有结构二元的冲突，学校组织结构的复杂性决定了学校组织变革的复杂性。学校组织是非线性的、开放的社会系统，在不断变化的环境中进行知识、能量、信息的交换，充满了不确定性。与之相应，学校组织变革是个动态的、非线性的复杂的历程。

2. 过程性

组织变革理论中的 Levin 变革三部曲（解冻、变革、再冻结），Cotter 的八阶段变革流程（建立急迫感、创设指导联盟、开发愿景与战略、沟通变革愿景、实施授权行动、巩固短期得益、推动组织变革、定位文化途径）以及 Bast 变革六步骤（审视状态、觉察问题、辨明差距、设计方法、实行变革、反馈效果）都充分阐释了组织变革的过程，即组织变革是一个复杂的、动态的过程。

---

① 苗东升. 论复杂性 [J]. 自然辩证法通讯，2000（6）：87-92.

学校组织变革是渐进式的改革，是一个连贯的不断变化的动态过程，一般是依据于"分步实施""循序渐进"等原则逐步推进的。从某种意义上而言，"渐进式改革"属一种"增量改革"。学校改革是一个"过程"，各种具体的"问题"、各种力量交织在一起，形成一张巨大的由信念、实践、规范、价值观、习惯、偏见、观点和社会关系组成的网络。[①]

3. 系统性

系统变革模式的创始人利维特认为组织是一个系统，是由技术、人员、结构和任务四个因素组成的，任何一个因素的变化都会牵动和引起系统的变化。四个变量形成了一个有机的系统，其中任何一个变量的变化，都会引起组织的变革。学校组织变革涉及整个组织系统的变革，包括整个组织的要素的变革，从学校组织目标到组织结构、组织文化及组织成员，无一不发生着深刻的变革。换言之，也就是学校组织的技术、人员、结构和任务都在发生着变革，这些要素共同构成了组织系统，同时变革也是组织系统诸要素的变革，他们彼此相互关联，又互为条件。挪威学者波·达林认为：改革的成功需要地方学校的革新，它需要的不只是用一本教科书替代另一本教科书，或者是对课程或时间的分配进行结构性变革，要使变革持续下去，每所学校必须进行为期几年的系统工作。[②]

4. 适应性

学校的适应性通常被看成是"学习从事比较新的和更加适当的教育活动的能力"。对于某些人来说，这个词仅仅意味着对某一事件的反应和有关行为规则的调整；而在关于学校组织的文献中，它则意味着组织在被迫采取某种行动之前的行动。缺乏适应性，学校就不能很好地实现它的各种功能。[③] Bennie 提出有关组织效能判断标准，即组织对变革的适应所具备的能力：环境适应能力、自我识别能力、现实检验能力、协调整合能力。[④] 就是说，组织变革是一个不断适应组织外部及内部环境变化的过程，具备了各种适应能力也就实现了成功的组织变革。

学校组织变革的适应性，在于能否对变化中的环境及条件做出迅速反应，并且能够积极适应组织内外部存在的压力，组织成功的关键是能否在变革环境中求得生存与适应。

(二) 学校组织变革的类型

关于学校组织变革的类型，不同的学者从不同角度加以划分，可归纳为以下几点。

根据组织变革的意图区分：计划性变革（经过充分酝酿，按照计划发生的改变）；自发性变革（未经深思熟虑，自然环境下短时间的改变）；演化式变革（组织经一连串的改变

① 李春玲，肖远军. 强制性学校改革的实施困境分析 [J]. 教育发展研究，2009（9）：22-26.
② 波·达林. 理论与战略：国际视野中的学校发展 [M]. 范国睿，主译. 北京：教育科学出版社，2002：161.
③ 马健生. 学校改革的机制与模式：组织行为学的观点 [J]. 比较教育研究，2003（3）：41-46.
④ 吴道友. 组织变革多阶段协同行为策略及其影响机制研究：国际创业的视角 [D]. 杭州：浙江大学，2009：31.

后，长期形成累积性变化）。

根据组织变革的范围与所跨越的变革时间区分：渐进式变革（是通过对组织的小幅度、局部调整，选择的是"渐进式"的战略，这种战略主张采取温和、渐进和自我完善的方式来变革现实，更多地把改革理解为一个主要是修正、充实、完善和提高的波浪式前进的由量变而达质变的过程）；激进式变革（是通过对组织进行大幅度的全面调整，力求在短时间内彻底打破原有组织模式，并迅速建立理想组织模式的过程）；修补式变革（范围较小且临时性的变革，根据组织推进中存在的问题，进行适当修补，进而提升组织成员的工作表现）；快速修补式变革（范围较大且短期的变革，只能有表面的改变）。

根据组织变革的持续性及变革时间选择与安排区分：依据持续性区分，可分为渐进的、间断的；依时间选择与安排区分，可分为反应性的、预先的。

根据变革发动者区分：自上而下的变革（由上级权力机构发起，带有一定的强制性，从高层开始，进而逐渐深入到中低层的改革方式）；自下而上的变革（从基层开始，进而逐渐向高层拓展的一种改革方式，是基层组织的自觉调整适应）。

（三）学校组织变革的范式

范式的概念和理论是美国著名科学哲学家托马斯·库恩提出并在《科学革命的结构》（1962）中系统阐述的，指常规科学所赖以运作的理论基础和实践规范，是从事某一科学的研究者群体所共同遵从的世界观和行为方式。关于学校组织变革的理论研究，在其发展过程中也形成了不同的研究范式。罗兰德·G.保尔斯顿在他的著作《社会和教育变革的冲突理论》中提出了变革的两种范式，即平衡范式和冲突范式。美国社会学家欧内斯特·R.豪斯把审视学校变革的视角分为技术的、政治的和文化的三种观点。学校组织变革的不同范式研究为描述和揭示学校组织变革的内在动力及过程提供了一种研究的视角和思考的途径。

1. 平衡范式

平衡范式包括不同的理论和流派，包括进化主义、结构功能主义等学术流派。进化主义是建立在达尔文的生物进化理论——自然选择学说基础之上的，将"发展"解释为一个低级形式到高级形式的渐进过程；涂尔干认为学校教育是随着社会发展而完全自动发展的。如果把教育放在物种演化的进程中，根据"适者生存"和"用进废退"的生物学法则，学校教育发展与社会发展进程与阶段存在一致性的问题，学校组织变革是一个低级形式到高级形式的演变过程。进化论的观点强调学校发展的自然选择，肯定了学校是在选择过程中实现进步与发展，学校的发展与变革是不可避免的，学校的各个方面包括知识学习和能力提高，都可以通过用进废退的法则加以改进。但忽视了人的主观因素，忽略了发展的可控性，同时把竞争作为学校发展的动力，过于强调竞争。如果说学校的变革是由于个体或集体竞争的结果，那么适者生存肯定是学校变革的关键，但是实际上并非如此，其忽视了合作的作用及集体的力量，尤其是在知识经济背景下，团队越来越发挥着至关重要的作用。

在结构功能主义者的视野中，教育变革的动因有两种：教育系统部分功能的重新调整及信息或能量交换的结果。如此，学校组织变革就是对教育系统部分功能的调整或能量交换的结果。帕森斯 AGIL 功能模式在学校组织变革中的应用是通过适应（A）、目标实现（G）、整合（I）、模式维持（L）四个维度的作用，使系统以有机整体的形式存在，确保教育系统能够从环境中获得系统所需要的资源并在系统内加以分配，最终维持平衡。这种观点强调学校组织结构的整体性，重视结构与功能之间的关系，但系统结构的功能被过分地夸大，忽视了微观。同时，只强调融合与平衡，忽视冲突的合理性存在，不追求变革与发展，导致在某种程度上忽视了人的价值观念及主观因素的作用。

2. 冲突范式

马克思、齐美尔、科塞等人关于社会冲突的理论，包括阶级冲突、利益冲突、价值冲突、文化冲突乃至意识形态冲突等方面的理论，无不有一定的核心假定：冲突是真实存在的，大多数社会结果都是由行动者的冲突行为所导致的。冲突论者以社会冲突为主线来考察学校中各种冲突、矛盾和抵制的事实，冲突是一种能够观察和感知的矛盾的外在表现形式，冲突理论将学校看作不断再生产社会不公平、阶级结构和维持现存生产关系的机构。学校可以说是一个小社会，社会上的各种冲突在学校里都会有反映。同样，学校也是一个缓和矛盾，调节冲突的"安全阀"。学者柯林斯继承并发展了冲突论。社会学鼻祖、德国著名社会学家韦伯提出的身份集团的概念和关于学校教育受制于社会支配集团利益的观点，认为学校的主要作用在于传授社会支配集团的身份文化，学校教育发展的动力来自不同身份集团之间的冲突。[①] 科塞认为冲突是价值观、信仰以及对于稀缺的地位、权利和资源的分配上的争斗，冲突的功能具有双重性，即建设性与破坏性，学校组织内部存在冲突是不可避免的客观事实，即可以发生变革，通过冲突也可以实现学校的融合与发展，将冲突归结为人性，着重分析冲突造成的后果。

冲突范式的共性特点是无一例外地强调变革中冲突的存在，正如迈克尔·富兰所说的："真正的变革，无论是不是预期的，都带着个人和集体的一种重要经历，而这种经历具有冲突性和不确定性的特征。"[②]

3. 技术范式

多西认为："技术范式是一组样品——准备开发和改进的基本人工制品，是一系列试探——'从此我们走向何处？''我们应该从哪研究？''我们应该利用哪些知识？'"[③] 技术

---

① 吴康宁. 教育社会学 [M]. 北京：人民教育出版社，2010：34.

② 迈克尔·富兰. 教育变革新意义（第3版）[M]. 赵中建，陈霞，李敏，译. 北京：教育科学出版社，2005：105.

③ G. 多西，等. 技术进步与经济理论 [M]. 北京：经济科学出版社，1992：276.

范式的着眼点在于追求控制、效率与责任，更加关心的是产品，趋向于系统、理性和技术导向。欧内斯特·R.豪斯的技术观点、哈夫洛克研究发展传播模式以及源于钦和贝恩的经验-理性策略均属于技术范式。技术范式注重依靠权威形成技术，注重技术的开发与创新，而忽略了在技术转移过程中技术内核与外核的转移，转移模式的选择完全取决于技术内核与外核各自所处的环境及其内部的组织成员。

4. 政治范式

政治范式普遍认为教育系统属于整个社会系统的一个次级系统，当外部客观环境发生变动，必然带动教育组织环境的变革，学校组织变革是外部组织强加给学校的，或者学校被诱导而进行的改革，学校的组织变革起源于各级政府颁布的有关教育的法规。达特诺和斯特林菲尔德做了一个包括16个项目的综合研究，涉及300多所多样化改革的学校，指出：我们发现明确而有力的学区支持对改革的实施具有积极的影响，反之则会产生消极的影响。不断进行改革的学校获得了州和学区的支持，这种支持在转折期和危机时期保护了改革的努力并确保了资源的获得（如资金、时间、人员和空间等）。① 美国州际教育委员会在总结学校整体改革模式的经验时，也指出州教育部的支持是改革获得成功的关键。

5. 文化范式

所谓文化范式就是在一定的历史阶段，文化共同体的成员所共有的世界观，包括文化理念、文化概念、命题、理论模式以及文化认知的方式。② 欧内斯特·R.豪斯关于学校组织变革的文化观点关注的是条件和情境、意义与价值，认为对于变革过程而言，一个群体、组织或社区中逐渐形成的价值观和规范十分重要，在更小的群体中共享价值观，改进的首要目标就是维持和保护组织的价值观和规范。这种观点强调了学校组织规范和共享价值观的意义与价值，忽视了权力和利益的因素以及知识、技术，强调组织中人的精神要素。

四、学校组织变革的过程与策略

（一）学校组织变革的过程

1. 学校组织分析

组织分析是指通过调查研究了解组织现状，通过分析研究，明确现行组织机构设置和运行中存在的问题和缺点，为组织变革奠定基础。组织分析具体包括职能分析、决策分析、关系分析和运行分析。

20世纪80年代初，美国旧金山大学的管理学教授韦里克提出SWOT分析模型（SWOT

---

① Whatnot A，Springfield S. Working Together for Reliable School Reform ［J］. Journal of Education for Students Placed at Risk，2000（2）：183-204.
② 孙杰远. 教育的文化范式及其选择 ［J］. 教育研究，2009（9）：52-56.

Analysis），即优势（Strengths）、劣势（Weaknesses）、机会（Opportunities）和威胁（Threats）。SWOT 分析实际上是对组织内外部条件进行综合与概括，进而分析组织的优劣势、面临的机会和面对的威胁的一种方法。SWOT 分析已广被应用在教育领域中，如学校发展情境分析、学生个人能力的自我分析等方面。通过组织分析使学校组织成员能够对组织的优劣势有正确客观的认识，能够理性地分析和面对组织的现状与前景，能够正确地面对机遇与挑战，同时能够明确组织潜在的危机与威胁，进而制订相对的应对策略。

组织分析是学校组织结构变革的前提与基础，通过分析学校组织内外部环境的现状，了解传统组织结构的优势与弊端，并形成清晰和明确的认识，了解信息化时代以及课程改革对传统组织机构提出的挑战，进而明确学校组织结构变革的必要性和针对性，有利于有效推进学校组织的变革。

2. 学校组织设计

组织设计是组织的管理者将组织内部各要素进行科学有效的整合与优化，建立和实施特定组织机构的一个动态工作过程。既包括新建组织的结构设计，也包括原有组织结构的重新调整与设计以及组织结构局部的调整和完善。

学校组织设计一般包括职能设计、框架设计、协调设计、规范设计、人员设计、激励设计。也就是对学校组织纵向分层次，横向分部门，配备相应数量与质量的人员，明确分工和职能范围，确定规章制度，明确组织成员的规范准则，采取适当的激励手段，在一定范围内协调合作，进而最大限度发挥组织系统的整体效应。学校组织设计是以学校组织结构为核心的组织系统的调整与重组，把学校组织的工作任务、流程、权力和职责重新排列组合和协调的过程。组织是实现学校战略目标的保证，组织设计是提升学校管理效能的必备手段，有利于协调好学校组织中部门之间的关系、组织成员与工作任务间的关系，使学校的教职员工明确自身的权力及职责范围，进而保证学校各项工作高效和谐地开展。在管理界流传着这样一句话："一等人用组织，二等人用人才"，可见科学合理的组织设计，有助于组织资源价值和效能的最大化，也是提高组织领导力、执行力和战斗力的保障。

3. 组织运行修正

组织运行是组织机构为实现组织目标的有效运转，具体包括健康向上的组织文化的构造、规章制度的形成、畅通良好信息沟通渠道的建立、组织力量的整合与协调等。合理的组织结构及运行方式，能够促使组织高效、规范、有序地运行，形成组织凝聚力，各种资源及构成部分协调统一为一个有机的整体，保持组织的生机活力，保证组织内外信息畅通，实现组织的协调发展。组织在不同发展阶段，因内外部环境的变化，职、责、权有不同的体现。为实现组织目标，组织结构也趋于动态发展而不是静态趋同，当组织在运行过程中出现问题时，如运行不畅或有失规范时，组织会做出相应调整与修正，逐步实现优化，以利于组织的健康稳步发展。

（二）学校组织变革的策略

如何实现组织形态的变革，策略非常重要。研究变革策略的文献以及观点也是层出不穷，这里，我们主要介绍美国学者罗伯特·钦和贝恩提出的三种策略类型：理性-经验策略、规范-再教育策略、权力-强制策略。

1. 理性-经验策略

理性-经验策略假设人类是能被"客观性知识"说服的理性群体，希望变革的那些人应该说服这一变革趋势的潜在受益者。人们假设，一项改进计划可以通过实验展示其力量并说服受益者，因为新秩序优于旧秩序。这一策略把创造新教育知识和在教育日常生活中运用这些新知识看成是学校组织变革的关键。它也被称为知识的生产与利用。它更多地强调理性与科学知识的作用，注重依靠专家权威和理论权威，重视学校外部力量的推动作用，推行的是一种自上而下式的学校组织变革，但忽略了对学校中人际关系和情感等要素的关注，同时对组织内部成员的重视程度也不够。

2. 规范-再教育策略

罗伯特·钦和贝恩的规范-再教育策略思想源于弗洛伊德、杜威、勒温等人的动机理论，基于这样的假设：人在某种程度上是非理性的，人有动机、愿望、情感、态度，人有不断改变现状、创造更美好未来的动力。人虽然有理性，但人们的行为往往并不是由理性决定的，而是由社会文化规范来决定的。社会文化规范形成了人们的观念、态度和价值取向，人们的观念、态度和价值体系又支持着原有的文化规范。要实现人们的行为方式的改变，就需要改变原有的文化规范，进而接受并认同新的文化规范。该理论认为学校变革最重要的是人的因素，变革就是要改变人的态度、观念、价值，这种策略的改革主要任务在于提出并宣传新思想、新观点、新价值，促使人们接受。该策略反对规范再教育过程中的灌输行为，主张人们通过思想、价值的冲突，进行独立的价值选择与判断，从而成为学校变革的自觉执行者。规范-再教育策略的优点是强调了学校变革中的人际关系和情感因素，注重交流、对话、沟通，注重改革者的自觉性、主动性和能动性，认为变革是非行政的、非权威的，而是一个自然沟通、传递、扩散和深化的过程。其缺点是缺乏强有力的政治、经济和科技因素的推动，改革速度相对比较缓慢；重视情意而忽视理性，从而在一定程度上丧失了改革的科学基础。

3. 权力-强制策略

权力-强制策略假设人们总是回避变革，因此，强制或诱导战略是必要的，变革最初是凭借强制和权力进行的，强调把政治或经济的制裁作为发动变革的手段，认为政治的、经济的权力是实现改革的基础，是改革成功的保证。权力-强制策略看到了权力在教育变革中的作用，没有强有力的政治、经济和道德上的权力，教育改革是不可想象的，但却忽视了理性和情意的价值，忽视了实践者来自内部的积极变革力量，它完全是一种自上而下的教育变革。在一定历史背景下，权威的领导者多采用这一策略推动变革，但这一策略存在的问题是"主观愿望与实际问题的解决难免出现脱节。由于这一策略涉及权力和利益的再分配，因此改革中很有可能这种权力与利益冲突冲淡了原先的改革主题，甚至改变改革的方向"①。

五、中美学校组织变革趋势

（一）美国学校组织变革模型

《美国学校改进法》要求，所有的州应提出旨在建立高质量标准及相应评价体系的学校改进规划，从而满足基础教育改革的巨大挑战。相应地，各种学校组织的变革范式包括如下类型。

1. 促进型学校

促进型学校通常有三种组织原则：目的统一性、授权与责任、构建共同基础。在这种学校里，班级教学是运用建构主义课程给予学生更多的责任感，以促进学习活动。在教学活动中，学生积极参与动手做活动和解决开放性问题，从而在日常生活和学校活动之间建立必要的联系，大家相互促进，相互鼓励，共享信息，共同思考，形成学校发展的力量源泉，正如Levin 指出的："我们所做的一切就是为学校人员提供哲学理念，从而使学校再现生机……我们不再以改变态度为始点，而以行为改变为出发点，要求所有人员共同努力实现目标。我们不想准确地告诉他们怎样去做，只能概览一般原理。当学校走向成功时，它才能显示本身特色。"②

2. 基础型学校

基础型学校包括以下基本原理：要求学生掌握基本技能和知识；使用多样性的个性化教学手段；帮助学生学会如何学习和自我生存；为学生提供掌握基本知识和技能的途径；构建与家长间的信任、尊重和高期望值的合作文化氛围；鼓励校长和教师先为全能手，后为专家；合作性规划；实行竞争性工作待遇；学生负担减轻 1/8。③ 这些原理适用于所有中等学校，并考虑在相应的小学实践。在这种学校里，班级教学以学科课程向学生阐述事理和建立高智力标准的事物，从而使学生掌握重要信息和培养相关决策能力。在教学过程中，学生以工作档案为评价基准，注重五种外在型标准，即证据、观点、联系、相关性和推测；教师以问题解决法促进学生掌握核心技能，在社区、国家和世界之间建立科学工作与现实间的联系。

---

① 袁振国. 教育改革论 [M]. 南京：江苏教育出版社，1992：228.

② Brandt R. On Rethinking Leadership：A Conversation with Tom Sergio [J]. Educational Leadership, 1992 (5)：46-49.

③ Sizer T R. Horace's Hope：What Works for the American High School Boston [M]. London：Mariner Books, 1997：67-69.

3. 发展型学校

发展型学校的主要目的在于发展学生的社会情感和学术能力，从而使他们成为优秀的社会公民；主题是创设具有奉献精神的学校文化氛围，涉及教师对学生的支持以及获取其父母的信任和尊重，建立学校、家庭和社会的联系。教学过程的最重要特征是让师生对自己的发展负责，学校通过增加父母对学校事务的参与以及让所有学生发展而不断进步。它注重发展学校中的组织文化。其组织文化的特征是：以不追究过失责任的方式解决问题，以达到一致为目标的决策，在工作中形成相互合作的人际关系。①

4. 全民型学校

全民型学校主要关注对所有儿童的成功教育。学生以"读书会"为起点，强调与合作者和教师的口头阅读项目，然后转向"读书翼"，围绕核心技能进行协同性学习。这两种组织通过让学生参与活动，从而学会应用理论、把握知识的有效性和交互性。学生每隔8周接受评价，以确定需要接受指导或其他类型培训的人选。此外，它包括"数学协会"和"词语协会"，旨在使社会研究、科学活动和其他科目综合起来，从而把握相关信息。学生还进行实验调查与规划，家长参与班级协调活动，成为指导者、监督者和活动领导者。这些概念已开始应用于开发中等学校课程。②

5. 理解型学校

理解型学校旨在发现新榜样和实现新应用，以理解程序及相应的活动给予学生思考已知的机会。首先，学生被期望利用有创见的办法寻找榜样，进而归纳、模拟、应用和展现主题内容，并获得理解性目标和成就动机感；其次，在整个学习过程中，通过提供评价标准来支持反思性活动，师生共同参与选择评价，而档案则成为评价依据，重点在于让学生参与评价和理解记录情况；最后，利用时间反思和提高工作水平，确保学生理解知识的有效性。这样，普遍性主题的使用、目标和成绩的理解及连续评价活动成为所有理解性教学的核心。这种模型的最大挑战是需要更多时间使学生参与理解成就感活动。③

6. 未来型学校

未来型学校旨在为21世纪儿童创设一种跨学科的新型课程，从而让儿童在认识自身需求之前，通过寻求相关途径（包括能力和责任感）来把握自身发展。该课程采用主题性方式，从学生实际情况出发，选择相应信息渠道，允许学生采用各自的速度学习。其主题为：与自然有关的生态，强调生命整体性，包括所有自然科学；与时间有关的将来，涉及生理科学、哲学、历史、音乐、经济学、营养学、心理学、艺术、创造学和科幻小说，社会服务可

---

① Comer J P，AL ET. Lessons Leaned ［M］. New York：Teachers College Press，1996：75-80.

② Slain R E，AL ET. Every Child，Every School：Success for All ［M］. Thousand Oaks CA：Cronin，1996：48-54.

③ Gardner H，AL ET. Teaching for Understanding—within and across the Disciplines ［J］. Educational Leadership，1994（5）：14-18.

被视为其中一部分；与 21 世纪公民有关的全球化，涉及语言、历史、宗教、考古学、地理学、政治学、世界文学和社会学，不同地方的人际交往和境外旅游也被视为其中一部分。传授知识是通过内容和应用来联系的；课程核心是数学、阅读、信息获取、管理小组工作、价值澄清、分析系统、项目规划、整体性思维；评价是通过教师来完成的，包括学生作品、同伴评价、报告、展览、解释和澄清价值材料等。

（二）国内学校组织变革动向

1. 从单一的公办学校模式到办学形式多样化

在我国学校组织变革的实践中，伴随教育的商品化、产业化和市场化，办学体制和办学模式变革首先得到广泛关注。公办学校、公办民助学校、民办学校、股份制学校、名校办"民校"等办学形式纷纷出现，改变了中华人民共和国成立后长期单一的公办学校模式。在公立学校制度变革研究过程中，并不缺少对学校变革的关注或以学校变革为中心的研究。例如，在吕型伟主持的"普通教育整体改革的实验与研究"及后续的系列研究中，学校变革的主题就不断凸显。现已出版的研究成果中，周金碧的《未来学校模式的探索》就是一本用系统理论指导学校整体改革实践的著作。来自第一线的自主探索中，尤其值得关注的是上海市晋元高级中学的《选择教育》，赵凤飞校长主持的这项校本研究将改革的重点放在学校内部的制度创新上。徐正福、吴华、徐晓东所著的《现代学校制度》则展现了浙江省台州市椒江区实行教育股份制，创建现代学校制度的实践探索，涉及教育股份制、学校内部治理结构、学校董事会及教育资源经营等多个方面。

2. 从中央集权到权力下放与逐级分权

以叶澜的"新基础教育"研究为代表，试图通过更新基础教育观念系统、学校教育日常活动方式和师生生存方式，实现"新型学校"的创建。与近代型学校相比较，新型学校的特质主要表现为五点：第一，价值提升；第二，重心下移；第三，结构开放；第四，过程互动；第五，动力内化。"重心下移"作为学校管理改革方面的一个重要目标，需进一步推进以学校发展为本、以学生发展为中心、以提高学校组织效能与学校教育质量为核心的校本管理制度，教育行政部门将权力逐渐下放给学校，确立学校作为教育变革中心的核心地位，使学校具有相当的办学自主权并承担相应的绩效责任，从而营造一种有利于学校自主发展的制度环境。权力下放到学校层面，必须有效调适好学校的组织结构，实现学校组织结构的扁平化，适当的分权和赋权，良好地结合行政组织与非行政组织。例如，在新课程改革的过程中，注重综合实践活动与校本课程的开发，将课程领导权更多地下放到年级组、学科组，由年级组或学科组来统筹本年级或本学科的课程管理与课程开发，不仅能实现各学科的协调发展，同时也能促进学生的全面发展。

3. 从单一课堂教学到新一轮基础教育课程改革

自 21 世纪初"新课改"席卷全国以来，新课程便成为学校组织变革的主要驱动力。新课程对学校组织的工作任务、教职工、组织结构、教育技术四个变量提出了变革要求。其促成因素包括：学校组织自身存在的弊端、学校组织环境的变化、学校组织内部因素的变化（包括学校组织成员的心理变化，学校组织实现工作目标所需要的知识、技能、方法等的变化以及学校组织领导的管理思想与方式的变化）等。为了应对新课程的挑战，学校组织变革应采取如下策略：建立扁平化的组织结构；使学校成为学习型组织；确立校本管理模式；变革学校领导方式；建立新型的合作教学文化；倡导行动研究。

4. 从封闭的组织文化到开放的组织文化

在学校教育改革与发展的今天，研究者认为改进组织表现的唯一关键因素是改变其文化。健全的组织文化是高效能组织和低效能组织的重要区别。具体而言，开放的组织文化有如下几方面的特点：个别自律性与合作互动性；阶层性与同僚性；效率性与创造性。开放的组织文化较之封闭的组织文化更具有创新精神，更具有成功的可能性。一个开放的、支持性的组织环境，使学校具有巨大的凝聚力、推动力与生命力。

5. 从教师管理到教师专业成长与发展的关注

富兰将变革的动力定义为对变革的本质和变革的过程具有自觉的认识，那些善于变革的人对变革的不可预测的部分和变化无常的特点颇具慧眼，而且他们明确地关注寻找想法和能力，以应对和影响走向某种理想目标模式过程中的更多方面。学校中的每一位成员——学校领导与教师，都是学校变革的动力。根据富兰的观点，构成变革能力生成基础的四项核心能力是：个人愿景的形成、探索能力、控制能力和协作能力。因此，在学校变革过程中，需要更多地关注教师的专业成长与发展。教师作为教育改革的中坚力量，通过学习提高自己的道德目标，形成共同的学校价值追求与学校发展目标、学生培养目标，形成学习、研究、创新与合作交流的机制与氛围，改进课堂教学，关注学生的生命发展，将自觉的变革行动付诸日常生活实践。[①]

名家语录

对学校的领导，首先是教育思想的领导，其次才是行政的领导。

——苏霍姆林斯基

[①] 范国睿. 从时代需求到战略抉择：社会转型期的学校 [J]. 变革教育发展研究，2006（1）：1-7.

第二节
领导概念与领导理论

🎯 **学习目标**

掌握领导理论的主要研究成果。

关于"领导"的研究，西方已有近百年的历史，随着不同的时代、不同的背景，更是产生了不同的领导理论。这些丰富的研究成果，为学校领导变革奠定了坚实的基础。

一、领导相关概念

（一）领导

关于领导的概念，不同的研究者从不同角度和侧面对其进行了不同的界定。在具有代表性的观点中，毛泽东指出："领导人员依照每一具体地区的历史条件和环境条件，统筹全局，正确地决定每一时期的工作重心和工作秩序，并把这种决定坚持地贯彻下去，务必得到一定的结果，这是一种领导艺术。"[①] 管理学家彼得·德鲁克认为："领导就是创设一种情境，使人们心情舒畅地在其中工作。有效的领导应能完成管理的职能，即计划、组织、指挥、控制。"[②] 著名的学者哈罗德·孔茨是这样定义领导的："领导是管理的一个重要方面。有效地进行领导的本领是作为一名有效的管理者的必要条件之一。"[③]

在学术界引用较为广泛的是斯蒂芬·罗宾斯的定义："领导就是影响他人实现目标的能力和过程。"[④]

（二）领导与管理

领导包含的影响过程得到了越来越广泛的认可，而领导和管理之间是否有区别是其中的热点话题之一，很多专家、学者在这方面有不同的看法。美国哈佛商学院领导学教授约翰·科特提出领导和管理具有不同的功能：管理是用于应对复杂性的，领导则是应对变革的。管理者通过制订正式计划、设计规范的组织结构以及监督计划实施的结果，使组织达到有序而一致的状态。领导者通过开发未来前景而确定前进方向。他们把这种前景与他人交流，推动组织进行建设性的变革，并激励他人克服障碍达到这一目标的实现。

斯蒂芬·罗宾斯认为：管理者和领导者是两类完全不同的人。管理者即使不能说以消极

---

① 毛泽东. 毛泽东选集（第3卷）[M]. 北京：人民出版社，1991：901.

② 彼得德鲁克. 彼得·德鲁克管理思想全集 [M]. 北京：中国长安出版社，2006：42.

③ 哈罗德·孔茨. 管理学精要 [M]. 北京：机械工业出版社，2005：189.

④ 斯蒂芬·P. 罗宾斯. 组织行为学（第10版）[M]. 孙健民，李原，译. 北京：中国人民大学出版社，2005：14.

的态度也是以非个人化的态度面对目标；领导者则是以一种个人的、积极的态度面对目标。

(三) 领导力

所谓领导力，就是一种特殊的人际影响力，组织中的每一个人都会去影响他人，也要接受他人的影响，因此每个员工都具有潜在的和现实的领导力。领导力可以分为两个层面：一是组织的领导力，即组织作为一个整体，对其他组织和个人的影响力。这个层面的领导力涉及组织的文化、战略及执行力等。二是个体领导力，对于企业来讲，就是企业各级管理者和领导者的领导力。组织领导力的基础是个体的领导力，如何突破和提升领导力，如何由一个领导自己的人成为一个领导他人的人，再成为一个卓越的领导者，是当前面临的迫切需要解决的问题。

如果人们对以上的特质不是停留在感觉的层面、印象的层面，而是把它们抽象出来，就会构成一个领导力模型。这个领导力模型具体包括以下六种能力：学习力，构成的是领导人超速的成长能力；决策力，是领导人高瞻远瞩的能力的表现；组织力，即领导人选贤任能的能力的表现；教导力，是领导人带队育人的能力；感召力，更多地表现为领导人的人心所向的能力。

二、主要领导理论

回顾西方近百年关于领导理论的研究，随着不同的时代、不同的背景，产生了不同的领导理论。从最早的领导特质理论、领导行为理论到领导权变理论，经历了漫长的过渡和发展。国外学者对领导科学的研究始于 20 世纪初，此后西方组织行为学家、心理学家从不同角度，对领导问题进行了大量研究。

(一) 领导特性理论

领导特性理论是领导科学研究最早的理论分支，20 世纪 30 年代，研究者将心理学研究方法应用到领导者特征的研究上来，由此形成领导特性理论。这一时期的领导特性理论侧重研究领导人的心理、性格、知识、能力等方面的特征，研究领导者和追随者在本质上是否存在差别，是否存在特定人格特质、生理属性、智力或者个人价值观。斯托迪尔的研究得出两个主要结论：一是领导者在素质上与追随者并没有本质差异；二是有些特征非常重要，与领导成功存在一定的关联。①

---

① Stodgily R M. Personal Factors Associated with Leadership：A Survey of the Literature ［J］. The Journal of Psychology, 1947（28）：35-71.

1. 传统特性理论

传统特性理论认为领导者的特性来源于生理遗传，为先天俱有，且领导者只有具备这些特性才能成为有效的领导者。特性理论的创始人阿尔波及其同事们曾分析过 17 953 个用来描写人的特点的形容词。吉伯于 1954 年指出，天才领导者具有七项特性：智力过人、英俊潇洒、能言善辩、心理健康、外向而敏感、有较强的自信心、有支配他人的倾向。研究发现领导者异于非领导者的六项素质，即进取心、领导和影响他人的欲望、正直和诚实、自信、智慧、与工作有关的高技能。①

2. 现代特性理论

现代特性理论认为：领导者的特性和品质并非全是与生俱来的，而可以在领导实践中形成，也可以通过训练和培养的方式予以造就。最近的研究认为，特征仅仅是领导者应具备的前提条件，领导者与非领导者在以下六个特性上有区别：动力、领导的渴望、诚实与正直、自信力、认知能力、商业知识。② 美国普林斯顿大学教授威廉·杰克·鲍莫尔针对美国企业界的现状，提出了企业领导者应具备的十项条件：合作精神、决策能力、组织能力、精于授权、善于应变、勇于负责、勇于求新、敢担风险、尊重他人、品德超人。

3. 魅力型领导

魅力型领导理论是指领导者利用其自身的魅力鼓励追随者并做出重大组织变革的一种领导理论。House 指出，魅力型领导者有三种个人特征：高度自信、支配力和对自己的信念坚定不移。W. Bennie 发现魅力型领导有四个特质：远见；明确地对下级讲清这种目标和理想，并使之认同；对理想的贯彻始终和执着追求；知道自己的力量并善于利用这种力量。他们认为有七种关键特点能够区别魅力型领导与无魅力型领导：自信、远见、清楚地表达目标、对目标的坚定信念、不循规蹈矩的行为、作为变革的代言人、环境的敏感性。③ 中国也有部分学者对中国魅力型领导的特质结构展开研究，如冯江平、罗国忠发现中国企业魅力型领导的特质结构是由亲和力、创新精神、愿景规划、关心员工和业务能力等要素组成的五阶模型。④

4. 管理者胜任力

对于领导胜任力的内涵，一般认为领导胜任力是领导者的潜在特征，包括动机、特质、自我意识、价值观、知识五个层次。对于领导者胜任力的特征，王垒等从员工知觉角度考察领导者影响力的由来和结构，并由此构建领导者胜任力模型。研究结果表明，企业领导者影

① Row Den，Robert W. The Relationship Between Charismatic Leadership Behaviors and Organizational Commitment［J］. Leadership & Organization Development Journal，2000（21）：30-35.

② 席酉民. 管理研究［M］. 北京：机械工业出版社，2000：218-220.

③ Richard L H，Robert C G，Gordon J C. Leadership Enhancing the Lessons of Experience（Fifth edition）［M］. New York：the McGowan-Hill Companies Inc.，2002：27-30.

④ 冯江平，罗国忠. 我国企业魅力型领导的特质结构研究［J］. 心理科学，2009（1）：207-209.

响力被员工知觉为四个维度结构：道德魅力、管理技能、团队技能、目标有效性。时勘等人的研究结果表明中国通信行业高层管理者胜任特征中确实存在一些独特因素。

（二）领导作风理论

1. 勒温的领导风格类型理论

关于领导作风的研究最早是由美国的研究者、心理学家勒温进行的，他认为领导者们不同的领导风格对团体成员的工作绩效和工作满意度有着不同的影响。勒温等研究者力图科学地识别出最有效的领导行为，提出了三种领导风格，即专制型、民主型和放任型。

专制型领导风格中权力定位于领导者个人手中，领导者只注重工作的目标，只关心工作任务的完成和工作效率的高低，对团队成员不太关心。在这种团队中，团队成员均处于一种无权参与决策的从属地位。团队目标和工作方针都由领导者自行制定，具体的工作安排和人员调配也由领导者个人决定。团队成员对团队工作的意见不受领导者欢迎，也很少会被采纳。

民主型领导风格中权力定位于全体成员，领导者的主要任务就是在成员之间进行调解和仲裁。团队的目标和工作方针要尽量公之于众，征求大家的意见并尽量获得大家的赞同。具体的工作安排和人员调配等问题，均要经共同协商决定。民主型的领导者注重对团队成员的工作加以鼓励和协助，关心并满足团队成员的需要，能够在组织中营造一种民主与平等的氛围。

放任型领导风格中权力定位于每一个成员，领导者置身于团队工作之外，只起到一种被动服务的作用。领导者缺乏关于团体目标和工作方针的指示，对具体工作安排和人员调配也不做明确指导，也不进行主动监督和控制，听任团队成员各行其是，对工作成果不做任何评价和奖惩。

勒温等研究者发现民主型的领导风格在有些情况下会比专制型的领导风格产生更好的工作绩效，而在另外一些情况下，民主型领导风格所带来的工作绩效可能比专制型领导风格所带来的工作绩效低或者仅仅与专制型领导风格所产生的工作绩效相当，而关于群体成员工作满意度的研究结果则与以前的研究结果相一致，即通常在民主型的领导风格下，成员的工作满意度会比在专制型领导风格下的工作满意度高。

2. 利克特的四种管理方式

行为科学家利克特以数百个组织机构为对象进行领导方式的研究，发现了四类基本的领导形态。

系统1是剥削式的集权领导。这种领导形态中决策大都由领导者做出，以命令宣布，必要时以威胁和强制的方式执行，领导者对下级缺乏信心，下级也不能过问决策程序，组织中是一种互不信任的氛围。

系统 2 是仁慈式的集权领导。这种领导形态中领导者态度谦和，但决策权仍在领导手中，被领导者能在一定限度内参与，但仍受制约。对被领导者的激励有奖励和惩处。

系统 3 是协商式的民主领导。这种领导形态中领导对于被领导者有相当程度的信任，主要决策权掌握在领导者手中，下级也能做具体问题的决策，领导者与被领导者在相对信任的情况下进行双向沟通。

系统 4 是参与式的民主管理。这种领导形态中领导者对被领导者有完全的信任。决策采取高度的分权化。既有自上而下的沟通，也有自下而上的沟通，还有平行沟通。上下级之间的交往体现出充分的友谊和信任。

利克特指出大凡绩效最佳的主管，主要关心点是下属中的人性问题，并设法组成一种有效的工作群体，着眼于建立高绩效的目标。并且发现生产率高的部门主管让下属清楚地知道目标是什么，要求是什么，然后让他们享有充分的工作自由。

案例

悄然无声促转化

王校长初到学校任职时就有人反映，某老师每天都早退上街买菜，领导批评过多次，他仍然我行我素。王校长到这位教师家里了解情况，得知这位教师爱人常上夜班，身体也不好，孩子又小，买菜的任务当然由他承担了。由于两人工资低，家庭负担又重，不得不在菜篮子上抠，下午买落市菜比早市菜便宜，所以这位老师每天都早退上街买菜。

了解情况后，王校长指示司务长关照一下那位老师，代买一下，因为学校食堂大批量买菜，价格要便宜许多。接连几天，司务长都选购了一些这位老师喜欢买的菜让他选择。这位老师很高兴，非常感谢司务长。司务长让他谢得过意不去了，不禁道出天机："要谢，得感谢新来的王校长哩！"司务长把王校长如何体谅、怎样委托、又连续几次打听结果和关照保密都讲了个详详细细。这位老师手掂着菜篮子，久久呆立着，眼圈湿润了。此后，他总是提前上班，按时下班，更加积极工作了。

从上述材料出发，我们可以看到校长管理行为的哪些方面？

（三）领导行为理论

领导行为理论的研究以领导者的个人行为为重心，来探索领导有效性的真正根源。领导行为理论认为领导者不是天生的，而是后天培养、塑造和形成的，领导工作的绩效主要取决于领导者的行为和风格。

1. 密执安大学领导行为的研究

领导行为的研究始于 20 世纪 40 年代。首先是美国密执安大学的研究者通过调查提出了员工导向和生产导向两种领导行为。这是美国密执安大学调查研究中心所得出的研究结果，时间与俄亥俄州大学的研究大致相同。密执安研究小组把领导行为分为两个方面：面向职工和面向生产。它的研究结论赞成行为上面向职工的领导者，认为这种领导者与较高集体生产率和职工满意度相联系。

2. 俄亥俄大学领导行为的研究

美国的俄亥俄州立大学领导行为研究组提出了领导行为四分图。该小组通过"领导行为描述调查表"，寻找到刻画领导行为的两大因素——"抓组织"和"关心人"。习惯于"抓组织"的领导者往往以工作为中心，强调组织的需要。通过给下属提供组织结构方面的条件，促使其完成任务。而着眼于"关心人"的领导者通常以人际关系为中心，注重下属的需求。这类领导善于尊重下属、关心下属，能够为下属创造一个互相信赖的工作氛围。研究人员认为，"抓组织"与"关心人"这两种因素不是相互排斥的，可以也应该加以结合，单有其中一种因素是难以实现有效领导的。

3. 管理方格图

布莱克和莫顿在领导行为四分图基础上，提出了管理方格理论，区分出以员工为中心和以工作为中心的两个领导纬度，每个纬度分为九个等级，共有 81 种类型，五种领导类型最为典型（见图 10-1）。1.1 代表贫乏型领导，领导对工作和人都不关心；1.9 是俱乐部型领导，只求人缘关系好，不关心工作需要；9.1 是任务型领导，只抓工作不关心人；9.9 是团队型领导，领导既抓工作，又关心人，并都达到极大值；5.5 中间型领导，完成工作尚可，人际关系较稳定。国外专家认为，这几种领导中最好的是 9.9 型，其次是 9.1 型，再次是 5.5 型，然后是 1.9 型，最差是 1.1 型。但是要达到 9.9 型十分困难。

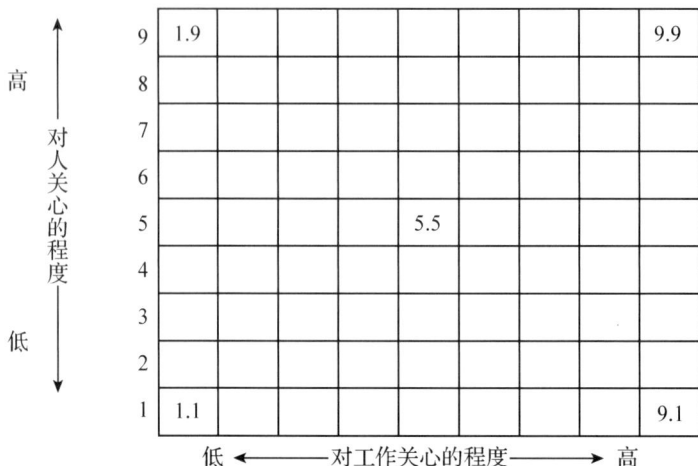

图 10-1 管理方格理论

4. 关系-任务导向行为

领导行为理论研究的学者们认为，总体上领导是由两类重要的行为维度构成：员工导向行为和任务导向行为。其中，员工导向的领导者关注人际关系，尊重下属的意见，承认人与人之间的差异等；任务导向的领导者更强调目标的实现，明确部门职责，帮助组织成员完成预定目标，并把组织成员视为达到目标的手段。领导行为理论研究的目的在于弄清这两种行为的结合方式，从而引导和影响下属实现特定的目标。

（四）领导权变理论

20世纪60年代初，人们逐渐地认识到，要找到一个适合于任何组织、任何性质工作和任务、任何对象的固定的领导性格特质、领导类型和领导行为方式，都是不现实的，明白了组织管理应根据组织所处的内部和外部条件随机应变。普遍认为领导过程是领导者、被领导者及其环境因素的方程式。

领导的有效性＝f（领导者、被领导者、环境）①

领导的效率与领导者所处的具体情境和环境有关，不能用固定的模式进行管理，于是就产生了权变理论。权变理论的出现，标志着现代西方管理心理学或领导学研究进入了一个新的发展阶段。

1. 专制-民主连续体模式

美国的坦南鲍姆和施密特提出了领导行为连续体理论。他们认为，由于领导者运用权威的程度不同和下属在决策时享有的权限不同，在"专制"与"民主"这两种极端的领导方式之间，存在着许多不同的领导方式，这些领导方式构成一个连续体。在这个连续体上，从左到右，领导者的职权运用逐渐减小，而下属拥有的民主权利逐步增大。领导者应根据下属是否有自主的要求以及是否具有承担责任的能力等因素来决定采用何种领导方式。

2. 费德勒模式

心理学家费德勒最早对权变理论做出理论性评价。费德勒认为，领导者的行为及其所要追求的目标具有多样性。这种多样性的存在，是由领导者之间在基本需求方面的差异决定的。因此，应当而且必须以此种需求结构来界定领导方式。这是费德勒权变理论的基本出发点。所以，费德勒将领导方式（领导型态）归纳为两类，即"员工导向型"领导方式和"工作导向型"领导方式。费德勒还设计出一种LPC量表，用以鉴别不同的领导方式，并认为无论何种领导方式均有利弊，十全十美的领导方式是不存在的。

3. 领导参与模式理论

领导参与模式是由弗鲁姆和耶顿提出的。这种模式主要是研究决策中的领导行为。该模

---

① 赵国祥，杨巍峰. 管理心理学 [M]. 开封：河南大学出版社，1995：104.

式指出：领导在进行决策时，会有各种选择的可能性，有效的领导应根据不同的情境让成员不同程度地参与决策。弗鲁姆认为有五种领导方式应由不同情境中灵活选择。而弗鲁姆这个模式是规范性的，它以决策树的形式提出了一系列应遵循的连续的规则，来确定在不同的情境中选择参与决策的方式和程序。

4. 领导成员交换理论

领导成员交换理论是由乔治·格里奥提出的。该理论认为领导是领导者与下属之间动态的物质、社会利益和心理交换的过程，领导者与下属之间的双向互动是领导过程的核心。领导者与下级中少部分人建立了特殊关系，这些下级成为圈内人，他们与领导是相互信任、相互尊重、相互支持的交互式关系，与领导之间有更多的感情联系，更受领导信任和关照，他们在服从领导时更为积极、主动，并能发挥最大的才智完成工作任务。与领导关系一般的下级为圈外人，则是一种以等级关系为基础的契约关系，是一种纯粹的工作关系，他们与领导接触少，也很少能得到领导额外的奖励和机遇。因此，领导者与下属中不同成员的亲疏程度是影响领导绩效的重要变量。

5. 领导生命周期理论

美国学者科曼提出了领导的生命周期理论。这个理论指出了有效的领导者所采取的领导形态和被领导者的成熟度有关，当被领导者的成熟度高于平均以上时应采用低关系、低工作的行为；当被领导者成熟度一般时，应采用高关系、高工作行为，或高关系、低工作行为。当被领导者成熟度低于平均水平以下时，应采用低关系、高工作行为。成熟指的是有成就感的动机、负责任的愿望与能力、具有工作与人群关系方面的经验和受过相当的教育。领导生命周期理论指出对心理成熟程度不同的对象应采取不同的领导行为。

（五）领导理论的新动向

领导问题一直是管理学和心理学的热点，近年来又涌现了诸多有关领导的新观点。相对于以往的领导理论，这些新观点或者从原有角度进行了深化，或者从其他角度进行了丰富，使领导这一领域更加呈现"理论丛林"的现象。

1. 领导归因理论

该理论认为，在领导情境下，领导主要是人们对其他个体进行的归因。研究者发现，人们倾向于把领导者描述为具有诸如智慧、进取心、勤奋、善于表达等素质的人。而且，不论情境如何，人们都倾向于将"高-高"（即结构和关怀维度都高）领导者视为最佳。当组织绩效极端低或极端高时，人们倾向于把它们归因于领导。领导的归因理论为研究者们正确看待在不同情境下领导者的作用提供了思路。

2. 领导魅力理论

领导魅力理论的研究者试图确认有领导魅力的领导者的个性特征。大批研究者分离出了区别有领袖魅力的领导者与无领袖魅力的领导者的关键特点，可以概括为：自信、远见、清楚表达目标的能力、对目标的坚定信念、不循规蹈矩的行为、作为变革的代言人出现、环境敏感性等。领导魅力理论强调领导者的魅力可以通过培养而获得。学者们对领导魅力理论的探讨正在深入，众多研究都强调了魅力型领导者的出现及有效性与领导者所处情境之间的关系，不赞成普遍有效的魅力型领导者的存在。

3. 交易–变革型领导理论

美国政治社会学家詹姆斯·麦格雷戈·伯恩斯首次将领导划分为两种类型：交易型领导和变革型领导。伯恩斯认为传统的领导可以称为一种契约式领导，即在一定的体制和制度框架内，领导者和被领导者总是进行着不断的交换，在交换的过程中领导者的资源奖励（包括有形资源奖励和无形资源奖励）和被领导者对领导者的服从作为交换的条件，双方在一种"默契契约"的约束下完成获得满足的过程。交易型领导者通过明确工作角色和任务，指导并激励下属向着既定的目标前进，这类领导者典型的行为是通过奖赏、承诺来维持组织的高绩效。与此相对，变革型领导者以自身的领袖魅力，通过关注员工的需求，影响和改变员工对待工作的态度、信念和价值观，鼓励员工为了组织利益而超越自身利益。变革型领导者不是为了既定的目标去实施领导，而是强调领导者和下属的互动，对下属不仅仅提供物质奖励，还对下属情感和成长需要加以满足。

4. 超越型领导理论

超越型领导也叫"超级型领导"或"超脱型领导"，是曼兹和西姆斯提出的领导理论。他们认为。超越型领导者会帮助下级发现、利用和最大限度地发挥自己的能力，会授权下级对组织做出充分贡献。这种领导方式的关键是：要求下级进行自我领导，将下级培养成自我领导者。曼兹和西姆斯指出，自我领导是一种我们为达到自我激励和自我定向而对自己施加的影响。超越型领导者不同于一般的领导者：他们要训练下级自我设置目标，对行为进行内在强化，自我安排职务，同时进行自我批评和表扬。超越型领导者本人能为下级做出自我领导的榜样，通过令人信服的榜样显示自我领导，鼓励下级按这种方式进行演练，形成自我领导行为和创新的思维模式。

5. 愿景型领导理论

愿景型领导理论强调领导者本身如何在了解员工的前提下建立组织共同奋斗的愿景，因此被命名为愿景型领导理论。该理论阐释了愿景型领导者的有效行为和重要特质，还用大量篇幅描述他们所担当的"组织设计师"角色，指出领导者行为不仅旨在激发追随者动机，还出于构建组织文化目的。愿景是领导的核心要素。领导者要能够提出清晰明了、有吸引力、可信赖的愿景——关于组织及其成员更高尚、更美好的未来图景。领导者在构建愿景时，必须考虑追随者的需要，使追随者、领导者和组织的共同价值内化于愿景，并要准确识别来自组织内外部环境的机遇与挑战等。然后，领导者用强有力的方式传达愿景，并通过激发追随者、授权追随者去为实现愿景而奋斗。

6. 领导伦理

在当代组织中，无论是在领导者进行决策过程中，还是在领导者与下属的相互作用过程中都会越来越多地涉及道德问题。这些问题包括：领导者在制定组织目标时是否考虑了社会道德规范；领导者是否公正地对待每一个下属；领导者与下属在沟通过程中是否诚实；领导者有没有关注下属需要、有没有为下属服务的意识；领导者在带领组织实现目标的过程中是否承担了社会责任等。对这些问题的研究无疑和组织的绩效与声誉有着密切的关系。

希望通过对西方领导理论研究的回顾，较全面地反映西方领导研究的发展动因及当今西方领导学界对领导现象的最新理解，从而对读者在这一问题上进行有效深入的研究产生一定的启迪和借鉴作用。

📢 名家语录

校长是一个学校的灵魂，要想评论一个学校，先要评论他的校长。

——陶行知

第三节
学校领导艺术

🎯 学习目标

领悟校长领导学校的艺术。

所谓领导艺术，是指在长期领导实践中总结出来的领导技巧、策略和特殊方法的总称，是领导者在管理活动中所积累的经验与技能的结晶。领导艺术是领导者智慧、才能、经验和胆略的综合体现，它贯穿于领导活动的整个过程。因此，领导艺术是最能体现领导者的领导水平的。

领导艺术不同于领导技术和领导方法。领导技术是领导者借助外在的物质技术手段来解决领导问题的一种方式，而领导艺术是属于领导者自身的、内在的一种技巧；领导方法是领导者为解决问题，实现领导目标而普遍运用的方法，它具有普遍性、规范性的特点，而领导艺术是一种具有特殊性、独创性的方法。领导艺术是领导技术和领导方法的升华。

领导艺术对于开展领导活动、提高领导效能是非常重要的。在现实活动中，领导目标、领导方式、领导素质对实现有效领导是很重要的，但当这些方面基本具备的时候，领导艺术水平的高低便决定了领导效能的大小。因此，对领导者来说，在实践中不断总结领导经验，逐步积累领导艺术是非常重要的。校长领导艺术的内容具有广泛性，涉及学校管理的各个方面。就主要内容而论之，有如下几种领导艺术。

一、决策的艺术

管理的决策，从根本上说是个科学问题，学校管理决策的科学化，是学校管理科学化的标志，但是，决策作为一种领导过程、行为，从一开始就是一门艺术，随着决策科学化程度的提高，决策的艺术也要不断提高。

（一）知情知理

作为一所学校的领导，其管理的范围是有限的，需要做出决策的事也是有限的。并且，一般来说，常规决策比较多，非常规决策比较少。但是，学校管理的决策影响深远，调整决策比较困难，所以学校领导决策时要慎重，应该做到知情知理。

知情，就是要充分了解涉及决策的各种情况，如历史与现状、有利与不利、主观与客观、需要与可能等等。要掌握与本校类似学校的动向，以资借鉴。除了通过间接方式掌握情况外，一定要亲临其境看一看，找当事人、师生谈一谈，亲自做些实验，取得必要的一手资料。

知理，就是要了解所需决策事情的规律、道理。学校管理决策，除了要求全真的信息，还十分强调理论论证，要求有理论上的依据。因此，校长决策时，不仅要掌握充分的情况，还要掌握有关的科学理论。

（二）多谋善断

多谋善断是学校领导在复杂多变的学校管理中应掌握的决策艺术。多谋与善断两者是相辅相成的。只有多谋，才能对复杂情况考虑得周全，善断才有基础；只有善断，多谋才能发挥作用。多谋，就是从多方面提出多种谋划。校长决策过程中，要考虑决策的各方面影响因素及与之联系的各方面条件；要考虑解决问题的各种途径，提出几个性质不同的方案做备选；要考虑有利条件、不利条件，决策的前后与反复，决策结果的利与弊。以此做到深谋远虑、三思而行。善断，就是校长在多谋的基础上做出优化的决策。在决策中，校长要表现出领导者坚定性管理的魄力，果断决策。校长要敢于坚持正确主张，敢于冒一定风险，并敢于承担责任。否则，如果只有多谋，而无善断，就只能坐而论道，优柔寡断。

（三）当机立断

校长的管理决策，同各种决策一样，都有选择时机的问题。决策就时间意义说，就是选择适当的时间去做事情。决策一件事情，首先要分析其利害与可行性，择利大害小、有利条件多不利条件少、可行因素多不可行因素少者而行之。而决定事物这些性质的重要因素是时间界限。事物的性质在时间坐标上的质和量都会不断发生变化。时间选择适当与否，在一定意义说，就决定了工作的利害关系及可行性。

学校管理决策的时机可分为四种状况。第一，最佳时机：条件成熟，群众有要求，成功可能性大，预计效果好。第二，可行时机：具备主要条件，群众开始认识，有成功可能，预计效果较好。第三，勉强时机：可以争得条件，经过说服群众有可能同意，成功希望大于失败，可以争取一般效果。第四，不可行时机：不具备条件，群众不同意，失败可能大于成功，预计效果不好。决策要选择最佳时机，但这样时机较少，可以用可行时机，慎用勉强时机，不用不可行时机。

学校管理决策的运用时机的形态也可分为四种。第一，适当，不前不后，不早不晚，适宜时刻。第二，提早，在适宜时刻之前。第三，延后，比适宜时刻稍迟。第四，耽误，时过境迁，决策过时。决策运用，要选择适当时刻，可用提早时刻，慎用延后时刻，不用耽误时刻。

（四）因地制宜

学校管理决策和各种决策一样，要有所断定，就需要明确的规定性和清楚的界限。学校教育复杂而多变的特点，决定了学校的决策既要有规定性，又要有弹性；既要有界限，又要有变通性，要依据地点、场合、条件来制定执行决策，防止"一刀切"。不承认个性，不承认差别，不因材施教，而固守僵死的模式是管理不好学校的。当然，也要防止随意性，如果不承认原则，不承认基本的规定性，失去任何限制，使决策灵活到随意的程度，管理也就不存在了。学校管理决策的艺术，就在于因地制宜，使原则性和灵活性有机地结合起来。

（五）群策群力

因为学校管理决策要面对学校教职员工、学生的群体，决策的内容要涉及群众的工作、学习和生活，决策最后也由群体来执行，所以，学校的决策需要群策群力。群策和群力相互联系。只有群策才能组织动员群众，只有群力才能有效实施群策。学校实行群策群力，能够提高决策的准确性，增强群体对决策的认同感，增加执行决策的动力。实行群策群力的形式有三种：一是参与，群体参加决策，提出意见、建议，执行决策；二是审议，群体通过一定的组织会议参加审查、论证、评议等决策环节；三是咨询，群体承担部分资料收集、技术论证、方案拟订等决策工作。

二、用人的艺术

办好学校最根本的问题是调动、发挥教职员工的积极性、主动性和创造性。这就要求学校的领导，讲究用人之道。既要明白用人的科学，对人员进行科学管理，又要掌握用人的艺术，知人而善任。知人与善任是用人艺术中两个相互联系的方面。不知人就难以善任，不善任就不能深刻知人。

（一）知人

知人，就是了解人、认识人，对校长来说，是一项最起码的要求，是一项最基本的功夫。知人，首先是个科学问题，必须采取科学的态度与方法。例如，采取考核法、调查法、问卷法、档案法、量表法、统计法等对人进行调查了解。知人，必须规定科学的内容，对人进行全面、深入的了解。包括了解人的德与才，知识与智力、能力，道德与气质、性格，认知与情感、意志等方面的优点与缺点。知人，要采取科学的内容、方法，能够确实、可靠地认识人，能够对人做出规律性的结论。但是，要充分地知人、理解人，不能限于科学的规定性与概括性，还要有艺术的灵活性与具体性。

1. 从不同角度了解人

要知人，就要了解人们在正常环境中的表现，也要重视人们在特殊环境中的态度；要了解人们在公开、正规场合中的表现，也要重视人们在非公开、非正规场合的举止言谈；要了解人们的理智行为表现，更要重视情感的无意流露；要了解人们的有意的意志行为，更要重视无意的自然的表达；要了解人们与人共事时的表现，也要了解独立工作时的表现；要了解人们顺利时的表现，也要了解困境中的表现；等等。只有从不同角度才能了解人的不同方面，才能全方位了解人的全貌。

2. 从动态中了解人

科学地考核人，要静态与动态相结合。在取样、分析综合、抽象概括、定量定性中，要以静态为主。而知人的艺术则要求在动静的对立统一中，以动态为主看待人。在人的活动中了解人，看人的发展变化，了解过去、现在的变化，预见将来的变化。既要了解人的稳定因素，也要了解人的可变因素。

3. 从联系中了解人

人处在环境中，即处在各种人际关系和不同条件中，因此，考察人的言行举止不能脱离时间、地点、人际、条件，更不能断章取义。校长作为学校的领导者，切忌孤立地去看人，而是要在各种关系中了解人。既要了解人们与同级相处的关系，还要了解他们与上级、下级相处的关系；既了解人们在社交中的关系，也要了解他们在家庭中的关系。

🔍 案例

选拔教务处主任

某学校选拔教务处主任，学校经过考察推举学校唯一的硕士小张老师作为候选人。小张刚刚 27 岁，是该学校学历最高的年轻教师。他科研成果突出，被评为优秀教师。为人谦虚谨慎，待人和蔼可亲。小张老师的不足之处是在此之前没有承担过任何管理工作，而且他不太愿意进行交际活动。

在学校领导班子会上，大家一致认为，小张德才兼备，完全符合干部的要求，是教务主任的合适人选，于是，一致同意小张担任教务主任。当校长找小张谈话时，小张表示自己工作能力不行，做教务主任不合适，最好还是让他静静心心地搞业务。但经过校领导多次做工作后，小张服从了组织的决定。教师对新的教务主任寄予了很大的期望，并积极给予配合。然而，不久之后，他们就大失所望。他们发现，新的主任不仅对学校教学管理缺乏思路，而且魄力不够、缺乏主见。小张自己也在班子内部提出，这个班子就做个"维持会"吧。于是，在这之后的一年多时间里，学校工作就这样维持着现状，许多发展机遇都未能及时抓住，学校发展处于停滞状态。一些教师从期望变为失望，进而产生了不满。

小张自己也感到教务主任这个工作成了他的包袱，有了思想负担，还由此影响了身体。在这种情况下，小张向学校提出了辞呈，要求辞去教务主任的职务。但是，学校领导班子认为班子组建时间不长，与四年任期的到期期限相差太远，加之小张又没有犯什么错误，所以不能批准他的辞职申请。然而，小张去意已定，于是，他不去参加学校召开的任何有关会议和活动，也不召开教务会议，甚至连主任办公室也不去。这个状况维持了几个月，学校领导班子才同意小张的辞职。就这样小张从做了近两年的教务主任岗位上无功而退。

从上述材料出发，你认为学校领导在选拔教务主任这件事上有哪些教训？

（二）善任

善任，就是量才使用，扬长避短，适才所用，这是领导管理者的主要职责。只有善于任用人，才能落实管理的目标、部署，调动人们的积极性，发挥人们的主动性、创造性，提高工作效率、质量。

1. 大胆任用

用人的科学侧重于量才使用，用人的艺术侧重于大胆任用，量才使用和大胆任用相辅相成，构成完整的用人之道。大胆任用建筑在充分知人的基础之上，不是盲目地无根据地用人。大胆任用，就要不拘一格任用人才，要敢于使用具有一技之长的人。要敢于使用优点突出缺点明显的人，要敢于使用有过错误而认真改正的人，要敢于起用年轻人、新秀和有创见的人。

2. 用人所长

任用人，要用其所长，避其所短，发挥作用，避免失误。人的长处与短处是相对而言的。个体的诸素质之间相比较有长处与短处，个体在人际环境中相比较有长处与短处。两者可能是统一的，例如，某人擅长美术，在群体中比较出众，工作环境又需要，那么，个体的长处便成为人际环境中的长处。两者也可能是不统一的，例如，某人喜欢音乐，但在群体中相比之下素质较差，工作环境又不需要，那么个体的长处，在人际环境中并不是长处。用人的艺术在于使个体长处在人际环境中尽量得到发挥，使个体短处在人际环境中发生转化，适应客观的要求。人的长处与短处在不断变化之中，要善于使用在现实看来不显著但是在发展中的长处，在使用中促其发展。要敢用现实看来明显，但是在转化中的短处，在使用中促其克服。

3. 委以重任

科学用人讲究"才职"相适，不任用不称职的人，不"大材小用"。用人艺术讲究委以重任，调动教职员工的积极、主动性。"才职"相适，委以重任，也是相辅相成的两个方面。委以重任，在量上，意味着超过正常负荷；在质上，应理解为任务要求超过现有水平，使下属工作有紧迫感、危机感，可望又可即，但是要做相当的主观努力，不能唾手可得。委以重任在质上、量上都要有度，不能委以下属经过努力而无法完成的任务。

4. 用人不疑

用人不疑，疑人不用，校长对自己任用的下属要充分信任。上级应该授予下属与职级相适应的权力，规定他们应该完成的任务，使职务、责任、权力相对应。上级只给下属指方向，提供条件，给以必要的检查、指导、评价，不代替、干扰下属的工作，更不能侵犯下属的权利。

三、处事的艺术

"事"是指学校管理中相对完整、独立、最小的具体的管理项目，"事"是一件一件的，有始有终的，有具体的形式与内容。处事泛指学校领导处理学校日常事务。处事要有科学方法，要掌握处事的艺术。有一种习惯的提法说"校长要摆脱事务"，意在要求校长抓主要工作，不要陷入事务圈子。这种提法有积极一面，但不完全科学。作为一个基层管理者，不可能回避事务，事务是常规管理的基本内容，是客观存在的，不应该摆脱，也摆脱不了，一时摆脱它还会找上门来。学校管理者应该善于处理事务，做到理事有效率、讲质量。

（一）大处着眼，小处着手

处理学校的事，要有战略眼光，要考虑到学校的整体和未来，不能因一时一处的利益，妨碍全局的长远的利益。教育是面向未来的事业，学校管理周期长，不面向未来做长期打算，只敷衍了事，是管理不好学校的。但是，事又是具体的，理事不能只务虚不务实，只搞规划不抓落实，必须从小处抓起，从基础抓起。

（二）分辨轻重，决定缓急

校长每天都会接触到许多事，必须对诸多的事务有一个辨别，何者为轻，何者为重，何者特殊，何者一般。要根据事的性质，决定哪些事从简，哪些事下力办，哪些合并去办，哪些交下属去办，哪些需要急办，哪些应该缓办。管理学校的事，不能事无巨细，不分缓急，事事急办，全面紧张。管理忙乱、节奏失调的结果是降低质量、影响效率。

（三）分级负责，分层处事

学校管理要按管理系统的层次分级定出责任，分级处事。权限过分集中，事必躬亲，是管理忙乱、混乱的原因。学校领导的责任是引导方向、规定任务、使用干部、检查指导，处理那些学校领导层必须办的事。上司不可无端干预下属工作，轻易改变下属决定，更不能代替下属的工作。

（四）理事清楚，办事落实

校长对于所理之事，必须情况清楚，明确范围、性质和是非界限。要掌握有关政策、规定。对于有分歧的事，还要明确各方面的意见。在此基础上提出条理清楚的理事办法。校长对情况不了解、态度暧昧、是非模糊是理事失误的基本原因。理事落实就是要求件件事情出结果。不能办的事要说明理由；该办而缺乏条件暂时不能办的事要解释清楚；应该办能办的事，见到实效。理事切忌久拖不决、决而不行、行而不见实效。

（五）抓紧时间，抓住机会

校长理事要及时，要养成及时处理事务的习惯，不积压事务，上报下达迅速准确。管理要超前，发挥指引作用，克服管理滞后现象，因为管理滞后意味着领导效能降低。如果管理活动已经运行还没有计划，或者管理活动已经展开还没有检查指导，或者管理活动已经开始还没有准备，或者管理已经结束还没有评价总结，等等，那么领导管理就是一句空话了。理事要选择最佳时机，掌握机遇。对于时机不成熟的事要等待时机，时机一到就要当机立断。在有利的时机，恰当的场合，可以顺利理事，错过了机会，简单的事会变为复杂的事。

（六）讲究效率，追求质量

提高理事的效率，必须建立理事的秩序，建立受理、处理事务的程序，循序理事。这样才能克服忙乱、混乱现象，提高理事的速度。

会议是理事的重要形式。要提高理事的效率，必须精简会议，提高会议质量。能够通过其他方式解决的事，不要召开会议。例如，可以通过文字及各种软件传递的信息，可以个别沟通的问题，就不一定通过会议传递、沟通。会议要准时、惜时，准备充分；主题要明确，内容要新鲜；领导讲话要简洁、准确；只让有关人参加会议，要给与会者充分表达意见的机会；会议要形成决议。

要提高处事质量，就要了解所处之事的情况，掌握政策规定，明确是非界限，统一各方意见，采取有力措施，然后进行检查催办，狠抓落实。处理一件，了结一件，不要留后遗症。

四、统筹的艺术

学校是一个复杂的有机整体，是一个由许多部分组成的结构。为了使学校管理正常运行，需要掌握规划、安排、调整、协调等方面的统筹艺术。毛泽东同志曾经指出："领导人员依照每一具体地区的历史条件和环境条件，统筹全局，正确地决定每一时期的工作重心和工作秩序，并把这种决定坚持地贯彻下去，务必得到一定的结果，这是一种领导艺术。"[①] 校长必须掌握依据管理目标，依照具体情况，进行统筹管理的艺术。

（一）全面规划

要统筹管理好一所学校，首先要做好学校的全面规划。规划是指向未来的，规划具有全局性、战略性，指示总方向、大目标，比计划要粗略。制订学校全面规划，在纵向上要统筹一个相当长的时期，要按学校发展的历史与现有条件，预测其发展趋势，确定总目标，划分发展阶段，从而确定纵向规划。在横向上要统筹学校与社会、学校内部各方面的关系。根据需要与可能，确定各方的比例，建立协作与制约关系。确定了学校的全面规划，掌握了统筹学校的纲，学校也就在时间、空间的纵横坐标上确定了位置，才有可能做到统筹兼顾、总体设计、系统安排。

（二）掌握重心

掌握重心是学校管理正常运行的前提条件，重心不稳，学校管理运行就失去平衡，就有

---

① 毛泽东. 毛泽东选集（第3卷）[M]. 北京：人民出版社，1991：901.

偏离轨道的危险。学校管理的重心是教育、教学的管理。学校的各方面、各项管理都要围绕这个重心，这一条必须成为学校管理坚定不移的原则。校长能够在各种环境、各种条件下采取得力的措施，把握住教育、教学这个重心，就是统筹管理的一种艺术。为了确保教育、教学重心的地位，从每一个阶段来说，要确定更具体的重心。从各个方面来说，要围绕学校整体的重心确定各自的重心。重心一经确定，就要投放相当的人力、物力、财力于管理重心，各方面管理要围绕、服务于这个重心。

（三）建立秩序

任何一种管理都必须建立起秩序，没有秩序管理就会脱离轨道，从而无法进行统筹管理。特别是学校管理，秩序的意义更加突出。校长要善于根据学校管理的目标与要求，结合实际情况制定学校的规章、制度、规定、规程、规范，并在学校管理中坚定不移地贯彻执行，令行禁止，采取坚决有效措施纠正越轨行为。学校的风气是群体中长期形成的不成文的秩序，风气具有特别的影响力和约束力，因此，学校领导要致力于建立优良的校风。

（四）调整结构

学校是一个整体结构，由人员结构、组织结构、工作结构、设备结构等诸种结构构成。要充分发挥学校各个结构的功能，使结构适应管理，成为管理统筹的骨架，就要不断地对结构进行调整。调整结构有两个方面的内容：一个是调整组成结构的因素使之相对稳定，适当流动，适应结构功能；另一个是调整组成结构的方式，依据结构的功能和具有的因素，选择最佳的构成。

（五）协调关系

学校内外存在种种复杂关系。统筹的艺术，在一定意义上说，是要协调好各种关系。协调，就是要在原则指导下，尽量灵活考虑实际状况和各方意见。协调关系就是要把握住主要关系和主要关系的主要方面。在学校组织关系中，以党政关系为主要关系，行政组织为主要方面；在人际关系中，以干群关系为主要关系，干部为主要方面；在工作关系中，以教与学关系为主要关系，教为主要方面。协调了主要关系，可带动各种关系的协调；抓住了主要关系的主要方面，就掌握了协调的主动权。协调关系要将原则性与灵活性结合起来，协调目的是使关系适应、促进管理，不能违背这个根本原则，不能建立不利管理的"协调关系"。

（六）安排时序

统筹，体现在时间管理上就是安排好时序。学校的总体设计、统筹规划、协调措施都要在时序中体现。时序安排，长期的有几年、几十年，中期的有学年、学期的，近期的有月、周、天等。校历、活动表、作息表、课程表都属于时序安排的格式。掌握统筹时序的艺术，要注意纵向、横向的联系，控制管理的节奏，分析主客观条件和承受能力，考虑人员、设备的合理利用等。

名家语录

做一个学校校长，谈何容易？说得小些，他关系千百人的学业前途；说得大些，他关系国家与学术之兴衰。

——陶行知

本章小结

本章主要介绍了学校组织变革与领导理论。在此基础上，从决策、用人、处事、统筹四个方面具体分析了学校的领导艺术。

首先在阐述学校组织变革概念基础上，剖析了变革的过程及策略，介绍了国内外学校组织变革的实践。学校组织变革具有五种范式：平衡范式、冲突范式、技术范式、政治范式和文化范式。组织分析具体包括职能分析、决策分析、关系分析和运行分析。有效实现学校组织变革，有三大基本策略：理性-经验策略、规范-再教育策略、权力-强制策略。

其次辨析了领导、管理、领导力等概念，并着重介绍领导特性理论、领导作风理论、领导行为理论、领导权变理论以及领导理论研究的新动向。关于领导理论的研究已逾百年，领导特质理论是最早的理论分支。每一个领导理论分支在后续的发展中又产生了大大小小的细枝流派。这些理论对于学校领导研究的有效深入和不断创新产生启迪和借鉴作用。

最后主要阐述了校长作为领导，其决策的艺术、用人的艺术、处事的艺术、统筹的艺术以及应用策略。决策要知情知理、多谋善断、当机立断、因地制宜、群策群力。用人的艺术是指知人善任。处事要有效率，讲质量。统筹要善于全面规划、掌握重心、建立秩序、调整结构、协调关系、安排时序。

总结 >

Aa 关键术语

学校组织变革	领导特性理论	领导行为理论
Organizational Change of School	Traits Theories of Leadership	Behavioral Theories of Leadership

| 领导权变理论

Contingency Theories of
Leadership | 领导艺术

Art of Leadership |

章节链接

本章在阐述学校组织变革概念的基础上，剖析了组织变革的过程及策略，介绍了国内外学校组织变革的实践及领导理论。本章内容与第二章第一、第二、第四节，第六章第二、第三节具有系统性关联。

应用 >

批判性思考

领导力具体包括以下五种能力：学习力，构成的是领导人超速的成长能力；决策力，是领导人高瞻远瞩的能力的表现；组织力，即领导人选贤任能的能力的表现；教导力，是领导人带队育人的能力；感召力，更多地表现为领导人的人心所向。

对此，你怎么看？请说说理由。

体验练习

深入某中小学进行为期一个月的实地观察，对某中小学校长在学校管理实践中的做法进行经验总结。然后，在此基础上，系统分析其领导行为，归纳评价其领导艺术。最后，提交一份详尽的分析报告。

案例研究

贾校长的困惑从何而来？[①]

贾校长根据教育局的安排，调到问题较多的五中中学来当校长。贾校长到任不久，就发现原有校纪校规中确有不少不尽合理之处，需要改革。但他觉得先要找到一个能引起震动的突破口，并能改得公平合理，令人信服。他终于选中了一条。原来学校里规定，本学校干部和教师，凡上班迟到者一律扣当月奖金 1 元。

---

① 包春华．新任校长的困惑 [J]．教育发展研究，2005（12）：85-86．

他觉得，这规定貌似公平，其实不然。因为干部们发现自己可能来不及了，便先去其他地方兜一圈再来学校，借口因公事晚来而免于受罚。教师则无借口可依。学校200来人，近半数是女教师，家务事多，早上要送孩子上学或入园。教师散住全市各地，远的途中要换乘一两趟车。碰上塞车、下雨、下雪，尽管提前很早出门，仍难免迟到。有学校干部提醒他，莫轻举妄动，此禁一开，纪律松弛，不可收拾。而且别的学校规定教职员工迟到一次扣10元，第二次扣20元，第三次扣30元。我们学校才扣1元算个啥？但贾校长认为，这个规定一定要改，因为1元钱虽少，教师觉得不公、不服，气不顺，就影响到工作积极性。于是在学校职工会上，他正式宣布，以后教师迟到不再扣奖金，并说明了理由。老师们报以热烈的掌声。不过贾校长又补充道："迟到不扣奖金，是因为常有客观原因。但早退则不可原谅，因为责在自己，理应重罚，要扣奖金。"教师们对此反应冷淡。新校规颁布不久，就有4名教师提前10分钟至30分钟不等去吃饭或者回家。办公室请示怎么办，贾校长断然说道："照新校规扣她们奖金，这才能令行禁止嘛。"次日中午，贾校长在学校门口遇上了受罚教师之一的小郭，问她道："罚了你，服气不？"小郭扭头道："有什么服不服？还不是你校长说了算！"贾校长默然。当天下午，贾校长与这4名教师谈话。原来这4名教师中，有一个教师因为自己的孩子在幼儿园尿湿了裤子，提前去了幼儿园。另外有一个教师因为肚子不舒服去了医院。还有一个教师因为爱人生日去了一下花店。最后一位教师什么也没有说，认为罚就罚了吧！

思考题：

1. 你是否赞同贾校长修改校规的做法，为什么？

2. 请运用本章的知识，谈谈怎样运用制度来管理学校？

管理一线纪事

某学校李校长刚刚上任，经过一段时间对学校情况的考察和摸索，他决定从教学工作着手开展校长工作。李校长认为，一个不懂教学的校长是不可能树立威信的。自己过去在学校也有较多的教学管理经验，所以他很希望在教学管理方面显示自己的管理能力。刘副校长是该校主管教学的副校长，对教学业务很有研究，教学管理能力非常强。这样，在实际工作中，李校长经常插手教学工作。有时为了推行自己的主张而否定刘副校长的正确主张，有时甚至把刘副校长的一些成功经验说成是自己的。

请问：

1. 你认为李校长对校长的职责和权威的理解是否正确？

2. 如果你是刘副校长，在这种情况下，你要如何做好教学副校长的工作？

拓展 >

补充读物

1　常思亮 . 教育管理学 ［M］. 长沙：湖南大学出版社，2007.

　　本书包括教育管理理论和教育管理实践两大部分。其中第二部分第七章主要论述了校长及学校领导艺术；第十章讨论学校特色创建，与本章内容均有密切联系。

2　褚宏启 . 教育管理学教程 ［M］. 北京：北京师范大学出版社，2013.

　　本书主要内容涉及教育管理学的特点、学校战略发展、学校组织文化、学校创新管理、学校知识管理和学校领导学等当今教育管理及现实中不可避免的专业和热点问题。其中，第五章和第六章与本章所述内容紧密相关。

参考文献

[1] 班华 . 现代德育论（第二版）[M]. 合肥：安徽人民出版社，2001.

[2] 鲍传友 . 做研究型教师 [M]. 北京：教育科学出版社，2009.

[3] 财政部预算司 . 中央部门预算编制指南 [M]. 北京：中国财政经济出版社，2005.

[4] 常思亮 . 教育管理学 [M]. 长沙：湖南大学出版社，2006.

[5] 陈孝彬 . 外国教育管理史 [M]. 北京：人民教育出版社，1996.

[6] 陈孝彬，高洪源 . 教育管理学 [M]. 北京：北京师范大学出版社，2008.

[7] 陈云岗 . 品牌批判 [M]. 广州：广州出版社，1999.

[8] 程凤春 . 学校管理的 50 个典型案例 [M]. 上海：华东师范大学出版社，2009.

[9] 范国睿 . 学校管理的理论与实务 [M]. 上海：华东师范大学出版社，2003.

[10] 范先佐 . 教育财务与成本管理 [M]. 上海：华东师范大学出版社，2004.

[11] 范先佐 . 教育经济学 [M]. 北京：人民教育出版社，1999.

[12] 葛金国 . 学校管理学 [M]. 合肥：中国科学技术大学出版社，1996.

[13] 葛新斌，等 . 现代小学教育管理新论 [M]. 济南：山东教育出版社，2013.

[14] 葛新斌，等 . 中小学教师激励与管理 [M]. 济南：山东教育出版社，2013.

[15] 郭继东 . 学校人力资源管理 [M]. 天津：天津教育出版社，2006.

[16] 何佳讯 . 品牌形象策划 [M]. 上海：复旦大学出版社，2000.

[17] 黄济，王策三 . 现代教育论 [M]. 北京：人民教育出版社，1996.

[18] 黄崴 . 教育管理学 [M]. 广州：广东高等教育出版社，2002.

[19] 江月孙，赵敏 . 学校管理学 [M]. 广州：广东高等教育出版社，2000.

[20] 教育部教育师范司 . 教师专业化的理论与实践（修订版）[M]. 北京：人民教育出版社，2003.

[21] 金含芬 . 学校教育管理系统分析 [M]. 西安：陕西人民教育出版社，1993.

[22] 康万栋，李晗 . 研究提升内涵：中小学教科研与应用 [M]. 保定：河北大学出版社，2012.

[23] 雷树福 . 教研活动概论 [M]. 北京：北京大学出版社，2009.

[24] 李波 . 教育管理与案例分析 [M]. 上海：复旦大学出版社，2011.

[25] 李春生 . 比较教育管理 [M]. 南京：江苏教育出版社，2008.

[26] 李冀 . 教育管理辞典 [M]. 海口：海南出版社，1989.

[27] 李秀忠，刘桂莉 . 公共关系学 [M]. 武汉：武汉大学出版社，2009.

[28] 李永生 . 学校效能建设 [M]. 北京：教育科学出版社，2012.

[29] 林文达 . 教育财政学 [M]. 台北：三民书局出版社，1983.

[30] 刘凤军 . 品牌运营论 [M]. 北京：经济科学出版社，2000.

[31] 刘志华 . 学校领导学 [M]. 广州：广东高等教育出版社，2008.

[32] 鲁洁，王逢贤 . 德育新论 [M]. 南京：江苏教育出版社，2000.

[33] 缪和平，杨天平 . 学校管理实践哲学 [M]. 北京：人民出版社，2006.

[34] 潘国青 . 学校教育科研新论 [M]. 上海：上海教育出版社，2005.

[35] 齐振海 . 管理哲学 [M]. 北京：中国社会科学出版社，1988.

[36] 乔春洋 . 现代学校管理 [M]. 广州：羊城晚报出版社。2003.

[37] 屈云波 . 品牌营销 [M]. 北京：企业管理出版社，1996.

[38] 宋维红 . 学校公共关系理论与实践 [M]. 北京：中央编译出版社，2007.

[3.9] 苏晓东，郭肖华，洪瑞昇 . 720°品牌管理：概念与运用 [M]. 北京：中信出版社，2002.

[40] 孙绵涛，周克义，邓歌 . 行为科学新论 [M]. 广州：华南理工大学出版社，1992.

[41] 孙绵涛 . 教育组织行为学 [M]. 福州：福建教育出版社，2012.

[42] 孙培青 . 中国教育史（第三版）[M]. 上海：华东师范大学出版社，2009.

[43] 田玉敏 . 当代教育哲学 [M]. 天津：天津社会科学出版社，1991.

[44] 王德清 . 学校管理学 [M]. 重庆：西南师范大学出版社，2011.

[45] 王连昌 . 行政法学 [M]. 北京：中国政法大学出版社，1994.

[46] 王绪池，范志兴，侯永川 . 学校总务管理案例 [M]. 重庆：重庆大学出版社，2012.

[47] 吴刚平 . 学校课程管理实务 [M]. 北京：高等教育出版社，2005.

[48] 吴康宁 . 教育社会学 [M]. 北京：人民教育出版社，2010.

[49] 吴志宏，冯大鸣，魏志春 . 新编教育管理学 [M]. 上海：华东师范大学出版社，2000.

[50] 吴志宏 . 教育行政学 [M]. 北京：人民教育出版社，2000.

[51] 席酉民 . 管理研究 [M]. 北京：机械工业出版社，2000.

[52] 萧宗六 . 学校管理学（第四版）[M]. 北京：人民教育出版社，2008.

[53] 熊超群，潘其俊 . 公关策划实务 [M]. 广州：广东经济出版社，2003.

[54] 薛可 . 品牌扩张：延伸与创新 [M]. 北京：北京大学出版社，2004.

[55] 杨向谊，陆葆谦，等 . 互动·共享·创新——学校教研组建设的新探索 [M]. 上海：上海教育出版社，2009.

[56] 杨颖秀 . 学校管理 [M]. 北京：北京师范大学出版社，2012.

[57] 叶明海 . 品牌创新与品牌营销 [M]. 石家庄：河北人民出版社，2001.

[58] 于琛，宋凤宁，宋文书 . 教育组织行为学 [M]. 北京：北京师范大学出版社，2009.

[59] 余明阳 . 品牌学 [M]. 合肥：安徽人民出版社，2002.

[60] 袁振国 . 教育改革论 [M]. 南京：江苏教育出版社，1992.

[61] 张德 . 人力资源开发与管理（第二版）[M]. 北京：清华大学出版社，2001.

[62] 张东娇．学校公共关系管理［M］．北京：北京师范大学出版社，2012．

[63] 张剑杰．中小学教研组建设［M］．南京：南京师范大学出版社，2010．

[64] 张人杰．国外教育社会学基本文选（修订版）［M］．上海：华东师范大学出版社，2009．

[65] 张新平．教育组织范式论［M］．南京：江苏教育出版社，2001．

[66] 张新平．教育管理学导论［M］．上海：上海教育出版社，2006．

[67] 张学敏，叶忠．教育经济学［M］．北京：高等教育出版社，2009．

[68] 赵国祥，杨巍峰．管理心理学［M］．开封：河南大学出版社，1995．

[69] 赵敏，江月孙．学校管理学新编［M］．广州：广东高等教育出版社，2008．

[70] 周俊．学校管理案例教程［M］．杭州：浙江大学出版社，2006．

[71] 周三多，陈传明，鲁明泓．管理学——原理与方法［M］．上海：复旦大学出版社，2003．

[72] 周游．学校经营——理论、模式与机制（第四版）［M］．北京：中国经济出版社，2004．

[73] 迈克尔·富兰．教育变革新意义（第3版）［M］．赵中建，陈霞，李敏，译．北京：教育科学出版社，2005．

[74] 彼得·圣吉．第五项修炼：学习型组织的艺术与实践［M］．张成林，译．北京：中信出版社，2009．

[75] 杜威．杜威五大演讲［M］．胡适，口译．合肥：安徽教育出版社，1999．

[76] F．赫塞尔本，等．未来的组织：51位著名咨询大师勾勒的未来组织模式［M］．胡苏云，储开方，译．成都：四川人民出版社，1998．

[77] 菲利普·科特勒．营销管理［M］．梅汝和，梅清豪，张桁，译．上海：上海人民出版社，1999．

[78] 罗伯特·波恩鲍姆．学术领导力［M］．周作宇，等译．北京：北京师范大学出版社，2008．

[79] 罗伯特·L．马扎诺．有效的课堂评价手册［M］．邓妍妍，彭春艳，译，北京：教育科学出版社，2009．

[80] 斯蒂芬·P．罗宾斯．组织行为学（第10版）［M］．孙健敏，李原，译．北京：中国人民大学出版社，2005．

[81] 史蒂芬·罗宾斯，玛丽·库尔特．管理学（第11版）［M］．李原，孙健敏，黄小勇，译．北京：中国人民大学出版社，2012．

[82] 斯蒂芬·P．罗宾斯，蒂莫西·A．贾奇．组织行为学（第12版）［M］．李原，孙健敏，译．北京：中国人民大学出版社，2008．

[83] 斯科特·贝德伯里，斯蒂芬·芬尼契尔．品牌新世界［M］．苑爱玲，译．北京：中信出版社，沈阳：辽宁教育出版社，2004．

[84] Thomas R．Guskey．教师专业发展评价［M］．张英，等译．北京：中国轻工业出版社，2005．

[85] 韦恩·K．霍伊，塞西尔·G．米斯克尔．教育管理学［M］．范国睿，主译．北京：教育科学出版社，2007．

[86] 约翰·菲利普·琼斯．广告与品牌策划［M］．孙连勇，李树荣，等译．北京：机械工业出版社，1999．

[87] 波·达林.理论与战略：国际视野中的学校发展 [M].范国睿，主译.北京：教育科学出版社，2002.

[88] G.多西，等.技术进步与经济理论 [M].钟学义，等译.北京：经济科学出版社，1992.

[89] 大卫·阿诺.品牌保姆手册——十三个名牌产品推广、重建范本 [M].林碧翠，李桂芬，译.台北：时报文化出版企业有限公司，1995.

[90] 莱斯利·德·彻纳东尼.品牌制胜：从品牌展望到品牌评估 [M].蔡晓煦，段瑶，徐蓉蓉，译.北京：中信出版社，2002.

[91] 托尼·布什.如何管理你的学校（第 3 版）[M].许可，译.福州：福建教育出版社，2011.

[92] Andrew W Halpin.Theory and Research in Administration [M].London：The Macmillan Company，Ltd.，1966.

[93] Brent Davies & Linda Ellison.School Leadership for the 21st Century [M].New York：Routledge，1997.

[94] Christopher Hodgkinson.Administrative Philosophy：Values and Motivations in Administrative Life [M].Amsterdam：Elseviert Science Ltd.，1996.

[95] Christopher Hodgkinson.Educational Leadership：The Moral Art [M].New York：State University of New York Press，1991.

[96] Colin W Evers & Gabriele Lakmoski.Doing Educational Administration：A Theory of Administrative Practice [M].Pergamon：

Lightning Source Inc.，2000.

[97] Colin W Evers & Gabriele Lakmoski.Exploring Educational Administration：Coherentist Applications and Critical Debates [M].Amsterdam：Elsevier Science Ltd.，1996.

[98] Colin W Evers & Gabriele Lakmoski.Knowing Educational Administration：Contemporary Controversies in Educational Administration Research [M].Oxford：Pergamon Press，1991.

[99] D Aaker.Building Strong Brands [M].New York：New York Free Press，1996.

[100] David Halpin & Barry Troyna.Researching Education Policy：Ethical and Hethodological Issues [M].Philadelphia：The Falmer Press，1994.

[101] Fenwick W English.Educational Administration：The Human Science [M].New York：Harper Collins Publishers，1992.

[102] Fenwick W English.Theory in Educational Administration [M].New York：Harper Collins College Publishers，1994.

[103] Gerald Grace.School Leadership：Beyond Education Management [M].Philadelphia：The Falmer Press，1995.

[104] Oliva P F.Developing the Curriculum（4th ed.）[M].New York：Longman，1997.

[105] Sizer T R.Horace Hope：What Works for the American High School [M].Boston：Mariner Books，1996.

[106] Slain R E，et al.Every Child，Every School：Success for All [M].Thousand Oaks CA：Cronin，1996.

关键术语表

关键术语	英文翻译	定义
教育管理	Educational Administration	所谓教育管理，是指国家为贯彻教育方针，实现培养目标，而对教育系统所进行的计划、组织、控制等一系列有目的的连续活动
学校管理	School Administration	学校管理是学校为了有效地达到教育、教学目标，通过协调学校内部各种资源及其与外部环境的关系，以确保学校按教育规律进行正常运转的活动
学校组织	School Organization	学校组织是一种有目的、有计划地进行教育教学活动的规范性社会组织
非正式组织	Informal Organization	非正式组织是一种人际关系系统，其按照感情的逻辑关系建立团体关系，在所有的正式组织中自发形成，并对正式组织做出反应
韦伯科层模式	Weberian Model of Bureaucracy	韦伯提出了科层制模式，主要包括明确的职责分工、建立自上而下的等级系统、奉行理性原则、遵守规则和纪律等
学习型组织	Learning Organization	学习型组织是这样一种组织：在其中，大家得以不断突破自己的能力上限，创造真心向往的结果，培养全新、前瞻而开阔的思考方式，全力实现共同的抱负以及不断地一起学习如何共同学习
校长负责制	Principal Responsibility System	校长负责制实质上是"一长制"，是学校工作由校长统一领导和全面负责的学校领导制度。校长是学校的法人代表，是学校最高领导人，对外处理各种公共关系，贯彻教育方针政策，遵守国家法律法规，办学并承担由此而派生的法律责任和义务；对内全面领导学校教育教学和行政工作，向全体师生员工负责，运用法律法规，维护教师、学生的正当权益
领导体制	Leadership System	领导体制是领导系统之间权力、职责划分和实施领导职能的组织形式和组织制度
教代会	Teachers' Representative Meeting	教代会是学校民主管理的一种基本组织形式，是按国家法律法规和一定的形式组织起来，并被赋予一定权力的民主管理制度。它与党委领导、校长行政构成了学校管理的完整体制
绩效工资	Performance-related Pay	绩效工资又称绩效加薪、奖励工资等，是以职工被聘上岗的工作岗位为主要对象，根据岗位技术含量、责任大小、劳动强度和环境优劣确定级别，以经济效益和劳动力价格确定工资总量，以职工的劳动成果为依据支付劳动报酬
聘任制	Appointment System	所谓教师聘任制度是学校（或者教育行政部门）与教师在自愿平等的基础上，遵循公开招聘、平等竞争、择优录用的原则，就教师的任职时间、任职条件，以及双方的权利、义务和责任达成协议，签订聘任合同，并据此形成任职契约关系的教师管理制度

续表

关键术语	英文翻译	定义
年级组	Grade Group	年级组是由同一年级的班主任和科任老师组成的集体组织。一般来说，学校的教研组和年级组并存，但学校规模较小时可将二者合并。年级组通常设组长一人，较大的学校有的将年级组称为年部，年级组长称为年部主任
教研组	Teaching Reasearch Group	教研组即各科教学研究组，是学校开展教学研究活动的基本组织单位，是教学指挥系统的重要组成部分
学校人力资源	School Human Resources	学校人力资源是指学校领导、教师及后勤服务人员所拥有的，能够服务于学校育人目标的知识、技能、能力、经验、体力等的总称
学校人力资源开发	Development of School Human Resources	学校人力资源开发是指借助教育培训、激发鼓励、科学管理等手段，持续发掘、培养、发展和利用学校领导、教师及后勤服务人员的知识、经验、技能、能力等聪明才智，以便能够更好地实现学校育人目标的系统工程
学校人力资源管理	Management of School Human Resources	学校人力资源管理是指学校运用科学的技术方法，对教职工的智力、体力、情感进行合理发掘、配置、使用和评价，最大限度地激发教职工的内在积极性，最终达成学校组织的整体目标，为实现教职工个人和学校组织的共同发展提供可靠人力资源保障的一系列管理活动
教师专业素质	Teachers' Speciality Quality	教师专业素质简称教师素质，是指教师能顺利从事教育教学活动的基本品质或基础条件，也是教师资源开发的目标取向。一般来说，教师专业素质包括思想品德素养、专业智力素养、身心健康素养三个方面
学校德育组织	Moral Education's Organization in School	学校德育组织是德育管理的直接载体。为了实现一定的德育目标，学校中的人们按照某种方式结合而成的正式群体，称为学校德育组织，如学校的党（团）组织、少先队组织、年级组、班级等
学校德育管理	Management of Moral Education in School	所谓学校德育管理，就是学校管理者根据现代社会的德育目标，遵循德育发展和管理的一般规律，运用科学的管理方法，在一定的环境条件下，通过预测、决策、计划、组织、指导、协调、控制、评价，有效地组织、分配和利用校内外各种德育资源和相关要素，形成德育合力和整体优势，以提高德育效率，实现德育目标的过程
管理规范	Management's Norm	管理规范即某一组织（或组织体系）根据自身需要而提出的、用以调节管理对象（人或机构）行为的标准、准则或规则，它通常以文字的形式规定管理活动的内容、程序和方法，包括管理条例、章程、制度、标准、办法、守则等
学生自主管理	Student Self-management	学生自主管理是指学生在教师的积极引导下，自行发现自我价值、发掘自身潜力、确立自我发展目标、形成适应社会发展和推动个体与社会发展的意识和能力的一种教育管理模式

续表

关键术语	英文翻译	定义
班级突发事件	Class Emergency	班级突发事件通常指在教育教学活动中，课堂教学、课外活动或日常生活中突然发生的，影响正常学习生活秩序的，危及学校师生人身、财产安全的重要事件，如课堂失控、财物失窃、恶作剧，学生斗殴、家长滋事、师生冲突、伤害事故及其他表现等
课程与教学管理	Management of Curriculum, Teaching and Learning	所谓课程与教学管理，指在一定社会条件下，课程与教学管理者依据一定的管理原则和方法，对一定课程与教学系统的人、财、物、时间和信息等要素进行决策、计划、组织和控制，以有效实现课程与教学系统预期目标的活动
课程与教学规划管理	Management of Planning of Curriculum, Teaching and Learning	课程与教学规划管理就是对课程与教学规划活动进行管理。在一定意义上，课程与教学规划管理被视为课程与教学管理的首要任务。但是，规划管理的成功，并不意味着课程与教学管理的成功，因为再美好的课程与教学计划和方案，都必须付诸实践，才能真正发挥效用，进而实现预期的课程与教学目标
课程与教学实施管理	Management of Implementation of Curriculum, Teaching and Learning	课程与教学实施就是把规划好的课程计划、方案和标准等付诸实际的过程。实质上就是将课程理想变成现实，将课程计划落实为教与学的行动。课程与教学实施管理即对课程与教学实施活动进行管理
课程与教学评价管理	Management of Evaluation of Curriculum, Teaching and Learning	课程与教学评价就是对课程与教学实施的结果进行评估，以确定预期的课程与教学目标是否实现，理想的课程与教学方案和计划是否获得成功。课程与教学评价管理即对课程与教学评价活动进行管理
学校教研活动	School Teaching Research Activity	学校教研是学校教学研究的简称。它是指学校借助教育科学理论，以有价值的教学问题为对象，运用恰当的研究方法，有目的、有计划、有组织地对学校教学实践进行研究的活动
学校教育科研	Educational Science Research of School	学校教育科研指学校借助已有的教育科学理论，以有价值的教育问题为对象，运用恰当的研究方法，有目的、有计划、有组织地开展的认识教育本质与客观规律、创新教育理论和方法，或遵循教育规律解决教育教学实际问题的创造性活动
目标管理	Management by Objective	目标管理就是根据所设置的目标进行管理的活动。具体地说，它是组织中由总体目标引导各个部门直到每个成员制定各自的分目标和个体目标，并据此确定行动方案，组织实施，定期进行成果考核的管理方式
课题研究	Subjects' Research	课题研究是由学校组织教师申报国家级、省（部）级、市级、区（县）级政府和教育行政部门设立的课题，或者学校自己设立的研究课题，以项目研究的形式开展的教育科研活动

关键术语	英文翻译	定义
教育经费	Education Funding	教育经费是指一国为其国民教育体系内的各级各类学校及其他教育机构活动提供的费用支出
学校财务管理	School Financial Management	学校财务管理是指对学校资金运作过程的计划、组织和控制，包括组织学校财务活动，处理学校财务关系，进行财务监督三方面的内容
财政性教育经费	State Financial Educational Expenditure	国家财政性教育投入包括国家财政预算内教育拨款投入，各级政府征用于教育的税费，企业办学校教育经费，校办产业、勤工俭学和社会服务收入用于教育的经费等财政预算外的教育经费投入
财务综合实力	Financial Comprehensive Strength	所谓财务综合实力，是指学校从政府拨款和自筹经费等渠道获取经费的能力
财务管理评价体系	Financial Management Evaluation System	财务管理评价体系就是对依法多渠道筹集资金、财务预算的控制与管理、合理有效的资源优化与配置、健全的财务制度与真实的财务信息、经济责任制与财务监督等方面的评价
财务运行绩效	Financial Performance	所谓财务运行绩效，就是按照投入与产出相比的社会经济效益的评价原理，对学校财务运行的效能、效率、效益、成绩等多种产出形式进行综合评价
学校后勤管理	Logistics Management School	学校后勤管理是运用一定的管理方法和手段，采取一系列特定的管理行为和措施，最大程度发挥人、财、物的功能，以实现后勤工作目标的过程
学校后勤社会化	Schools Logistics Socialization	学校后勤社会化是指让学校中可以由社会来保障和进行的部分与学校脱钩，由社会相应的专门机构来提供服务
学校公共关系	School Public Relations	学校公共关系是学校与其目标公众之间形成的社会关系，是指学校为了在竞争中求得生存与发展，为了实现树立良好学校形象的目标，综合运用沟通、组织、信息传播等技术手段与学校目标公众之间协调、平衡，形成一种相互了解、信任、支持与合作的社会关系
学校公共关系调查研究	Public Relations Research of School	学校公共关系调查是社会调查的一种表现形式。对于学校而言，公共关系调查研究主要是指学校组织通过运用科学的方法，收集必要的资料，有计划、有步骤地考察公众对学校的评价，分析学校的公共关系状态
学校危机事件	School Crisis	学校危机事件是指发生在学校内或教育教学过程中，对学校师生员工的生命、财产安全带有重大负面影响和威胁的突发事件，这些事件是已经爆发的或潜伏尚未发作，对学校声誉、形象、利益以及运作造成严重负面影响的、必须采取紧急措施予以处理的事件

续表

关键术语	英文翻译	定义
公共关系	Public Relations	公共关系是指组织为了实现既定目标，树立良好形象，综合运用现代沟通、传播等技术手段，与目标公众协调和平衡各种关系的管理职能活动
公共关系策划	Public Relations Scheming	公共关系策划指的是公共关系人员为了实现公共关系目标，对公共关系活动的目的、内容、性质、方式和方案进行制定和设计的过程
公共关系人员	Public Relations Officer	公共关系人员是指专门从事组织机构公众信息传播、关系协调与形象管理事务的调查、咨询、策划和实施的人员
学校品牌	School Brand	学校品牌是一所学校在长期的教育实践过程中逐步形成并为公众认可、具有特定文化底蕴和识别符号的一种无形资产
形象识别	Corporate Identity System	形象识别是指组织为了形成并彰显其个性形象，将其所秉承的理念，与行为和视觉等要素整合起来，进行统筹策划和精心设计而形成的一种具有认识和辨别功能的综合体系
品牌传播	Brand Communication	品牌传播就是学校通过选择运用多种沟通媒介，与相关公众分享交流信息，建立良好的互动关系，吸引公众注意力，以促进公众认知、体验学校的过程
品牌维护	Brand Protection	创建学校品牌永远都是"现在进行时"，需要校长和全体师生员工悉心维护和不断创新，学校要注意做好"品牌预警、品牌跟踪、品牌建档和品牌诊断"等工作
学校组织变革	Organizational Change of School	学校组织变革是指在特定任务的引导、激励和驱动下，学校组织根据外部环境和内部环境的变化，采用一定的策略和方法，有目的、有计划地改变学校组织结构、人员、教学行为等，从而不断适应学校发展的需要，实现学校组织发展的目标
领导特性理论	Traits Theories of Leadership	领导特性理论是领导科学研究最早的理论分支，20世纪30年代，研究者将心理学研究方法应用到领导者特征的研究上来，由此形成领导特性理论
领导行为理论	Behavioral Theories of Leadership	领导行为理论是指以领导者的个人行为为重心，来探索领导有效性的真正根源。领导行为理论认为领导者不是天生的，而是后天培养、塑造和形成的，领导工作的绩效主要取决于领导者的行为和风格
领导权变理论	Contingency Theories of Leadership	领导权变理论是指组织管理应根据组织所处的内部和外部条件随机应变，领导过程是领导者、被领导者及其环境因素的方程式：领导的有效性=f（领导者、被领导者、环境）
领导艺术	Art of Leadership	领导艺术是指在长期领导实践中总结出来的领导技巧、策略和特殊方法的总称，是领导者在管理活动中所积累的经验与技能的结晶

后　记

从 20 世纪 80 年代末接触教育管理学至今，我从事教育管理学的学习、研究和教学工作已有三十多年的时间。坦率地说，在承担各类教育管理学课程的教学任务时，我总是感觉难以找到十分合适的教材。与此同时，我也慢慢形成了这样一个看法：编写教育管理学的教材"实在不易"啊！细究起来，我体会主要有两个方面的原因：一是从整体上看，教育管理学毕竟属于应用性的社会学科，本身就难以形成比较稳定的知识体系。此种情形对于以传递稳定性和共识性知识为目的的教材的编写而言，实为不利！二是教育管理学教材如果较为"理论化"，虽能够达成知识体系较为稳定的局面，但又难免受到"不够实用"之讥；反之，如果教材内容过于联系实际，肯定又会遭遇"容易过时"之病！基于上述看法，我一向十分"抗拒"编写教材之事。

然而，星移斗转，近年来由于各种机缘，我竟改变初衷主编了两本教材。这次又一回"操刀上阵"重作冯妇，乃因时任北京师范大学教育学部课程与教学研究院院长王本陆教授盛邀之故也。众所周知，伴随着我国基础教育改革的不断深化，基础教育发展对教师教育以及教师专业素养提出了更高更新的要求。为回应实践领域的新挑战，教育部颁布了《教师教育课程标准（试行）》，从而为深化教师教育改革，全面提升教师培养质量指引了方向。"春江水暖鸭先知！"北京师范大学出版社"闻风而动"，积极策划和组织编写"全国高校教师教育精品教材"。而在上述《教师教育课程标准（试行）》之中，首次设有"学校组织与管理"这一课程模块，于是，编写教材随即被提上议事日程。承蒙丛书主编之一王本陆教授谬爱，我就负起了这本教材的编写责任。

接受任务之后，我一方面组织工作团队，一方面着手收集相关资料。经过多次会议研讨和网络沟通，工作团队逐渐凝聚起共识。在"绞杀"无数脑细胞和挥洒无数汗水之后，本书特别希望能在如下几方面做出点滴探索：首先，为本课程的教材开发做点"发凡起例"工作。作为一门课程，"学校组织与管理"无疑是个刚刚呱呱坠地的"婴儿"，可资借鉴的素材十分匮乏。尤其对于"学校组织与管理"与传统的"学校管理学"有何不同这一问题，我们不得不做出自己的解答，并相应地在教材架构、编写体例和内容取舍等方面，开展一些披荆斩棘"以启山林"的工作。其次，争取把教材写得带有点"研究味道"。按照对理想教材的一贯"追求"，我认为：好的教材应既能较好地传达某个领域内的共识性知识，又能把学习者引领至该领域的知识前沿，并能启迪学习者对相关问题加以思考。有鉴于此。我们务求严谨遵从对"学校组织与管理"所达成的一致理解，一方面，本书十分注重从学校内部各级各类"组织"的角度加以研究和取材，尽量写入"组织"的内容；另一方面，各章作者皆能从本人的学术专长出发，在各章节展现出相关领域的最新学术进展。最后，力求兼顾学习者的知识性和实际需求。考虑到本书的使用者主要为师范类的在校学生，一方面，本书力争呈现"学校组织与管理"领域内的基础知识与技能，尽量取材于实践领域的鲜活素材，以满足学习者最基本的知识需求；另一方面，面对我国教师资格证书考试制度的变革，本书在编写过程中也充分考虑到了学习者参加全国教师资格证书考试的现实需要。

　　本书终能付梓面世，端赖诸多同道中人倾力相助。在这里，首先，我要感谢多年老友兼曾经的同事王本陆教授。正是其力邀和督导之下，我才有机会参与这项大型的精品教材建设活动。其次，要感谢加盟本书写作的如下同人：教育管理学界学长、广东第二师范学院教育学院闫德明教授，每当我有撰稿请求，他皆不辞辛劳，"拔刀相助"；教育管理学界学长、湖南师范大学教育科学学院常思亮教授，他爽快地应允了我的"入盟"邀请；我的同门师兄、江西师范大学教育学院万文涛教授，他在炎热的三伏天，强忍着肩周炎的病痛完成了书稿；我的老友、广州大学教育学院王卫东教授，在他本该静养之时，却又慨然相允挥毫赐稿；我的老同事郑航教授，在忙于教学、研究、院务和家事之际，慨然投入了这场"战斗"；我的同事曾文婕教授，不止一次慷慨地加入我的"战队"；我的同事方征教授和吴宏超教授，在美访学期间参与培植了这株"幼苗"！上述同人能够在诸事繁杂之余拨冗如期完稿，实在令我感佩不已！众所周知，在当今的学术评价体系之下，一本教材实在是算不上什么"成果"，更何况只是参编其中的一章半节呢？再次，还要感谢北京师范大学出版社的李春生和王剑虹两位编辑老师，皆为本书的策划、编撰和最终出版，付出了许多心血和汗水。尤其是在每个关键时节，他们认真负责、周到细致的"跟踪追击"，真是令我深铭五内！编辑出版团队的焦丽、陈民、陈涛和赵龙等人，亦为此书的编校、美化和印制付出了诸多辛勤劳动，在此我要向他们谨致衷心的谢意！最后，本书编写组两位秘书、我的博士生李根和尹姣容同学为此书写作和出版承担了大量联络、文档和会务工作，硕士生杨利洁和李静同学为我起草了部分章节的文稿，王丽君同学编制了部分章节的PPT，张岳霖、柳春艳和杨岩岩同学协助我审订了部分文字，在此一并深致谢意！

　　本书分工大致如下：华南师范大学葛新斌教授担任主编，负责统筹策划全书的编撰宗旨、框架结构、编写体例以及全书统稿等工作并撰写了第一章"学校组织与管理概述"和"后记"；惠州学院尹姣容博士负责撰写第二章"学校组织与管理体系"；江西师范大学万文涛教授负责撰写第三章"学校人力资源开发与管理"；华南师范大学郑航教授负责撰写第四章"学校德育组织与管理"；华南师范大学曾文婕教授负责撰写第五章"学校课程与教学管理"；广州大学王卫东教授负责撰写第六章"学校教研与科研管理"；华南师范大学吴宏超教授负责撰写第七章"学校财务与后勤管理"；华南师范大学方征教授负责撰写第八章"学校公共关系与危机管理"；广东第二师范学院闫德明教授负责撰写第九章"学校品牌创建与管理"；湖南师范大学常思亮教授负责撰写第十章"学校组织变革与领导"；此外，我曾经指导过的博士生李根同学负责"目录""课程发展简史"和"关键术语表"的编写工作，尹姣容博士又负责编写"本书使用指南""课程研究方法"和"参考文献"。

　　本书首版于 2015 年 8 月。甫一面世即被一些高校选作教材或备考用书，从而收获不少读者的热情鼓励，同时，亦接获一些认真的批评指误。本次修订复由尹姣容博士担任秘书任务，旨在校正各种错漏的同时，同步更新一些因政策演进而不合时宜之处。然因时间紧迫，加之作者们工作十分繁忙，致使本书虽已有所改进，但其舛误之处仍是在所难免。诚邀学界同道和读者诸君多提宝贵意见，以期本书再次修订时进一步完善。批评与建议请寄电子信箱：gexb@ scnu. edu. cn。在此，我们谨致谢忱！

葛新斌

2023 年 3 月 18 日

再识于广州旧寓